广州铁路职业技术学院资助出版
校企合作双元开发活页式新形态一体化教材
高等职业教育城市轨道交通机电技术专业技能型人才培养实用教材

城市轨道交通车站安全门系统运行与维护（活页式）

主　编　翁桂鹏　张俊明
副主编　万学春　陈文才
参　编　张仁朝　杜新恒　张林鸿

教学课件

西南交通大学出版社
·成都·

图书在版编目（CIP）数据

城市轨道交通车站安全门系统运行与维护：活页式 / 翁桂鹏，张俊明主编. --成都：西南交通大学出版社，2023.11（2024.12 重印）

校企合作双元开发活页式新形态一体化教材　高等职业教育城市轨道交通机电技术专业技能型人才培养实用教材

ISBN 978-7-5643-9547-6

Ⅰ.①城… Ⅱ.①翁… ②张… Ⅲ.①城市铁路–车站设备–高等职业教育–教材 Ⅳ.①U239.5

中国国家版本馆 CIP 数据核字（2023）第 209664 号

校企合作双元开发活页式新形态一体化教材
高等职业教育城市轨道交通机电技术专业技能型人才培养实用教材

Chengshi Guidao Jiaotong Chezhan Anquanmen Xitong Yunxing yu Weihu
（Huoye Shi）

城市轨道交通车站安全门系统运行与维护
（活页式）

主　编 / 翁桂鹏　张俊明	责任编辑 / 赵永铭
	封面设计 / 何东琳设计工作室

西南交通大学出版社出版发行
（四川省成都市金牛区二环路北一段 111 号西南交通大学创新大厦 21 楼　610031）
营销部电话：028-87600564　028-87600533
网址：http://www.xnjdcbs.com
印刷：四川玖艺呈现印刷有限公司

成品尺寸　185 mm×260 mm
印张　21.5　字数　535 千
版次　2023 年 11 月第 1 版　　印次　2024 年 12 月第 2 次

书号　ISBN 978-7-5643-9547-6
定价　64.00 元

课件咨询电话：028-81435775
图书如有印装质量问题　本社负责退换
版权所有　盗版必究　举报电话：028-87600562

PREFACE 前言

党的二十大报告指出，坚持把发展经济的着力点放在实体经济上，推进新型工业化；加快建设制造强国、质量强国、航天强国、交通强国、网络强国、数字中国；实施产业基础再造工程和重大技术装备攻关工程；支持专精特新企业发展；推动制造业高端化、智能化、绿色化发展。城市轨道交通是解决城市内部及城市群交通问题的重要举措。伴随着中国城市化建设发展，"北上广深"超大城市及"京津冀首都经济圈"、长三角城市群、粤港澳大湾区等地区建设和城市人口更为密集。交通拥挤仅依靠建设地面道路、高架桥、快速路已不能解决。城市轨道交通以其高效、大运量、安全快捷的优势，成为城市交通运输的主要选择。在国家"十三五"期间，城轨建设得到大力发展，在"十四五"规划中，城轨建设将继续保持同等投入。同时，城市轨道运营管理维护需要大量高素质技能人才，高等职业教育是高素质技能人才的重要培育阵地。

城市轨道交通车站安全门系统是城市轨道交通的重要组成部分，作为乘客安全直接保障设备，在国内外已得到广泛的应用。该系统及设备运行状态直接影响到乘客的乘车安全及车站正常运营。"城市轨道交通车站安全门系统运行与维护"是城市轨道交通机电技术一体化专业必修的专业课程，是车站设备维护人员和车站运营管理人员必须学习和掌握的知识技能。

本教材前六个项目详细介绍安全门的系统组成、各子系统的结构和工作原理，后两个项目讲述安全门的运行、安全保障及维护等内容，着重于培养轨道交通车站运营及设备维护从业人员的相关操作、维护和管理等工作技能。

本教材以满足城市轨道交通车站实际岗位职业能力需求为目标进行编写，按照安全门系统知识，结合相关行业标准、岗位工作要求、检修管理经验，力求使编写的内容更加契合相关实际技能需求。

本教材由具有多年教学经验的教师和具有实际设计制造经验的企业工匠共同编写完成。由广州铁路职业技术学院翁桂鹏、广州新科佳都科技有限公司张俊明担任主编，由广州铁路职业技术学院万学春、广州新科佳都科技有限公司陈文才担任副主编，由广州铁路职业技术学院张仁朝、广州新科佳都科技有限公司杜新恒、广州新科佳都科技有限公司张林鸿参与编写。本教材在编写过程中，得到广州地铁集团有限公司、广州新科佳都科技有限公司、深圳地铁集团有限公司大力支持，并参考引用了相关专家学者发表的文献及意见。同时西南交通大学出版社对本教材出版给予大力支持。在此谨向有关企业和专家表示衷心的感谢！

由于城市轨道交通技术日新月异，以及编写人员技术水平和实践经验局限性，书中不妥之处在所难免，恳请广大使用单位和读者批评指正。

编 者

2023 年 5 月

数字资源目录

序号	资源名称	页码
1	滑动门运动	014
2	安全门机械结构	034
3	安全门门体简介	050
4	安全门门机结构	094
5	门机系统传动装置	098
6	DCU 连接	105
7	门锁装置	107
8	安全门系统级控制模拟操作	138
9	安全门 PSL 操作	139
10	安全门车站级控制模拟操作	139
11	安全门就地操作	140
12	单对安全门开关模拟操作	232
13	整侧安全门开关模拟操作	233
14	单对安全门不能打开应急处理模拟操作	246
15	整侧安全门不能打开应急处理模拟操作	250
16	列车停车不准安全门模拟操作	260
17	安全门皮带故障处理模拟操作	307
18	安全门门头锁故障处理模拟操作	307
19	安全门电机故障处理模拟操作	308
20	安全门 DCU 故障处理模拟操作	310

CONTENTS 目 录

单元 1　安全系统基础知识 ·· 001
　　学习情景 1.1　安全门系统认知与发展 ·· 001
　　学习情景 1.2　安全门系统的基本构成 ·· 012

单元 2　安全门系统门体结构认知 ·· 022
　　学习情景 2.1　安全门系统安全门类型认知 ·· 022
　　学习情景 2.2　屏蔽门系统承重结构认知 ··· 033
　　学习情景 2.3　屏蔽门系统门体认知 ·· 048
　　学习情景 2.4　半高安全门系统门体认知 ··· 065
　　学习情景 2.5　安全门系统安全措施与建设材料认知 ··································· 073

单元 3　安全门门机系统认知 ·· 092

单元 4　安全门控制与监视系统认知 ·· 115
　　学习情景 4.1　安全门控制与监视系统认知 ·· 115
　　学习情景 4.2　安全门控制与监视系统功能认知 ··· 135

单元 5　安全门电源系统 ·· 150
　　学习情景 5.1　安全门电源系统认知 ·· 150
　　学习情景 5.2　安全门系统 UPS 电源认知 ·· 168
　　学习情景 5.3　安全门系统驱动电源和控制电源认知 ··································· 182

单元 6　安全门系统信号控制基础 ·· 196
　　学习情景 6.1　安全门系统接口与信号认知 ·· 196
　　学习情景 6.2　安全门系统运行模式与信号控制 ··· 214

单元 7　安全门系统运行管理 ……………………………………… 227
　　学习情景 7.1　安全门系统设备操作 ………………………… 227
　　学习情景 7.2　安全门系统故障应急处理 …………………… 242

单元 8　安全门系统维护 …………………………………………… 268
　　学习情景 8.1　安全门系统检修 ……………………………… 268
　　学习情景 8.2　安全门系统设备维修 ………………………… 296

附录　城市轨道交通车站安全门系统常用英文缩略语对照表 …………… 335

参考文献 ………………………………………………………………… 336

单元 1

安全门系统基础认知

学习情景 1.1　安全门系统认知与发展

情景描述

随着经济发展，越来越多的人类聚集于城市。城市轨道交通是目前能够疏导城市中心区域密集拥挤的生产生活现象的比较有效的途径。城市轨道交通车站的安全和节能需求促进了安全门系统的出现。城市轨道交通车站安装安全门系统，可以为乘客提供一个安全、舒适、美观的候车环境，也能提高城市轨道交通的服务水平。

图 1-1-1 是某城市轨道交通车站安全门实景图。以乘客视角对图进行识读，尝试了解城市轨道交通车站安全门系统在车站的应用情况，分析城市轨道交通车站安全门系统在车站中的具体作用。

图 1-1-1　城市轨道交通车站安全门实景图

学习目标

（1）能掌握城市轨道交通车站安全门系统在车站中的应用情况；

(2)能了解安全门系统的不同类型;
(3)能正确说出安全门在城市轨交通车站中的作用;
(4)能了解城市轨道交通车站安全门系统的技术发展。

工作任务

(1)在地铁车站里仔细观察,了解车辆到站时和出发时安全门系统的动作情况,了解滑动门、应急门、固定门和端门的应用。

(2)根据图 1-1-2 城市轨道交通车站安全门系统简图,对城市轨道交通车站安全门系统进行整体认知,识别安全门系统的门体结构、门机系统、控制与监视系统、电源系统,理解安全门系统的安装位置以及安全门与车门的同步控制方式,讨论安装安全门系统对车站产生的影响。

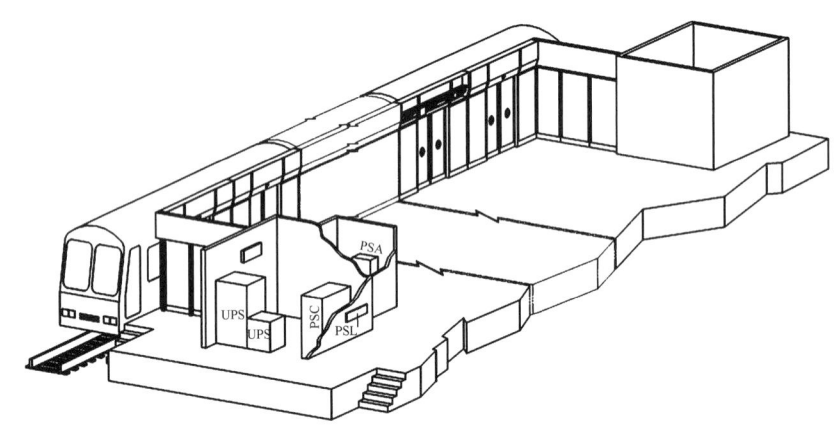

图 1-1-2 城市轨道交通车站安全门系统简图

任务分组

表 1-1-1 学生任务分配表

班级		组号		指导老师	
组长		学号			
组员	姓名	学号		姓名	学号
	任务分工				

工作准备

（1）阅读工作任务，观察地铁车站安全门系统，并做好记录。

（2）收集《城市轨道交通站台屏蔽门系统技术规范》（CJJ 183—2012）中安全门相关技术规范要求。

（3）查阅相关信息，进一步了解城市轨道交通车站安全门的技术发展。

情景知识

知识点 1：城市轨道交通车站安全门的概念

城市轨道交通车站安全门（Platform Screen Doors，PSD），又称屏蔽门、站台门、月台门、隔离门等，是为了安全而设置在城市轨道交通车站里的机电一体化设备系统，如图 1-1-3 所示。

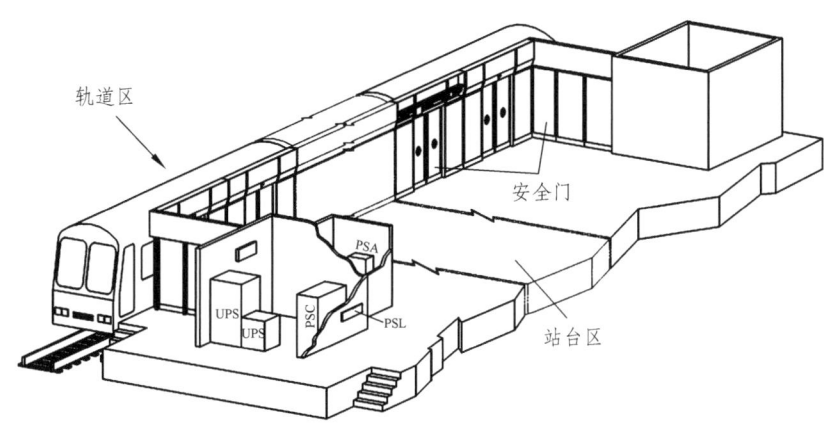

图 1-1-3　安全门简图

通常是安全门设备以玻璃幕墙的方式全程安装在站台边缘，将站台区域与轨道区域进行分隔，形成一道不间断的隔离屏障，在相对固定的位置以隔离门的形式控制着列车的乘客上下通道。所有安全门设备均不能侵入站台界限。安全门系统需要在列车正常运行过程及列车、安全门设备出现故障时都能够保障乘客的安全。

知识点 2：城市轨道交通车站安全门的运营简介

安全门系统需要保障当列车正确停靠车站时，列车车门与相对应的安全门同时开启；在列车车门关闭时安全门自动同步关闭，保持站台区域与轨道区域的隔离。一般情况下只有安全门系统关闭且锁紧完成后才允许列车到站与列车出站。

正常情况下，列车到达车站前，站台上的乘客已在指定位置排队候车。当列车正确停靠在指定位置后，列车车门与安全门系统中的滑动门能够同步打开。此时滑动门顶箱的警示灯闪烁和报警器发出报警声，乘客按先下后上的原则，安全有序地上下列车。当停车时间完成后，列车车门与滑动门能够同步关闭。在保证所有车门与所有安全门关闭锁紧后，声光报警信号停止，列车出发离站。

而在轨道交通车站、列车或安全门运行出现非正常情况下，安全门系统都需要采取一定的措施保障乘客能安全快速地上下车，需要保障列车能够驶入驶出车站，需要保障车站消防措施正常使用等。

同时，安全门系统是轨道交通车站的重要设备，需要接入城市轨道交通设备监控系统，保障城市轨道交通的运营安全，不影响交通运营效率。

知识点 3：城市轨道交通车站安全门的分类简介

城市轨道交通车站安全门按类型可分为封闭式屏蔽门、全高安全门和半高安全门。其中封闭式屏蔽门也常称屏蔽门，用于地下车站，是目前使用数量最多的类型，将站台区与轨道区完全封闭隔离；半高安全门用于地面车站和高架车站，不封闭，只有半高，类似栅栏；全高安全门用于地下车站，适用于某些纬度高的地区，其全高设计，但不封闭，即上下留置通风口，目前数量很少。

知识点 4：城市轨道交通车站安全门的技术简介

城市轨道交通车站安全门是 20 世纪 80 年代发展起来的一种先进的轨道交通车站机电一体化设备。该系统是集合建筑学、机械学、电子工程学、自动化控制技术、计算机网络技术等学科于一体的综合性智能化门控系统。

随着科学技术的不断创新发展，特别是与计算机网络技术、嵌入式系统、智能控制技术的结合，安全门系统运行与维护更加标准化、智能化，能够为乘客营造更加安全、舒适的候车环境。

知识点 5：安全门系统的功能与效益

城市轨道交通车站安装安全门系统，可以为乘客提供一个安全、舒适、美观的候车环境，也能提高城市轨道交通的服务水平。安装安全门主要是为了保证乘客安全，防止乘客上下车辆时发生意外；同时节约人力资源，也可以节约能源，防止站台空调冷/暖气流失；以及减少列车运行噪声和活塞风对车站的影响等。

在实际应用中，安全门的安装运行已经取得了良好的经济、社会效益。其主要表现在以下几点（以安全门系统中的屏蔽门类型为例）：

1. 加强乘客安全措施

在隧道内，列车高速运行时会产生强烈的空气活塞效应，俗称隧道风或活塞风。当列车进入或离开站台时，活塞风的吹吸作用将会给在站台上候车的乘客带来一定的危险。安装屏蔽门后，屏蔽门将站台区与隧道区间隔开来，避免乘客可能出现以下的安全隐患：

（1）防止乘客因车站客流拥挤而跌入轨道。
（2）防止乘客被列车活塞风吹吸而跌倒甚至跌入轨道。
（3）防止小孩玩耍而跌入轨道。
（4）防止乘客卧轨自杀、主观推人入轨等情况。
（5）防止站台区垃圾、杂物进入轨道区。
（6）防止隧道中的灰尘进入站台区。
（7）防止乘客跨越轨道等行为。

（8）防止乘客对着列车门随车奔跑。
（9）防止乘客被运行的列车拖拽。
（10）防止无关人员进入隧道区间。
（11）减少司机对站台的瞭望次数，大幅度地减轻了司机的思想负担。

另外安全门系统具有智能避障技术，一旦安全门与列车之间或是安全门两扇门之间有障碍物存在，系统将驱使安全门机构再次打开和关闭，这样可有效地减少夹人、夹物的安全事故。

城市轨道交通车站安装安全门系统，不但可以为乘客营造一个安全、舒适的候车环境，也保证了轨道交通车站高效运营和列车行车安全。

2. 减少车站能源消耗

大部分城市轨道交通线路是建设在地下的空间，除了车站出入口和通风道口外，城市轨道交通车站基本上是与大气隔绝的。由于列车运行、设备运转和乘客等原因，城市轨道交通地下车站的环境具有如下特点：

（1）列车运行时产生活塞效应，易干扰车站的气流组织；
（2）设备运转、列车运行、乘客等都将在车站和隧道内产生大量的热量；
（3）地层具有蓄热作用，城市轨道交通系统内部的温度会随着运营时间的增加逐渐升高；
（4）当发生火灾事故时，车站环境将迅速恶化。

因此城市轨道交通运营需要环境控制系统来保障乘客安全、舒适和确保设备使用寿命。

安装屏蔽门系统后，车站候车空间（站台区）与列车运行空间（轨道区）完全隔开，避免了候车区大量空调冷气通过隧道而散失，同时减轻了列车行驶时所散发的热量进入候车区的现象。这样减少站台与隧道之间的冷热气流交换，使得地下车站使用空调设备更为方便和节能。因此在与没有安装屏蔽门而安装空调设备的车站相比较，安装屏蔽门系统可以减少能源消耗，达到节能的目的。

根据国内最早设置安全门的广州地铁 2 号线的运营调查统计，设置该屏蔽门系统后在空调季节可节省能耗 20% 以上。

然而这对车站里的环控系统中的 UPE/OTE 系统，即车站范围内、屏蔽门外站台下排热和车行道顶部排热系统，将提高一定的技术要求。

3. 改善候车环境

列车在行驶时会产生很大的噪声，而狭小的隧道空间会使声音变得更大。屏蔽门在站台区和轨道区之间形成物理隔音屏障，可以大幅度地降低城市轨道交通车站中的噪声，能够降低 20～25 dB 的噪声值。

同时，活塞风经常把轨道上的垃圾和灰尘带至站台，设置屏蔽门后可将垃圾和灰尘拒之于屏蔽门外，使站台能保持一定的舒适度和清洁度。同时可以减少因安全事故导致的列车误点，保障准点运行。由此屏蔽门系统可以给乘客提供一个更加安静舒适、清洁的候车环境以及列车准时服务。

4. 降低车站建设和运营成本

没有安装安全门的车站，在列车到达和离开之前，为保障安全，需要一定数量的车站工作人员接发列车和维持引导乘客上下车秩序。安装安全门后,直接取消了打旗语的信号员岗位。一般情况下只需司机一人操作就可保证安全,站台上减少甚至不需要站务人员接发列车及进行客流监视,从而减少此类站台工作人员岗位,节约运营的人员成本。这将减少城市轨道交通的日常运营管理费用。

与没有安装安全门而直接安装空调的车站相比较,安装了屏蔽门可以大量降低制冷设备的功率,节省环控和输变电设备的投资成本,同时也减少设备占用的空间,降低城市轨道交通地下建筑的造价。

5. 增加站台候车面积

安装安全门只需要 25~30 cm 的宽度,而在没有安全门系统的车站,乘客候车的安全线距站台边缘的距离有 50~60 cm。事实上,城市轨道交通车站安装安全门后乘客在站台区的有效候车面积并不减少,反而是增加的。

6. 提高城市形象

车站是城市的窗口。安装安全门后,乘客能够在车站里安全舒适地候车,更加有序而从容地上下列车。这样可以提高列车运行效率,增加城市公民对市政工作的信任与支持,提高城市公民在公共场合中秩序意识,从而提高城市的整体形象。

此外,安全门系统是智能化机电装置,自动化程度高,动作整齐划一,外观简洁透明,对于塑造国际化大都市的形象也很有帮助。

然而,安装安全门后也会带来一些负面影响。主要是安全门系统的初期投资是比较昂贵的,安装后还需要维修保养费用。其次,安装安全门系统会使站台显得更加狭长,特别是侧式站台。需要对这些站台做有针对性的特殊装修处理,使站台显得更加明亮、宽敞些,这也会增加成本。再者,虽然安全门大都为透明玻璃,但安全门安装之后,会影响车站部分隧道墙面广告的效果,减少广告收入等。

而安全门中的半高安全门类型与全高安全门类型,都不是封闭式结构,其空调、抗噪声等效果就比封闭式屏蔽门差。

知识点6:安全门的发展历史

安全门概念是 1976 年美国交通部集体运输管理局提出,将铁路站台乘客候车区与轨道行车区分隔开来,以达到节能和改善车站乘车环境的目的。经过 40 多年的研究和发展,安全门已经在全世界已建设轨道交通的城市中普遍使用,安全门技术也已逐步完善和成熟。

1988 年,世界上城市轨道交通第一套安全门系统安装于新加坡城市轨道交通 NEL 线。新加坡在安装安全门系统时,主要考虑经济因素与安全因素。由于新加坡常年气候炎热,空调费用占城市轨道交通运营成本比例高。为了节省能源,同时充分考虑乘客乘车的安全,在保证安全门系统可靠性及满足运营需要的前提下,新加坡城市轨道交通车站安装安全门系统,同期空调节能率达到 50% 左右。此后,欧美国家为增加乘客安全,开始在城市轨道交通车站安装安全门。由于在列车与站台间安装了安全门,将乘客与列车隔开,有效防止了乘客有意或无意进入轨道区,大大减少了乘客被列车撞伤的危险性。

1969 年 10 月 1 日,我国第一条城市轨道交通线路在北京建成通车,北京成为中国第一个拥有城市轨道交通的城市。随着我国经济社会快速发展,城镇化发展步伐加快,城市内部的交通压力加大，各大中型城市都大力发展轨道交通建设。城市轨道交通建设在全国范围内的北京、上海、广州、深圳、成都、郑州、沈阳、厦门等城市全面铺开。2003 年广州地铁 2 号线成为中国内地第一条已正式投入运营并使用安全门系统的城市轨道交通路线。随后上海、深圳、天津、北京等城市也采用安全门系统。

> **参考资料：** 安全门的发展趋势

随着城市轨道交通车站安全门的普及，国内多家安全门生产企业也逐渐打破了其核心技术被国外几家企业垄断的局面，深圳方大集团于 2006 年 4 月率先研发出国产化安全门系统，并且于 2007 年 3 月与深圳城市轨道交通签订了 1 号线续建工程城市轨道交通车站安全门系统的总承包合同，标志着我国的城市轨道交通车站安全门产业已经进入世界先进行列。目前，国际上安全门系统知名生产厂家（品牌）有美国西屋制动公司（WESTINGHOUSE）、法国法维莱公司（FAIVELEY）、日本松下公司（PANASONIC）、德国卡巴公司（KABA）等；国内有深圳方大公司（FANGDA）、广州佳都公司（PCI）、沈阳远大公司（CNYD）、中车公司（CRRC）等。

目前城市轨道交通建设已经由一线城市逐渐向二、三线城市扩展。随着机动车保有量的迅速上升、城市主干道日益拥堵，以及房价快速上涨，城市轨道交通逐渐成为二、三线城市未来发展的重要部分。在城市轨道交通项目规划中，城市轨道交通车站安全门系统已成为必需配置的设备。为推动城市轨道交通设施的国产化进程，国家出台一系列产业促进政策及相关行业标准。

随着国内城市集群化进程的不断加快，以及"一带一路"蓬勃发展，呈现庞大的国内国际轨道交通市场。轨道交通建设事业发展快速，研发和生产城市轨道交通车站安全门的国内外企业将迎来大好发展机遇，城市轨道交通车站运营管理与设备维护也将有更多的工作岗位需求。

工作实施

1. 城市轨道交通车站安全门系统基本概念

引导问题 1：安装城市轨道交通车站安全门的首要目的是保证_____。

引导问题 2：城市轨道交通车站安全门全程安装在站台的_____，将_____区与_____区相互隔离，形成连续屏障。所有安全门设备均不能侵入_____界限。

2. 城市轨道交通车站安全门的运营简介

引导问题 3：城市轨道交通车站安全门与列车车门_____开启和关闭。

引导问题 4：一般情况下只有安全门系统_____完成后才允许列车到站与列车出站。

3. 城市轨道交通车站安全门的分类简介

引导问题 5：城市轨道交通车站安全门按类型可分为_____、_____和_____。

引导问题 6：常称之为屏蔽门的是上述类型中的_____，用于_____车站，是目前使用数量最_____的类型。它能将站台区与轨道区_____隔离。

引导问题 7：半高安全门用于_____车站和_____车站，不封闭，只有半高，类似栅栏。

引导问题 8：全高安全门用于_____车站，适用于某些纬度高的地区，其全高设计，但不封闭，即上下留置_____，目前数量_____。

4. 城市轨道交通车站安全门的技术简介

引导问题 9：城市轨道交通车站安全门是 20 世纪_____年代发展起来的先进的轨道交通车站_____一体化设备。

5. 安全门系统的功能与效益

引导问题 10：在隧道内，列车高速运行时会产生强烈的_____效应，俗称隧道风或活塞风。

引导问题 11：列举城市轨道交通车站安全门可以加强安全的例子。

答：
_____
_____
_____
_____
_____

引导问题 12：哪些轨道交通车站的站台是安装空调设备的？

答：_____。

> **小提示**
> 地下车站空间相对密闭，空气流通不畅，而且由于列车运行、设备运转和乘客等会产生很多热量，但并非所有地下车站都安装空调设备的。
> 如果安装空调设备的站台上没有安装封闭式安全门系统，列车出隧道（进站台）时会给候车区带来很强压力的隧道里的热气；列车出站台（进隧道）时，又会吸走很多的站台上的冷气。这样站台安装的空调设备就需要很大功率，而且很难保障温度平稳。
> 因此，只有安装封闭式安全门系统的地下车站才会安装空调设备。
> 目前地面车站和高架车站由于空气流通顺畅，基本也没有安装空调设备。

引导问题 13：地下车站安装屏蔽门系统后，减少站台与隧道之间的_____气流交换，这样使用空调设备更为_____和_____。

引导问题 14：安装封闭式安全门系统在哪些方面改善候车环境？

答：
_____
_____
_____

引导问题 15：安装安全门系统可以减少哪些运营成本？

答：_____

_____

> **小提示**
>
> 在没有安装安全门的车站，当列车到达和离开之前，为保障安全，需要车站信号员接发列车和一定数量的工作人员维持引导乘客上下车秩序。安装安全门后，直接消除打旗语的信号员岗位，一般情况下只需司机一人操作就可保证安全，站台上减少甚至不需要站务人员接发列车及进行客流监视，因而减少此类站台工作人员岗位，从而节约运营的人员成本。

引导问题 16：安装安全门系统后，乘客的候车区域面积是否减少了？

答：_____

> **小提示**
>
> 安装安全门只需要 25～30 cm 的宽度，而在没有安全门系统的车站，乘客候车的安全线距站台边缘的距离有 50～60 cm。事实上，城市轨道交通车站安装安全门后乘客在站台区的有效候车面积并不减少，反而是增加的。

引导问题 17：安装安全门后，如何更好地提高城市形象？

答：_____

_____

_____

_____

引导问题 18：安装安全门的负面影响主要是初期投资是比较_____，安装后还需要_____费用。

6. 安全门发展历史

引导问题 19：安全门概念是 1976 年_____国交通部集体运输管理局提出，将铁路站台乘客区与轨道行车区_____，以达到_____和_____的目的。

引导问题 20：1988 年世界城市轨道交通第一套安全门系统安装于_____城市轨道交通 NEL 线。

引导问题 21：我国第一套安全门系统于_____年安装于_____。

引导问题 22：国外安全门系统知名企业有_____；国内安全门系统知名企业有_____。

参考答案

评价反馈

表 1-1-2 学生自评表

班级:	姓名:		学号:	
学习情景 1.1	安全门系统认知与发展			
评价项目	评价标准		分值	得分
安全门在站台安装位置认知	能正确认知安全门在站台边缘安装位置,能清楚认知安全门的连续性、密封性和边界		10	
安全门与车门的对应关系认知	能正确认知安全门与车门的同步开关		10	
三类安全门认知	能正确认知封闭式安全门、全高式安全门、半高式安全门,能清楚各类型安全门的特点		20	
安全门在车站中的作用认知	能正确认知安全门在车站中的各种作用		20	
安全门技术发展认知	能正确认知安全门的技术发展,清楚国内外知名厂家		10	
工作准备	能完成相关理论知识学习		15	
工作质量	能按计划完成工作任务		15	
	合计		100	

表 1-1-3 学生互评表

学习情景 1.1		安全门系统认知与发展					
评价项目	分值	评价对象(组别)					
		1	2	3	4	5	6
计划合理	20						
组织有序	20						
工作完整	20						
团队合作	20						
材料上交	20						
合计	100						

注:评价档次统一采用 A(优秀)、B(良好)、C(合格)、D(努力)四个。

表 1-1-4 教师评价表

班级：		姓名：		学号：	
学习情景 1.1			安全门系统认知与发展		
评价项目		评价标准		分值	得分
考勤		没有无故缺勤、迟到、早退现象		10	
工作过程	安全门系统认知	能正确认知安全门系统		30	
	安全门系统发展	能正确认知安全门发展		10	
	工作质量	能按计划完成工作任务		10	
	协调能力	能与小组成员合作交流，协调工作		5	
	职业素养	能表达成熟或灵动的想法		5	
项目成果	工作完整	能按计划完成任务		5	
	工作规范	能做到安全生产，文明施工		10	
	工作报告	能正确完成工作报告		10	
	成果展示	能准确表达工作成果		5	
合计				100	
综合评价	自评（20%）	小组互评（30%）	教师评价（50%）	综合得分	

学习情景 1.2　安全门系统的基本构成

情景描述

城市轨道交通车站安全门是一种先进的轨道交通车站机电一体化设备。在城市轨道交通车站中安装安全门系统,为乘客提供一个安全、舒适、美观的候车环境,也提高轨道交通服务水平。

图 1-1-4 是某城市轨道交通车站安全门。以乘客视角对图进行识读,尝试了解城市轨道交通车站安全门系统的基本构成情况,分析城市轨道交通车站安全门系统有哪些典型配置。

图 1-2-1　城市轨道交通车站安全门

学习目标

(1)能掌握城市轨道交通车站安全门系统的基本构成;
(2)能初步掌握安全门系统的门体结构的组成部件;
(3)能初步掌握安全门系统的门机系统的组成部件;
(4)能初步掌握安全门系统的控制与监视系统的组成部件;
(5)能初步掌握安全门系统的电源系统的组成部件。

工作任务

(1)在实训室里仔细观察分析,认知城市轨道交通车站安全门的承重机械部件如何安装的,初步认知滑动门、应急门、固定门和端门是如何安装在框架机械结构上的。
(2)在实训室里仔细观察分析,认知驱动滑动门自动运行移动的门机系统是由哪些部件组成的,初步认知滑动门的自动运行过程。

（3）在实训室里仔细观察分析，认知滑动门、应急门、端门是如何开关门的？初步认知滑动门的运行控制与监视系统。

（4）在实训室里仔细观察分析，初步认知城市轨道交通车站安全门系统的电源系统是如何为各机电设备供电的。

任务分组

表 1-2-1　学生任务分配表

班级		组号		指导老师	
组长		学号			
组员	姓名	学号	姓名	学号	
任务分工					

工作准备

（1）阅读工作任务，观察地铁车站安全门系统，并做好记录。

（2）收集《城市轨道交通站台屏蔽门系统技术规范》（CJJ 183—2012）中安全门相关技术规范要求。

（3）查阅相关信息，进一步了解城市轨道交通车站安全门的基本构成。

情景知识

知识点 1：安全门系统的基本构成

城市轨道交通车站安全门系统包括机械和电气两部分，主要由门体结构、门机系统、电源系统及控制与监视系统等四个系统部件组成。如图 1-2-2 所示。

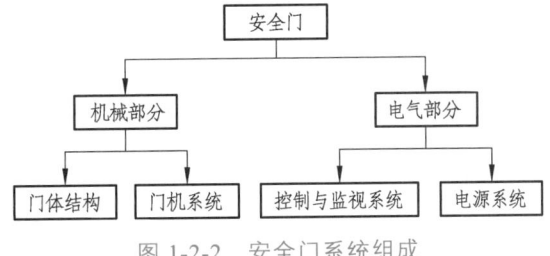

图 1-2-2　安全门系统组成

知识点 2：门体结构

安全门系统的门体结构为整体机械结构，主要包括滑动门、应急门、端门、固定门、支撑结构、顶箱（屏蔽门和全高安全门设置）、门槛和固定侧盒（半高安全门设置）等。

（1）滑动门（Automatic Sliding Door，ASD）。

滑动门是正常运营时乘客上下车的通道，应与列车车门对应，其开门方式采用中分双平移开启。正常情况下由信号控制自动打开和关闭；非正常情况下可电动和手动多种方式打开和关闭。

滑动门运动

（2）应急门（Emergency Escape Door，EED）。

应急门是列车进站后，出现非正常情况下使用。即当停车后列车门无法对准滑动门时，应急门成为乘客上下列车的临时通道。应急门只能手动打开和关闭。其打开方式是向站台区中分旋转90°开启，不能向轨道区方向开启。关闭方式与打开方式相反。

（3）端门（Manual Secondary Door/Platform End Door，MSD）。

端门设置在站台两端，安全门与站台设备房外墙之间，作为区间隧道与站台及设备房区域的进出通道。端门也只能手动打开和关闭，其打开方式也是向站台区中分旋转90°开启，不能向轨道区方向开启。关闭方式与打开方式相反。

（4）固定门（Fixed Door，FIX）。

固定门是连接所有可活动门的其他门体部分，由不能开启的玻璃隔墙组成，达到连接、闭封和美观一致的效果。

滑动门、应急门、端门都有设置关闭锁紧装置，可防止门关闭后乘客在站台区使用外力直接将门打开，或由于车辆进出车站产生的风压将门打开。

滑动门、端门和应急门均在轨道侧都可以手动打开和关闭，在站台侧都需要使用相同的专用钥匙打开和关闭。

（5）支撑结构。

支撑结构是安全门系统的机械承重部件，采用钢架结构。要求其需要承受安全门系统设备的纵向重力作用，也要承受乘客拥挤产生的横向压力，以及由于列车运行造成的活塞风对门体产生的横向正负变换气体压力。封闭式屏蔽门与半高安全门的支撑结构不尽相同。封闭式屏蔽门和全高安全门是连接站台地面到站台顶部建筑横梁，而半高安全门只是连接站台地面，没有连接站台顶部。

（6）顶箱和固定侧盒。

顶箱是屏蔽门和全高安全门用于放置安全门系统的控制部件、连接部件的空间，起密封保护作用。半高安全门没有顶箱，对应的空间为固定侧盒。

（7）门槛。

门槛即是踏步板，是乘客上下车需要踩踏的部件，起防滑、安全美观的作用，要求安装拆卸方便。

知识点 3：门机系统

门机系统是通过驱动机构和传动机构驱动滑动门门体的水平移动，实现滑动门的打开和关闭。门机系统由驱动机构、传动装置、悬挂装置、锁紧及解锁装置组成。

（1）驱动机构。

驱动机构是滑动门运动的动力部件。安全门系统常采用直流无刷电机进行驱动，其电机调速性能和输出转矩均应满足门扇运动曲线和动力曲线的要求。电机应采用减振安装方式，要求拆卸方便，便于维修。

屏蔽门和全高安全门采用单电机同时驱动两扇门方式，半高安全门采用单电机驱动单扇门方式。

（2）传动装置。

传动装置是电机与滑动门的动力传导装置，常见有两种类型：同步齿形带传动和滚珠螺杆传动。目前安全门多采用同步齿形带传动，少数采用滚珠螺杆传动。

（3）悬挂装置。

悬挂装置是指将滑动门、应急门、端门悬挂在门机梁上的相关器件，由导轨和滑块组成。悬挂装置要求使门体安装稳固、不变形，且门体的打开和关闭能顺滑、不卡顿。

（4）锁紧及解锁装置。

锁紧及解锁装置是滑动门、应急门、端门的锁扣装置。

滑动门的锁紧及解锁装置应具有自动和手动两种功能：正常情况下通过电气线路控制实现门体自动锁紧和解锁功能，属于电子锁装置；非正常情况下可以人工解锁和锁紧，属机械锁装置。乘客可采用从轨道侧拉开隐形把手的方法开门，站台人员可用钥匙从站台侧打开。

应急门、端门的锁紧及解锁装置为人工解锁功能，属机械锁装置。乘客可采用从轨道侧推压开门推杆的方法开门，站台人员可用钥匙从站台侧打开。

知识点4：控制与监视系统

控制与监视系统是以车站内的某一条线路（包括上行线和下行线）为单元构成独立的监控系统，是安全门系统的管理中枢，具备一定抗电磁干扰的能力。

控制与监视系统是保障安全门在正常和非正常状态下都能安全、可靠运行的装置。

控制与监视系统包括中央控制盘（PSC）、就地控制盘（PSL）、门机控制器（DCU）和就地控制盒（LCB）以及控制局域网、软件、监视报警装置和网间通信协议转换器、安全回路设备、通信介质及通信接口模块等。

控制与监视系统具有控制和监视两项基本功能。

控制与监视系统主要控制功能是：与信号系统进行信息交换，对安全门的开门、关门进行控制，保证正常情况下滑动门的开门、关门与列车车门动作同步；保障在紧急状态下能使乘客从列车上安全疏散。

控制与监视系统主要监视功能是：将安全门系统中所有设备的状态信息均通过现场总线传达到安全门监视子系统的主控单元上，可以查询到所监视设备的状态。监视信息主要包括：门体的开关与锁紧状态；控制电机的运行状态；安全门的运行及系统状态；障碍物探测；故障信息采集和报警等。

知识点5：电源系统

电源系统是安全门系统运行的动力来源。为了保证安全门系统在城轨道交通运营中的高可靠性，必须按一级负荷供电，配置有备用电源。

电源系统主要包括驱动电源、控制电源,其两路交流供电回路相互独立设置,配置独立的蓄电池组。驱动电源为驱动滑动门运行的电机提供电源;控制电源为安全门的控制与监视系统提供电源。对应的电源设备有控制电源配电柜和驱动电源配电柜,此电源设备安装在安全门系统设备室里。

知识点6:安全门系统结构

安全门系统包括中央控制盘(PSC)、站台控制盘(PSL)、综合后备盘(IBP)、门机系统,门控单元(DCU)、就地控制盒(LCB)、状态指示灯、控制电源、驱动电源等。其结构如图 1-2-3 所示。

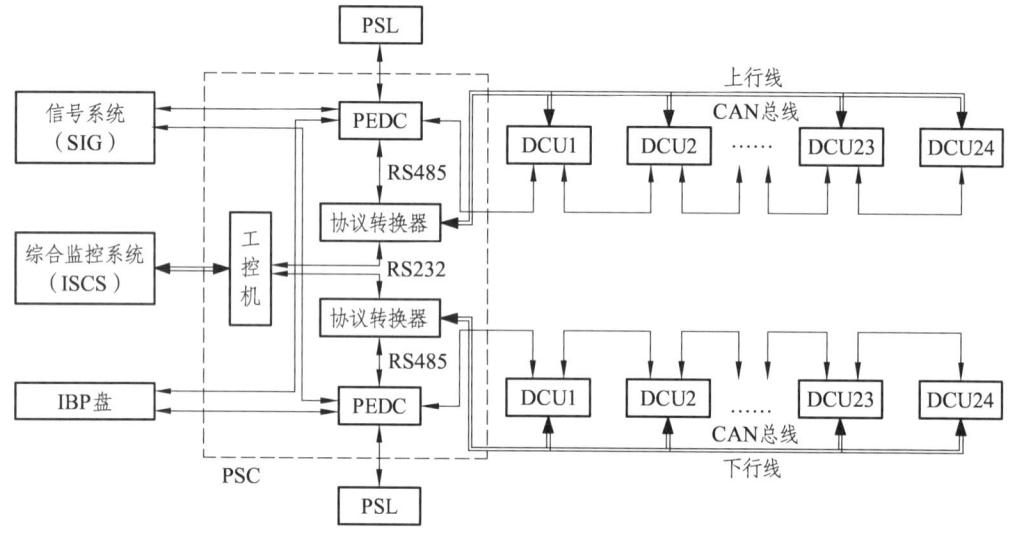

图 1-2-3 安全门系统结构

参考资料:安全门系统配置

安全门系统典型配置如图 1-2-4、表 1-2-2 所示。

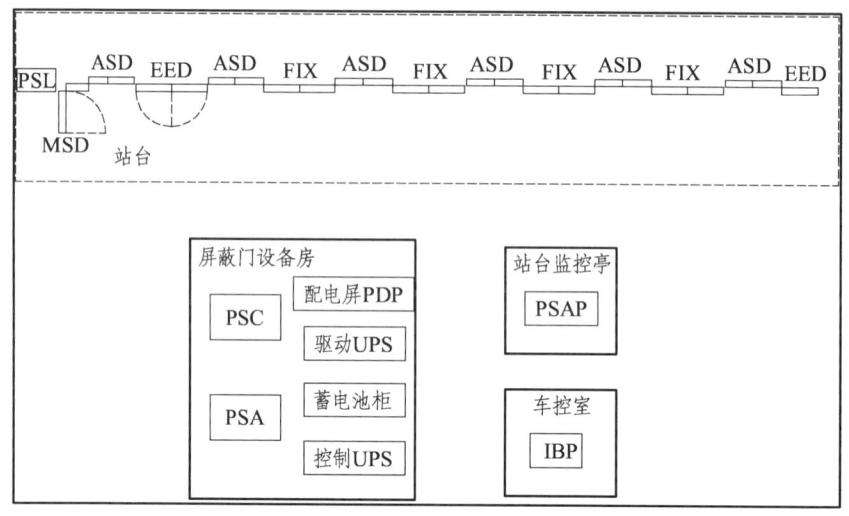

图 1-2-4 安全门系统配置简图

表 1-2-2　安全门系统设备表

每侧站台门体	控制设备
28 对对称滑动门（ASD） 2 对不对称滑动门（ASD） 46 扇固定门（FIX） 2 扇小固定门（FIX） 12 扇应急门（EED） 2 对端门（MSD）	中央接口盘（PSC）每两侧站台 1 个 配电屏（PDP）每两侧站台 1 个 驱动电源 UPS、控制电源 UPS、蓄电池屏每两侧站台 1 个 安全门操作指示盘（PSA）每两侧站台 1 个 安全门状态报警盘（PSAP）每两侧站台 1 个（监控亭） 安全门就地控制盘（PSL）每侧站台 2 个 安全门综合后备盘（IBP）每两侧站台 1 个（站控室）

工作实施

1. 城市轨道交通车站安全门系统门体结构

引导问题 1：城市轨道交通车站安全门系统包括主要由＿＿＿＿＿、＿＿＿＿＿、＿＿＿＿＿及＿＿＿＿＿等四个系统部件组成。

引导问题 2：门体结构是安全门系统的主要机械部分，它是由哪些部件组成？
答：
_____
_____
_____

引导问题 3：安全门系统中的滑动门的开关门方式与应急门、端门不同，滑动门的开门方式是＿＿＿＿＿＿＿＿＿＿；应急门和端门的开门方式是＿＿＿＿＿＿＿＿＿＿。

引导问题 4：安全门系统中的滑动门在正常情况下和非正常情况下都需要能开关门。正常情况下，滑动门是由＿＿＿＿＿＿＿＿＿＿开关门；非正常情况下，滑动门是由＿＿＿＿＿＿＿＿＿＿开关门。

引导问题 5：安全门系统中的滑动门＿＿＿＿＿（能/不能）电动开关门，＿＿＿＿＿（能/不能）手动开关门。

安全门系统中的应急门＿＿＿＿＿（能/不能）电动开关门，＿＿＿＿＿（能/不能）手动开关门。

安全门系统中的端门＿＿＿＿＿（能/不能）电动开关门，＿＿＿＿＿（能/不能）手动开关门。

安全门系统中的固定门＿＿＿＿＿（能/不能）电动开关门，＿＿＿＿＿（能/不能）手动开关门。

引导问题 6：安全门系统中的应急门是在什么情况下使用的？
答：
_____
_____

引导问题 7：安全门系统中的应急门和端门的打开方向是＿＿＿＿＿区，不能向＿＿＿＿＿区。

引导问题 8：手动开门的情况下，安全门系统中的滑动门、应急门、端门在轨道侧都是通过＿＿＿＿＿开门；在站台侧都是通过＿＿＿＿＿开门。

引导问题 9：滑动门、应急门、端门都有设置_____装置，可防止门关闭后人为外力或隧道风压将门打开。

引导问题 10：支撑结构是安全门系统的机械承重部件，要求其需要承受安全门系统设备的纵向_____作用，也要承受乘客拥挤产生的横向_____作用，以及隧道风产生的横向_____作用。

引导问题 11：_____是屏蔽门和全高安全门的部件，_____是半高安全门的部件，都是用于放置安全门系统的_____、_____的空间，起_____保护作用。

引导问题 12：门槛是乘客上下车需要_____的部件，起_____、安全美观的作用。

2. 城市轨道交通车站安全门系统门体结构

引导问题 13：_____是实现滑动门自动移动的部件。

引导问题 14：门机系统由哪些装置组成？

答：
_____
_____

引导问题 15：_____是滑动门运动的动力部件。屏蔽门和全高安全门采用单电机驱动_____扇门方式，半高安全门采用单电机驱动_____扇门方式。

引导问题 16：_____是电机与滑动门的动力传导装置，常见有两种类型：_____传动和_____传动。

引导问题 17：_____是指将滑动门、应急门、端门悬挂在门机梁上的相关器件，由_____和_____组成。

引导问题 18：滑动门的锁紧及解锁装置应具有自动和手动两种功能。自动功能下，它属于_____锁装置；在手动功能下，它属于_____锁装置。

引导问题 19：应急门、端门的锁紧及解锁装置为人工锁定及解锁功能，属于_____锁装置。

> **小提示**
>
> 锁紧及解锁装置是滑动门、应急门、端门的锁扣装置。
>
> 滑动门的锁紧及解锁装置应具有自动和手动两种功能：正常情况下通过电气线路控制实现门体自动锁紧和解锁功能，属于电子锁装置；非正常情况下可以人工解锁和锁紧，属机械锁装置。乘客可采用从轨道侧拉开隐形把手的方法开门，站台人员可用钥匙从站台侧打开。
>
> 应急门、端门的锁紧及解锁装置为人工解锁功能，属机械锁装置。乘客可采用从轨道侧推压开门推杆的方法开门，站台人员可用钥匙从站台侧打开。

3. 城市轨道交通车站安全门系统控制与监视系统

引导问题 20：_____系统是城市轨道交通车站安全门系统的管理中枢。

引导问题 21：控制与监视系统是保障安全门在_____状态和_____状态下都能安全、可靠运行的装置。

引导问题22：控制与监视系统的控制功能有哪些？
答：
_____
_____
_____

引导问题23：控制与监视系统的监视功能有哪些？
答：
_____
_____
_____

> **小提示**
> 控制与监视系统主要控制功能是：与信号系统进行信息交换，对安全门的开门、关门进行控制，保证正常情况下滑动门的开门、关门与列车车门动作同步；保障在紧急状态下能使乘客从列车上安全疏散。
> 控制与监视系统主要监视功能是：将安全门系统中所有设备的状态信息均通过现场总线传达到安全门监视子系统的主控单元上，可以查询到所监视设备的状态。监视信息主要包括：门体的开关与锁紧状态；控制电机的运行状态；安全门的运行及系统状态；障碍物探测；故障信息采集和报警等。

4. 城市轨道交通车站安全门系统电源系统

引导问题24：城市轨道交通车站安全门系统按_____级负荷供电，必须配置_____电源。

引导问题25：安全门系统的电源系统主要包括_____电源、_____电源。

引导问题26：驱动电源为_____提供电源；控制电源为_____提供电源。

参考答案

评价反馈

表 1-2-3　学生自评表

班级：	姓名：	学号：	
学习情景 1.2	安全门系统的基本构成		
评价项目	评价标准	分值	得分
安全门系统门体结构认知	能正确认知安全门系统承重结构、滑动门、应急门、端门、固定门，及各门体的打开与关闭方式	20	
安全门系统门机系统认知	能正确认知安全门系统中的驱动机构、传动装置、悬挂装置、锁紧及解锁装置	20	
安全门系统控制与监视系统认知	能正确认知封闭式安全门、全高安全门、半高安全门，能清楚各类型安全门的特点	20	
安全门系统电源系统认知	能正确认知安全门在车站中的各种作用	20	
工作准备	能完成相关理论知识学习	10	
工作质量	能按计划完成工作任务	10	
合计		100	

表 1-2-4　学生互评表

学习情景 1.2		安全门系统的基本构成					
评价项目	分值	评价对象（组别）					
		1	2	3	4	5	6
计划合理	20						
组织有序	20						
工作完整	20						
团队合作	20						
材料上交	20						
合计	100						

注：评价档次统一采用 A（优秀）、B（良好）、C（合格）、D（努力）四个。

表 1-2-5 教师评价表

班级：		姓名：		学号：	
学习情景 1.2			安全门系统的基本构成		
	评价项目	评价标准		分值	得分
	考勤	没有无故缺勤、迟到、早退现象		10	
工作过程	安全门系统门体结构认知	能正确认知安全门系统门体结构		15	
	安全门系统门机系统认知	能正确认知安全门门机系统		15	
	安全门系统控制与监视系统认知	能正确认知安全门控制与监视系统		15	
	安全门系统电源系统认知	能正确认知安全门电源系统		10	
	工作质量	能按计划完成工作任务		5	
	协调能力	能与小组成员合作交流，协调工作		5	
	职业素养	能表达成熟或灵动的想法		5	
项目成果	工作完整	能按计划完成任务		5	
	工作规范	能做到安全生产，文明施工		5	
	工作报告	能正确完成工作报告		5	
	成果展示	能准确表达工作成果		5	
		合计		100	
综合评价		自评（20%）	小组互评（30%）	教师评价（50%）	综合得分

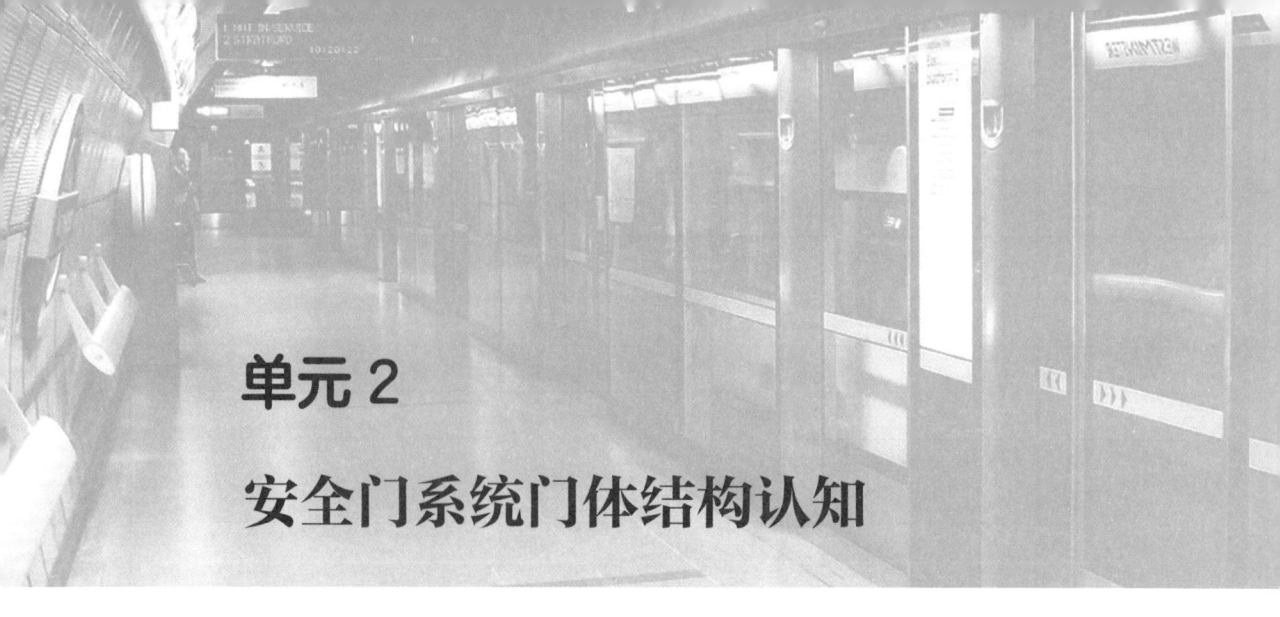

单元 2
安全门系统门体结构认知

学习情景 2.1　安全门系统安全门类型认知

情景描述

乘客在乘坐地铁过程中,看到多数安全门系统是封闭式的,少数全高且没有封闭。而有些地面、高架车站的安全门系统只有一半高度。这些也是安全门吗?

图 2-1-1、2-1-2、2-1-3 是三类城市轨道交通车站安全门。以学习者视角对图进行识读,尝试了解城市轨道交通车站安全门系统不同类型,分析不同类型的城市轨道交通车站安全门系统在车站中的具体作用。

图 2-1-1　城市轨道交通车站安全门类型一

图 2-1-2　城市轨道交通车站安全门类型二

图 2-1-3　城市轨道交通车站安全门类型三

学习目标

（1）能掌握城市轨道交通车站安全门系统的分类；
（2）能掌握不同类型的安全门系统的基本结构与功能特点；
（3）能了解屏蔽门的主要技术参数。

工作任务

（1）在实训室、地铁车站里仔细观察，认知封闭式安全门系统、全高安全门系统、半高安全门系统的基本机械结构。
（2）分析封闭式安全门系统、全高安全门系统、半高安全门系统的功能特点。
（3）了解屏蔽门的主要技术参数。

任务分组

表 2-1-1　学生任务分配表

班级		组号		指导老师	
组长		学号			
组员	姓名	学号		姓名	学号
任务分工					

工作准备

（1）阅读工作任务，观察 3 种类型城市轨道交通车站安全门系统，并做好记录。

（2）查阅相关信息，收集 3 种类型城市轨道交通车站安全门系统的相关技术资料。

（3）收集《城市轨道交通站台屏蔽门系统技术规范》（CJJ 183—2012）中安全门相关技术规范要求。

情景知识

知识点 1：城市轨道交通车站安全门系统分类

1. 按照封闭形式分类

根据安全门系统应用场合的封闭形式，可以将安全门分为封闭式安全门和开放式安全门两大类。

其中，封闭式安全门即通常所说的屏蔽门（又称封闭式屏蔽门或密闭式屏蔽门），适合安装在有空调系统的站台，一般为地下站台，是城市轨道交通站中最常用的一种。本书通指的屏蔽门就是此类封闭式安全门，本书主要分析的也是这类安全门。

开放式安全门即通常说的安全门，可分为全高开放式安全门（又称全高安全门或全高屏蔽门）和半高开放式安全门（又称半高安全门或称半高屏蔽门）两种，只起到安全隔离和美观的作用，适合没有安装空调系统的站台。

半高开放式安全门一般设置在地面站台或高架站台。全高开放式安全门设置在高纬度地区的地下车站，数量很少，现多数开始升级改装为封闭式屏蔽门。

2. 按照执行机构分类

根据目前安全门系统所采用的执行机构,主要有气动式和电动式两类执行机构。现在安全门多数采用的是电动式执行机构。本书分析的就是此类结构。而安全门气动执行机构的控制系统可以由典型的可编程序控制器、传感器、气动元件组成。早期安全门就是采用此类结构。

3. 按照结构上分类

根据滑动门的具体结构,可以分为上部悬挂式和下部支撑型。现在安全门多数采用上部悬挂式结构。

早期的新加坡城市轨道交通车站安全门系统采用的是下部支撑型、气动控制方式。现在世界各国多数采用的是上部悬挂式、电动控制方式。

4. 按照机械传动方式分类

从机械传动执行的角度出发,安全门系统可以分为同步带式传动和滚珠螺杆式传动。滚珠螺杆式传动精度高、安装简单、故障率低、维修工作量小,但部件一旦磨耗超过限值则需整体更换。同步带式传动很容易调节、可不需要维护,但系统工作寿命受尺带寿命影响,精度比滚珠螺杆式的稍低。现在安全门多数采用同步带式传动方式。

知识点2:屏蔽门系统(封闭式安全门系统)

封闭式安全门系统,即屏蔽门系统,是一道从站台地面到站台顶部建筑横梁的全封闭玻璃隔断墙、沿着车站全站台边缘设置、把站台区域与列车运行区域上下左右完全分隔开来的封闭式安全门系统。

1. 屏蔽门系统的功能和特点

屏蔽门的主要功能和特点如下:

(1)杜绝乘客或者物品进入轨道区间而发生安全事故的可能性,保证乘客的安全,也保障列车的安全正点运营。

(2)提供良好的空气密封性,减少空调的能量消耗,降低运营成本,也减少站台区与隧道区的垃圾和灰尘相互污染。

(3)提供站台声音阻隔,降低车辆噪声;阻隔隧道的活塞风效应对站台区影响,为站台上的乘客构建一种舒适、安全、美观的候车环境。

(4)滑动门运动的动能设计及防挤压模式能够保证乘客不被夹伤。

(5)采用直流无刷电机驱动,实现无级调速,传动方式采用齿形带或螺杆形式,滑动门运动平稳。

(6)解决轨道、列车带电与站台地面、墙面的绝缘问题;门槛需要与站台地面绝缘,并防止乘客触电。

(7)门体采用钢化玻璃和发纹不锈钢包边框架(或铝合金框架),门扇刚度好。

(8)封闭式屏蔽门适合于气候炎热,空调使用期较长的轨道交通线路。

2. 屏蔽门系统基本机械结构

屏蔽门门体总高度3 000 mm以上,上部分为顶箱,2 m以下部分为透明门体,地面为门槛。由横梁和立柱组成的支撑结构连接站台顶板和站台地面，所有门体和上下左右连接件形成封闭的物理立面，从而将站台区与隧道区完全分隔开来。如图 2-1-4 所示。

图 2-1-4　屏蔽门系统

由于结构封闭的特点，屏蔽门的支撑结构除了要承受安全门系统设备的纵向重力作用以外，还要承受乘客拥挤产生的立面横向压力，以及承受由于列车运行造成的活塞风对门体产生的横向正负变换气体压力。所以，封闭式屏蔽门支撑结构的稳固性能要求更高，也即是横梁、立柱的刚性强度及与建筑物的安装固定参数要求更严格。同时门体外框的刚性强度、门体玻璃的抗冲击强度、各固定连接件的刚性强度、可活动连接件的刚性强度等也要达到技术要求。同时活动部件与固定部件之间的密封性能也要求严格。

目前多数的城市轨道交通地下车站采用的都是封闭式屏蔽门，比如我国第一条安装安全门的广州地铁 2 号线采用的就是此类型安全门系统。

知识点 3：全高安全门系统（全高开放式安全门系统）

1. 全高安全门系统的功能和特点

全高安全门系统与封闭式屏蔽门系统相比较，两者的结构型式基本相同，只是全高安全门系统的上下部不封闭，门体结构可以根据需要设置通风口，也就是全高开放式安全门。其主要的功能和特点：

（1）具有封闭式屏蔽门系统中与安全相关的优点，但缺失其节能、隔音等优点，舒适性较差。

（2）可比较容易地升级为封闭式屏蔽门系统。

2. 全高安全门系统基本机械结构

全高开放式安全门的门体从站台地面开始，支撑结构与站台顶板连接，但未做到密封。门体高度一般为 2 400 ~ 2 600 mm，能将站台区与轨道区隔离。在门体上方和墙顶之间留有 500 mm 左右的间隙，以满足轨道侧和站台侧的空气流通。根据环控系统的要求，有的工程还在靠近站台面的门体底部增设开口。该系统多用于空调季节短的地区，当门体底部不设开口时，通风空调系统的设置一般需要进行相应调整。如图 2-1-5 所示。

图 2-1-5　全高安全门系统

目前，北京城市轨道交通 5 号线、10 号线以及南京、沈阳、西安等城市的城市轨道交通工程地下车站均采用此类型安全门。

知识点 4：半高安全门系统

1. 半高安全门系统的功能和特点

半高安全门的高度一般为 1.2~1.7 m，安装在站台边缘，未与站台顶部连接，将站台区域与轨道区域分隔开来，主要目的就是提高乘客安全性。与前两种型式相比，其主要的功能和特点：

（1）可防止乘客随意进入轨道区，或因拥挤或意外掉下站台和跳轨自杀等，保证乘客的安全。

（2）造价较低，安装简单快捷，建设周期短。

2. 半高安全门系统基本机械结构

半高安全门由于其门体高度一般未超过 1.5 m，只能将站台区与轨道区部分隔离。半高安全门基本不具备提高舒适性和节省能耗的作用，只具备安全、减少站台工作人员等特点。地面车站和高架车站一般都是安装半高安全门。国际上，半高安全门也有些用于空调季节短的轨道交通地下车站。如图 2-1-6 所示。

图 2-1-6　半高安全门系统

目前，采用此类安全门的有香港迪士尼乐园站、北京城市轨道交通 5 号线、广州地铁 4 号线、上海城市轨道交通 1 号线的地上车站以及天津城市轨道交通 1 号线地下车站等。日本城市轨道交通也较多采用此种安全门，法国巴黎旧线改造时也采用了此类安全门。

知识点 5：三类安全门系统的特点

屏蔽门系统具有安全、舒适、节能、环保、减少定员等比较显著的特点，较适合于气候炎热、空调期较长的地铁线路，如我国南方地区。

全高安全门系统具有安全、舒适、节省部分能耗、减少定员等特点，对通风空调系统有一定的影响，主要用于空调季节短的地铁线路地下车站，也可用于地上车站。

半高安全门系统则具有安全、减少定员、维护量低等特点，主要用于空调季节短的地铁车站以及地面和高架的地铁车站。

在 3 种类型的安全门中，屏蔽门的技术参数要求最高，建设成本也最高；而半高安全门技术要求最低，建设成本也最少。

知识点 6：屏蔽门系统设计一般规定

数据来源于行业标准《城市轨道交通站台屏蔽门系统技术规范》(CJJ 183—2012)。

（1）在设计载荷的作用下，门体结构应符合限界的规定。
（2）屏蔽门系统的设计应遵循可靠性、可用性、可维护性和安全性的原则。
（3）屏蔽门系统应符合电磁兼容性要求。
（4）屏蔽门系统的设置方式、控制模式宜与建筑、信号和通风空调等系统相结合。
（5）屏蔽门门体不应作为防火隔离设施。
（6）车站站台屏蔽门区域不宜设置建筑结构变形缝。
（7）屏蔽门结构在跨越变形缝时应做特殊设计。
（8）在正确使用和正常维护的条件下，门体结构设计寿命不应小于 30 年。
（9）在正常运营条件下，屏蔽门的故障不应造成滑动门自动打开。
（10）屏蔽门系统的运行强度应按每天运行 20 h、每 90 s 开关 1 次进行设计，应能常年连续运行。
（11）屏蔽门应设置在车站有效站台长度范围内，以有效站台中心线为基准向两端布置。屏蔽门门体部件在任何运动状态下不应超出单侧站台屏蔽门纵向设计范围。
（12）屏蔽门系统应符合列车编组及运营模式的需要。

知识点 7：屏蔽门系统设计要求

数据来源于行业标准《城市轨道交通站台屏蔽门系统技术规范》(CJJ 183—2012)。

（1）滑动门的开关门时间应与列车客室门的开关门时间相匹配，且应为可调参数。
（2）阻止滑动门关闭的力不应大于 150 N（1/3 行程后测量）。
（3）每扇滑动门最大动能不应大于 10 J。
（4）屏蔽门运行噪声的峰值不应大于 70 dB（A）。
（5）滑动门、应急门和端门的手动解锁力不应大于 67 N。
（6）解锁后手动开启单扇滑动门的动作力不应大于 133 N。

（7）屏蔽门系统的平均无故障次数不应小于 60 万个周期。

（8）安装在非封闭式的地面车站或高架车站的屏蔽门，其设计风压可按当地气候条件取值。屏蔽门门体结构在风载荷、人群载荷、撞击载荷等最不利载荷效应组合的情况下，门体弹性变形应符合工程限界要求，门体结构不应出现永久变形。

（9）屏蔽门可在 10～1 000 Hz 的振动频率范围内正常工作。

（10）中央控制盘在接收到开关门指令至滑动门动作的时间不应大于 0.3 s。

参考资料：屏蔽门系统设备招标要求

下面是一组屏蔽门系统相关设备招标主要技术参数要求。

（1）一对标准滑动门的开度不小于 2 000 mm。

（2）滑动门关闭时，能够探测到的障碍物最小为 5 mm（厚度）× 40 mm（宽度）。

（3）应急门的开度不小于 1 100 mm。

（4）端门的开度不小于 900 mm。

（5）阻止滑动门关闭的力 ≤ 150 N。

（6）滑动门解锁后的人工开启力 ≤ 150 N。

（7）每道滑动门运动的最大动能 ≤ 10 J。

（8）关门时，每道滑动门最后 100 mm 行程为慢速爬行区，该行程范围内每道滑动门的动能 ≤ 1 J。

（9）滑动门的开启速度 0.10～1.0 m/s，关闭速度 0.10～0.8 m/s，全程无级调速。

（10）滑动门开启时间在 3.0～3.5 s 之间，关闭时间在 3.5～4.0 s 之间。

（11）站台一侧所有滑动门的启闭，应基本保持同步，启闭时间差控制在 0.3～0.5 s 内。

（12）站台天花距屏蔽门上盖板不小于 250 mm。

（13）屏蔽门应保证一定的气密性，以防止气体的过度泄漏，10Pa 气压下的泄漏量指标为 12.2 m^3/hm^2。

（14）屏蔽门不作为防火墙考虑，但绝缘材料、密封材料和所有的电线电缆均应低烟、无毒、阻燃，且不含有放射性成分。

（15）屏蔽门系统在开/关操作过程中，以及在列车全速通过时由车辆活塞风作用所发出的震动噪声，在距离屏蔽门 1 m、站台地面 1.5 m 高处所测得的噪声目标值 ≤ 70 dB（A）。

（16）屏蔽门与站台建筑结构采取绝缘措施，在 500 V 直流试验电压下，门体与大地间的绝缘电阻 > 0.5 MΩ。

（17）屏蔽门上方顶盒内控制设备与门体连接，与轨道等电位，钢轨电平由供电系统放电柜限制其电压不大于 90 V。在接触网断线后与门体接触，屏蔽门结构能将此时所产生的故障电流引入轨道，以允许牵引供电回路断路器断开牵引供电。

（18）屏蔽门系统收到开/关门指令后，在 0.3 s 内开启/关闭屏蔽门。

（19）列车停车精度 ± 250 mm。

工作实施

1. 城市轨道交通车站安全门系统分类

引导问题1：根据安全门系统应用场合的封闭形式，可以将安全门分为_____式安全门和_____式安全门两大类。

引导问题2：封闭式安全门是通常所说的_____门；开放式安全门是通常说的_____门，可分为_____开放式安全门和_____开放式安全门。

引导问题3：根据安全门系统所采用的执行机构，可分为_____式和_____式两类执行机构。现多数安全门系统采用_____式执行机构。

引导问题4：按机械传动机构，安全门系统可以分为_____式和_____式传动机构。现多数安全门系统采用_____式传动机构。

引导问题5：屏蔽门和全高开放式安全门一般设置在_____站台。屏蔽门适合于气候_____、空调使用期较_____的站台。全高开放式安全门适用于空调使用期较_____、纬度较_____地区的车站，目前使用数量_____。半高开放式安全门一般设置在_____站台或_____站台。

2. 屏蔽门系统（封闭式安全门系统）

引导问题6：屏蔽门系统_____为乘客提供安全保障，____完全物理隔绝候车区和轨道区；在候车区，____阻隔列车噪声，____阻断隧道的活塞风，____适宜安装空调设备。（此题判断能/不能）

引导问题7：屏蔽门系统门体总高度_____以上，上部分为_____，2 m以下部分为_____，地面为_____。

引导问题8：屏蔽门系统门体由_____和_____组成的支撑结构，连接站台_____和站台_____。

引导问题9：屏蔽门的支撑结构要承受安全门系统设备的_____力作用，还要承受乘客拥挤产生的_____力，以及承受由于列车运行造成的活塞风对门体产生的_____力。

引导问题10：我国第一条安装安全门的广州地铁2号线采用的是_____（类型）安全门系统。

3. 全高安全门系统（全高开放式安全门系统）

引导问题11：全高安全门系统____为乘客提供安全保障，____分隔候车区和轨道区；在候车区，____阻隔列车噪声，____阻断隧道的活塞风，____适宜安装空调设备。（此题判断能/不能）

引导问题12：全高安全门系统支撑结构连接站台_____与站台_____。门体总高度一般是_____，在门体上方和墙顶之间留有_____左右的间隙，以满足轨道侧和站台侧的空气_____。有的全高安全门系统在靠近站台地面的门体_____增设开口。

4. 半高安全门系统

引导问题 13：半高安全门系统_____为乘客提供安全保障，____分隔候车区和轨道区；在候车区，_____阻隔列车噪声，____阻断隧道的活塞风，____适宜安装空调设备。（此题判断能/不能）

引导问题 14：半高安全门系统支撑结构连接站台_____，未连接站台_____。门体总高度一般是_____。

引导问题 15：在三种类型的安全门系统中，技术参数要求最高，建设成本也最高的是_____；技术要求最低，建设成本也最少的是_____。

5. 屏蔽门系统主要技术参数

引导问题 16：屏蔽门系统主要技术参数主要来源是行业标准_____。

引导问题 17：一对标准滑动门的开度不小于_____。应急门的开度不小于_____。端门的开度不小于_____。

引导问题 18：滑动门关闭时，能够探测到的障碍物最小为_____（厚度）×_____（宽度）。

引导问题 19：滑动门开启时间为_____s 之间，关闭时间为_____s 之间。

引导问题 20：屏蔽门____作为防火墙使用。（此题判断能/不能）

参考答案

评价反馈

表 2-1-2　学生自评表

班级：	姓名：	学号：	
学习情景 2.1	安全门系统安全门类型认知		
评价项目	评价标准	分值	得分
屏蔽门系统认知	能正确认知屏蔽门系统基本机械结构及功能特点	20	
全高安全门系统认知	能正确认知全高安全门系统基本机械结构及功能特点	20	
半高安全门系统认知	能正确认知半高安全门系统基本机械结构及功能特点	20	
屏蔽门系统技术参数认知	能正确认知屏蔽门的部分重要技术参数	20	
工作准备	能完成相关理论知识学习	10	
工作质量	能按计划完成工作任务	10	
合计		100	

表 2-1-3　学生互评表

学习情景 2.1		安全门系统安全门类型认知					
评价项目	分值	评价对象（组别）					
		1	2	3	4	5	6
计划合理	20						
组织有序	20						
工作完整	20						
团队合作	20						
材料上交	20						
合计	100						

注：评价档次统一采用 A（优秀）、B（良好）、C（合格）、D（努力）四个。

表 2-1-4　教师评价表

班级：		姓名：	学号：	
学习情景 2.1		安全门系统安全门类型认知		
评价项目		评价标准	分值	得分
考勤		没有无故缺勤、迟到、早退现象	10	
工作过程	屏蔽门系统认知	能正确认知屏蔽门系统基本机械结构及功能特点	15	
	全高安全门系统认知	能正确认知全高安全门系统基本机械结构及功能特点	15	
	半高安全门统认知	能正确认知半高安全门系统基本机械结构及功能特点	15	
	屏蔽门系统技术参数认知	能正确认知屏蔽门系统部分重要技术参数	10	
	工作质量	能按计划完成工作任务	5	
	协调能力	能与小组成员合作交流，协调工作	5	
	职业素养	能表达成熟或灵动的想法	5	
项目成果	工作完整	能按计划完成任务	5	
	工作规范	能做到安全生产，文明施工	5	
	工作报告	能正确完成工作报告	5	
	成果展示	能准确表达工作成果	5	
合计			100	
综合评价		自评（20%）	小组互评（30%）	教师评价（50%）	综合得分

学习情景 2.2　屏蔽门系统承重结构认知

情景描述

城市轨道交通车站屏蔽门系统安装于站台边缘。当列车进出车站时产生的隧道风压、拥挤人群对屏蔽门产生的压力以及设备的重力作用时，屏蔽门是稳固的。如何保障屏蔽门系统不出现变形甚至倒塌的危险？

图 2-2-1 是从轨道区拍摄已完成安装的屏蔽门照片。以学习者视角对图进行识读，尝试分析城市轨道交通车站屏蔽门系统的机械结构，了解屏蔽门安装方法。

图 2-2-1　屏蔽门完成安装

学习目标

（1）能掌握屏蔽门系统的承重结构；
（2）能掌握屏蔽门系统的机械部件与功能；
（3）能了解屏蔽门的安装要求和安装方式。

工作任务

（1）在实训室里仔细观察，认知屏蔽门系统的承重结构。
（2）分析屏蔽门系统机械部件的功能及技术要求。
（3）观察分析屏蔽门的安装结构，分析其安装方法。

任务分组

表 2-2-1 学生任务分配表

班级		组号		指导老师	
组长		学号			
组员	姓名		学号	姓名	学号
任务分工					

工作准备

（1）阅读工作任务，观察屏蔽门，分析其承重结构，并做好记录。
（2）观察屏蔽门，分析其机械部件功能特点，并做好记录。
（3）查阅相关信息，收集屏蔽门结构的相关技术资料。
（4）收集《城市轨道交通站台屏蔽门系统技术规范》（CJJ 183—2012）中屏蔽门相关技术规范要求。

情景知识

知识点 1： 屏蔽门系统承重结构部件

全高安全门系统的承重结构与屏蔽门基本一致，本内容是以屏蔽门系统为主要分析对象。屏蔽门整体结构如图 2-2-2 所示。

图 2-2-2 屏蔽门整体结构

屏蔽门系统的设计强调可视化结构和紧固件，以产生精致明亮的建筑外观，又要求能够承受相应的重力及流体荷载。屏蔽门的机械结构主要由钢架结构与门体组成。

1. 钢架结构的组成

屏蔽门机械结构由上部预埋件、下部预埋件、立柱、横梁、门机梁、门体、顶箱、门槛、绝缘部件、悬挂装置、连接螺栓、高度调节装置等部件构成，如图 2-2-3 所示。

其中，底部支撑、门体框架、横梁、顶部结构等通过相互之间的刚性连接，形成一个完整受力的钢架结构，如图 2-2-3 所示。整个钢架结构是屏蔽门系统的承重结构，与上下部建筑结构绝缘连接，且连接稳固，并能进行三维调节和吸收建筑沉降。

钢架结构是屏蔽门系统机械结构中完整的受力结构，由立柱、横梁和上下部连接件组成。它承受门体的垂直荷载、列车行驶活塞风压、环控系统风机风压及乘客挤压叠加作用形成的正反方向的水平荷载压力、振动，以及地震等外界荷载。

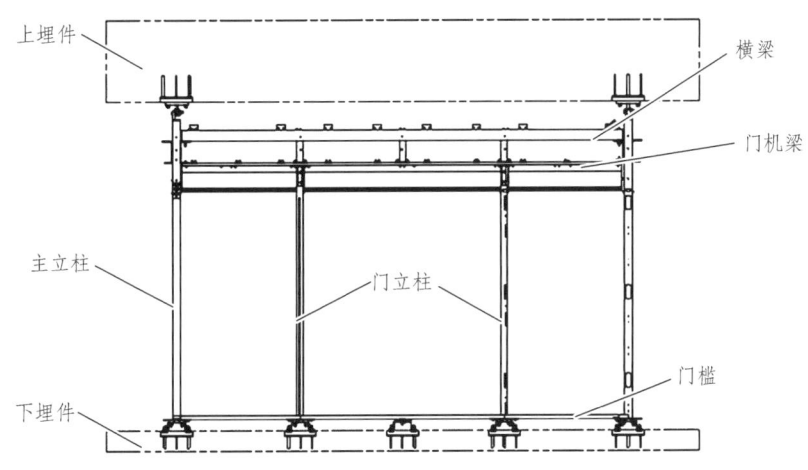

图 2-2-3　屏蔽门钢架结构简图

2. 钢架结构的关键部件

钢架结构的关键部件为连接部件和绝缘部件。

在荷载传递过程中，连接部件可以把屏蔽门所受到的各种工况的荷载传递给建筑结构。绝缘部件用以确保屏蔽门钢结构与站台的整体绝缘。

门体结构中所有受力部件均采用机械性能不低于 Q235 – A 的优质钢材。承重结构中的钢构件表面要采用热浸锌处理，厚度不少于 80 μm。结构表面处理保证使用寿命至少 30 年。

钢架结构中所有的连接螺栓均采用热浸镀锌处理，或采用不锈钢紧固件。根据不同情况，采用双螺母防松设计或加紧固胶防松动设计。

绝缘部件主要是上部连接结构的绝缘板和底部固定支座的绝缘件，以及站台地面板下的绝缘垫等。这些部件的选材应从绝缘、机械强度及耐老化性能要求进行考虑，目前工程上通常采用 PBT（聚对苯二甲酸丁二醇酯）热塑料聚酯工程塑料，这种材料还具备耐高温、耐高冲击性能。

3. 钢架结构的部件连接与调整

钢架结构为门体的支撑结构，若钢架结构变形，将会致使屏蔽门不能够正常开启与关闭。

如图 2-2-4、图 2-2-5、图 2-2-6、图 2-2-7 所示，钢架结构分为上下两部分，上部结构有顶部预埋件、L 形支架、绝缘板及顶部自动收缩装置等，立柱的顶部与顶部预埋件相连；下部结构由下部预埋件、门槛和绝缘垫等组成，立柱与下部预埋件连接。下部构件表面会通过绝缘镀层处理，全部绝缘安装，使得屏蔽门与站台等建筑物绝缘。横梁沿站台横向将所有的立柱连接在一起。

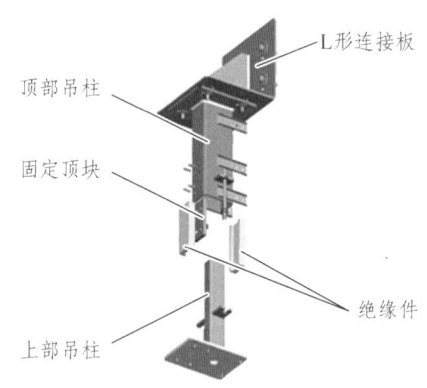

图 2-2-4　屏蔽门钢架上部结构

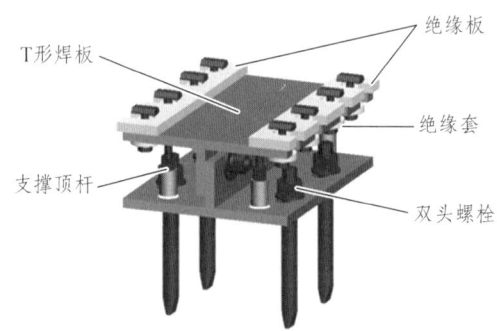

图 2-2-5　屏蔽门钢架下部预埋件

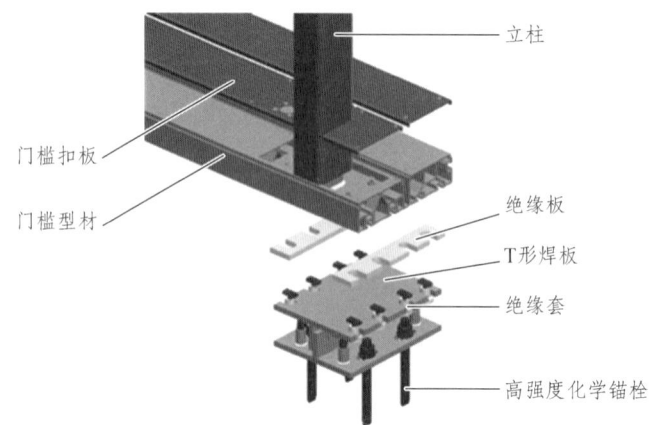

图 2-2-6　门槛、支撑部件组装示意图

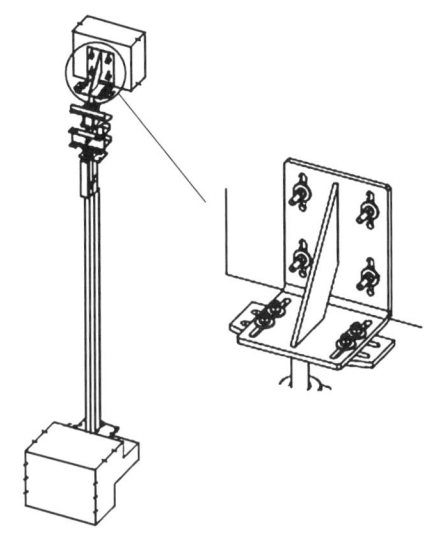

图 2-2-7　立柱与上下连接示意图

上下两部分通过椭圆形孔连接，方便调整前后方向；立柱与底部预埋件连接，又可方便纵向调整。顶部伸缩装置与立柱的相连，能够平衡顶部的建筑误差，并彻底消除顶部部位及站台面对城市轨道交通站台屏蔽门系统的影响。如图 2-2-8、图 2-2-9 所示，屏蔽门机械结构通过这些调整装置实现三维调节。

其部件的主要功能及要求有：

（1）上下部预埋件一般采用可调型连接结构，以吸收建筑施工带来的误差及设备使用过程中产生的变形，保证设备精度，结构可靠。

（2）立柱、横梁和上下部连接件相连，为屏蔽门的主要受力构件，采用不锈钢材料，安装门柱需要绝缘处理。

（3）横梁将所有的立柱连接，保证整个钢架结构的稳定性，同时也是固定门安装构件。

（4）门机梁是门机控制器（DCU）、滑动门驱动装置、传动装置、门锁机构等的安装基体。

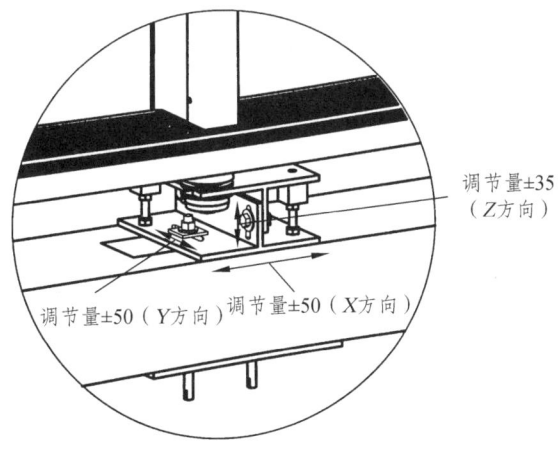

图 2-2-8　底部连接件调节方案（尺寸单位：mm）

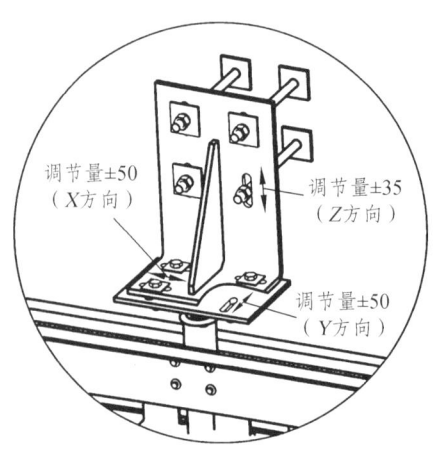

图 2-2-9　上部连接件调节方案（尺寸单位：mm）

知识点 2：屏蔽门系统门槛

1. 门槛的技术要求

门槛即是踏步板，分为滑动门门槛、应急门门槛、固定门门槛和端门门槛。所有门槛采用铝合金材料采用防滑设计，要满足耐磨、防滑、安装拆卸方便等要求，如图 2-2-10 所示。

图 2-2-10　门槛

门槛采用铝合金材料，要求阳极氧化表面处理，厚度不小于 25 μm，保证使用寿命至少 30 年，并且要求结构、外观及尺寸统一。

门槛踏面要求平整，表面作防滑处理，以保证乘客上下车安全、无绊倒危险。单副门槛要能同时承受 3 位乘客重量，荷载共计 225 kg（按 75 kg/人计），且不会产生变形和任何方向的位移，挠度不大于 1/1 000。

屏蔽门的滑动门与门槛之间的间隙不大于 5 mm，应急门、端门与门槛之间的间隙不大于 10 mm。

2. 门槛的安装要求

门槛通过底部支撑部件固定在站台边缘，由于底部支撑座在水平和垂直方向可调，能确保门槛安装不会侵入限界。门槛与固定支座之间安装绝缘件，满足屏蔽门与建筑的绝缘要求。门槛边缘安装绝缘垫，并采用绝缘密封胶填缝处理，保证门槛与站台板地面绝缘。行业标准要求门体结构对地绝缘值不小于 0.5 MΩ（用 500 V 兆欧表测试）。

3. 凹形导槽的作用

门槛踏面设计有贯通的凹形导槽，用于限制滑动门在运动过程的前后摆动。门槛凹形导槽与滑动门导靴组成可来回滑动的运动套组。滑动门导靴在门槛凹槽中滑动顺畅，同时对门槛导槽清扫，避免导槽藏留灰尘，也防止杂物堵塞滑动门运动而导致不能关闭滑动门的故障。导靴上的毛刷可以过滤空气中的灰尘，并且打扫门槛上的垃圾。凹形导槽不仅为门扇开关起导向作用，也保持滑动门扇的平稳运行。开关门时，门槛与滑动门导靴之间要求没明显的摩擦噪声，两者之间的摩擦系不得超过 0.4。

知识点 3：屏蔽门系统顶箱

1. 顶箱的结构

顶箱由顶箱活动前盖板、顶箱固定前盖板、门机梁、顶箱后盖板等组成。顶箱内放置有门单元驱动机构、门锁装置、门机控制器（DCU）、端子排、导轨、滑轮装置等部件。顶箱对上述部件起密封保护作用。如图 2-2-11 所示。

顶箱固定前盖板、活动前盖板、门机梁和顶箱后盖板形成密封顶箱内腔。固定前盖板与活动前盖板连接处有橡胶密封条，后盖板及滑动门顶部开口槽与门机梁连接处有毛刷密封结构，活动前盖板的边缘有可压缩的橡胶密封条，当活动前盖板关闭和锁紧时，内腔可形成相对密封的空间。

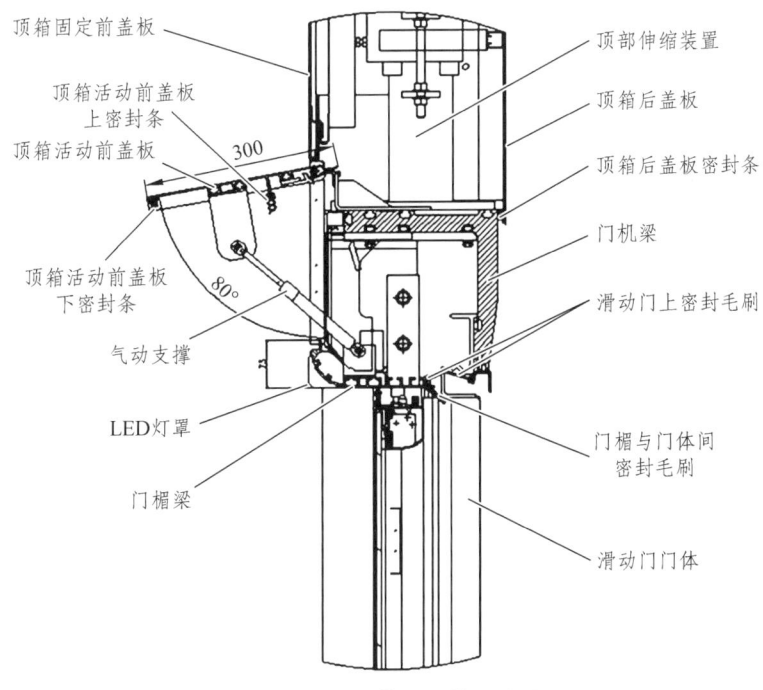

图 2-2-11　屏蔽门顶箱示意图

2. 顶箱的技术要求

顶箱前盖板的分缝宽度要求不大于 5 mm，后盖板要能承受列车活塞风荷载。盖板与顶箱之间的密封完好。要求在有活塞风的情况下，顶箱不会发出风啸声。

顶箱活动前盖板采用 6063—T6 直接成型铝合金型材，厚度不小于 2 mm，两侧表面采用氟碳喷涂，涂层不小于 35 μm。活动前盖板中部可采用加强筋结构以加强盖板刚度。要求达到前盖板在存放、安装及日常检修维护过程中，不会出现因其自重而产生的扭曲和永久变形。活动前盖板通过铰链固定在门机顶部，开启角度可达 70°~80°；要设置伸缩定位的支撑装置，以便于进行顶箱内部的门机部件检修维护工作。同时，活动前盖板要配锁，且只在解锁后才能打开。

顶箱后盖板采用发纹锈钢材料，厚度不小于 1.5 mm。顶箱后盖板不直接安装在建筑顶梁上，而是与顶箱上部件采用沟槽扣式连接，上下部用螺栓固定。在轨道区活塞风的作用下，这样使后盖板不会脱落而危及行车安全。

顶箱盖板要保证足够强度，耐腐蚀，使用寿命 30 年以上。

顶箱底部开口槽与滑动门顶部有良好的接合，保证门扇开关滑动顺畅，并有较好的密封性，常使用毛刷作为封条。

顶箱横截面的宽度须满足屏蔽门横向限界小于 350 mm 的要求，多数设计为 348 mm。顶箱外面的导向标识多采用贴膜工艺，颜色醒目，与建筑风格协调。

一般情况下，屏蔽门系统将声光报警系统（DOI）中的闪光器安装在顶箱活动前盖板上，发声器安装在顶箱内部。

3. 门机梁的技术要求

顶箱内门机梁用于安装和固定各种电气部件，不作为屏蔽门整体受力结构部件。门机梁设计要能满足最大工作荷载组合情况的工作要求：

（1）各种水平荷载不会造成门机梁的变形。

（2）门机梁上的各种电气部件及机械部件安装固定，在列车运行和滑动门工作时各部件不会产生振动。

（3）各种部件布局合理，方便检测维修及更换。

（4）符合相关标准规范要求。

（5）门机梁上的运行导轨要光滑耐磨，导轨断面形状与导轮要匹配。

（6）导轮与导轨之间的传动是拖动滚轮，还要防止滚轮倾覆，保证在水平风压作用下，导轮与导轨能保持良好传动关系。

知识点 4：车站屏蔽门安装方式及预埋件设置

1. 屏蔽门安装方式

屏蔽门门体的安装方式有：顶部悬挂和底部支撑两种安装方式。两种方式比较如下：

（1）顶部悬挂。

顶部悬挂方式是指整个屏蔽门的重量和水平荷载均由上部连接结构承担。除门槛外，包括滑动门、固定门、应急门、门机系统以及所有其他构件的重量荷载均通过顶部悬挂传递到站台顶板结构上，屏蔽门整个结构对站台板没有垂直荷载或垂直荷载较小。

其特点是门结构无承重立柱，在站台上通透性更好，但安装与维护相对不太方便。这类安装方式更加适合于改造项目。

（2）底部支撑。

底部支撑方式是指屏蔽门系统所有重量和水平荷载都由安装在站台底板上的屏蔽门立柱、底部支撑座所承担，由立柱及底部支承座将门体结构的重力荷载转移到站台板上的支承方式。广州地铁 2 号线等国内大部分线路的屏蔽门均采用此种方式。

其主要特点是：

① 门体结构的主要承重部件为立柱和底部支座，屏蔽门在站台的通透性相对于顶部悬挂方案较差。

② 建筑结构产生沉降量，屏蔽门系统需要调节，一般在门立柱顶部轴套伸缩结构上预留一定间隙的沉降量。门底部与站台板的安装间隙可控制在较小的范围内，可达约 5 mm，相对美观。

③ 运行中结构变形检查、调节均可在底部进行。安装维护较为方便。

2. 屏蔽门钢架结构上部预埋条件

屏蔽门钢架结构上部与顶梁的安装方式有两种：顶部横梁安装和侧向顶梁安装。

（1）顶部横梁和预埋件。

顶部横梁和预埋件方案是在屏蔽门安装位置正上方设置结构顶梁，顶梁底面设置预埋件，如图 2-2-12 所示。

此种方案存在以下不足之处：

① 结构的渗漏水很容易通过屏蔽门与站台顶梁的结合面流进屏蔽门顶箱内。因此，必须考虑防水处理。

② 站台顶梁的设置位置减小了站台侧上方的管线敷设空间，并有可能与车站内风管、电缆桥架位置发生冲突。

③ 屏蔽门安装在站台顶梁的正下方，建筑施工误差引起站台顶梁的相对位置偏差，将增加屏蔽门的安装困难，后期不得不采用较多的化学螺栓来进行连接固定，且施工面为正上方，施工工艺困难，难度大。

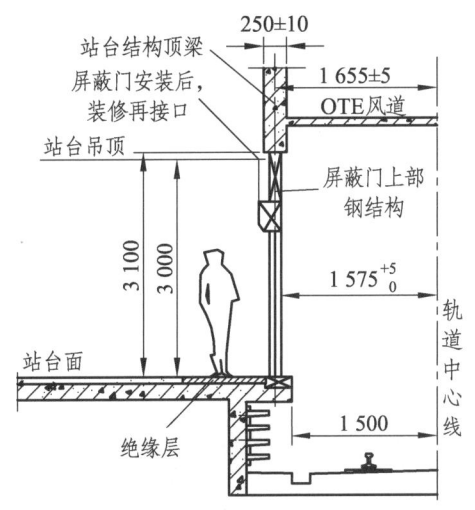

图 2-2-12 顶部横梁安装方案

（2）侧向顶梁和预埋件。

如图 2-2-13 所示，在屏蔽门安装位置的轨道侧上方，沿站台边缘设置通长立柱，立柱边缘与站台边缘平齐，顶梁底标高一般在站台吊顶以上约 100 mm。在顶梁内设置预埋件（预埋连接板和穿透钢管），屏蔽门安装时通过预埋件与之连接固定。我国现在新建城市轨道交通屏蔽门均采用此种方式。

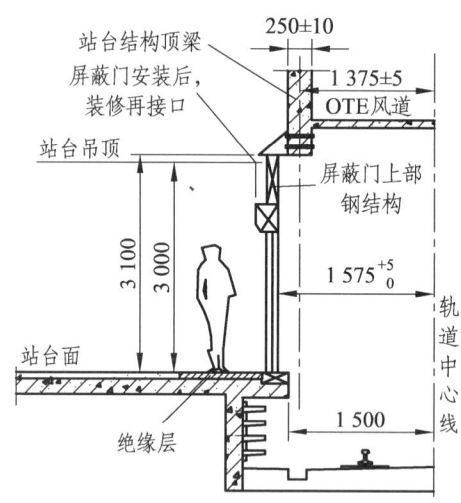

图 2-2-13　侧向顶梁安装方案

3. 屏蔽门钢架结构底部安装预留条件

屏蔽门钢架结构底部与站台板的连接处可采用预埋件方式，也可直接采用后固定方式。

（1）底部采用预埋件方式可以有三种预埋件设置方式：预埋燕尾槽、预留开孔、预埋钢板。

（2）底部安装采用后固定方式，即建筑站台板不预埋屏蔽门安装件，但保证足够的强度和正确的站台边缘尺寸，屏蔽门安装时直接现场打孔安装，或者采用化学螺栓，或者采用穿透螺栓，这样更能适应建筑的施工误差。

知识点 5：屏蔽门系统安装要求

（1）屏蔽门设计要易于在城市轨道交通站台边缘安装。机械结构的设计上能在 X、Y、Z 方向做适应性调整：X（平行于轨道）方向不小于 ±50 mm、Y（垂直于轨道）方向不小于 ±50 mm、Z（垂直于处台面）方向不小于 ±30 mm。

（2）门机水平固定，导轨与水平面的不平行度公差小于 2 mm，门机梁的挠度在其设计寿命内不会影响滑动门的运行性能。

（3）所有连接螺栓和定位螺钉有可靠的防松设计，安装调整完成后，应检查防松零件是否可靠，立柱中心至轨道中心的安装误差范围不超出 0～+5 mm。立柱中心线和站台平面相垂直（站台纵向坡度 2‰），不垂直度小于 1.5 mm。

（4）屏蔽门在站台上的各支座，在高程和平面安装调整时，保证门槛面和站台最终平面在同一平面内。

（5）每侧站台固定门和应急门应整齐安装、调整在一个垂直平面内，平面度误差不大于 5 mm。

（6）固定门扇和固定门扇之间、固定门扇与门槛之间没有明显间隙，且间隙均匀。

（7）滑动门扇关闭后两滑动门扇中缝没有明显的缝隙，不透光线，滑动门扇、应急门扇与门楣、门槛之间的间隙不大于 6 mm，间隙处有密封毛刷或其他形式的密封装置。滑动门扇和固定门扇、滑动门扇和应急门扇之间的间隙，在门扇未受横向负载条件下，上下均匀一致。滑动门关闭状态下，门扇间隙有可靠的装置自动密封，防止发生站台侧与轨道侧的空气串流。

（8）在滑动门与固定门之间的间隙设一定厚度的橡胶条，以加强密封，防止小孩的手指伸入间隙中。

（9）轨道侧顶箱安装不允许侵入限界，顶箱面板间的间隙平直、均匀。

（10）屏蔽门系统内各电气设备的安装与更换简单方便，易于维护，系统各设备的结构设计力求精巧、实用。

（11）安装屏蔽门系统内各电气设备时，考虑各电气设备在功能与容量上都易于扩展，且配置方便；采取可靠措施，保证其运行高度安全。

（12）屏蔽门中类门体的门框与钢化玻璃四周的安装间隙不大于 5 mm，且间隙内有可靠的填充物。

参考资料： 屏蔽门安装流程及安装工具

（1）屏蔽门安装流程，如图 2-2-14 所示：

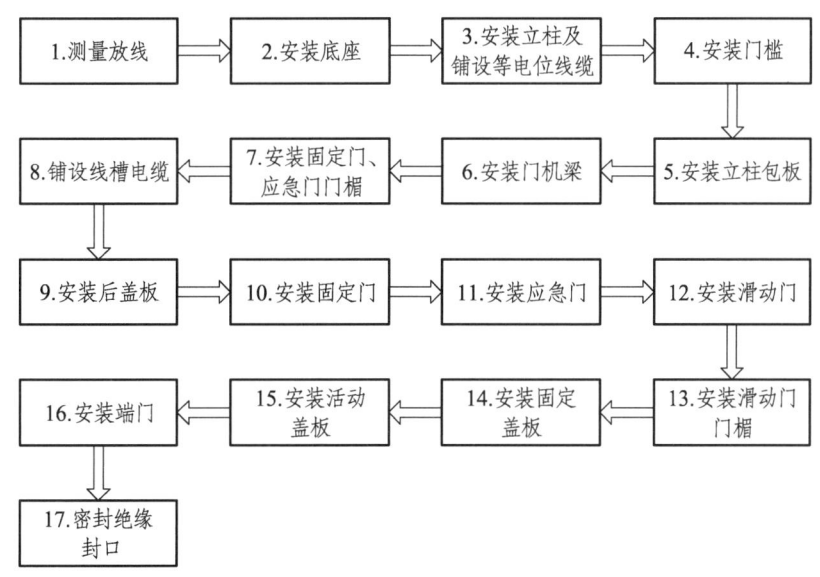

图 2-2-14　屏蔽门安装流程图

（2）屏蔽门专用安装工具，如表 2-2-2 所示。

表 2-2-2　专用工具清单

序号	主要设备名称	型号规格	备注
1	测力计	指针式 NK-200	测试滑动门、应急门、端门的推拉力
2	玻璃吸盘	三爪玻璃吸盘	固定玻璃用

续表

序号	主要设备名称	型号规格	备注
3	扭矩扳手（可调节型）	2~210 N·m	螺栓紧固
4	内六角扳手	2.5 mm	用于 M3 螺栓
		3 mm	用于 M4 螺栓
		4 mm	用于 M5 螺栓
		5 mm	用于 M6 螺栓
		6 mm	用于 M8 螺栓
		8 mm	用于 M10 螺栓
		10 mm	用于 M12 螺栓
5	开口扳手	5.5 mm	用于 M3 螺栓
		7 mm	用于 M4 螺栓
		8 mm	用于 M5 螺栓
		10 mm	用于 M6 螺栓
		13 mm	用于 M8 螺栓
		16 mm	用于 M10 螺栓
		18 mm	用于 M12 螺栓
		24 mm	用于 M16 螺栓
6	十字螺丝刀	1#	
7	老虎钳	6寸	
8	水平仪		
9	磁性线锤		用于立柱垂直度测定
10	尖嘴钳	6寸	

工作实施

1. 屏蔽门系统承重结构部件

引导问题1：屏蔽门系统的机械结构主要由哪些部件构成？

答：_____

_____

引导问题2：钢架结构是完整的_____结构，由_____、_____和_____组成。

引导问题3：_____是屏蔽门系统的承重结构，它与上下部_____绝缘连接，且连接固定稳固，并能进行_____调节。

引导问题4：钢架结构的关键部件为_____部件和_____部件。

引导问题 5：绝缘部件主要是上部连接结构的_____和底部固定支座的_____，以及站台地面板下的_____等。

引导问题 6：_____是门机控制器、滑动门驱动装置、传动装置、门锁机构等的安装基体。

2. 屏蔽门系统门槛

引导问题 7：门槛即是踏步板，分为_____门槛、_____门槛、_____门槛和_____门槛。

引导问题 8：门槛踏面要求_____，表面作_____处理。单副门槛要能同时承受___位乘客重量，不会产生变形和任何方向的位移。

引导问题 9：屏蔽门的滑动门与门槛之间的间隙不大于___mm，应急门、端门与门槛之间的间隙不大于____mm。

引导问题 10：门槛的安装要确保门槛安装不会侵入_____。

引导问题 11：如何保障门槛与站台地面绝缘？
答：
_____
_____
_____

引导问题 12：凹形导槽不仅为门扇开关起_____作用，也保持滑动门门扇的_____运行。

3. 屏蔽门系统顶箱

引导问题 13：顶箱由_____、_____、_____、_____等组成。

引导问题 14：顶箱内放置什么屏蔽门部件？
答：
_____
_____

引导问题 15：声光报警系统中的闪光器安装在顶箱的_____上，发声器安装在_____。

引导问题 16：顶箱底部开口槽与滑动门顶部有良好的接合，保证门扇开关滑动___，并有较好的_____，常使用_____作为封条。

引导问题 17：顶箱内门机梁用于_____和_____各种电气部件，_____（能/不能）作为屏蔽门整体受力结构部件。

4. 车站屏蔽门安装方式及预埋件设置

引导问题 18：车站屏蔽门安装方式有_____和_____两种，多采用_____安装方式。

引导问题 19：屏蔽门钢架结构上部与顶梁的安装方式有：_____安装和_____安装两种方式，多采用_____安装方式。

引导问题 20：屏蔽门钢架结构底部与站台板的连接处可采用_____方式，也可直接采用_____方式。

引导问题 21：屏蔽门钢架结构底部采用预埋件方式，可以有三种预埋件设置方式：_____、_____、_____。

5. 屏蔽门系统安装要求

引导问题 22：屏蔽门机械结构能在 X、Y、Z 方向调整：X（平行于轨道）方向不小于_____mm、Y（垂直于轨道）方向不小于_____mm、Z（垂直于处台面）方向不小于_____mm。

引导问题 23：屏蔽门安装要求，所有连接螺栓和定位螺钉有可靠的_____设计。

引导问题 24：屏蔽门安装要求，在门关闭后滑动门扇、应急门扇与门楣、门槛之间的间隙不大于____mm。

引导问题 25：屏蔽门安装要求，轨道侧顶箱安装不允许侵入_____。

参考答案

评价反馈

表 2-2-3　学生自评表

班级：		姓名：		学号：	
学习情景 2.2		屏蔽门系统承重结构认知			
评价项目		评价标准		分值	得分
屏蔽门系统承重结构部件认知		能正确认知屏蔽门系统承重结构部件及安装位置，能分析屏蔽门系统承重结构部件的作用及技术要求		30	
屏蔽门系统门槛认知		能正确认知屏蔽门系统门槛，能分析屏蔽门系统门槛作用及技术要求		10	
屏蔽门系统顶箱认知		能正确认知屏蔽门系统顶箱，能分析屏蔽门系统顶箱内部结构及技术要求		10	
车站屏蔽门安装方式及预埋件设置认知		能正确判断车站屏蔽门安装方式，能判断车站屏蔽门安装预埋件设置方法		10	
屏蔽门系统安装要求认知		能了解屏蔽门系统安装要求，分析屏蔽门系统安装主要技术要求		10	
工作准备		能完成相关理论知识学习		15	
工作质量		能按计划完成工作任务		15	
合计				100	

表 2-2-4　学生互评表

学习情景 2.2		屏蔽门系统承重结构认知					
评价项目	分值	评价对象（组别）					
		1	2	3	4	5	6
计划合理	20						
组织有序	20						
工作完整	20						
团队合作	20						
材料上交	20						
合计	100						

注：评价档次统一采用 A（优秀）、B（良好）、C（合格）、D（努力）四个。

表 2-2-5　教师评价表

班级：		姓名：	学号：		
学习情景 2.2		屏蔽门系统承重结构认知			
评价项目		评价标准	分值	得分	
考勤		没有无故缺勤、迟到、早退现象	10		
工作过程	屏蔽门系统承重结构部件	能正确指出屏蔽门系统承重结构各部件，描述其作用和技术要求	30		
	屏蔽门系统安装	能判断屏蔽门安装方式，描述屏蔽门安装主要技术指标	10		
	工作质量	能按计划完成工作任务	10		
	协调能力	能与小组成员合作交流，协调工作	5		
	职业素养	能表达成熟或灵动的想法	5		
项目成果	工作完整	能按计划完成任务	5		
	工作规范	能做到安全生产，文明施工	10		
	工作报告	能正确完成工作报告	10		
	成果展示	能准确表达工作成果	5		
合计			100		
综合评价		自评（20%）	小组互评（30%）	教师评价（50%）	综合得分

学习情景 2.3　屏蔽门系统门体认知

情景描述

城市轨道交通车站屏蔽门系统的滑动门在列车到站后自动打开，然后自动关闭。而应急门和端门不能自动打开和关闭，固定门是完全不能打开的。三种门体的打开方式也不尽相同。如何设计屏蔽门系统的各类门体功能以保障乘客安全和行车安全？应该如何正确使用这些门体？

图 2-3-1 是从站台区拍摄正在运营的屏蔽门门体照片。以学习者视角对图进行识读，尝试分析城市轨道交通车站屏蔽门系统的门体结构设置，分析屏蔽门不同门体的功能要求和运行方式。

图 2-3-1　屏蔽门门体

学习目标

（1）能掌握屏蔽门系统滑动门功能要求、结构设置与运行方式；
（2）能掌握屏蔽门系统应急门功能要求、结构设置与运行方式；
（3）能掌握屏蔽门系统固定门功能要求、结构设置与运行方式；
（4）能掌握屏蔽门系统端门功能要求、结构设置与运行方式。

工作任务

（1）在实训室里仔细观察，认知屏蔽门系统的滑动门、应急门、固定门和端门的运行方式、机械结构与部件设置。

（2）分析屏蔽门系统各门体的功能及技术要求。

 任务分组

表 2-3-1　学生任务分配表

班级		组号		指导老师	
组长		学号			
组员	姓名		学号	姓名	学号
任务分工					

工作准备

（1）阅读工作任务，观察测量屏蔽门系统门体结构，分析滑动门、应急门、固定门和端门的门体结构特点、参数，并做好记录。

（2）观察屏蔽门系统各类门体运行方式，分析其功能，并做好记录。

（3）观察屏蔽门系统门体，分析各门体部件功能与特点，并做好记录。

（4）查阅相关信息，收集屏蔽门体结构的相关技术资料。

（5）收集《城市轨道交通站台屏蔽门系统技术规范》（CJJ 183—2012）中屏蔽门相关技术规范要求。

情景知识

知识点1：屏蔽门系统滑动门

全高安全门系统的门体结构与屏蔽门一致，本内容是以屏蔽门系统为主要分析对象。

所有城市轨道交通车站安全门的门体都包括滑动门、固定门、应急门、端门等。门体设计目标是以方便乘客上下车，并保证紧急情况下乘客方便、快速地疏散，如图 2-3-2 所示。

1. 滑动门设置

常见的城市轨道交通车站站台每侧设置有 24 道或 30 道滑动门，与六辆编组的车辆相对应。

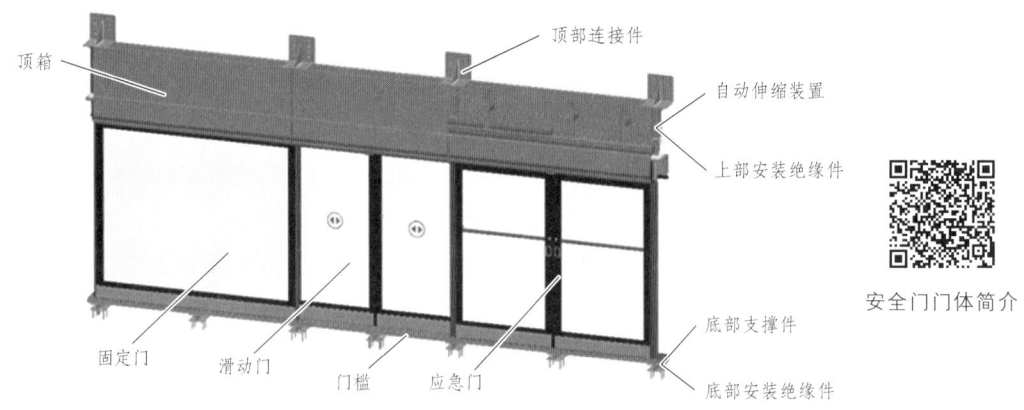

图 2-3-2　屏蔽门门体简图

按照国际通用标准，城市轨道交通（城市轨道交通、轻轨）车辆类型可分为：A、B、C 及 L 四种。A 型城市轨道交通列车：长 22.8 m，宽 3 m；B 型城市轨道交通列车：长 19 m，宽 2.8 m，；C 型城市轨道交通列车：长 19 米，宽 2.6 m；L 型城市轨道交通列车：长 16 m，宽 2.8 m。由于列车长度以及乘客数量不同，每列车厢的车门数量也不相同，分别设计有 3、4、5 道。

根据线路车辆的不同类型，车站每侧的滑动门数量也不同。目前，广州地铁各车站每侧滑动门数量有 12、16、18、24、30、40 道等。

2．滑动门构成

滑动门主要由门框、钢化玻璃、锁紧解锁装置、门悬挂连接板、门体导靴、橡胶密封条等组成，如图 2-3-3 所示。

滑动门主体由门框内嵌钢化玻璃制作而成。滑动门上边框安装的悬挂连接板与门机的悬挂装置连接，门框下边框底面不与门槛接触。门体下边框底下安装有门体导靴，在两扇滑动门门框的接触侧边都安装有橡胶密封条。滑动门设置有锁紧解锁装置，在滑动门关闭后，锁紧设备可以阻止滑动门因外力被打开。滑动门的锁紧解锁装置有多种方式锁紧或解锁，可以是电动方式，也可以是手动机械操作方式。

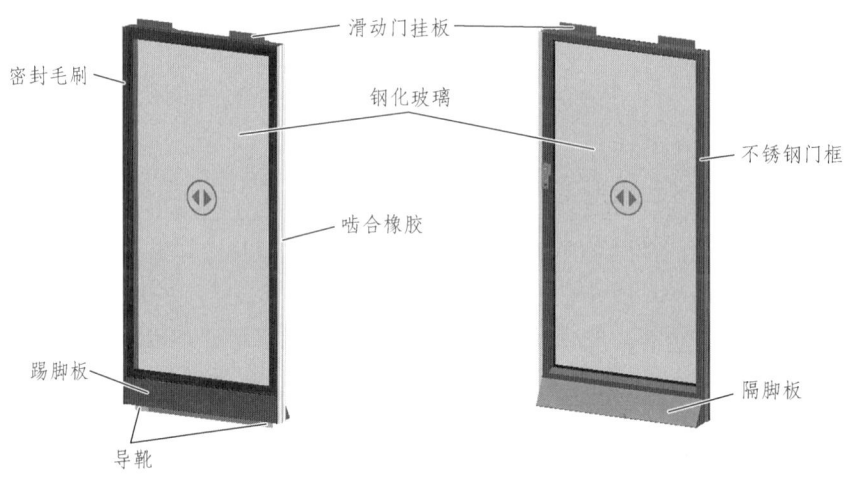

图 2-3-3　滑动门构成简图

3. 滑动门功能与要求

（1）在安全门系统正常运行时，滑动门能够受信号控制，自动运行开关门动作；在非正常状态下，滑动门可以由人为操作开关门。

（2）每道滑动门单元的扇门为两扇，设计为中分双平开方式。扇门关闭时作为车站站台公共区与隧道区域的屏障，打开时为乘客提供上、下列车的通道。滑动门玻璃边缘有装饰边框图案，用以美化门框结构。门玻璃为钢化玻璃，不容易破损。门玻璃上设置必要的指示标识，以便引导乘客。

（3）滑动门有障碍物检测装置，检测障碍物最小厚度为 5 mm，当滑动门遇到障碍物时应弹开或停止运行，以保护被夹乘客或物品。

（4）每道滑动门单元设置一套锁紧解锁装置。在滑动门关闭后，锁紧装置可防止外力作用将门打开。其解锁方式必须具备有电动功能和手动功能，正常情况下可以电信号控制自动开关滑动门，必要时能够人为手动打开关闭滑动门。

（5）滑动门开关过程时间与列车门开关过程时间相匹配，且在一定范围内可以调节，同步精度不大于 0.1 s。

（6）滑动门解锁与开门设有声光报警信号，门锁闭信号和解锁状态信号通过门机控制器（DCU）反馈到中央控制盘（PSC）中。

（7）为防止玻璃门体的损坏，可在门体下部设一定高度的防踢板。滑动门轨道侧的下部设置防爬斜板，减少乘客在门与车辆之间的缝隙停留的危险。

（8）滑动门侧边采用中空橡胶密封，关闭时可以隔离噪声和阻止站台与轨道间空气及热量的对流，提高环控效率。密封件使用寿命不小于 5 年。

（9）滑动门底边设计安装有导靴，伸入门槛的导向凹槽，用于限制滑动门摆动。

（10）由于滑动门底边与门槛之间存在不大于 5 mm 的间隙，滑动门底边采用中空橡胶密封和尼龙毛刷相结合的方式，可减少噪音和减少站台与轨道间空气及热量的对流。同时，毛刷可以对门槛进行清洁。

（11）滑动门在操作过程中应保持安静，不应有"撞击声"等噪声产生。

（12）滑动门侧边与立柱装饰扣板之间间隙不大于 5 mm，设置防夹胶条，防止夹伤乘客手指，而且不能影响滑动门正常开关。

4. 滑动门结构

屏蔽门体总高度 3 000 mm，上部分为顶箱，2 m 以下部分为透明门扇。地下车站每侧站台边缘均设有 12～40 道滑动门。根据 B 型车车辆资料，按所有车门均匀分布计算，每道门有两个门扇，门规格为 2 000 mm×2 000 mm，滑动有效开度为 2 000 mm，每扇滑动门行程 1 000 mm。两个门扇以滑动门中心对称同步反方向平行滑动，以这种方式打开或关闭，故称滑动门。

滑动门左右门扇结构一致，主要由钢化玻璃和不锈钢门框组成。门扇的上边框与门机系统的悬挂装置固定安装；两个门扇靠中的侧框里安装有内置式把手和门锁，链接着滑动门的手动解锁机构；门扇的底框在轨道侧安装有导靴，用于保证滑动门的平稳运行。

导靴与门槛凹形导槽之间为接触式结构，其间隙距离要符合要求，方便更换导靴。更换导靴的方法是先将防爬板拆除，然后从下方将导靴和导靴安装板拆除与更换。无须拆下滑动门，便可实现导靴的更换。

5. 滑动门手动解锁

手动解锁机构与设置在顶箱内的锁紧装置联动，在非正常运营模式和紧急运营模式时，站台工作人员或乘客可以实现手动解锁，打开滑动门。每道滑动门在轨道侧均设置特殊把手、在站台侧均设置锁孔对滑动门进行手动开门操作，如图 2-3-4 所示。

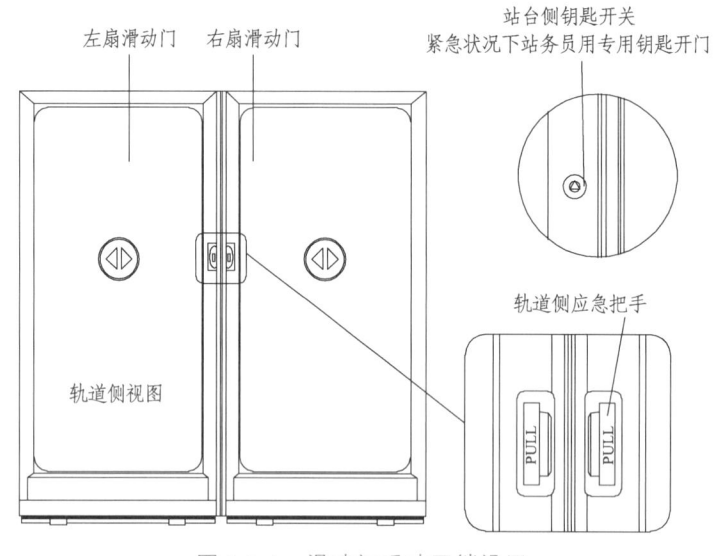

图 2-3-4　滑动门手动开锁设置

轨道侧手动解锁把手采用内置式把手，从站台侧看是隐形把手，但在轨道侧看，有明显识别标志。

当需要手动开门时，轨道侧乘客可提起把手，顺时针旋转 90° 后可以拉开滑动门，或按门把手方向纵向抬起打开滑动门（不同家厂家产品设计操作不尽相同）。在站台侧，为防止乘客的随意操作打开滑动门，手动解锁装置设置为锁孔，需要站台工作人员使用专用钥匙，插入锁孔并顺时针旋转 90° 后可以拉开滑动门。此时，手动解锁机构中的顶杆被顶起，在垂直方向顶起手动解锁装置底部的圆盘，带动解锁装置而使锁销抬起，门锁解锁。同时，手动解锁行程开关被触发，发出信号传递到门机控制器（DCU），声光报警装置报警。经一定时间延迟后，滑动门将自动关闭。滑动门体内手动解锁顶杆结构如图 2-3-5 所示。

图 2-3-5　滑动门体内手动解锁顶杆结构

6. 滑动门就地控制盒

每道滑动门上设置一个就地控制盒（LCB），用于控制单道滑动门，其控制开关设置在滑动门门楣右侧下方，供站台工作人员和维修人员使用。就地控制盒用于控制滑动门锁闭信号接入或隔离安全回路，以及控制单道滑动门的开门与关门。就地控制盒钥匙的钥匙柄应适当加大，方便操作人员使用。LCB 钥匙与滑动门互锁解除钥匙不能相同。

7. 滑动门声光报警装置

滑动门打开后,即滑动门在未"关闭且锁紧"情况下,滑动门的状态指示装置会持续发出声光报警信号。

8. 非标准滑动门

4 辆编组或是 6 辆编组列车,其停车位均靠出站端。由于列车车型不同,有带司机室车辆和不带司机室车辆,其乘客门位置相错 875 mm。为不影响司机的开门和瞭望,站台首末两对滑动门单元设置为非标门单元,也常称之为边门。

此处有两种方案。

方案 1:大小门方案 靠近列车司机室的滑动门开启的宽度减小,与车门中心不对称,如图 2-3-6、图 2-3-7 所示。

图 2-3-6　大小门关闭　　　　　　　图 2-3-7　大小门开启

方案 2:套叠门方案 靠近列车司机室的滑动门做成两扇门套叠形式,另一侧滑动门为标准滑动门。此方案前端与尾端滑动门在打开/关闭状态时均不会超出门单元总长度,且滑动门全开后所形成的通道宽度保持不变,如图 2-3-8、图 2-3-9 所示。

图 2-3-8　套叠门关闭　　　　　　　图 2-3-9　套叠门开启

9. 滑动门运行简介

当列车正常到站后，与列车门对应的滑动门打开，以方便乘客上下车。当停车时间结束时，列车关门，相应的滑动门同步关闭，保证乘客安全。

当滑动门关门受阻时，门操作机构能检测障碍物存在，释放关门力，停顿2 s后门全开，再关门，重复关门三次后门仍不能关闭，则滑动门全开并进行报警。紧急情况时，乘客可从轨道侧手动操作滑动门开门，工作人员可从站台侧用钥匙手动操作滑动门开门。

知识点2：屏蔽门系统应急门

1. 应急门设置

应急门是紧急情况下列车上乘客的疏散通道。理论上，出现紧急事故时，应急门安装越多，乘客的逃生通道也越多，屏蔽门系统的安全度越高。但过多的应急门，会影响到整个屏蔽门系统的密封性，由于应急门的密封性要远小于固定门。到目前为止，站台每侧安装应急门装置一般不超过6道。

城市轨道交通车站每侧站台屏蔽门系统均设有3~6道应急门，常设置于02滑动门单元与03滑动门单元之间、06滑动门单元与07滑动门单元之间、10滑动门单元与11滑动门单元之间、14滑动门单元与15滑动门单元之间、18滑动门单元与19滑动门单元之间、22滑动门单元与23滑动门单元之间。

每侧站台应急门的设置数量一般对应每列车厢，即每列车厢对应各设置一道应急门。城市轨道交通车辆多是以3~6节车厢编组列车，所以每侧站台屏蔽门系统均设有3~6道应急门。当在列车不能定点停车的情况下，即列车门不能对准滑动门时，应急门提供乘客有序地进出车厢的条件。

2. 应急门构成

应急门主要组成部件有应急门扇、闭门器和推杆锁。

应急门设置在固定区域。列车正常运营时，应急门应保证关闭且锁紧，不会由于风压而导致应急门解锁打开，在站台区与轨道区之间起隔离作用；当列车进站无法对准滑动门时，应急门作为乘客应急疏散通道。

当城市轨道交通车辆进站停车时，出现停车故障，车辆门无法对准滑动门，而又不能再进行位置调整时，应急门便是疏散乘客的通道。在应急门上安装非自动推杆解锁设备，避免应急门因为隧道通风系统风压或者列车活塞风压等原因而自动打开。在轨道侧，乘客能通过用推杆打开推杆锁设备来开门；在站台侧的站台工作人员则需要使用钥匙把应急门打开。应急门的顶部安装的闭门器可以确保在手动状态下可以关闭，同时闭门装置也是应急门状态检测的主要设备，如图2-3-10所示。

3. 应急门功能与要求

（1）应急门隔断站台和轨道，有门锁装置，在紧急情况下允许采用手动打开，即站台工作人员可在站台侧用专用钥匙、乘客在轨道侧推压开门推杆将门打开。

（2）正常运营状态，应急门应保证关闭且锁紧，在站台区与隧道区之间起隔离作用；当列车进站无法对准滑动门时可作为乘客应急疏散通道。

（3）每道应急门单元的门扇为两扇，打开方式为向站台侧旋转 90°中分转开，能定位保持在 90°开度，不能自动复位。

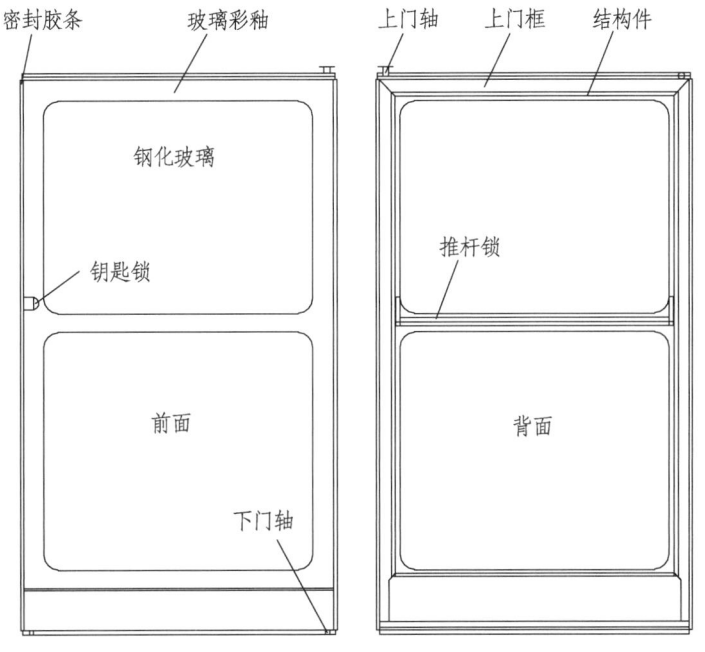

图 2-3-10　应急门前面与背面简图

（4）应急门上设门锁装置，站台工作人员可在站台侧用钥匙开门，轨道侧设有开门推杆，推杆与门锁联动，乘客在轨道侧推压推杆可以将门打开。开关门时，除密封件外不允许有门扇其他部件与站台地面摩擦。

（5）开门推杆贴有明显的黄色指示标识。

（6）应急门解锁开门设有声光报警信号，门锁闭信号和解锁状态信号通过门机控制器（DCU）反馈到中央控制盘（PSC）中。

（7）应急门在没有"关闭且锁紧"情况下，该道应急门的状态指示装置会发出声光报警。

（8）门体装饰和密封与滑动门一致。

4．应急门结构

每道应急门有两个门扇。根据线路车辆型号不同，应急门的宽度不尽相同，常略宽于滑动门。常见数据为每个门扇宽高规格为 1 280 mm × 2 000 mm。应急门有效开度为 2 272 mm。应急门门扇结构及用材与滑动门基本相同，结构如图 2-3-11 所示。

左右门扇结构一致，主要由钢化玻璃和不锈钢门框组成。两个门扇靠外的侧框上安装有门轴；两个门扇的中间安装有横向的推杆，链接着应急门的手动解锁装置。

应急门的打开方法只有手动操作，没有电动操作或自动操作。

应急门的打开方式与滑动门不同，左右门扇是以应急门中心线相互按顺逆时针方向旋转 90°向站台侧打开，即常见的推开方式。故应急门两个门扇各自在近外框侧需要安装上下门轴，并且需要设计安装门扇旋转 90°后的定位装置。

注意：应急门只有一个方向能打开，即能向站台侧方向打开，不能向轨道侧方向打开。

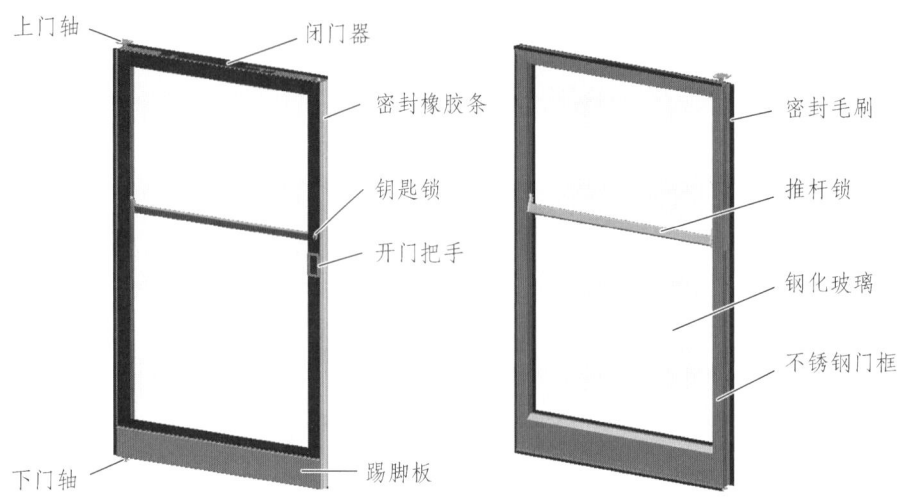

图 2-3-11 应急门结构示意图

5. 应急门手动解锁

应急门一般当作固定门使用,在列车进站无法停靠在允许的误差范围位置时,必有一道列车门对准应急门。若需要由应急门紧急疏散时,可在轨道侧列车上打开相对应的列车门后,由乘客按压推杆,解锁应急门的锁闭装置,推动应急门向站台方向打开;或由站台侧站台工作人员用专用钥匙打开应急门,乘客进行紧急疏散。应急门体内推杆结构如图 2-3-12 所示。

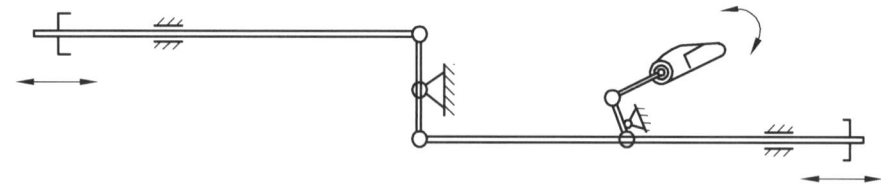

图 2-3-12 应急门体内推杆结构

6. 应急门闭门装置

应急门锁闭信号是纳入安全回路的。应急门的顶箱内并没有设置门机控制器等设备,其锁闭信号和解锁状态信号通过相邻单元门机控制器(DCU)反馈到中央控制盘(PSC)中,再由中央控制盘上传到综合监控系统(ISCS)。

应急门左右门扇分别采用两个行程开关,其中一个开关为锁定开关,即门锁紧传感器,采用顶杆式结构,用来检测门扇是否锁定;另一个为到位开关,即门关闭传感器,采用摆臂式结构,用来检测门扇是否到位。每个开关具有多副常开、常闭触点。

对于锁定开关,其中一副常开触点作为安全回路使用,当门扇关闭时,门体顶部碰触开关顶杆,使该触点闭合,安全回路接通;另一副常闭触点作为门扇锁定-解锁状态检测。当门扇关闭时,门体碰触开关摆臂,使该触点断开;当门扇打开时,摆臂恢复自由状态,该触点接通。同时,检测信号传到相邻单元门机控制器(DCU),经 DCU 处理后传到中央控制盘(PSC),再由 PSC 上传到综合监控系统(ISCS)进行显示和报警。到位开关的信号控制过程思路基本相同。

应急门也有设置类似滑动门就地控制盒的装置，用于控制应急门锁闭信号接入或隔离安全回路。其功能跟滑动门的就地控制盒一致，但不存在电动开门和关门的功能，此装置只有两个挡位：自动和隔离。多数放置在顶箱内，也有设置于滑动门门楣右侧下方，即与 LCB 相邻。应急门隔离装置如图 2-3-13 所示。

图 2-3-13　应急门隔离装置

7. 应急门声光报警装置

应急门打开后，即应急门在未"关闭且锁紧"情况下，应急门的状态指示装置会持续发出声光报警信号。

8. 应急门运行简介

在正常情况下应急门不开启。当列车发生故障、列车车门不能对准滑动门或发生其他紧急情况下乘客需要离开列车时使用，乘客能在轨道区侧通过应急门上的推杆手动推开应急门逃生。

应急门设有门锁装置，正常情况下，应急门是关闭且锁紧的。使用时，车站工作人员可在站台侧用安全门钥匙开门；轨道侧设有横向的手动开门推杆，乘客在轨道侧压开门推杆可将应急门打开。

知识点 3：屏蔽门系统端门

1. 端门设置

端门位于站台的两个端头，垂直于站台边线，设在固定门和建筑墙之间，将站台区与隧道区分隔开。一般情况下，端门是乘务人员、站台工作人员和司机的出入通道。当出现紧急事故时，也可以作为乘客的紧急逃生通道。端门如图 2-3-14 所示

图 2-3-14 端门

正常运营状态时，端门保证关闭且锁紧，不会由于风压而导致端门解锁打开。工作人员可从轨道侧推压门锁推杆或从站台侧用专用钥匙打开端门。

从外形、原理来看，端门跟应急门装置极为相似。端门上轨道侧设置有横向的手动开门推杆，压开门推杆可将门打开。端门在站台侧设有门锁，可由工作人员用钥匙手动开门。端门打开后能自动复位至关闭。

2. 端门功能与要求

（1）主要用于车站工作人员在站台和轨道之间的进出通道，同时兼顾紧急情况下疏散乘客的要求。

（2）端门上设计有门锁装置，乘客可从轨道侧推压开门推杆开门，站台人员可用钥匙从站台侧打开。端门打开后能自动复位至关闭。开门推杆设有明显的指示标识。

（3）端门顶箱上设有声光报警装置。

（4）端门向站台侧旋转 90° 打开。开关门时，除密封件外不允许门扇有其他部件与站台地面摩擦。端门的开启在小于 90° 时自动关闭，在不小于 90° 时应在 90° 保持定位。

（5）端门状态信息通过相邻单元门机控制器（DCU）反馈到中央控制盘（PSC）中。端门开启时间超过一定时间可设声光报警功能。

（6）端门单元整体与站台边其他屏蔽门、车站建筑绝缘，且要做电气隔离。

3. 端门的结构

每侧站台两端各设置 1 道端门，每道端门有两个门扇。根据净开度的不同，很多的端门两个门扇的宽度不尽相同。端门结构如图 2-3-15 所示。端门净开度：900~1 200 mm。端门在机械结构和功能上都与应急门相同，端门的门锁结构、打开方式与应急门也相同。端门单元门锁装置要充分考虑地下车站端部活风压较大的情况，确保可靠锁闭。

图 2-3-15　端门结构

4. 端门的手动解锁与检测

端门与应急门相同,也设置门关闭传感器和门锁紧传感器。由于具有工作通道的功能,端门锁闭信号并不接入安全回路。端门左右门扇也同样采用两个行程开关,其中一个开关用来检测门扇是否锁定,采用顶杆结构;另一个用来检测门扇是否到位,采用摆臂式结构。每个开关具有多副常开、常闭触点。其中一副常闭触点作为门扇锁定-解锁状态检测。当门扇关闭时,门体碰触开关摆臂,使该触点断开;当门扇打开时,摆臂恢复自由状态,该触点接通。同时,检测信号传到相邻单元门机控制器(DCU),经 DCU 处理后传到中央控制盘(PSC),再由 PSC 上传到综合监控系统(ISCS)进行显示和报警。

而不同的是由于端门传感器不接入安全回路,当列车进入站时,端门打开并不直接影响列车运行。但由于隧道风压的原因,车站运营管理一般要求列车进站前 30 s 和列车出站后 30 s 内不要打开端门。同样原因,端门也不需要设置类似滑动门就地控制器的装置。

5. 端门闭门装置

应急门与端门作为应急疏散门单元,不需要动力源来带动,都靠手动解锁的方式来打开。由于站务人员进出、司机上下车、控制室检修等原因,端门的开启十分频繁,大部分城市轨道交通车站的端门门框上部装有自动闭门器,保证门体在手动开启后能够自动关闭。

端门可向站台侧旋转 90° 打开,并能定位保持在 90° 开度;未在全开位置时,端门能自动复位至关闭。

4. 端门声光报警装置

当端门开启时,设置在端门上方的门状态指示灯亮,当关闭且锁紧时,指示灯灭。当端门开启时间超过 30 s(0~5 min 内可调)时会报警,端门的状态指示装置会持续发出声光报警信号。

知识点 4: 屏蔽门系统固定门

1. 固定门设置

固定门设置在滑动门、应急门、端门相互之间,不能打开。在满足门体结构的刚度、强度下,为提高通透效果,采用整体钢化玻璃门,直接固定安装在钢架结构上。

2. 固定门结构

固定门是由不能开启的玻璃隔墙组成,设置在滑动门、应急门、端门之间,在站台区与轨道区之间起隔离作用。固定门主要由钢化玻璃和不锈钢门框组成,如图 2-3-16 所示。

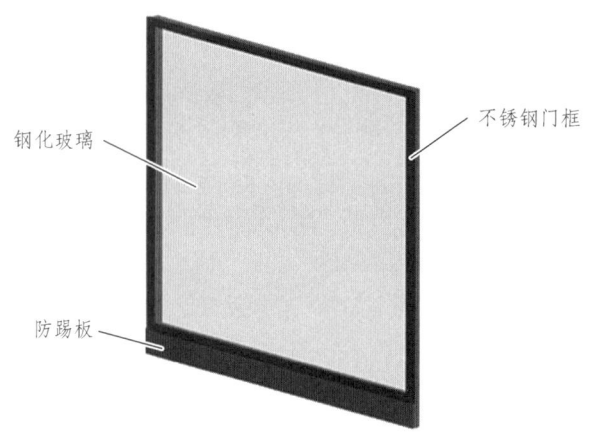

图 2-3-16 固定门简图

根据滑动门与滑动门的距离,并且要满足门体结构强度的要求,按照灯箱广告的可视程度和乘客视角范围的需要,可以将固定门设置为整块一体,也可设置为分块组合。固定门的门槛需要承受固定门的垂直荷载,因此要采用不锈钢材料。

固定门上部与门楣连接,下部与门槛底座连接,左右两侧与立柱通过插接结构相连接。固定门与立柱、门楣、门槛底座之间采用橡胶条密封,门装饰与滑动门一致,门玻璃上设置必要的防撞标识。

固定部分(含立柱)宽度多为 2 980 mm,玻璃部分的宽度为 2 800 mm,因此可分为两扇固定门(每扇宽度 1 400 mm),也可采用一扇整体式固定门(每扇宽度 2 800 mm),采用后者整体美观性和通透性更好。故大多数城市轨道交通工程屏蔽门固定门门扇采用整体式方案。

工作实施

1. 屏蔽门系统滑动门

引导问题 1:滑动门主要由哪些部件组成?
答:
_____
_____
_____

引导问题 2:滑动门是通过上边框安装的_____与门机的悬挂装置连接,门框下边框底面_____与门槛接触。

引导问题 3:门体下边框底下安装有门体_____,在两扇滑动门门框的接触侧边都安装有_____。

引导问题 4:滑动门设置有_____装置,在滑动门关闭后,_____设备可以阻止滑动门因外力被打开。

引导问题 5：滑动门的锁紧解锁装置有_____种方式锁紧或解锁，可以是_____方式，也可以是_____方式。

引导问题 6：在安全门系统正常运行时，滑动门能够受_____控制，_____运行开关门动作；在非正常状态下，滑动门可以由_____操作开关门。

引导问题 7：滑动门的打开方式是推拉还是平移？答：_____。

引导问题 8：滑动门关闭时作为车站站台公共区与隧道区域的_____，打开时为乘客提供上、下列车的_____。

引导问题 9：滑动门如何手动开门？
答：
_____
_____
_____

引导问题 10：就地控制盒用于控制滑动门锁闭信号_____或_____安全回路，以及控制单道滑动门的_____与_____。

引导问题 11：滑动门在未"_____"情况下，滑动门的状态指示装置会持续发出声光报警信号。

引导问题 12：简述滑动门在正常情况下是如何运行的？
答：
_____
_____
_____

2. 屏蔽门系统应急门

引导问题 13：城市轨道交通车站每侧站台屏蔽门系统均设有_____道应急门。

引导问题 14：当在列车停车后列车门不能对准滑动门，乘客可从_____门有序地上下车。

引导问题 15：应急门主要组成部件有_____、_____和_____。

引导问题 16：列车正常运营时，应急门应保证_____，在站台区与轨道区之间起_____作用；当列车进站无法对准滑动门时，应急门作为乘客_____通道。

引导问题 17：应急门_____手动打开与关闭，_____电动打开与关闭。（填写：能/不能）

引导问题 18：应急门的打开方式是推拉还是平移？答：_____。

引导问题 19：应急门左右门扇结构_____，主要由_____和_____门框组成。两个门扇靠外的侧框上安装有_____；两个门扇的中间安装有横向的_____，链接着应急门的_____装置。

引导问题 20：应急门_____向站台侧方向打开，_____向轨道侧方向打开。（填写：能/不能）

引导问题 21：应急门如何手动开门？

答：

_____

_____

_____

引导问题 22：应急门在未"_____"情况下，应急门的状态指示装置会持续发出声光报警信号。

3. 屏蔽门系统端门

引导问题 23：端门位于站台的两个_____，垂直于站台_____，设在固定门和建筑墙之间，将_____区与_____区分隔开。

引导问题 24：端门是什么人员的通道？

答：

_____

_____

_____

引导问题 25：端门在结构上、开关方式上与_____门相似。

引导问题 26：滑动门、应急门和端门的门状态传感器都是有_____传感器和_____传感器。此三种门的门状态均包括_____和_____两类信息。

引导问题 27：端门如何手动开门？

答：

_____

_____

_____

引导问题 28：端门在刚打开时，声光报警装置的灯_____闪光，喇叭_____发出报警声音。（填写：会/不会）

4. 屏蔽门系统固定门

引导问题 29：固定门在屏蔽门系统只能起_____作用。

引导问题 30：固定门_____设置门状态传感器。（填写：有/没有）

引导问题 31：固定门主要由_____和_____门框组成。

引导问题 32：在轨道侧所有屏蔽门门体在靠近地面位置都安装有_____板，是为了保护玻璃不容易被撞碎。

参考答案

评价反馈

表 2-3-2　学生自评表

班级：	姓名：	学号：		
学习情景 2.3	屏蔽门系统门体认知			
评价项目	评价标准		分值	得分
屏蔽门系统滑动门门体认知	能正确认知屏蔽门系统滑动门运行方式、结构设置，能分析滑动门功能及技术要求		20	
屏蔽门系统应急门门体认知	能正确认知屏蔽门系统应急门运行方式、结构设置，能分析滑动门功能及技术要求		20	
屏蔽门系统固定门门体认知	能正确认知屏蔽门系统固定门运行方式、结构设置，能分析固定门功能及技术要求		10	
屏蔽门系统端门门体认知	能正确认知屏蔽门系统端门运行方式、结构设置，能分析端门功能及技术要求		20	
工作准备	能完成相关理论知识学习		15	
工作质量	能按计划完成工作任务		15	
合计			100	

表 2-3-3　学生互评表

学习情景 2.3		屏蔽门系统门体认知					
评价项目	分值	评价对象（组别）					
		1	2	3	4	5	6
计划合理	20						
组织有序	20						
工作完整	20						
团队合作	20						
材料上交	20						
合计	100						

注：评价档次统一采用 A（优秀）、B（良好）、C（合格）、D（努力）四个。

表 2-3-4　教师评价表功

班级：	姓名：	学号：		
学习情景 2.3		屏蔽门系统门体认知		
评价项目		评价标准	分值	得分
考勤		没有无故缺勤、迟到、早退现象	10	
工作过程	屏蔽门系统门体结构	能正确指出屏蔽门系统各类门体结构，描述其作用	20	
	屏蔽门系统门体部件功能	能正确指出滑动门、应急门、固定门、端门的各部件，描述其功能	20	
	工作质量	能按计划完成工作任务	10	
	协调能力	能与小组成员合作交流，协调工作	5	
	职业素养	能表达成熟或灵动的想法	5	
项目成果	工作完整	能按计划完成任务	5	
	工作规范	能做到安全生产，文明施工	10	
	工作报告	能正确完成工作报告	10	
	成果展示	能准确表达工作成果	5	
合计			100	
综合评价	自评（20%）	小组互评（30%）	教师评价（50%）	综合得分

学习情景 2.4　半高安全门系统门体认知

🚇 情景描述

城市轨道交通车站安全门系统中,多数看到的是屏蔽门系统。而在一些地面车站和高架车站里,看到的是半高安全门系统。半高安全门系统与屏蔽门系统在整体结构上和运行方式上有什么差别?门体结构又有什么异同?应该如何正确使用半高安全门系统?

图 2-4-1 是从站台区拍摄半高安全门系统照片。以学习者视角对图进行识读,尝试分析城市轨道交通车站半高安全门系统的门体结构设置,分析半高安全门不同门体的功能要求和运行方式。

图 2-4-1　半高安全门系统

🚇 学习目标

(1)能掌握半高安全门系统的机械结构与屏蔽门系统的差别;
(2)能掌握半高安全门系统固定侧盒的功能与结构设置;
(3)能掌握半高安全门系统四类门体的功能要求、结构设置与运行方式。

🚇 工作任务

(1)在实训室里仔细观察,认知半高安全门系统的滑动门、应急门、固定门和端门的运行方式、机械结构与部件设置。
(2)分析半高安全门系统各门体的功能及技术要求。

任务分组

表 2-4-1 学生任务分配表

班级		组号		指导老师	
组长		学号			
组员	姓名	学号		姓名	学号
任务分工					

工作准备

（1）阅读工作任务，观察测量半高安全门系统门体结构，分析固定侧盒、滑动门、应急门、固定门和端门的门体结构特点、参数，并做好记录。

（2）观察半高安全门系统各类门体运行方式，分析其功能，并做好记录。

（3）观察半高安全门系统门体，与屏蔽门系统门体进行比较，分析其异同，并做好记录。

（4）查阅相关信息，收集半高安全门体结构的相关技术资料。

（5）收集《城市轨道交通站台屏蔽门系统技术规范》（CJJ 183—2012）中半高安全门相关技术规范要求。

情景知识

知识点 1：半高安全安全门基本结构

半高式安全门也较为常见，一般建于城市轨道交通车站的地面车站和高架车站。由于地面车站和高架车站的建设一般都考虑到车站的美观性和通透性，且一般采取自然通风，顶梁或者天花板又设计得较高，为了不影响乘客视野、通风以及保证安全门的稳定性，设计多选择建设半高式安全门。

在城市轨道交通车站安全门系统类型中，全高安全门的门体主要结构基本与屏蔽门相同，而半高安全门则有些区别。

半高安全门系统门体结构由底部支撑结构、固定侧盒和各类门体组成。

底部支撑结构由底部支撑件和底部安装绝缘件组成，是半高安全门系统承重结构和绝缘结构。其安装方法与屏蔽门基本一致。

门体的高度采用 1.2~1.5 m，一般情况下固定侧盒与门体相同高度或略高，如图 2-4-2 所示。

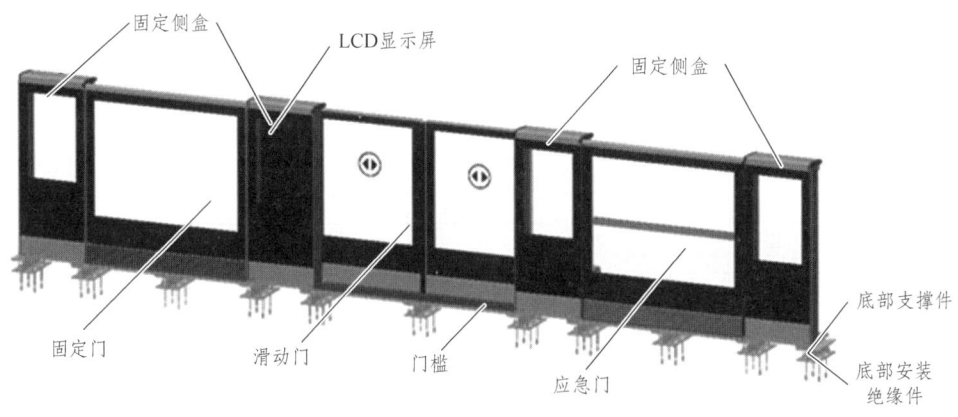

图 2-4-2　半高安全门构成

知识点 2：半高安全门系统固定侧盒（FDP，Fixed Drive Panel）

由于半高安全门系统没有顶箱，为了安装相关部件，在滑动门两侧方设置了左、右固定侧盒。

固定侧盒是半高安全门的重要部件，由结构框架、玻璃和不锈钢外包材（304L）、滑动门导向装置、侧盒门等组成，其内部安装有门机控制器（DCU）、安全控制器（CMS）、就地控制盒（LCB）、门状态指示灯、电机、传动导向装置、锁定及解锁装置等，如图 2-4-3 所示。

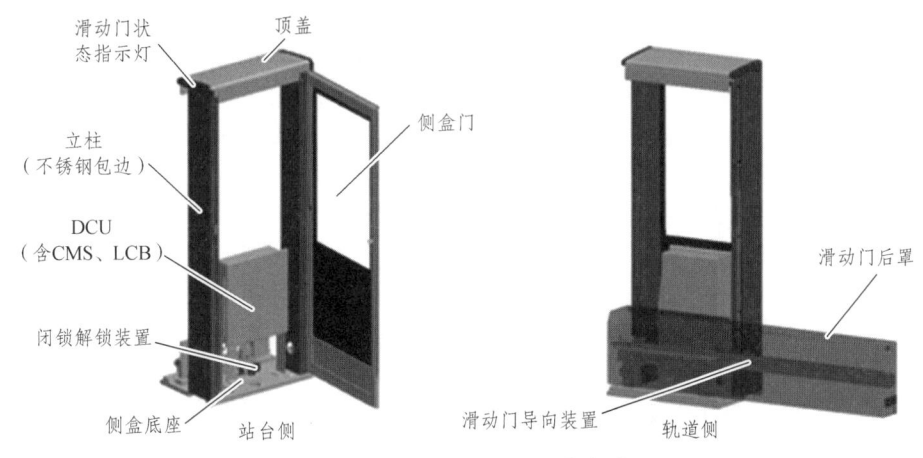

图 2-4-3　半高安全门固定侧盒

知识点 3：半高安全门系统门体

半高安全门各类门体与屏蔽门一致，包括滑动门、应急门、固定门和端门，图 2-4-4 为半高安全门典型单元图，图中长度单位为毫米（mm）。

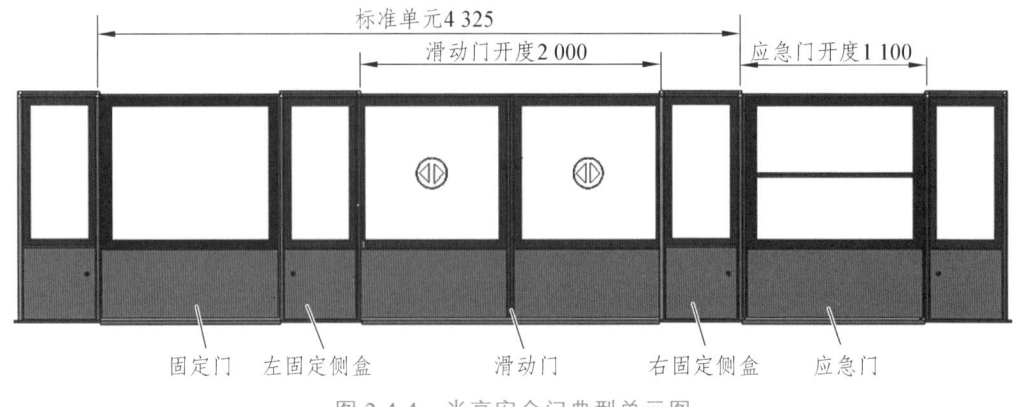

图 2-4-4 半高安全门典型单元图

知识点 4: 半高安全门系统滑动门

1. 半高安全门系统滑动门的基础功能

半高安全门系统与屏蔽门系统的整套结构、功能、控制等设计思路一致。半高安全门系统滑动门的基础功能与屏蔽门的滑动门也一致：

（1）与列车门对应开启关闭滑动门。

（2）一道滑动门也是设置两扇门体，开关门方式也是中分平移。

（3）在门框内设有手动解锁装置，可通过轨道侧的开门把手或站台侧的钥匙开关此滑动门。

（4）滑动门打开后会出现声光报警信号，关闭锁紧后信号消失。

（5）滑动门侧盒内安装 DCU，设置 LCB 等。

（6）在轨道侧可以设有激光等防护装置，对屏蔽门和列车之间的间隙进行安全检测。

2. 半高安全门系统滑动门的结构与运行

半高安全门系统滑动门体结构如图 2-4-5 所示，由不锈钢框架内嵌钢化玻璃构成主体门扇，门框安装手动解锁装置，门扇下方安装防踢板。滑动门正常情况下受电信号控制，自动运行；在特定情况下，在站台侧可以使用钥匙手动开门，在轨道侧操作门把手手动开门。

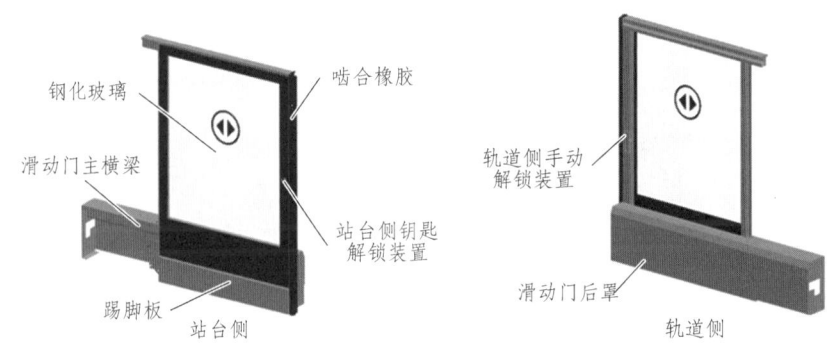

图 2-4-5 半高安全门滑动门构成

3. 半高安全门系统滑动门的设计

半高安全门系统滑动门与屏蔽门系统滑动门相比较，门体结构、材料、装饰等基本一致，而门体高度降低，门体重量较轻。由于抗风压不同，其框架总体强度也降低。

半高安全门承重结构里不能设置上部横梁，其立柱只与底部横梁（底部支撑件）连接，此连接安装点的稳固强度需要更高。

由于结构原因，半高安全门系统滑动门不能采用悬挂方式安装，只能采用底部安装方式；相同原因，半高安全门系统滑动门并不采用屏蔽门系统的一套传动装置来同时驱动两扇滑动门，多数采用两套传动装置来各驱动一扇滑动门，再控制两套传动装置同步运行的设计方法。原因是如果一控一驱，传动装置必须全部或部分安装在地面以下，这样对后期维护会造成很大困难或麻烦。

然而，由于滑动门体高度较低，重量较轻，部分半高安全门系统会将滑动门设计成单扇门，这样就解决了需要两套传动装置的问题。但系统对于传动装置的机械强度会有更高要求，目前这类方案使用较少。

由于高度原因，半高安全门系统滑动门在轨道侧的手动解锁装置会设置得比较靠近地面，以避免在站台侧的乘客可以伸手打开滑动门。

知识点 5：半高安全门系统应急门、端门与固定门

半高安全门系统门体与屏蔽门系统门体相比较，门体结构、材料、装饰等基本一致，而门体高度降低，门体重量较轻。

1. 半高安全门系统应急门

半高安全门应急门结构如图 2-4-6 所示，其功能与设计如下：

（1）在正常营运时，应急门保持关闭且锁紧，作为站台公共区与隧道区域的隔离屏障；当列车进站无法对准滑动门时，作为乘客的疏散通道。

（2）应急门门体设有闭门器，中部设有推杆逃生装置，通过轨道侧的开门推杆或站台侧的钥匙开关打开此门。

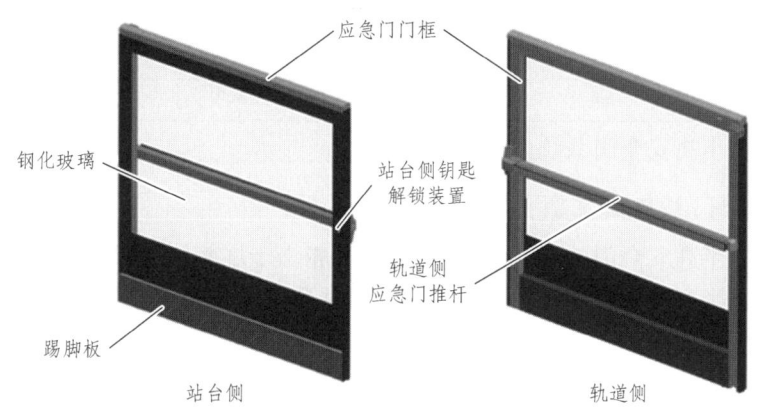

图 2-4-6 半高安全门应急门构成

2. 半高安全门系统端门

半高安全门系统的应急门与端门在功能结构上也是相近的。

同样的由于高度原因，半高安全门系统应急门和端门在轨道侧的手动解锁装置会设置得比较靠近地面，以避免在站台侧的乘客可以伸手打开。

然由于门体高度低重量轻，部分半高安全门系统会将应急门和端门作成单扇门设计，这样活动部件少，故障点也少些，但系统对于门轴装置的机械强度会有更高要求，目前这类方案使用也较少。

3. 半高安全门系统固定门

半高安全门系统固定门结构如图2-4-7所示，设置在滑动门、应急门、端门之间，在站台区与隧道区域之间起隔离作用。

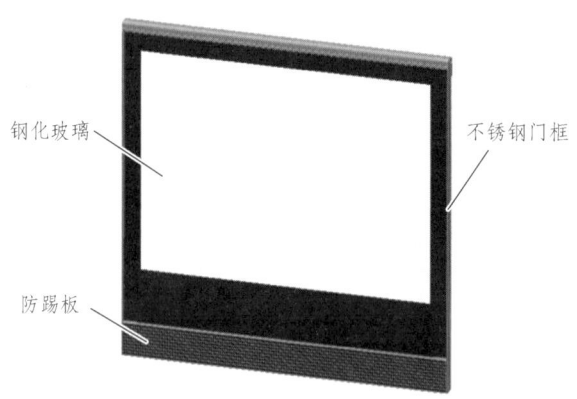

图 2-4-7　半高安全门固定门构成

工作实施

1. 半高安全门系统基本结构

引导问题1：半高式安全门常建于城市轨道交通车站的_____车站和_____车站。

引导问题2：半高安全门系统门体结构由哪些部件组成？

答：
_____
_____

引导问题3：半高安全门系统门体的高度为_____。

2. 半高安全门系统固定侧盒

引导问题4：半高安全门的_____功能相当于屏蔽门的顶箱。

引导问题5：半高安全门固定侧盒内部安装哪些装置？

答：
_____
_____
_____

3. 半高安全门系统门体

引导问题6：半高安全门各类门体包括_____门、_____门、_____门和_____门。

4. 半高安全门系统滑动门

引导问题 7：对应列车门开启时，半高安全门系统_____门同步打开。

引导问题 8：在轨道侧，半高安全门系统滑动门____手动操作开关门。（填写：能/不能）

引导问题 9：在站台侧，半高安全门系统滑动门____手动操作开关门。（填写：能/不能）

引导问题 10：半高安全门系统滑动门的打开方式是中分_____。

引导问题 11：与屏蔽门不同，半高安全门系统采用一套传动系统驱动_____扇滑动门的方法。

引导问题 12：与屏蔽门相比，半高安全门系统滑动门在轨道侧的手动解锁装置设置比较低，是为了防止在站台侧乘客可以伸手_____滑动门。

5. 半高安全门系统应急门、端门与固定门

引导问题 13：在正常营运时，半高安全门系统应急门保持_____，作为站台公共区与隧道区域的隔离屏障。

引导问题 14：当列车进站无法对准滑动门时，_____门作为乘客的疏散通道。

引导问题 15：半高安全门系统应急门和端门_____自动开关门。（填写：能/不能）

引导问题 16：半高安全门系统应急门和端门在轨道侧都是通过按压_____方式开门。

引导问题 17：半高安全门系统应急门和端门在站台侧都是通过使用_____方式开门。

引导问题 18：由于门体较轻，半高安全门系统应急门和端门有的采用____扇门体设计。

参考答案

评价反馈

表 2-4-2　学生自评表

班级：	姓名：	学号：		
学习情景 2.4	半高安全门系统门体认知			
评价项目	评价标准		分值	得分
半高安全门系统门体结构认知	能正确认知半高安全门系统机械结构，能简述各部件作用		20	
半高安全门系统固定侧盒认知	能正确认知半高安全门系统固定侧盒结构，能分析侧盒的设置与功能		20	
半高安全门系统四类门体认知	能正确认知半高安全门系统四类门体，能简述各类门体功能、运行方式、结构设置及技术要求		20	
半高安全门系统与屏蔽门系统的门体判断	能正确区分半高安全门系统与屏蔽门系统的四类门体，能了解两种系统的门体运行方式、结构设置、功能及技术等异同		10	
工作准备	能完成相关理论知识学习		15	
工作质量	能按计划完成工作任务		15	
合计			100	

表 2-4-3　学生互评表

学习情景 2.4		半高安全门系统门体认知					
评价项目	分值	评价对象（组别）					
		1	2	3	4	5	6
计划合理	20						
组织有序	20						
工作完整	20						
团队合作	20						
材料上交	20						
合计	100						

注：评价档次统一采用 A（优秀）、B（良好）、C（合格）、D（努力）四个。

表 2-4-4　教师评价表

班级：		姓名：		学号：	
学习情景 2.4		半高安全门系统门体认知			
评价项目		评价标准		分值	得分
	考勤	没有无故缺勤、迟到、早退现象		10	
工作过程	半高安全门系统机械结构	能正确指出半高安全门系统各机构部件，描述其作用		20	
	半高安全门系统门体部件功能	能正确描述半高安全门系统与屏蔽门系统的相关部件的异同之处		20	
	工作质量	能按计划完成工作任务		10	
	协调能力	能与小组成员合作交流，协调工作		5	
	职业素养	能表达成熟或灵动的想法		5	
项目成果	工作完整	能按计划完成任务		5	
	工作规范	能做到安全生产，文明施工		10	
	工作报告	能正确完成工作报告		10	
	成果展示	能准确表达工作成果		5	
合计				100	
综合评价	自评（20%）	小组互评（30%）	教师评价（50%）	综合得分	

学习情景 2.5 安全门系统安全措施与建设材料认知

情景描述

乘客在乘坐城市轨道交通车辆过程中,普遍感觉是放心和舒适的,由于车站安全门系统可以减少很多在候车与上下车的危险因素。而偶尔也听说安全门出事故甚至致人死亡的情况产生。那么安全门系统是否足够安全?有没有存在安全隐患?另外,安全门系统每天这么高强度运行,乘客人数多,且多数车站都是在地下,如何选择更合适的建设材料?这些材料有什么技术要求?

图 2-5-1 是拍摄到的安全门系统滑动门在轨道侧设置的一块挡板(带斜线部分)照片。以学习者视角对图中物体进行识读,尝试分析城市轨道交通车站安全门系统的安全措施,同时了解安全门系统的门体采用哪些材料及其技术要求。

图 2-5-1 滑动门挡板

学习目标

(1)能理解安全门系统的保证乘客安全和设备安全的常用措施;
(2)能掌握安全门系统滑动门和车门之间夹人的救人和自救方法;
(3)能了解安全门系统使用的各类材料技术要求和技术规范。

工作任务

(1)在实训室里仔细观察,认知安全门系统的防踢板、防爬斜板、档板等部件机械结构、运行方式及功能设置。
(2)模拟两门夹人的救人与自救方法。
(3)观察安全门系统的建设材料,分析其技术要求。

任务分组

表 2-5-1　学生任务分配表

班级				组号		指导老师	
组长				学号			
组员	姓名		学号		姓名		学号
任务分工							

工作准备

（1）阅读工作任务，观察测量安全门系统常用安全设计结构，分析防踢板、防爬斜板、挡板的结构特点、参数，并做好记录。

（2）模拟安全门系统滑动门与车门之间夹人的情况发生，分析救人与自救方法。

（3）查阅相关信息，收集安全门体系统的建设材料的相关技术资料。

（4）收集《城市轨道交通站台屏蔽门系统技术规范》（CJJ 183—2012）中安全门系统中安全措施和材料相关技术规范要求。

情景知识

知识点1：安全门限界

地铁限界分为车辆限界、设备限界及建筑限界 3 种。车辆限界是车辆在正常运行状态下所形成的最大动态包络线。安全门在站台边缘的安装以车辆限界为参考点，安全门的任何设备均不能侵入车辆限界的范围。另外，还应考虑安全门在荷载作用下的变形量及安装误差，以及在静态下列车与安全门之间应预留一定的安全空间。广州地铁各线安全门、列车门的相关参数统计如表 2-5-2 为所示。

根据表 2-5-2 的统计，在静态情况下，列车与安全门之间的距离在 150 mm 左右。为了保证乘客的乘车安全，防止安全门与列车门之间夹人（简称：两门夹人）的事故发生，需从安全门的安装、门体结构设计及增加相关辅助设备方面考虑。

安全门是安装在站台边上的机电设备，其安装位置需要与轨道车辆配合。由于车辆是运动的，安全门是静止的，为避免两者之间发生碰撞，从结构限界设计上必须留有一定的安全距离；又由于车辆是运动的，所形成的动态包络线使安全距离需要增大。

表 2-5-2 广州地铁各线安全门、列车门的相关参数统计（单位：mm）

线路	线路中心至车门的最大距离	车辆限界	安全门限界	安全门与车辆限界的安全间隙	安全门与车门的距离（静态下）	安全门变形量+安装误差
2号线	1 538	1 641	1 675	46	152	12
3号线	1 400	1 489	1 535	61	150	15
4号线	1 445	1 538	1 570	47	142	15
5号线	1 445	1 538	1 570	47	142	15

然而，车辆和安全门两套设备之间必须确保的安全距离，却成为乘客的上下车时的危险空间，并且安全距离越大使得乘客乘车危险性就越高。

安全门系统属于车站轨旁设备，因此该系统的设计与安装，必须严格符合限界要求，否则会引发设备损坏及安全事故。

根据《地铁设计规范》(GB 50157—2013)对站台门系统限界有规范要求：车站设置车站安全门时，车站安全门安装尺寸应考虑在弹性变形状态下，站台门顶箱与车站车辆限界之间，应保持不小于 25 mm 的安全间隙。

根据《城市轨道交通技术规范》(GB 50490—2009)中要求：车站安全门不应侵入车辆限界，直线车站时，车站安全门与车体最宽处的间隙不应大于 130 mm。

安全门在站台上的立面布置图如图 2-5-2 所示。安全门设备在多种外力荷载（风压荷载、人群挤压荷载、冲击荷载等）的叠加下，门体的结构设计应考虑允许的最大弹性变形量（最大取 15 mm，最小取 10 mm）；再加规范要求的不小于 25 mm 的安全间隙，可以得知安全门最外突出点距车辆限界的间距应不小于 40 mm。

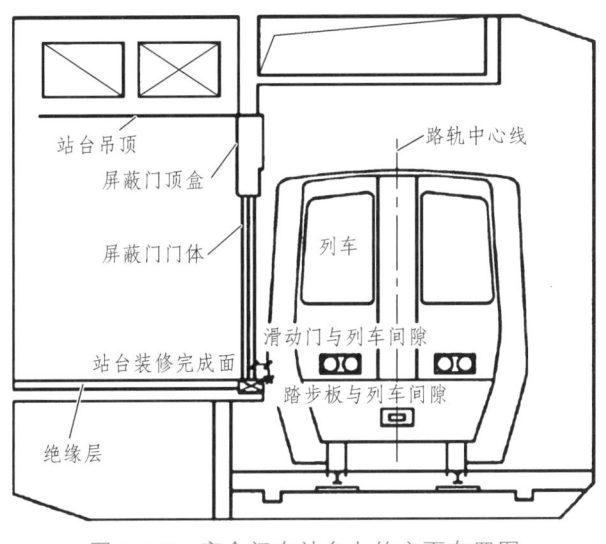

图 2-5-2 安全门在站台上的立面布置图

知识点2：安全门与车门间隙的安全处理设计

在城市轨道交通车站安全门系统运行中，存在着间隙问题：（1）若滑动门门体与车体间的间隙过大，在滑动门和列车门都已关闭锁紧，而个别乘客又被夹在滑动门和列车之间时，将造成严重的安全事故；（2）若安全门门槛与车体间的间隙过宽，乘客在上下车时也有可能脚踩空而造成人身伤害。

因此，在客流量大、行车间隔短的城市轨道交通线路，这两种间隙问题必须特别引起重视，在设计上要科学控制间隙的有效范围值，并采取适当的结构设计方案避免重大安全隐患。

1. 防爬斜板

采用滑动门防爬斜板的设计是减少安全门与列车之间间隙过宽而夹人的一种处理措施。该斜板作为滑动门门体的辅助部件，在保证不侵入车辆限界的前提下，设置在轨道侧滑动门底部，并尽量贴近门槛。防爬斜板斜面的设计基本排除了乘客平稳站立在斜板上表面的可能性，减少乘客在安全门与车辆之间的缝隙停留的危险。也就是让乘客不能在斜板上正常站立，避免乘客正好站在两门之间的情况。在国内众多城市轨道交通车站安全门系统中，已广泛采用这种防爬斜板的设计。

防爬斜板的安装不会侵限，无需额外加装有源设备，是比较有效的方法之一。它的缺点是，在拥挤且车门先开的情况下乘客可能被挤出车厢，乘客的脚可能滑入站台和车体的缝隙后发生伤害。

2. 挡板

在安全门靠近轨道侧的滑动门边上加装挡板，采用高约 60 cm 的橡胶挡板，竖向安装在滑动门的轨道侧边缘，与滑动门成直角。当安全门关闭时，挡板增大了滑动门关闭时两门的接触面积，乘客在关门时被夹到的可能性增大，但减小被困在危险空间的可能，也不容易被夹伤。挡板的安装虽会侵限，但橡胶不会刮伤车体，也无需额外加装有源设备，也是目前比较有效的方法之一。

当乘客进入列车时，车门正处于关闭过程中，乘客或被车厢内的乘客往外拥挤，上车的乘客无意识地往后退而站立于安全门的门槛上，或往两侧的固定门方向移动。此时，安全门也处于关闭过程中，滑动门的安全挡板将碰撞到乘客，阻止滑动门的关闭。当阻力大于 150 N 时，滑动门的关门力将释放，并停止关闭动作。根据安全门系统与信号系统的接口原理，两者之间设置了电气联锁，如果所有安全门中的任一滑动门没有关闭并锁紧，安全门系统将无法向信号系统反馈安全门"关闭且锁紧"的信号，信号系统将不允许列车驶离车站，这样可以避免因列车启动而伤害乘客。

挡板的缺点是不太美观；侵入限界；虽然对于上车乘客比较有效，但对于拥挤且先开车门时乘客可能被挤入车门；可能挂住乘客腿部移动，乘客容易跌倒。防爬斜板和挡板如图 2-5-3 所示。

也有其他类似原理的设计：在滑动门上安装多道横向障碍物，以保证有害空间不会容纳乘客。其缺点是它的安装已经侵入限界，材料必须软硬适度，既不会刮伤车体，也要有一定的硬度阻止乘客占据危险空间；由于障碍物数量多和体积较大，重量会增加，滑动门的启动冲击电流增强，功耗增大；且它的安装会破坏安全门整体的美观效果。

3. 安全防护橡胶条

也称之为防踏空胶条，安装在站台边缘。安全门系统滑动门门槛与车体间的间隙过宽，乘客在上下车时也有可能由于疏忽大意或人多拥挤而造成人身伤害。由于站台和车体之间存在着一定距离，乘客上、下车时容易出现踏空，或者所携带行李卡在空隙当中的现象。

为减小列车车体与门槛（站台边缘）的间隙，避免乘客上、下车时发生踏空及物品掉落事故，在站台边缘滑动门门槛对应位置安装安全防护橡胶条，对上述间隙进行填充。很明显，安全防护橡胶条越出安全限界，可能与车体刮碰，而橡胶条不会刮伤车体，也无需额外加装有源设备，是目前比较有效的安全防护方法之一。安全防护橡胶条如图 2-5-4 所示。

图 2-5-3　防爬斜板和挡板

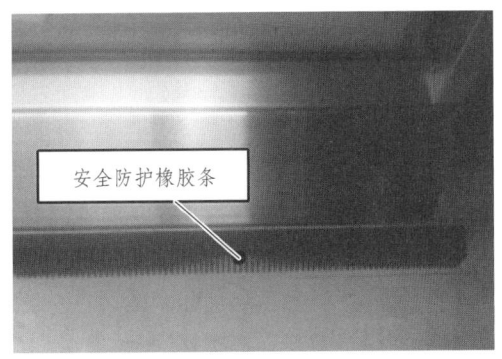

图 2-5-4　安全防护胶条

4. 门槛防滑设计

在门槛盖板上设计防滑条纹，是为了增加摩擦力，让乘客在踩踏门槛时不容易滑动跌倒。如图 2-5-5 所示。

图 2-5-5　门槛防滑设计

5. 防踢板设计

所有安全门系统门体的主体是玻璃，在站台侧为防止乘客不小心踢碎玻璃，滑动门、应急门、固定门和端门门体下方都设计由钢板制作的防踢板，如图 2-5-6 所示。防踢板安装在站台侧门体下方，是为了防止乘客不小心踢碎门体玻璃。

图 2-5-6　防跳板设计

知识点 3：乘客探测器

1. 两门之间存在间隙

在城市轨道交通车站安全门系统运行过程中，滑动门门体与车体间存在着间隙。目前国内因车型不同，且要遵循国标《地铁设计规范》（GB 50157—2013）限界的要求，该间隙值大多在 200～300 mm 之间，已经大于人体的厚度值（参考值为 150 mm）。当乘客在过于拥挤而无法正常登车时，两门之间正好能容纳该乘客站立空间。同时车门和安全门已经关闭锁紧，则会出现站台边缘安全门与列车之间夹人的情况。如果现场不及时采取紧急救援措施，势必会发生重大伤亡事故。

2. 两门夹人不被识别

由于安全门系统和列车都是按门关闭锁紧信号进行状态识别的。在滑动门和列车门都已关闭锁紧，当个别乘客又被夹在滑动门和列车之间时，安全门系统和列车信号系统都不能判断出此状况，这将造成严重的安全事故。因此，在客流量大、行车间隔短的地铁线路，这种间隙问题必须引起重视，在设计上要科学控制间隙的有效范围值，并采取适当的结构设计方案避免重大安全隐患。

3. 乘客探测器

为确保行车安全，避免有乘客或大件物品被夹在安全门与列车车体之间造成危险，在安全门与列车车体之间设置的一种障碍检测装置，称为乘客探测器。

当列车车门与安全门关闭后，乘客探测器一旦探测到在列车车体与安全门之间有乘客或类似物体，将切断安全回路，阻止列车启动；同时，发出声光报警信号。探测结果会影响行车，但不影响车门、安全门的正常开关。

乘客探测器安装在站台边沿，是侵入车辆限界的。

乘客探测器是采用激光或红外线进行检测的。两者设置相似，激光成本较高，误判率低，目前应用较多。红外线和激光两种乘客检测器如图 2-5-7 所示。

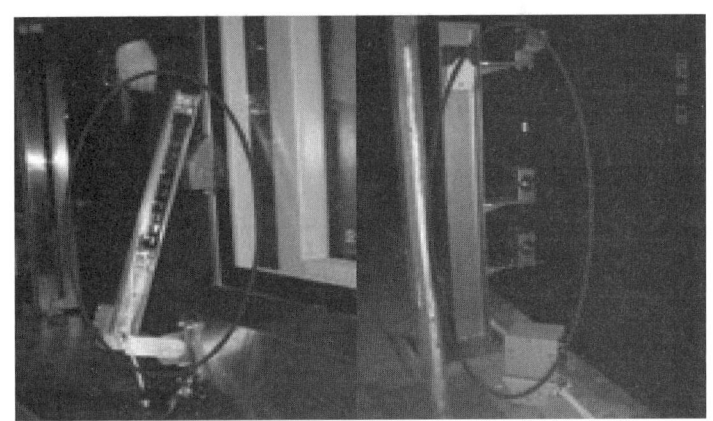

图 2-5-7　乘客检测器

4. 激光探测器

激光障碍检测装置采用 1 类不可见激光光束，对人体无伤害。同时，激光检测光束能量极低，符合电磁兼容性设计要求。

激光检测光束一般设置有两组高度：距离站台地面 300 mm，用于检测成年人的小腿部位；距离站台地面 600 mm，用于检测成年人的臀部和儿童的头部。

如图 2-5-8、图 2-5-9 所示，乘客探测器在车站检测防区设置方式有两种：

（1）直线站台设置每侧站台一个防区；

（2）曲线站台根据曲率大小每侧站台设置两个或多个防区。

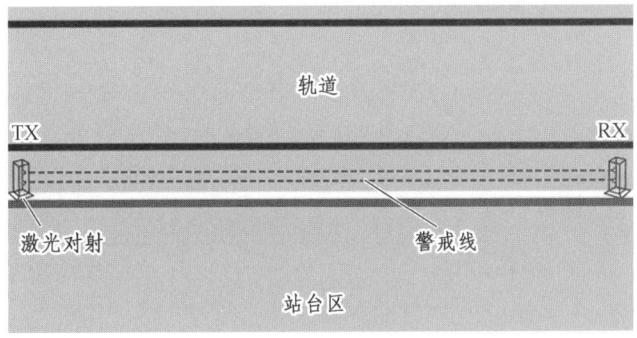

图 2-5-8　乘客检测器直线站台设置

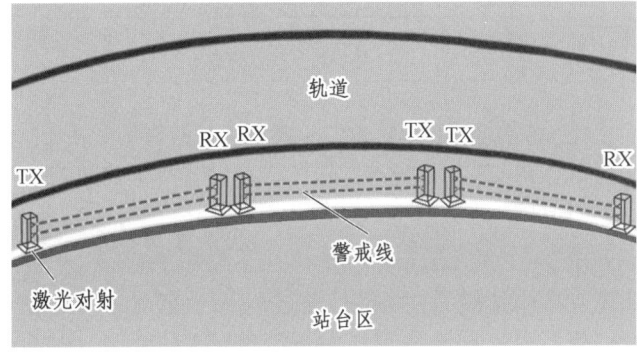

图 2-5-9　乘客检测器曲线站台设置

6. 检测信号接入安全回路

正常情况下,安全门系统合并"所有门关闭且锁紧信号"和"激光检测无障碍物信号"为安全回路信号发给信号系统,作为发车凭证;如遇激光系统故障,可旁路"激光检测无障碍物信号",将"所有门关闭且锁紧信号"作为安全回路信号。

其电气控制接口如下:图 2-5-10 是中央接口盘送出信号;图 2-5-11 是中央接口盘接收信号。

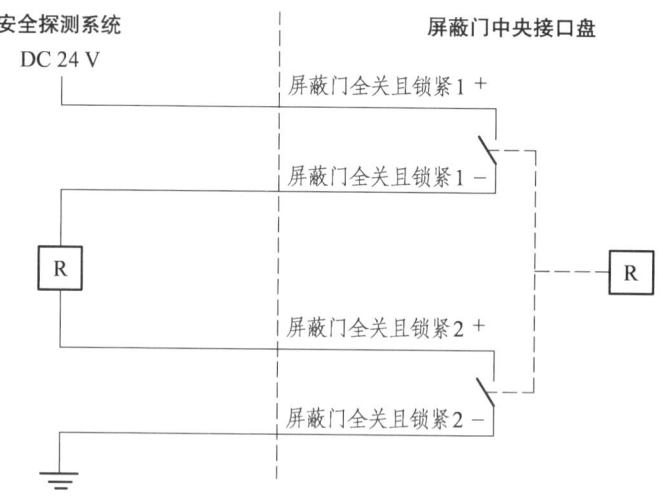

图 2-5-10 安全门系统 PSC 送出信号

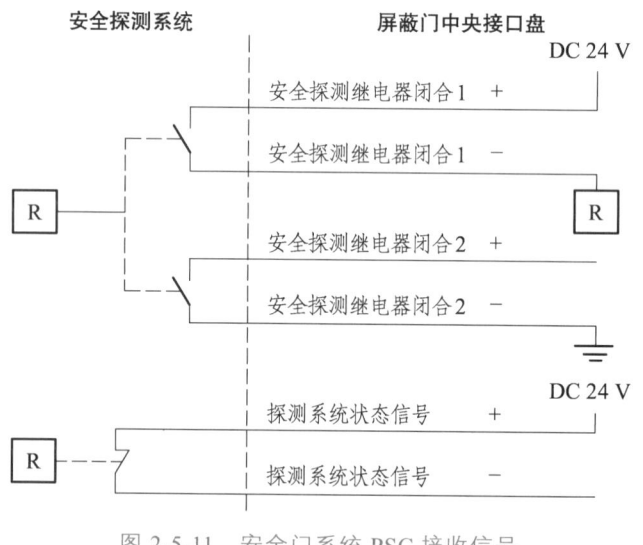

图 2-5-11 安全门系统 PSC 接收信号

知识点 4:其他安全设计

1. 软灯管

类似的安全设计还有广州地铁自主研发了安全门站台软灯管。在站台末端安全门立柱外侧加装竖行的黄色软灯管,只要有人被夹在安全门和列车门之间,黄色灯光就会被挡住。列车司机可通过后视镜瞭望灯管，可以了解安全门与车门之间的间隙情况。此举有效地防止了安全门夹人事件的发生。软灯管如图 2-5-12 所示。

图 2-5-12　软灯管

但软灯管的安装已经侵限。软灯管最好能装在缝隙正中间，若太靠近门体安装则有可能检测不出异常情况。此设计在地下直线站台也是比较有效的方法之一。软灯管安全设计是依靠司机通过后视镜观察判断的。它的缺点是只适合于地下直线站台，曲线站台司机看不到软灯管，高架站和地面站受自然光线的影响司机看不清软灯管；另外此安全措施靠司机观察来保证，增加司机的工作量和思想压力，需要加强司机的制度管理。

2. 摄像头

目前，工程技术人员还在不断探索其他的安全防护方法，例如采用视频探测结合图像自动识别技术，能够更加准确地判断两门夹人事故，快速而智能地进行安全防护等。

知识点 5：滑动门门扇夹人夹物处理安全措施

当关门声光报警时，乘客强行登车，就有可能在站台门槛处沿滑动门关门方向被门扇夹到。目前国内的安全门系统设计都具备障碍物检测功能。这种情况下滑动门会感应到物体的存在，门会停止关门动作并打开，稍微停顿后又会执行关门动作。若乘客退回站台，门才会完全关闭锁紧，列车接收到指令离开车站；若乘客依然停留在被夹位置，则门执行三次开关门动作后就完全打开，站务人员会及时到场将乘客引导到安全范围，处理故障后重新关闭锁紧滑动门，列车接收到指令离开车站。

根据《城市轨道交通站台屏蔽门系统技术规范》（CJJ 183—2012）要求：

（1）阻止滑动门关闭的力不应大于 150 N（1/3 行程后测量）。

（2）每扇滑动门最大动能不应大于 10 J。

（3）滑动门应有障碍物探测功能，宜探测到大于 5 mm（厚度）×40 mm（宽度）的钢板障碍物。

障碍物检测功能中障碍物厚度要求越小则系统安全性越高，因为要考虑个别乘客随身携带的物品厚度在 10 mm 以下，如书包带、围巾、书本等。

这类情况一般不会造成重大伤亡事故，但是要避免滑动门夹伤人，必须严格对障碍物检测功能、滑动门关门力和门体运动动能等各项指标进行系统设计、安装调试与验收。

知识点 6：两门夹人的救援方法

注意：两门夹人事件多因乘客强行上下车有关，安全意识最为关键。乘客在关门灯闪报警声响起时不要再强行上下车，搭乘轨道交通时一定要排队等候，先下后上。

1. 两门夹人的紧急自救

当乘客被夹在两门之间时，需要冷静有序地进行自救。当安全门或车门还没有完全关闭时，乘客发现有可能被两门夹住。在这危急情况下，乘客可以主动伸出手臂或其他较厚的物件挡在正在关闭的两扇车门之间或两扇安全门中间，阻挡门关闭。

因为安全门和车门均设计有防夹功能，当夹到 5 mm × 40 mm 的物体时，门会自动弹开；根据信号联锁设计，车门或安全门不关闭锁紧则车辆不能启动。这样乘客可能被夹痛或受伤，但不会冒着生命危险被困其中。

当乘客被困住且安全门和车门都已关闭时，如果乘客面向安全门，可以拉动滑动门紧急拉手（见图 2-5-13）而将门打开；如果乘客被困住时面向车门，则不便使用拉手，就赶快拍打车门，依靠其他乘客的帮助。这种情况下救援一定要快，在门关闭锁紧 4 s 后列车将启动，救援就来不及了。

图 2-5-13　滑动门紧急拉手

2. 两门夹人的紧急救人

当发现两门夹人时，车上乘客可以拉动列车门附近的紧急解锁停车装置（见图 2-5-14），则列车将不能马上启动。站台上的乘客可按住站台紧急按钮（见图 2-5-15）4 s 以上，也可大声呼唤车站工作人员阻止列车启动。

图 2-5-14　紧急解锁停车装置

图 2-5-15　站台紧急按钮

知识点 7：安全门材料

安全门的材料选型主要针对关键部件、钢材与门体型材等部分，从部件的强度、刚度、耐腐蚀性等性能要求考虑。

安全门直接面对乘客，是地铁车站占用面积最大，最醒目的设备之一。因此，对安全门外表的装饰及制造工艺应有严格的要求。安全门材料通常采用铝合金挤压型材，外加表面处理；或直接使用不锈钢板金属件。对于铝合金型材，一般采用可热处理的强化型变形铝合金，具有密度小、强度高、导电性能良好等特点。

城市轨道交通车站安全门系统使用寿命要求不小于 30 年，需采用质优价廉的材料。门体材料需防霉变、抗腐蚀；门体材料表面应保证一定的硬度、不褪色，并容易清洁。所有受力部件采用优质钢材，门体玻璃采用钢化玻璃，顶箱内部的门机梁采用铝合金型材。

1. 门体结构受力件材料

门体结构的立柱、顶梁、顶部桁架及底部支撑件等主要结构受力件应采用优质碳素结构钢（进行镀锌防腐处理，镀锌层厚度不小于 80 μm）；门体玻璃采用钢化安全玻璃。而安全门顶箱面板，为配合车站装修设计，可选用铝合金或低碳钢材料，经防腐处理和着色处理。推荐采用铝合金型材作为顶箱前盖板的材质，以满足强度要求并保持平整度。

不锈钢和铝合金（经防腐处理）各具有不同的优势。对于门体外露材料（主要是立柱外包板、滑动门、应急门等各类门框）选择，一般有铝型材外加表面处理（阳极氧化或氟碳喷涂）或发纹不锈钢直接使用两种。从防腐和耐腐性能方面考虑，门体外露材料采用不锈钢材质为宜。相比不锈钢，铝合金具有价格稍低，外观可以根据装修要求采用不同颜色和形状（选用不同的铝型材截面），外形比较美观、现代等优点。

2. 门体隔离材料

安全门采用的玻璃首先必须是安全玻璃，根据国内外安全门玻璃采用情况看，主要可选择钢化安全玻璃和钢化夹层玻璃。

从消防角度，安全门不能作为防火墙使用，尤其是地下车站安全门须满足逃生要求。而钢化夹层玻璃破碎后玻璃不掉落，必要时无法满足通过安全门逃生或救援。为解决逃生问题，必须按规范在一定位置设置安全通道口并做好标识。

安全门门扇玻璃如要采用钢化夹层玻璃还将影响车站的美观性。轨道交通站台有较完善的监视系统，且有站台值班人员进行巡视，玻璃一旦破碎，运营人员可及时知晓并采取应急措施，对乘客安全影响不大。

目前国内外城市轨道交通车站安全门几乎都采用了单层钢化安全玻璃，只有少数安全门系统如新加坡部分城市轨道交通项目采用了钢化夹层玻璃。

单层钢化安全玻璃并经热浸均质处理，既能满足安全门对玻璃的功能需求，又可节省投资。

所有安全门系统门玻璃均采用符合国家标准的钢化玻璃，无色透明，都需经过均质处理，并在最大荷载条件下不会破碎或产生永久变形。根据门扇大小以及所承受的荷载，安全门滑动门玻璃厚度应不小于 8 mm，固定门、端门、应急门玻璃厚度应不小于 10 mm。

玻璃的粘接是安全门门体的关键工序，采用性能可靠的粘接胶是该工序施工关键因素之一。双组分结构密封胶被广泛应用于城市轨道交通车站安全门及高层建筑幕墙隐框玻璃的粘接，效果优良。

参考资料：安全门系统涉及的主要设计规范及技术标准

1. 主要设计规范及标准

（1）《地铁设计规范》（GB 50157—2013）
（2）《城市轨道交通站台屏蔽门系统技术规范》（CJJ 183—2012）
（3）《城市轨道交通站台屏蔽门》（CJ/T 236—2022）
（4）《地铁限界标准》（CJJ/T 96—2018）
（5）《城市轨道交通运营技术规范》（GB/T 38707—2020）
（6）《城市轨道交通技术规范》（GB 50490—2009）
（7）《城市轨道交通运营管理规范》（GB/T 30012—2013）
（8）《建筑结构荷载规范》（GB 50009—2012）
（9）《建筑幕墙空气渗透性能检测方法》（GB/T 15226—1994）

（10）《建筑抗震设计规范》（GB 50011—2010）
（11）《钢化玻璃》（GB/T 9963—1998）
（12）《低压配电设计规范》（GB 50054—2011）
（13）《电力工程电缆设计标准》（GB 50217—2018）
（14）相关专业的其他标准和规范。

2. 设计原则

（1）安全门系统的设计应遵循技术先进、经济实用的原则，并满足安全可靠、检修方便、造型美观等要求。
（2）安全门系统应能适应工程车站的环境条件，并能在此条件下可靠和安全地运行。
（3）安全门外形应与车站整体协调。
（4）在车站纵向方向，安全门以有效站台中心线为基准，居中对称布置，活动门与列车门——对应，列车司机室应停在端门外，在列车的停车误差范围内，安全门不应阻碍乘客和列车司机的上下车。
（5）安全门系统应能满足不同工作模式的运行要求。
（6）安全门应满足车站限界要求。
（7）整个安全门的结构应能安全承受各种荷载的作用。
（8）安全门不作为车站防火分隔设施，但所采用的绝缘材料、密封材料和电线电缆等均应低烟、无卤、阻燃，且不含有放射性成分。
（9）安全门应具有很高的安全性和可靠性，有良好的绝缘和接地装置，保证乘客安全。
（10）安全门控制系统以车站为单位构成独立的总线网络，具备抗电磁干扰的能力。
（11）安全门系统的设计应保证其工作寿命在 30 年以上，并满足无故障使用次数≥100 万次的要求。
（12）安全门应设置应急门。
（13）安全门应有明显的安全标志和使用标志。
（14）安全门设备在建筑结构的诱导缝、变形缝等部位应采取与之相应的构造措施。

3. 主要技术参数

（1）车型：B1 型车。
（2）列车运行速度：100 km/h。
（3）列车编组：初、近期 4 节车/列，远期 6 节车/列。
（4）车门数量：4 挡门/节。
（5）车门宽度：1 300 mm。
（6）列车停车精度：±300 mm。
（7）安全门净开门高度：1 500 mm。
（8）安全门净开门宽度：1 900 mm。
（9）安全门的开启速度 0.1 ~ 0.75 m/s，关闭速度 0.1 ~ 0.55 m/s，全程无级可调。
（10）安全门活动门的开启时间 2.5 ~ 3.0 s，关闭时间 3.0 ~ 3.5 s。
（11）解锁后的活动门人工开启力≤150 N。
（12）人群对门体的冲击载荷：1 500 N（在 0.2 S 时间内，作用在 100 mm × 100 mm 的范围内）结构无永久变形。

(13）人群对门体的挤压载荷：1 500 N/m（距站台装饰面 1.1 m 高处）。

(14）安全门风载荷：±600 Pa（标准值）。

(15）地震条件：地震基本烈度为 8 度，设计基本地震加速度值 0.20 g。

(16）振动水平：BS4675 第一级水平。

(17）门体材料为不锈钢（或经过表面处理的铝合金）和透明安全玻璃。

(18）温度：−28 ~ 45 ℃；最大相对湿度：95%。

(19）满足防潮、防湿、防尘、防水及防震的要求。

(20）对于呈坡度的站台，要求安全门整体垂直于坡面，且安全门的顶线、底线等与站台板的设计坡度保持一致。

(21）安全门系统在作开/闭操作时，以及在列车全速通过时由自然风作用所发出的振动噪声，在距安全门 1 m、站台地面 1.5 m 高处所测得的值≤70 dB（A）。

(22）安全门系统运行能力：每周运行 7 天，每天连续运行 20 h，最小运行间隔 2 min，全年 365 天。

(23）安全门须具有安全装置及障碍物探测功能。

(24）安全门驱动装置为电动，电源为一级负荷，备用电源的容量，能使安全门控制系统在半小时内对每侧活动门开/关操作 3 次。

(25）安全门门体与站台建筑结构采取绝缘措施，在 500 V 直流试验电压下，门体与大地间的绝缘电阻＞0.5 MΩ。

(26）安全门门体与钢轨保持等电位连接，以避免由于列车运行时产生的感应电压对乘客造成的伤害和迷流对轨旁设备产生的电腐蚀。

4. 安全门系统的组成

安全门系统主要由门体组合、下部支承、门机（电机按每道门两套组成）、控制系统和供电系统五大部分组成，其中：

(1）门体组合主要由固定门（FIX）、活动门（PSD）、固定驱动盒、应急门（EED）、端头门（MSD）、立柱及手动开锁机构等组成。

(2）下部支承结构主要由门槛、支撑板、调节装置和绝缘衬垫等组成。

(3）门机主要由电机、传动装置、导轨与滑块总成、锁紧及解锁装置、行程开关和位置检测装置等组成。

(4）控制系统主要由中央控制盘（PSC）、就地控制盘（PSL）、门控单元（DCU）、门状态指示灯（DOI）、就地控制盒（LCB）、IBP 盘等设备及安全门系统与信号系统及综合监控系统等的接口电路等组成。

(5）供电系统由门机驱动电源和控制电源组成。

工作实施

1. 安全门限界

引导问题 1：地铁限界分为_____限界、_____限界及_____限界 3 种。

引导问题 2：_____限界是车辆在正常运行状态下所形成的最大动态包络线。

引导问题3：安全门的在站台边缘的安装以_____限界为参考点，安全门的任何设备均不能侵入_____限界的范围。

引导问题4：安全门国家行业标准要求，车站安全门最外突出点至车辆限界之间应有不小于____mm的安全间隙；车站安全门与车体最宽处的间隙不应大于____mm。

引导问题5：安全门系统在运行中，存在着哪两个有害空间？

答：_____
_____
_____
_____

> **小提示**
> 在城市轨道交通车站安全门系统运行中：（1）若滑动门门体与车体间的间隙过大，在滑动门和列车门都已关闭锁紧，而个别乘客又被夹在滑动门和列车之间时，将造成严重的安全事故；（2）若安全门门槛与车体间的间隙过宽，乘客在上下车时也有可能脚踩空而造成人身伤害。

2. 安全门与车门间隙的安全处理设计

引导问题6：防爬斜板安装在_____侧_____门底部，不侵入_____限界。

引导问题7：防爬斜板是如何产生安全作用的？

答：_____
_____

引导问题8：防爬斜板的缺点是，在拥挤且车门先开的情况下乘客可能被挤出_____，乘客的脚可能_____站台和车体的缝隙后发生伤害。

引导问题9：橡胶挡板竖向安装在_____门的_____侧边缘，与_____门成直角。

引导问题10：橡胶挡板安装_____侵入车辆限界。（填写：会/不会）

引导问题11：挡板是如何产生安全作用的？

答：_____
_____

引导问题12：挡板的缺点是_____美观；_____限界；对于拥挤且先开车门乘客时可能被挤入_____门；可能挂住乘客_____移动，乘客容易_____。

引导问题13：防踏空胶条安装在_____边缘，_____限界。

引导问题14：防踏空胶条是如何产生安全作用的？

答：_____
_____
_____

引导问题 15：在门槛盖板上设计_____条纹，是为了增加_____力，让乘客在踩踏门槛时不容易_____。

引导问题 16：防踢板安装在_____侧门体_____，是为了防止乘客不小心踢碎门体_____。

3. 乘客探测器

引导问题 17：为检测两门夹人，目前设计的乘客探测器有哪几种？

答：

_____

_____

引导问题 18：在安全门系统和车辆监视系统中，两门夹人_____被识别。（填写：会/不会）

引导问题 19：乘客探测器中，激光障碍检测装置采用 1 类_____激光光束，对人体_____伤害。

引导问题 20：乘客探测器安装在_____边沿，_____车辆限界。

引导问题 21：乘客探测器激光障碍检测装置在直线站台设置_____套，在曲线站台设置_____套。

引导问题 22：乘客探测器检测信号接入_____回路。

4. 其他安全设计

引导问题 23：软灯管安装在_____末端边沿，_____车辆限界。

引导问题 24：软灯管安全设计是依靠_____通过_____镜观察判断的。

引导问题 25：在安全门系统运行中，用于解决两门夹人的安全措施有哪些？

答：

_____

_____

_____

引导问题 26：在安全门系统运行中，用于解决乘客踩空和踢碎玻璃的安全措施有哪些？

答：

_____

_____

5. 滑动门门扇夹人夹物处理安全措施

引导问题 27：安全门系统设计都具备障碍物_____功能。

引导问题 28：安全门系统处理滑动门门扇夹人夹物的安全措施有哪些？

答：

_____

_____

_____

> **小提示**
> 目前国内的安全门系统设计都具备障碍物检测功能。这种情况下滑动门会感应到障碍物体的存在，门会停止关门动作并打开，稍微停顿后又会执行关门动作。若乘客退回站台，门才会完全关闭锁紧，列车接收到指令离开车站；若乘客依然停留在被夹位置，则门执行三次开关门动作后就完全打开，站务人员会及时到场将乘客引导到安全范围，处理故障后重新关闭锁紧滑动门，列车接收到指令离开车站。

6. 两门夹人的救援方法

引导问题29：当遇到两门夹人时，乘客如何进行自救？

答：
_____
_____
_____
_____

> **小提示**
> 当乘客被夹在两门之间时，需要冷静有序地进行自救。当安全门或车门还没有完全关闭时，乘客发现有可能被两门夹住。在这危急情况下，乘客可以主动伸出手臂或其他较厚的物件挡在正在关闭的两扇车门之间或两扇安全门中间，阻挡门关闭。当乘客被困住时安全门和车门都已关闭时，如果乘客面向安全门，可以拉动滑动门紧急拉手而将门打开；如果乘客被困住时面向车门，则不便使用拉手，就赶快拍打车门，依靠其他乘客的帮助。

引导问题30：当遇到两门夹人时，乘客如何进行救援他人？

答：
_____
_____
_____
_____

> **小提示**
> 当发现两门夹人时，车上乘客可以拉动列车门附近的紧急解锁停车装置，则列车将不能马上启动。站台上的乘客可按住站台紧急按钮4 s以上，也可大声呼唤车站工作人员阻止列车启动。

7. 安全门材料

引导问题31：安全门系统寿命是____年。

引导问题32：门体结构受力件采用_____钢；门体隔离材料采用_____玻璃。

引导问题33：安全门系统_____作为消防防火墙使用。（填写：能/不能）

引导问题34：安全门系统门体多数采用_____层_____化玻璃。

参考答案

评价反馈

表 2-5-3　学生自评表

班级：	姓名：	学号：	
学习情景 2.5	安全门系统安全措施与建设材料认知		
评价项目	评价标准	分值	得分
安全门系统的安全措施认知	能正确认知安全门系统防踢板、防爬斜板、挡板，能简述各部件作用	20	
安全门系统两门夹人的防范措施认知	能正确简述安全门系统在两门夹人的技术防范方法	10	
两门夹人的救人与自救方法认知	能正确处理两门夹人的救人方法；能正确处理两门夹人的自救方法	30	
安全门系统建设材料技术要求认知	能正确分析安全门系统建设材料的技术要求	10	
工作准备	能完成相关理论知识学习	15	
工作质量	能按计划完成工作任务	15	
合计		100	

表 2-5-4　学生互评表

学习情景 2.5		安全门系统安全措施与建设材料认知					
评价项目	分值	评价对象（组别）					
		1	2	3	4	5	6
计划合理	20						
组织有序	20						
工作完整	20						
团队合作	20						
材料上交	20						
合计	100						

注：评价档次统一采用 A（优秀）、B（良好）、C（合格）、D（努力）四个。

表 2-5-5 教师评价表

班级：		姓名：	学号：	
学习情景 2.5		安全门系统安全措施与建设材料认知		
评价项目		评价标准	分值	得分
考勤		没有无故缺勤、迟到、早退现象	10	
工作过程	安全门系统安全措施	能正确指出安全门系统防踢板、防爬斜板、挡板部件，描述其作用	20	
	两门夹人的救人与自救方法	能正确演示两门夹人的救人与自救过程	20	
	工作质量	能按计划完成工作任务	10	
	协调能力	能与小组成员合作交流，协调工作	5	
	职业素养	能表达成熟或灵动的想法	5	
项目成果	工作完整	能按计划完成任务	5	
	工作规范	能做到安全生产，文明施工	10	
	工作报告	能正确完成工作报告	10	
	成果展示	能准确表达工作成果	5	
合计			100	
综合评价	自评（20%）	小组互评（30%）	教师评价（50%）	综合得分

单元 3

安全门门机系统认知

情景描述

城市轨道交通车站安全门系统的滑动门正常情况下能与列车车门同步打开和关闭，在非正常情况下也要能保障其开门和关门。

城市轨道交通车站安全门系统的滑动门是如何进行运行的？它是由哪些装置控制的？除了自动控制以外，还有哪些部件可以在非正常情况下控制滑动门的开关门等。

图 3-1-1 是某城市轨道交通车站安全门门机系统图。以学习者视角对图进行识读，尝试了解城市轨道交通车站安全门门机系统驱动滑动门的应用情况，分析城市轨道交通车站安全门门机系统在安全门系统中的具体作用。

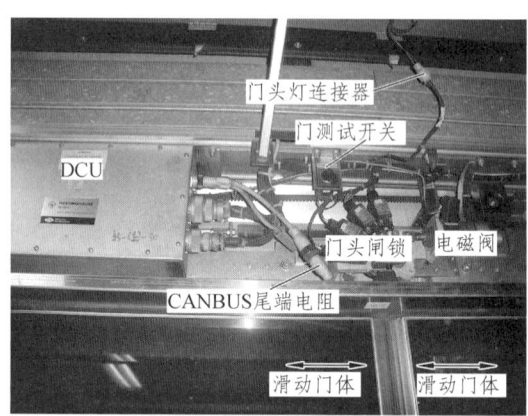

图 3-1-1　安全门门机系统图

学习目标

（1）能掌握城市轨道交通车站安全门门机系统各部件的作用及主要参数；
（2）能掌握城市轨道交通车站安全门门机系统的工作过程；
（3）能掌握门机控制器的控制过程；
（4）能了解不同类型安全门的门机系统。

工作任务

(1) 在地铁车站和实训室里仔细观察安全门门机系统各部件,了解车辆到站时和出发时滑动门运行情况,了解安全门门机系统各组件的类型、基本构成及功能,了解安全门门机系统操作滑动门的开门和关门过程。

(2) 根据图 3-1-2 城市轨道交通车站安全门系统简图,对安全门门机系统进行整体认知,识别安全门机系统的各组成部件,分析安全门门机系统操作滑动门运行的方式,讨论门机系统对安全门系统产生的影响。

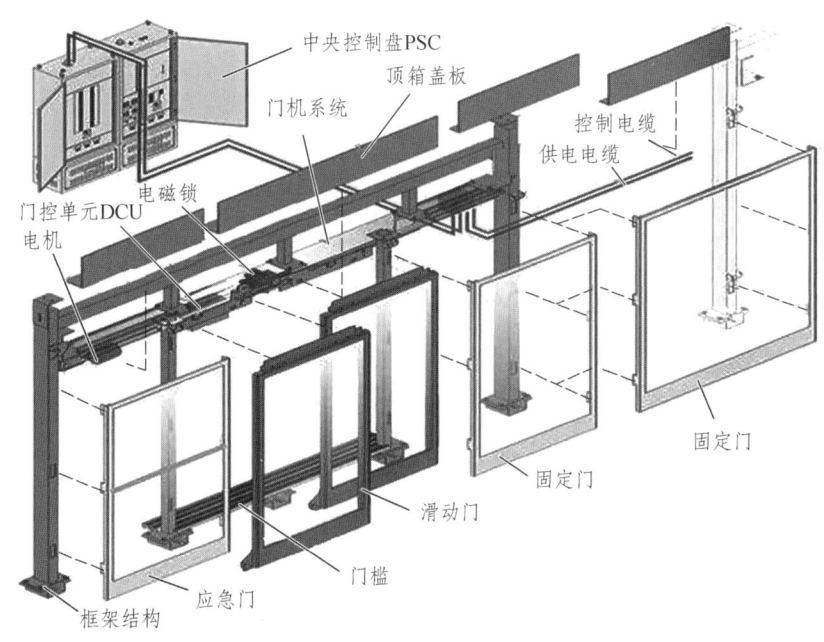

图 3-1-2 城市轨道交通车站安全门系统简图

任务分组

表 3-1-1 学生任务分配表

班级		组号		指导老师	
组长		学号			
组员	姓名	学号	姓名	学号	
任务分工					

工作准备

（1）阅读工作任务，观察地铁车站安全门门机系统与滑动门运行状态，并做好记录。

（2）收集《城市轨道交通站台屏蔽门系统技术规范》（CJJ 183—2012）中安全门门机系统相关技术规范要求。

（3）查阅相关信息，进一步了解城市轨道交通车站安全门门机系统的技术发展。

情景知识

知识点 1： 安全门门机系统简介

正常情况下，安全门系统滑动门是自动运行的。直接控制、操作、监视单道滑动门运行的部件就是门机系统。

安全门门机系统是由控制装置、驱动装置、传动装置和锁紧解锁装置四部分组成。安全门门机系统直接控制装置是门机控制器（DCU）；驱动装置包括电机和减速器；传动装置有皮带传动和螺杆传动两种类型，包括传动部件、悬挂装置、滑轮等；锁紧解锁装置有门头锁、机械锁、传感器等。

安全门门机结构

安全门门机系统基本工作过程是：DCU 控制电机的启动、正转、反转和停止；通过电机和传动机构驱动滑动门门体的水平移动，实现安全门的打开和关闭；通过锁紧及解锁装置对滑动门状态进行电动或手动控制；并将控制信号、滑动门状态等信息反馈给 DCU 及后台的中央控制盘（PSC），以便安全门控制与监视系统判断滑动门的运行状态。

屏蔽门、全高安全门、半高安全门的门机系统设计思路基本一致，而半高安全门由于结构差异在控制驱动方面略有不同。下面以屏蔽门门机系统为例进行分析。

屏蔽门门机系统是滑动门的操作机构，安装在门体结构的顶箱内，主要由驱动装置、锁紧及解锁装置、门机控制器（DCU）、传动装置等组成，如图 3-1-3 所示。

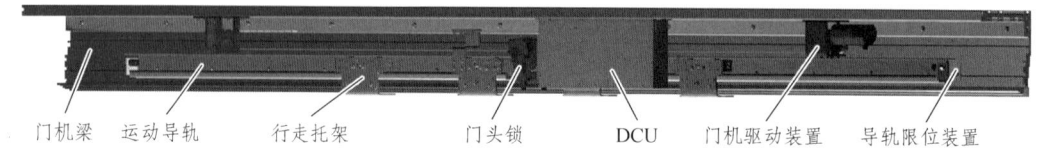

门机梁　运动导轨　行走托架　　门头锁　　DCU　　门机驱动装置　导轨限位装置

图 3-1-3　屏蔽门门机系统

图 3-1-3 为典型同步齿形带传动的门机系统，其中门机梁用于安装门机系统各组件；运动导轨是行走托架的运动路径；行走托架即悬挂装置、滑轮挂件、运行承重装置，用于固定悬挂滑动门，并由皮带带动，在运动导轨来回运动；门头锁即锁紧及解锁装置，用于锁紧关闭的滑动门，可以通过电信号或是手动操作打开锁紧状态，同时通过传感器将门关闭锁紧信号反馈到门机控制器（DCU）和中央控制盘（PSC）；DCU 用于控制电机运行、门头锁开关及声光报警装置，也用于监视电机运行状态、滑动门锁紧及解锁状态、应急门锁紧及解锁状态、端门锁紧及解锁状态等；门机驱动装置用于通过同步带驱动悬挂着滑动门的行走托架在运动导轨上运动；导轨限位装置控制行走托架的运行极限位置。

知识点 2：门机驱动装置

1. 门机驱动装置简介

门机驱动装置包括电机、减速器。其中，电机用于将电能转化为所需的机械能，为滑动门运行提供动力；减速器用于增加力矩。

屏蔽门门机系统采用高性能直流无刷电机，由门机控制器（DCU）驱动运行，同时将电机运行数据反馈到 DCU。由电机和减速器组成的门机驱动装置如图 3-1-4 所示。电机调速性能和输出转矩均应满足门扇运动曲线和动力曲线的要求。

正常运行时，电机根据门机控制器输出的门扇运动速度曲线数据进行运行，同时将实际运行数据反馈到门机控制器，由门机控制器进行电机运行状态判断，并在需要时进行调整和预校正。

图 3-1-4　屏蔽门门机驱动装置

门机驱动装置中，电机输出轴即为减速箱输入轴，同步齿形带装配在减速箱输出轴上，并通过在另一端的反向轮返回，提供一个高力矩封闭驱动的环路。反向轮与减速箱隔开，隔开距离足够让门达到全开位置。在门最大开度处设有限位装置。左右门扇的滑轮组件安装在同步皮带环路的两边，保证中分滑动门的同步运行。门位置的感应通过安装在驱动电机中的霍尔传感器完成。当要求电流和预计电流之间的偏离超过事先设定的门槛值时，随时启用障碍探测程序，完成障碍物探测。皮带系统的设计能满足门运动曲线特性、障碍物探测程序和门进入最后的闭锁位置之前的驱动要求。

2. 电机特性及参数

电机是安全门机系统运行的主要执行装置，通常为无刷直流伺服电动机或直流伺服电动机（少数采用），由 DCU 根据预先设定的"速度 – 时间 – 位置"运动曲线（简称速度曲线）驱动电机运行。

一般电动机尾端安装有霍尔传感器或光电编码器等作为角度和速度传感器，以便反馈电机转动位置至 DCU，由 DCU 采集、计算，实现位置闭环控制。也有部分公司的 DCU 不使用电机尾端传感器反馈信号，而是采用矢量控制技术，在 DCU 内部完成滑动门位置闭环的计算、控制。电机传感器如图 3-1-5 所示。

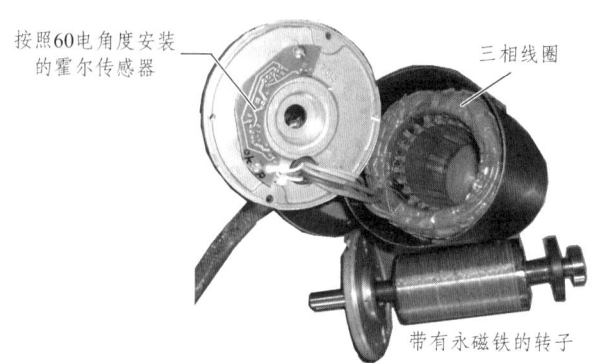

图 3-1-5 电机传感器

下面以德恩科公司 BG65X75 电机为例介绍电机特性及参数。该电机具有以下优点：

（1）采用电子换向装置，取代传统直流电机的机械式电刷换向器，在运行过程中无换向火花和电磁干扰，省去更换电刷的麻烦，免维护。

（2）电子换向，基本无发热现象。

（3）运行平稳、可靠、效率较高。

（4）易实现变频调速，能耗低，无干扰现象。

（5）使用寿命长，连续运行时间可达 50 000 h。

（6）电机外壳防护等级为不小于 IP54，绝缘等级为 F。

（7）选用负载负荷计算标准：两个开/关门周期间隔最多 120 s。

另外，以德恩科公司 SG80K 减速机为例，该减速机的减速比为 10∶1，工作时最高表面温度为 104 ℃。门机系统 BG65X75 电机、SG80K 减速机参数分别见表 3-1-2、表 3-1-3。

表 3-1-2 门机系统电机参数

电机型号	BG65X75	额定转差率/%	0
额定功率/W	134	功率因数	0.99
额定电压/V	110	转矩常数 k_t/(N·m/A)	0.22
最小电压/V	75	电机额定扭矩/(N·m)	0.4
最大电压/V	140	电机转动惯量/(N/m²)	172×10^{-6}
电压常数 k_e	30.58	电机绕线电阻/Ω	1.83
额定电流/A	1.8	绝缘等级	F
启动电流/A	54（Max）	外壳防护等级	IP54
额定转速/(r/min)	3 200	门机表面工作温度/℃	104（Max）

表 3-1-3 减速机参数

减速机型号	SG80K
传动比	10
效率	80%
最大输出扭矩	8 N·m

3. 电机驱动

门机电动机由 DCU 采用脉宽调制信号（PWM）驱动，根据预先设定的速度曲线进行。霍尔传感器检测电机转动的周期和相位，由 DCU 计算获得。DCU 内部设置电动机电流检测元件（如测流电阻），既可以构成电流闭环控制，也可以用于障碍物功能检测。其中选择的运行曲线、目标位置控制、速度给定及控制、参数修改等功能通常由 DCU 的软件完成。

霍尔传感器检测电机旋转速度。当 DCU 检测到电机的旋转速度大于预定的速度时，减小电压输出的占空比，降低电机的旋转速度，使电机的实际速度能够无限接近设定的速度。反之也一样。

同时，通过霍尔传感器检测电机转动的周期和相位，可能计算出传动带的移动距离，从而获得电机的转动位置，即滑动门的位置。

DCU 电机驱动电路设有电机驱动电流检测装置、温度保护电路等。DCU 通过检测电机的电流变化，可以用于检测障碍物，以及电流控制。

当滑动门开门或关门遇到较小阻力时，电机速度会降低，电流增大。此时 DCU 会增加驱动功率，提升电机速度，试图调整为正常速度。

当开门或关门阻力大于门体夹紧阈值（阈值最大应不超过 150 N）时，电流变化量将达到设定值，DCU 停止驱动电机同向运转，然后驱动电机反向运转。此时对应事件为滑动门运动过程中遇到障碍物并反向运行。该电流值可以由 DCU 或 PSC 设置。

一种典型电机三相电机驱动电路如图 3-1-6 所示，该电路模块具有温度监视保护、过流（过载）控制保护、低电压判断保护功能，该模块也适用于三相直流无刷电机驱动。

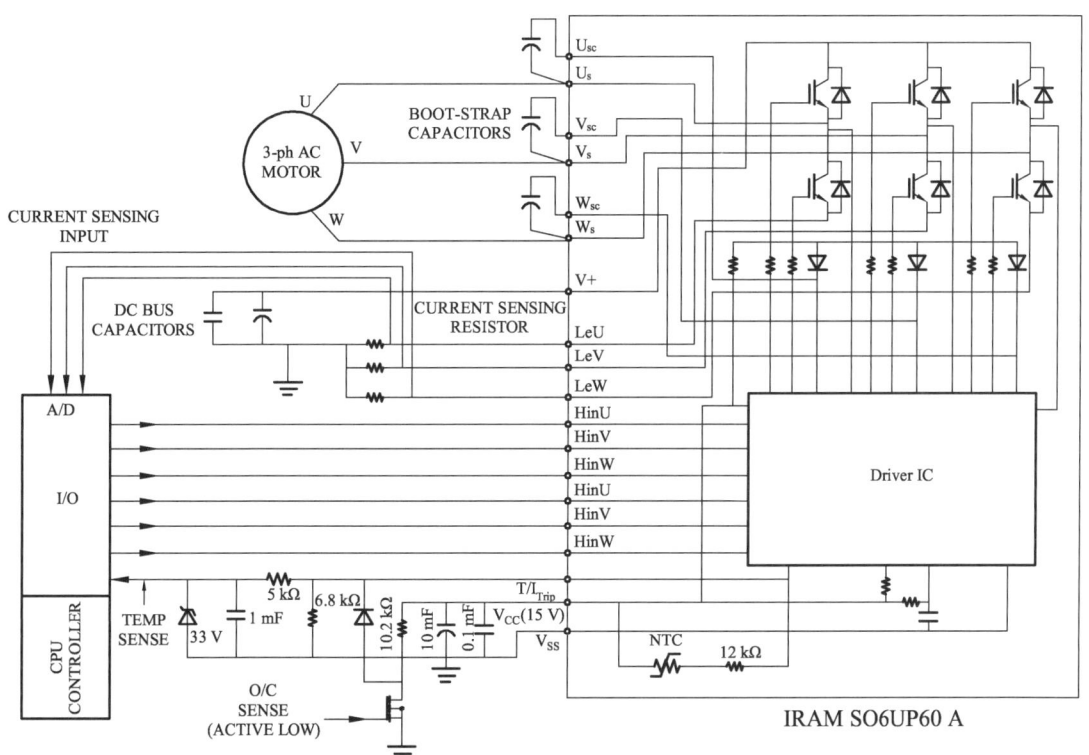

图 3-1-6　电机驱动电路图

图中 LeU、LeV、LeW 外接的三个电阻为电流检测电阻，通过微控制器 A/D 转换及采样分析，可以计算出电流值、电机转矩，可以判断障碍物信息及进行过流保护。图中芯片连接外围 NTC 负温度 6.8 Ω 绕线电阻，用于温度监视。当温度达到设定阈值，芯片自动关闭输出，微控制器向控制与监视系统传输超温信息。

直流无刷电机转动原理如图 3-1-7 所示，微控制器生成 PWM 信号，驱动上下桥臂共六个 IGBT 管，对应的 IGBT 管导通，实现电机正转或反转动作。电机的减速和制动是采用再生制动的方法，Q_7 是用于通过 R 释放再生制动的多余能量。

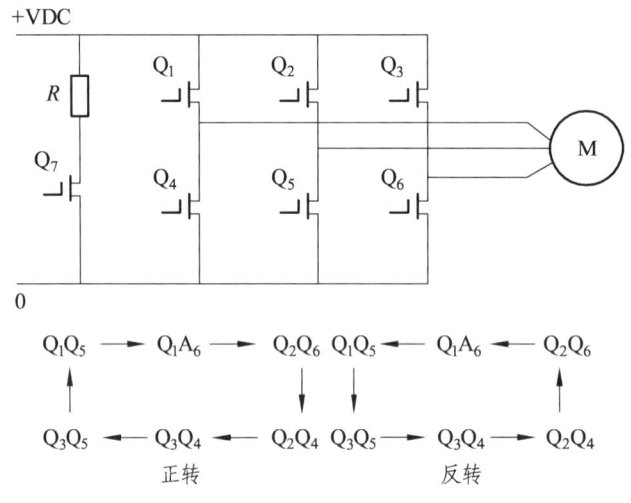

图 3-1-7 电机转动原理

知识点 3：传动装置

安全门门机系统的传动装置是单电机同步驱动（边门可特殊处理，但必须保证两扇门运行同步），可以是同步齿形带传动，也可以是螺杆传动。同步齿形带传动多用于屏蔽门和全高安全门，螺杆传动多用于半高安全门。

门机系统传动装置

1. 同步齿形带传动装置

屏蔽门门机系统采用同步齿形带传动方式，由单个直流电机+减速器组合驱动，整个传动装置安装在顶箱内，由以下部分组成：

配有驱动轮的同步齿形带、用于调节皮带松紧度的反向滑轮、用于拖动滑动门扇的滚轮拖板组件（即悬挂装置、滑轮挂件、行走托架）、皮带锁扣、为滑轮导向的导轨和闭锁单元。传动装置设置目的是由悬挂装置带动滑动门扇左右移动，实现滑动门自动运行。

屏蔽门传动装置示意图 3-1-8 所示。电机在门机控制器的指令下，通过减速机"驱动轮–齿形带–反向轮"进行循环运动；连接在齿形带上的挂件，通过滚轮拖板组件带动其吊挂的滑动门在导轨上进行来回运动，从而实现滑动门的开关动作。反向轮侧设置了张紧调整装置，便于定期进行齿形带松紧调整维护；滑轮挂件可左右任意调节挂接齿形带位置，方便左右滑动门吊挂位置的校准。

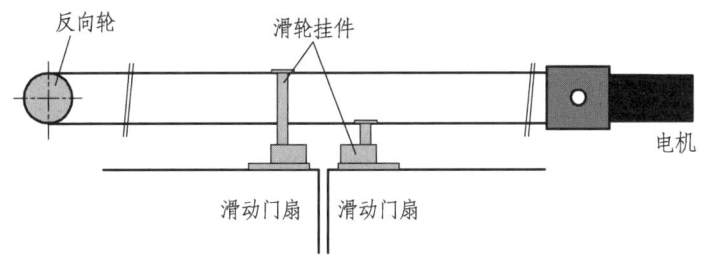

图 3-1-8 屏蔽门传动装置示意图

如图 3-1-9 所示,同步齿形带传动装置可靠性高,更换成本低,容易安装,维护率低,具有自校准调节功能。其特点如下:

(1)采用重荷载齿形同步带,正向啮合驱动,保证两门扇运动同步、稳定。

(2)齿形带张紧力可调节,且为耐磨、阻燃、低烟、无毒材料;且满足运行 12 个月检查调节一次张紧力的质量要求。

(3)所有齿形带夹紧装置和齿形带轮与齿形带的齿形相匹配。滑动门门体与齿形带间采用刚性连接,在整个运行过程中,齿形带不得发生打滑或折弯等不正常工作状态。

(4)齿形带传动所有转轮使用滚动轴承,轴承的寿命要求不小于 10 万小时。

图 3-1-9 同步齿形带传动装置

同步齿形带传动装置对应的运行承载部件(即悬挂装置)如图 3-1-10 所示,其特点是采用密封球轴承,设计有安全反向滚轮,具有全方位调节功能。

注意:悬挂装置虽与同步齿形带或螺杆连接,由同步齿形带或螺杆驱动进行移动,但悬挂装置上悬挂的两扇滑动门的重量并不由同步齿形带或螺杆承受,而是通过悬挂装置上的轴承加载到导轨上,也即是滑动门的重量由导轨承载,而非同步齿形带或螺杆。

2. 螺杆传动装置

螺杆传动的工作原理是:传动装置由一条传动螺杆与两个球形螺母系统组成。螺杆由三个安装在门机横梁上的轴承支撑,依据门扇的运动方向不同分为左旋和右旋。传动螺杆上装配有两个球形螺母,球形螺母通过球面轴承及叉形咬合装置与门扇连接。

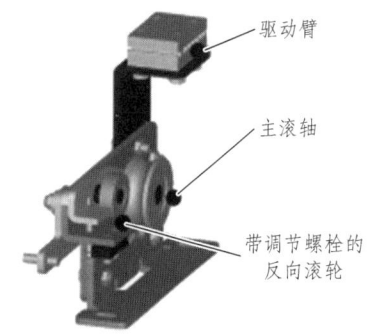

图 3-1-10 悬挂装置

采用这种连接方式,门机的安装更加方便、灵活,在定位方面也不受精确的公差限制。

球形螺母上装配有一个锁定销，它可以在门机梁的导轨上滑动。当螺杆转动时，锁定销可以防止球形螺母随螺杆一起转动，从而使球形螺母沿螺杆的轴向移动，带动门扇一起运动。在门机梁导轨的末端（在门机的中间部位）有一个垂直于螺杆的锁定槽。锁定销（与螺母一起）在导轨内移动，当门扇到达"门锁定"位置时，锁定销跌入垂直锁定槽，门扇锁定。螺杆传动装置如图 3-1-11 所示。

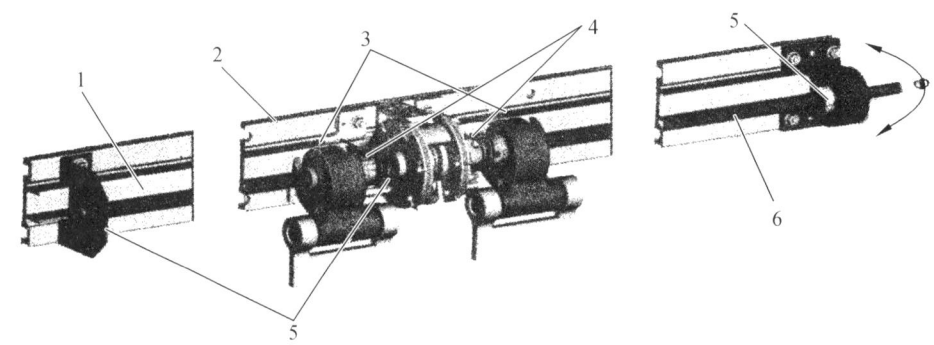

1—导轨；2—门机梁；3—球形轴承；4—螺母；5—轴承；6—驱动螺杆。

图 3-1-11 螺杆传动装置

锁槽式门锁的解锁过程为：直接由 DCU 驱动电机转动，将锁定销从锁定槽提起解锁后，沿导轨移动开启滑动门。此门锁在对应的滑动门设有人工解锁机械装置，人工开门时通过操作该装置顶起锁定销进行解锁，同时触动检测行程开关，DCU 释放对电动机的控制。在解锁后由人工推移门扇开门。通常为了保障安全，DCU 在人工开门延迟一定时间后自动关门。

螺杆传动装置中的部件有以下要求：

（1）螺母与螺杆要有良好的润滑条件，润滑油应为防火型。

（2）螺杆和螺母采用非自锁螺纹，螺杆上的螺纹为左右对称的相反旋转方向，螺旋副配有预紧及间隙调整装置。

（3）滚珠螺杆传动中的滚动轴承，要求能够承受双向轴向力和径向力，实际使用寿命不低于 30 年。

知识点 4：门机控制器（DCU）

门机控制器（DCU，Door Control Unit）是滑动门电机的控制装置。屏蔽门和全高安全门每道滑动门单元配置一个门机控制器，安装在顶箱内。由 1 个 DCU 控制 1 个电机，带动两扇滑动门进行开关运动。半高安全门每道滑动门单元配置一个门机控制器，安装在固定侧盒中，由 1 个 DCU 控制 2 个电机，带动左右两扇滑动门进行开关运动。

DCU 采用整体快速更换单元设计，结构精简而密封，接口简单，安装方便。防尘防水等级要求不小于 IP54，即该产品能防止有害粉尘的堆积，避免液体由任何方向泼到外壳而产生伤害影响。

1. 门机控制器（DCU）电路结构

门机控制器的内部电路由集成微控制器（MCU）的逻辑单元、驱动单元和接口电路组成。其电路结构框图如图 3-1-12 所示，内部硬件布局如图 3-1-13 所示。

门机控制器的外部结构如图 3-1-14 所示，正面设置有钥匙开关、手动控制开关、蜂鸣器，侧面有各类接口，包括就地控制盒（LCB）输入接口、单元控制器（PEDC）现场总线接口、就地控制盘（PSL）及综合后备盘（IBP）、集合单元控制器（PEDC）的开关门信号接口、门锁单元驱动及检测信号接口、驱动检测电机信号接口、顶箱警示灯（DOI）接口以及外接便携式检测设备（PTE）调试维护接口等。

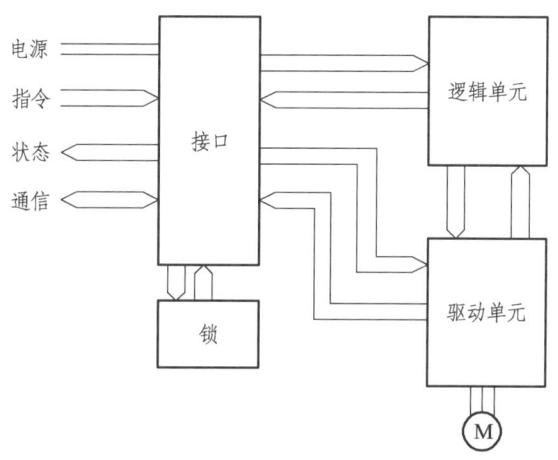

图 3-1-12　DCU 电路结构框图

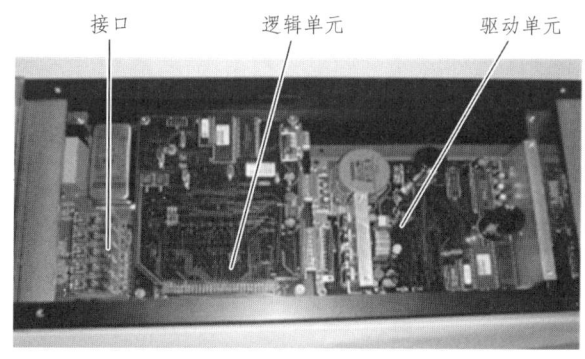

图 3-1-13　DCU 电路硬件布局

目前，为了使用与维护更方便，多数 DCU 都将手动控制开关、钥匙开关、蜂鸣器进行外接。就地控制盒（LCB）就是手动控制开关、钥匙开关外接控制设备。

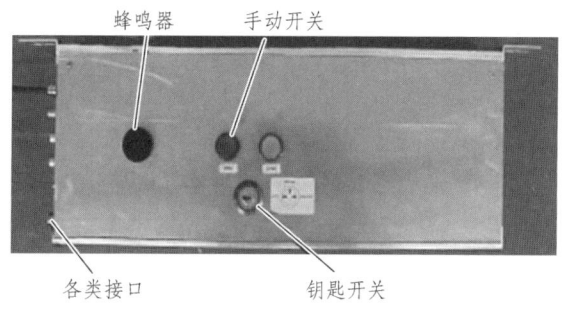

图 3-1-14　DCU 外部结构

2. 门机控制器（DCU）的设备配置

门机控制器是通过专用监控软件，执行 PEDC/IBP/PSL 的指令控制与监测滑动门的运行情况。其设备配置如下：

（1）DCU 内部应存储必要的速度曲线数据，设置多组门体夹紧力阈值（阻止滑动门关闭的力不应大于 150 N）、重关门间隔时间 0.3 s（在 0.3~2 s 内可调）、重关门延迟时间 2 s（在 0.1~10 s 内可调）、重复关门次数 3 次（在 1~5 次内可调）等参数。

（2）DCU 组按照其中设定的速度曲线，实现对电机的实时精准控制，同时能够准确探测门体、门锁等设备的状态信息。

（3）DCU 具有足够存放数据库和软件的存储容量，具有自诊断功能。

（4）DCU 输入电源具有过流、过压保护功能。

（5）DCU 具有抗震、防尘、防潮、抗电磁干扰、抗静电干扰的功能，并满足城市轨道交通环境要求。防护等级不小于 IP54。

（6）DCU 的安装位置要便于维修及更换。

3. 门机控制器（DCU）硬件功能

根据电路结构，DCU 的功能分为逻辑处理及电机驱动。逻辑处理主要承担接收开关滑动门指令，控制滑动门开关与运行，并对滑动门故障进行逻辑判断及处理。电机驱动主要承担控制电机启动停止，并进行调速等。

门机控制器（DCU）执行系统级和站台级等发来的控制指令，能够接收信号系统、IBP、PSL 各控制点发来的开/关门控制指令，控制滑动门扇的运动，并采集和发送滑动门、应急门、端门状态信息及各种故障信息。

由于门机系统主要是用于控制滑动门的自动运行，并监视滑动门的运行状态，而应急门和端门没有自动运行功能，并不单独设置 DCU。应急门与端门的状态信息也是需要收集的。特别是应急门，它是安全回路的一部分。应急门和端门都设置门状态传感器和声光报警系统，这些设备都是连接到邻近的滑动门上的 DCU，由此 DCU 进行信号采集、检测、控制和监视。

4. 门机控制器（DCU）控制原理

（1）PEDC-DCU 接口信号。

单元控制器（PEDC）与门机控制器（DCU）之间的信号连接示意图如图 3-1-15 所示。与 DCU 连接的开门继电器和门使能继电器的励磁构成了开关门指令电路。PEDC 与该继电器组以硬线的方式连接，向滑动门提供开关门指令。

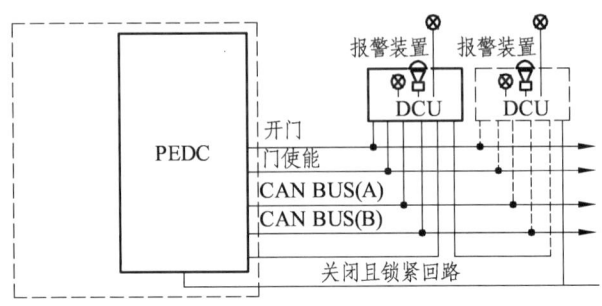

图 3-1-15　PEDC-DCU 接口信号示意图

目前对滑动门的开关指令的发出都是使用硬线的方式，而不直接使用总线控制，主要是考虑到安全性及稳定性，相对来讲硬线比总线更为可靠。滑动门 DCU 另外还通过 CAN 总线将每个滑动门、应急门、端门的状态信息进行采集并上传给 PEDC。PECD 把信息处理后，上传到车站监控系统。

门状态传感器包括门关闭传感器和门锁紧传感器。门状态传感器的需要连接两路信号，如图 3-1-15，纵向连接 DCU，横向串联连接构成安全回路。所以作为传感器的行程开关，每个开关具有多副常开、常闭触点。

（2）开门信号，允许信号。

DCU 接受来自 PEDC/IBP/PSL 的控制信号，DCU 通过硬线与 PEDC/IBP/PSL 连接指令信号。

开门指令由关键（或称安全）和非关键（或称非安全）两个信号组成，其中关键信号部分从 RATP 发出，通过安全回路继电器，传递给 DCU，使得门使能继电器励磁。非关键信号从 RATO 发出，该指令发出后通过安全回路继电器，传递给 DCU，使得开门安全继电器励磁。开门全过程非关键信号一直持续，当设定时间到达时，RATO 发出关门信号，即非关键信号消失，DCU 驱动电机关门。

门允许（即门使能）硬线：一条关键的 AC 50 V 线路与站台每个滑动门的 DCU 所关联的关闭、锁紧传感器串联，从而由所有滑动门和应急门共同控制。

开门硬线：一条非关键的 AC 50 V 线路与站台的所有 DCU 所关联的关闭、锁紧传感器串联，从而由所有滑动门和应急门共同控制。

此设计可以在 DCU 失能的情况下，PSC 能够判断滑动门和应急门是否关闭锁紧。

此处指令信号的电压有多种设计数据，有 AC 110 V、AC 50 V、DC 110 V、DC 24 V 等，视安全门系统方案和设备厂家而定。

门允许信号：从 PEDC 主板或 IBP/PSL 控制继电器发给 DCU 的双切关键信号。

开门信号：与所有 DCU 相串联的非关键 50V 交流信号。

门允许信号、开门信号对滑动门的控制逻辑如表 3-1-4 所示。

表 3-1-4 门允许信号、开门信号的门控逻辑表

门允许	开门	屏蔽门控制
0	X	门不动作
1	0	关门
1	1	开门

（3）滑动门/应急门/端门关闭锁紧信号。

端门关闭锁紧传感器只与 DCU 连接，由 DCU 收集端门的开关门信息。端门关闭锁紧传感器不参与安全回路。

所有 ASD/EED 与信号系统（SIG）串联的关键线路信号由一条四线双切的"ASD/EED/端门活动门关闭且锁紧"线路提供。该线路中每个滑动门与应急门所设置的关闭传感器、锁紧传感器串联。有的线路还串联接入乘客探测器。当所有的滑动门和应急门关闭且锁紧以及乘客探测器正常（即探测不到人体）时，该线路接通，信号系统提供屏蔽门系统控制电压。

该电压的供应将通过四线双切继电器回路切换给信号系统。ASD/EED/端门关门信号如图3-1-16所示。

（4）门运动曲线的控制。

DCU 能够储存多组开关滑动门运动曲线数据，每组数据都适用于车站里一条线路的所有的对称与非对称滑动门。滑动门的运动曲线是通过 DCU 来控制的。这些曲线数据是通过选取不同的门速、开关门时间、门开始启动时间、开关门加速度和开关门减速度进行设置，这样使开关门时间与开关门力都可以调节，以满足不同车站的要求。

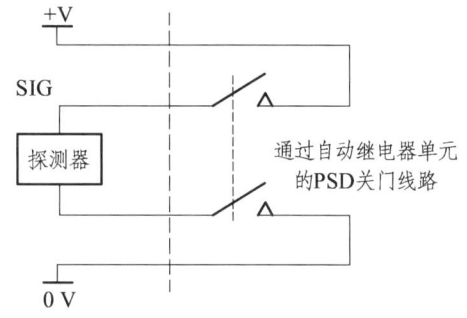

图 3-1-16　四线双切接线回路

DCU 通过读取指定的运动曲线数据，内部的 MCU 提供 PWM 信号给内部电源晶体管，其电源输出驱动直流电机。电机装置内设置有一组霍尔开关传感器，可以将电机转速和相位移等数据反馈至 DCU。通过计算，DCU 可以实时准确地检测到滑动门的位置。

DCU 能根据指定的曲线数据和各个滑动门的特性，对门机的调节实施智能控制。电机的加速度通过监测电机后端的电动势来测量；电机的扭矩通过电机的电流来测量。这样可以通过各个 DCU 控制来保证各个滑动门开闭的同步性和一致性，并能够准确检测门体、门锁等设备的状态信息。

DCU 通过动态检测控制电机运动，可以在一定范围内克服门体产生的各种滑动阻力偏差，自动修正速度曲线，使滑动门到达设定的开关门时间。

DCU 通过实时检测电机霍尔传感器的数据来跟踪滑动门的位置，同时对电机的反馈信息进行监测，从而确保滑动门遵循设定的曲线准确进行运动。

电机过速保护电路通过独立线路与电机连接，对门的速度进行检测。如果门速过快或者门运动过程中出现供电故障，电机的驱动会被切断，从而制动门的运动。门的超速中断运动信息 DCU 收集后也会传递给 PEDC。

（5）关键数据调整与监测。

对于关键的检测数据，DCU 通过现场总线实时传递给 PEDC。控制与监视系统主机能够存储相关操作历史记录和故障数据。

对于重要的 DCU 控制参数，包括开门时间、关门时间、开/关门障碍次数、重关门延迟时间等数据，可以通过以下方法进行调整：

① 通过 PTE 接口连接便携式电脑进行修改、调整；

② 通过 DCU 内部设置的编程/调试/诊断接口进行在线或离线调整参数及升级软件调整；

③ 通过 PEDC 对 DCU 进行软件升级进行调整。

（6）滑动门手动解锁装置的监控。

滑动门的手动解锁装置安装在每个滑动门的内侧和外侧边缘，可通过手柄和钥匙来驱动机械轴，从而推动门锁解锁，同时切断关键的门关闭且锁紧状态回路。DCU 监视手动解锁装置的操作，此时它断开允许信号继电器。电机失电使电机可以自由转动。因此，乘客可以通过施加在门扇的横向水平力将门扇打开。

滑动门在手动解锁操作完成后 15 s（时间可调），DCU 自动驱使电机恢复供电，在不需要工作人员参与的情况下,滑动门自动关闭锁紧,从而使屏蔽门系统处于安全状态。

(7)应急门监控。

部分滑动门单元的左侧或右侧设有应急门门扇,则此滑动门单元的 DCU 同时监视应急门的关闭锁定装置,并且通过现场总线将应急门的操作信息反馈给 PEDC。应急门的关闭开关、锁定开关与每个滑动门单元的关闭且锁紧安全回路相串联连接。

站台的每扇应急门都装配门关闭开关和门锁定开关,当应急门打开,门关闭开关和锁定开关的状态改变。相邻门单元 DCU 通过监测关闭锁定装置的状态来实现对应急门的监控。

应急门的关闭与锁定状态与滑动门的关闭与锁定状态一起组合成为安全回路,一起传输关键的关门信号给 PEDC。

(8)端门监控。

端门(MSD)也是通过相邻门单元 DCU 来监控的,也是 DCU 通过监视端门关闭锁定装置的状态来实现对端门的监控,并将端门的操作信息通过现场总线反馈给 PEDC。与应急门不同的是,MSD 的锁定开关不接入安全回路。

(9)滑动门就地操作。

每个屏蔽门系统的滑动门都可以通过就地控制盒(LCB)进行就地操作监视。

(10)开门声光报警装置控制。

每个门单元都安装有开门警示灯(DOI)用来显示对应的滑动门、应急门及端门的运行状态。屏蔽门开门警示灯都是由 DCU 直接控制。DOI 现基本都是新型光源 LED 组成,达到理想的显示效果。每个单元也安装有蜂鸣器,当滑动门、应急门没有关闭则报警声响起,端门则是延迟一定时间后报警声响起。

5. 门机控制器(DCU)连接

站台每道滑动门安装一个 DCU,设置于顶箱内。DCU 具有抗电磁干扰能力,内设置有调试接口。可在线和离线调整参数和软件组态,并可进行重新编程和参数的重新设置。DCU 具有本控制单元的可离线调试功能。

DCU 连接设备如图 3-1-17 所示。门机控制器(DCU)与中央控制盘(PSC)之间的连接是通过使用通信网络(CAN 现场总线)来实现的;每个门机控制器在网络上都有一个唯一的地址,工程上,为了便于管理和标识,每个门机控制

DCU 连接

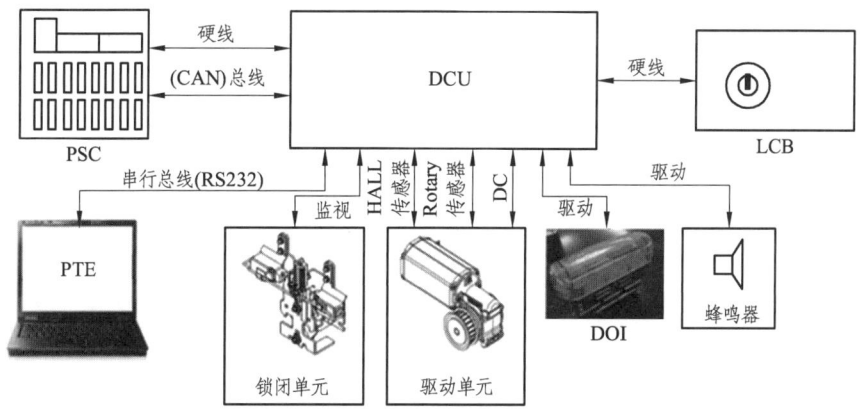

图 3-1-17 DCU 连接设备

器（DCU）的地址可取决于门机控制器（DCU）在站台上的位置（上/下行线、门单元号）；由中央控制盘（PSC）监测门机控制器（DCU）的相关状态信息；DCU 通过硬线连接 LCB；DCU 通过 RS232 或 USB 接口连接 PTE；DCU 通过硬线连接锁紧解锁装置；DCU 通过硬线连接电机；DCU 通过硬线连接声光报警装置。

参考资料： DCU 功能特性及技术参数

以广州佳都 PCI 的一款产品为例（数据来自于佳都门户网站）。

1. DCU00021-01B 全高 DCU 硬件功能特性

（1）采用单路驱动设计，每驱动峰值带载电流为 10 A，驱动可兼容各种有刷、无刷电机。

（2）板载内置控制电源模块，可直接由 110 V DC 电源取电进行各种电压转换，无需外置开关电源，节省外置电源安装空间，宽范围的电源输入：42~160 V DC。

（3）DCU 的外壳和端子连接达到防水防尘防震动，对外端子使用 TE 端子，具备 IP54 防水性能。

（4）DCU 具有抗电磁干扰能力，其抗电磁干扰方面满足国家相关的标准和规范要求，在 27 MHz 至 1 GHz 的范围内不小于 20 V/m 的磁场中，可抵抗无线电频率为 150 kHz 至 27 MHz 中的接触性干扰。

（5）所有内部输入、输出电路模块采用严格电气隔离设计，最高隔离电压 3 kV。

（6）加强 CAN 防雷设计，提升高架站 DCU 抗雷电冲击能力。

（7）蜂鸣器的分贝大小可根据现场需要采用参数下载方式来进行调节。

（8）DCU 显示面板可以直观指示输入输出状态、运行状态、故障信息，方便调试和维护。

（9）电磁锁输出驱动电压无级可调设计，在确认电磁锁到位后，调节至保持电压，减少能耗和加长电磁阀部件寿命。

2. DCU00021-01B 全高 DCU 软件功能特性

（1）开关门运动曲线、门阻风压系数、开关门时间等参数可在线设置、离线保存。

（2）电机控制采用速度环、力矩和位置环伺服闭环机制控制，具备高响应性，惯性动能消除快速。

（3）12 bit 高精度 ADC 电流检测，实现全位置实时检测障碍物，关门检测障碍物距离达到 5 mm。

（4）门体高速启动采用软启动方式，降低对门体滑动机构的冲击。

（5）电机过流、驱动过温检测保护。

（6）遇阻算法可以一定范围内智能化适应门体由于风压、摩擦磨损带来的门阻变化，而且满足最大遇阻力度符合标准的 150 N 以内，具备门体全程遇阻检测，更安全更可靠。

3. DCU00021-01B 全高 DCU 技术参数

DSCU00021-01B 全高 DCU 技术参数如表 3-1-5 所示。

表 3-1-5　DCU00021-01B 全高 DCU 技术参数

名称	参数
驱动电源输入	110 V DC
额定电流	5 A
防护等级	IP54
控制信号输入	+15 V DC ～ +30 V DC，9～27 mA
重量	12 kg
存储温度	−40～85 ℃
工作温度	−20～80 ℃
湿度要求	10%～95% 无结露
工作电压	DC 24（1±15%）V，2 A
电压输出	DC 24（1±10%）V，最大输出电流 400 mA，带短路过流保护（不能外接电源）
外部信号安全电压（EMC 指标）	2 kV（CAN 3 kV）

应用案例有广州地铁 14 号线、广州地铁 21 号线、广州地铁知识城线、武汉蔡甸线等。

知识点 5：锁紧及解锁装置

安全门系统滑动门锁紧及解锁装置，即门锁，此装置相对复杂。它既要保证在正常情况的电信号控制下能自动锁紧和解锁，又要保证在人工操作下能手动锁紧和解锁。

该装置包括机械部分和电子部分。机械部分保证滑动门运行至锁定位置后能够锁定且手动可解锁。电子部分保证能自动锁紧和解锁，而且能够通过传感器将滑动门的状态反馈到每个门单元的门机控制器（DCU）。

锁紧及解锁装置提供单道滑动门的关闭、锁紧、全开三种状态，并将三种状态提供给锁闭安全回路使用，也能够将该道滑动门当前的状态反馈至该道门的门机控制器。

门锁装置

屏蔽门滑动锁紧及解锁装置由锁块、位于滑轮挂件上的双头柱形锁销、行程开关、解锁电磁铁、闭锁辅助弹片及传感器等组成紧装置，如图 3-1-18、图 3-1-19 所示。

锁紧及解锁装置安装在门机梁上，该装置设置有自动锁定、门到位且锁定位置检测、自动解锁及手动解锁功能。

当正常通电时，或两扇门被手动关至关闭位置时，传动装置中滚轮拖板组件的锁销滑入锁钩啮合锁闭，使滑动门不能被非正常打开。通过齿轮传动，使左右锁钩同步张开或闭合，可完成滑动门解锁与锁紧；采用导轨滑块结构安装传感器（行程开关）可实现滑动关门是否到位和门是否锁紧的检测，并在自动锁定过程中发送"门到位且锁定"信号。

当收到开门信号后，门机控制器（DCU）驱使电磁铁通电，磁场力将锁钩拉起，实现解锁，行程开关被触发，左右滑动门背向运动，脱离锁钩水平约束。此时电磁铁断电，到位开关已处于门开状态，滑动门继续运动至门全开位置。同样，当执行关门指令时，门机控制器驱使电机动作，两扇滑动门相向运动，在门关闭位置处锁销滑入锁钩啮合锁闭，行程开关被触发，发出"门到位且锁定"信号。

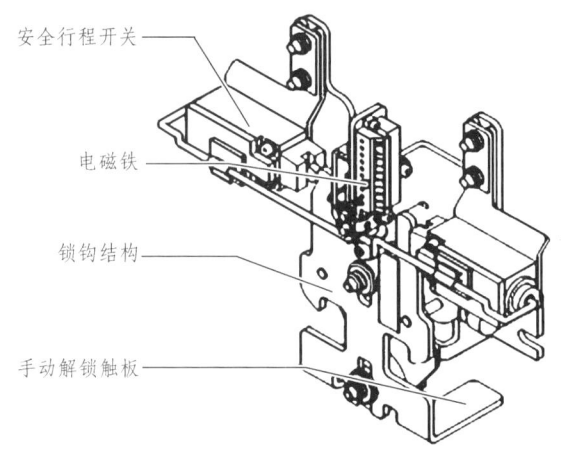

图 3-1-18 屏蔽门滑动门锁单元

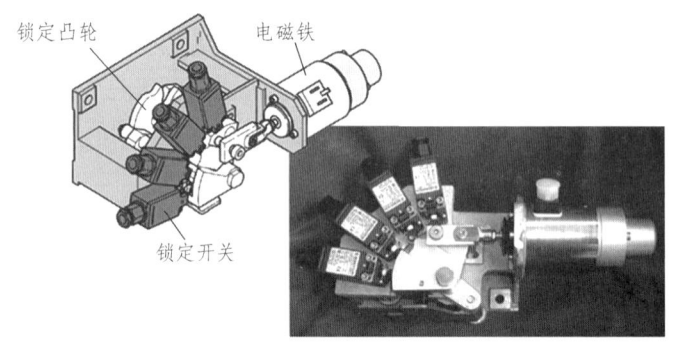

图 3-1-19 行程开关

在自动锁定和解锁过程中，行程开关的常闭触点将滑动门的锁闭状态反馈给门机控制器（DCU）（双行程开关构成双切回路），解锁电磁铁由门机控制器（DCU）控制。

出于安全性和可靠性的考虑，安全门滑动门还配有手动机械解锁装置。当在轨道侧操作手动解锁装置或在站台侧用钥匙解锁时，解锁装置内的解锁推杆将锁块推起，此时行程开关触点断开，DCU 探测到此状态时启动声光报警装置进行报警，同时会自动驱动电机，将门扇自动开启到一定开度。待一定延迟时间（可设置）过后，DCU 重新通电驱动电机使门扇自动关闭。当收到"门关闭且锁紧"的信号后，门机控制器才恢复到正常的工作模式。关门的动作将使解锁装置自动复位并锁紧门，滑动门恢复至安全状态。

滑动门采用三个行程开关，其中一个开关为锁定开关，采用顶杆式结构，用来检测门扇是否锁定；另外两个为到位开关，采用摆臂式结构，用来检测门扇是否到位。每个开关具有多副常开、常闭触点。

对于锁定开关，其中一副常闭触点作为安全回路使用，常开触点作为门扇锁定－解锁状态检测。当门扇关闭时，门锁拨叉落下，锁定开关释放，恢复自由状态，使常闭触点闭合，安全回路接通。同时，常开触点断开，，检测信号传到该滑动门单元门机控制器（DCU），经 DCU 处理后传到中央控制盘（PSC），再由 PSC 上传到综合监控系统（ISCS）进行显示和报警。

对于到位开关，其中一副常开触点作为安全回路使用，常闭触点作为门扇到位－打开状态检测。当门扇关闭时，门体挂件触碰摆臂，使常开触点闭合，安全回路接通。同时，常闭触点断开，检测信号传到该滑动门单元门机控制器（DCU），经 DCU 处理后传到中央控制盘（PSC），再由 PSC 上传到综合监控系统（ISCS）进行显示和报警

知识点 6：半高安全门门机系统

半高安全门门机系统装设在固定侧盒、滑动门门体的下端，主要由驱动装置、锁紧装置、门机控制器（DCU）、传动装置等组成，如图 3-1-20、图 3-1-21 所示。

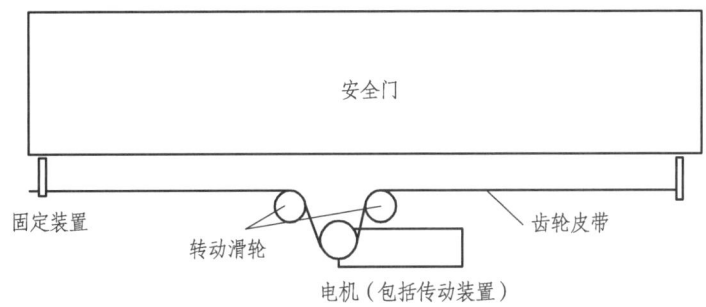

图 3-1-20　半高安全门单门扇门机控制装置简图一

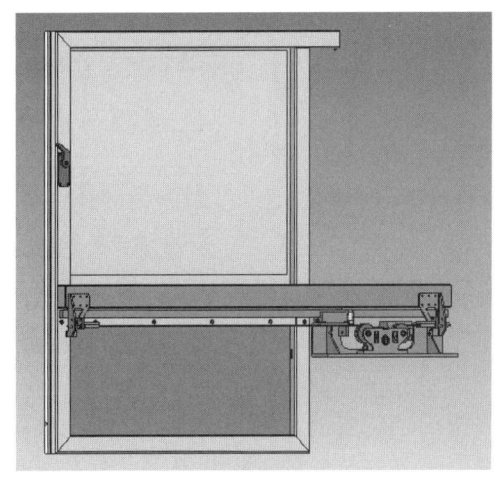

图 3-1-21　半高安全门单门扇门机控制装置简图二

目前，国内外半高安全门有两种结构型式：一控制一驱动和一控制两驱动。

一控制一驱动是指每道滑动门由一个门机控制器（DCU）控制一套驱动电机，同时驱动左右滑动门扇，虽节省初期投资，但必须设置门槛，门槛上设置开槽，存在一定的安全隐患，同时部分驱动或控制设备需位于站台装饰面以下，维护及清扫不便，后期维护比较复杂，维护成本会增加。

一控制两驱动是指每道滑动门由一个 DCU 控制两套驱动电机，分别驱动左右滑动门扇（保持同步运动），初期投资相比前者高，但克服了前者的各项不足之处，且后期维护方便，成本略低，如图 3-1-22、图 3-1-23 所示。

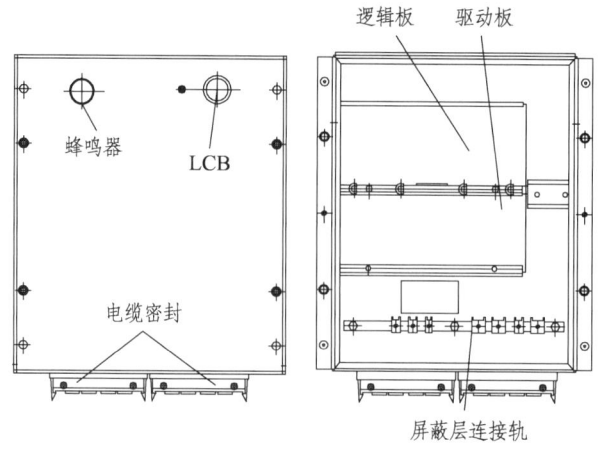

图 3-1-22　半高安全门门机控制器（DCU）主驱动结构

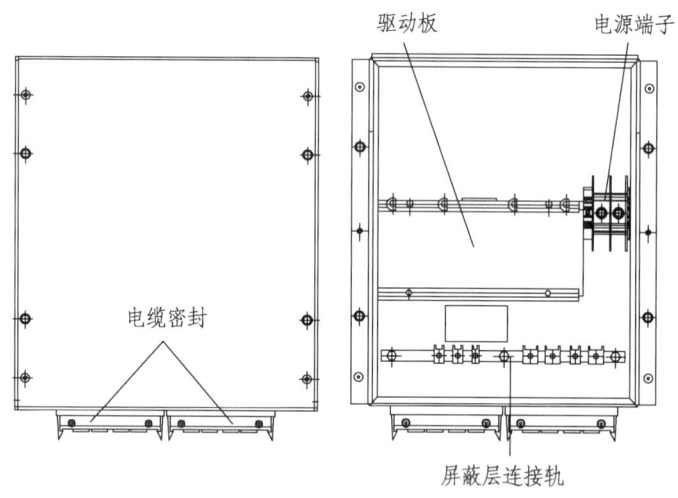

图 3-1-23　半高安全门门机控制器（DCU）从驱动结构

目前，国内外城市轨道交通车站的半高安全门普遍采用一控两驱的型式，门体总高度 1 500 mm。

另外，需要注意半高安全门锁装置的设置特殊性。为避免乘客在站台侧伸手越过半高安全门开启轨侧手动解锁装置，半高安全门的解锁装置（尤其是滑动门）均应采取相应安全措施，包括设置高度和设置型式。轨道侧手动解锁装置的设置应便于在轨道侧开启且不利于在站台侧开启。

工作实施

1. 安全门门机系统简介

引导问题 1：实现单道滑动门自动运行的装置是_____。

引导问题 2：简介安全门门机系统的组成部件。

答：

引导问题3：简介安全门门机系统的工作过程。
答：

引导问题4：屏蔽门门机系统安装在_____内；半高安全门门机系统安装在_____内。

2. 门机驱动装置

引导问题5：门机驱动装置包括_____和_____。

引导问题6：门机驱动装置中，电机用于为滑动门运行提供_____；减速器用于增加_____。

引导问题7：屏蔽门门机系统采用_____流_____刷电机。

引导问题8：正常运行时，电机如何由DCU控制的？
答：

引导问题9：DCU根据预先设定的"_____-_____-_____"运动曲线驱动电机运行。

引导问题10：DCU是通过_____判断电机的转速的。

引导问题11：DCU如何判断滑动门的位置的？
答：

引导问题12：分析滑动门在运行过程中，遇到阻力后是如何处理的？
答：

3. 传动装置

引导问题13：安全门门机系统采用_____传动，或_____传动。

引导问题14：当同步齿形带过于宽松时，可以在_____上进行张紧调整；当滑动门关闭时不能对称关紧时，可以在_____上进行位置调节。

引导问题 15：滑动门是悬挂安装的，滑动门的重量_____由传动带承担；滑动门是悬挂安装的，滑动门的重量_____由螺杆承担。（填写：是/不是）

引导问题 16：螺杆传动中，同一螺杆上的螺纹为左右对称的_____旋转方向设计的。

4. 门机控制器（DCU）

引导问题 17：屏蔽门系统中，1 个 DCU 控制___个电机，带动___扇滑动门运行；半高安全门系统中，1 个 DCU 控制___个电机，带动___扇滑动门运行。

引导问题 18：门机控制器的内部电路由集成微控制器（MCU）的_____单元、_____单元和_____电路组成。

引导问题 19：为了使用与维护更方便，多数 DCU 都将手动控制开关、钥匙开关进行外接。其外接控制设备是_____。

引导问题 20：根据电路结构，DCU 的功能分为_____处理及_____驱动。

引导问题 21：DCU 的逻辑处理功能主要包括哪些？
答：
_____
_____
_____

引导问题 22：单元控制器（PEDC）与门机控制器（DCU）之间的信号连接使用两种接线。硬线传输_____信号；总线传输_____信息。

引导问题 23：滑动门关门指令由_____信号（即门_____信号）组成；开门指令由_____信号（即门_____信号）和_____信号（即_____信号）组成。

引导问题 24：滑动门开关门指令是先出现门允许信号，即先___门；再出现开门信号，即___门。当开门信号消失，即为___门。（填写：开/关）

引导问题 25：滑动门、应急门、端门的门状态传感器都是直接连接到_____。

引导问题 26：应急门、端门本身都没有设置 DCU，它们的声光报警信号都是由相邻的_____门上 DCU 提供。

5. 锁紧及解锁装置

引导问题 27：为什么说安全门系统滑动门锁紧及解锁装置比较复杂？
答：
_____
_____
_____

引导问题 28：锁紧及解锁装置提供单道滑动门的_____、_____、_____三种状态。

引导问题 29：滑动门门状态传感器包括门_____传感器和门_____传感器。

6. 半高安全门门机系统

引导问题 30：简介半高安全门"一控两驱"。

答：

_____

_____

参考答案

 评价反馈

表 3-1-6 学生自评表

班级：	姓名：	学号：	
学习情景 3.1	安全门门机系统认知		
评价项目	评价标准	分值	得分
屏蔽门门机系统各部件认知	能正确认知安全门门机系统各部件，指出各部件的安装位置	10	
屏蔽门门机系统各部件运行状态与功能参数认知	能正确认知安全门门机系统各部件的工作过程及技术参数	20	
DCU 功能参数、运行控制认知	能正确认知 DCU，能分析 DCU 功能，能分析 DCU 控制滑动门过程	20	
半高安全门门机系统认知	能正确认知半高安全门门机系统的各部件	20	
工作准备	能完成相关理论知识学习	15	
工作质量	能按计划完成工作任务	15	
合计		100	

表 3-1-7 学生互评表

学习情景 3.1		安全门门机系统认知					
评价项目	分值	评价对象（组别）					
		1	2	3	4	5	6
计划合理	20						
组织有序	20						
工作完整	20						
团队合作	20						
材料上交	20						
合计	100						

注：评价档次统一采用 A（优秀）、B（良好）、C（合格）、D（努力）四个。

表 3-1-8　教师评价表

班级：		姓名：		学号：	
学习情景 3.1			安全门门机系统认知		
评价项目		评价标准		分值	得分
考勤		没有无故缺勤、迟到、早退现象		10	
工作过程	安全门门机系统认知	能正确认知安全门门机系统各部件，指出其位置，分析其功能		20	
	安全门 DCU 认知	能正确认知 DCU，分析其功能及控制过程		20	
	工作质量	能按计划完成工作任务		10	
	协调能力	能与小组成员合作交流，协调工作		5	
	职业素养	能表达成熟或灵动的想法		5	
项目成果	工作完整	能按计划完成任务		5	
	工作规范	能做到安全生产，文明施工		10	
	工作报告	能正确完成工作报告		10	
	成果展示	能准确表达工作成果		5	
合计				100	
综合评价	自评（20%）	小组互评（30%）	教师评价（50%）	综合得分	

单元 4
安全门控制与监视系统

学习情景 4.1　安全门控制与监视系统认知

情景描述

城市轨道交通车站安全门系统的滑动门正常情况下能与列车车门同步打开和关闭,而且所有滑动门打开和关闭都是整齐划一的。

城市轨道交通车站安全门系统的滑动门是如何整齐地运行的?乘坐地铁时,有时看到滑动门在关闭的过程中会重新打开,但这过程并不是单道滑动门在运动,而是整侧滑动门整齐地在运动。之前学习的门机系统能使单道滑动门运行,但整侧滑动门的开关门是如何控制的?这是由什么设备控制与监视整侧安全门工作的?

图 4-1-1 是某城市轨道交通车站安全门监视与控制系统部件图。以学习者视角对图进行识读,尝试了解城市轨道交通车站安全门系统端门里面的控制装置设计与使用情况,进而分析城市轨道交通车站安全门控制与监视系统在安全门系统中的具体作用。

图 4-1-1　安全门控制与监视系统(部分)图

学习目标

(1)能掌握城市轨道交通车站安全门控制与监视系统中 PSC 的功能及主要参数;

（2）能掌握城市轨道交通车站安全门控制与监视系统中 DCU 的功能；

（3）能掌握城市轨道交通车站安全门控制与监视系统中 LCB、PSL、IBP 的功能及操作方法；

（4）了解城市轨道交通车站安全门控制与监视系统中声光报警装置的功能及工作过程。

工作任务

（1）在地铁车站和实训室里仔细观察安全门控制与监视系统各部件，了解安全门系统在运行过程中，这些部件是如何工作的？

（2）根据图 4-1-2 城市轨道交通车站安全门控制与监视系统简图，对安全门控制与监视系统系统进行整体认知，识别安全门控制与监视系统系统的各组成部件，分析安全门控制与监视系统各部件对安全门系统产生的影响。

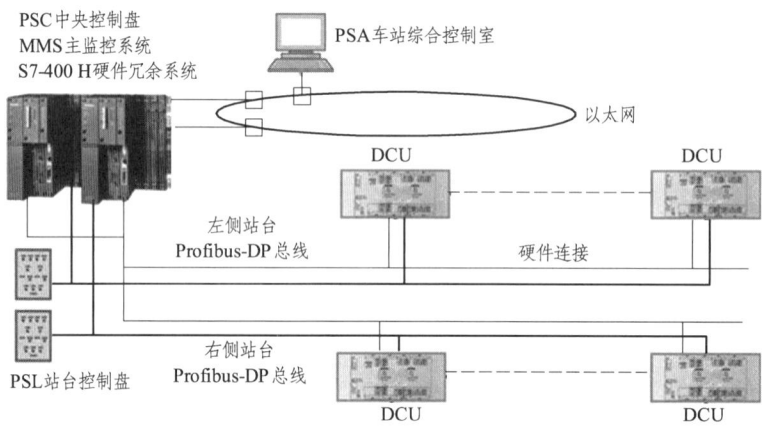

图 4-1-2　城市轨道交通车站安全门控制与监视系统简图

任务分组

表 4-1-1　学生任务分配表

班级		组号		指导老师	
组长		学号			
组员	姓名	学号	姓名	学号	
任务分工					

工作准备

（1）阅读工作任务，观察地铁车站安全门控制与监视系统与滑动门运行状态，并做好记录。

（2）收集《城市轨道交通站台屏蔽门系统技术规范》（CJJ 183—2012）中安全门控制与监视系统相关技术规范要求。

（3）查阅相关信息，进一步了解城市轨道交通车站安全门控制与监视系统的技术发展。

情景知识

知识点 1：安全门控制与监视系统简介

安全门控制与监视系统主要是与信号系统进行信息交换，对两侧滑动门的开门、关门进行控制，保证滑动门的开门、关门与列车车门动作同步。同时监视各控制信号及记录安全门状态信息，并在开关门过程具备障碍物探测功能。

安全门控制与监视系统主要由中央控制盘[PSC，包括单元控制器（PEDC）和接口单元]、站台端头控制盘（PSL）、车站综合后备盘（IBP）、门机控制器（DCU）、安全门操作指示盘（PSA）、声光报警装置（DOI）、就地控制盒（LCB）等控制设备，以及安全门系统与其他系统（如信号系统、综合监控系统等）的接口电路组成，如图4-1-3所示。该系统配置的软件有PSC软件（DCU/PSA/ISCS通信、故障记录、硬线控制）、DCU软件、PSA软件、PTE软件。

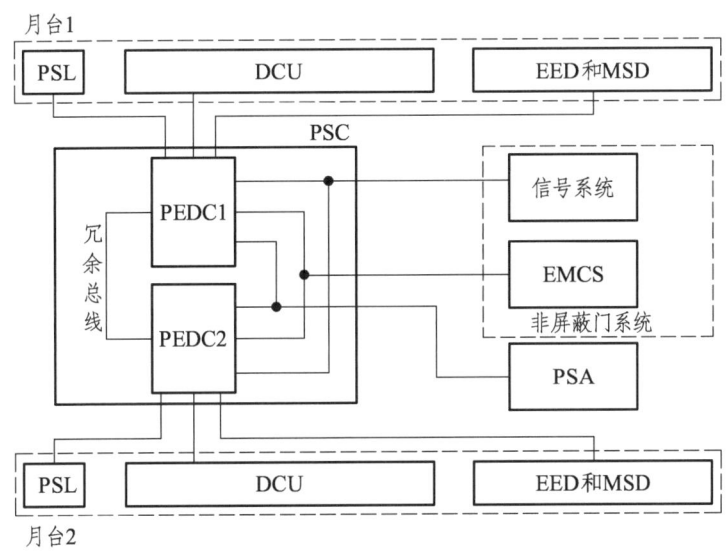

图 4-1-3　安全门控制与监视系统

安全门系统是以PSC为核心进行数量计算的。一套安全门系统配置1个PSC，控制与监视1个车站的2侧站台安全门。即一个车站一条线路配置一套安全门系统，当车站里多条线路时需要配置多套安全门系统。

城市轨道交通车站安全门控制与监视系统均具有控制和监视两项基本功能，配置与综合监控系统、信号等系统的接口。控制与监视系统的功能与和技术特点描述如下：

（1）安全门控制与监视系统均包括两个控制子系统，都具有控制和监视两项基本功能。PSC 控制与监视两侧车站安全门，正常情况下由两个控制子系统分别独立控制与监视一侧车站安全门。每套子系统中包括逻辑控制单元（PEDC）、就地控制单元（PSL）、控制回路、DCU 及门传感器接口等。一侧安全门的故障不应影响另一侧安全门的正常运行；某一道门故障不应影响同侧其他门正常运行。

（2）安全门状态监视系统由现场总线通信局域网构成总线型监视系统，可对每个 DCU 的相关状态进行显示、查询记录；可通过 PSC 对整个监视系统进行参数修改、软件写入以及每个门单元的故障、状态查询。每个车站所有滑动门的状态信息可以通过维修终端进行查询。

（3）安全门系统原则上以每座车站为单位与 ISCS 监控系统进行接口。

（4）每侧车站安全门的控制子系统分别与相应侧信号系统 SIG、车站 IBP 盘进行连接，控制相应侧安全门。控制方式需满足行车组织的要求。

（5）控制子系统的软、硬件设计应充分考虑可靠性、可维护性、可用性和可扩展性。同时应遵循模块化和冗余设计的原则。

（6）接线端子应采用成熟产品。接线器应为防水和耐腐蚀型，常使用航空插头。

（7）每个子系统中所有滑动门单元在收到开/关门指令后能够同步开/关门，同步时间不大于 300 ms。

（8）监控主机的损坏或故障（含监控主机失电）不得影响 PSL、IBP 对安全门进行开/关门等相关操作。

（9）具有测试转换开关，可将安全门系统切换到测试状态。在测试状态时，能拒绝执行信号系统的任何指令，同时不会由于状态的转变而使门体动作。

知识点 2：中央控制盘（PSC）

中央控制盘（PSC）是安全门控制系统的核心，每个车站每一条线路（包括上下行）在安全门系统设备室设置一套 PSC，如图 4-1-4 所示。

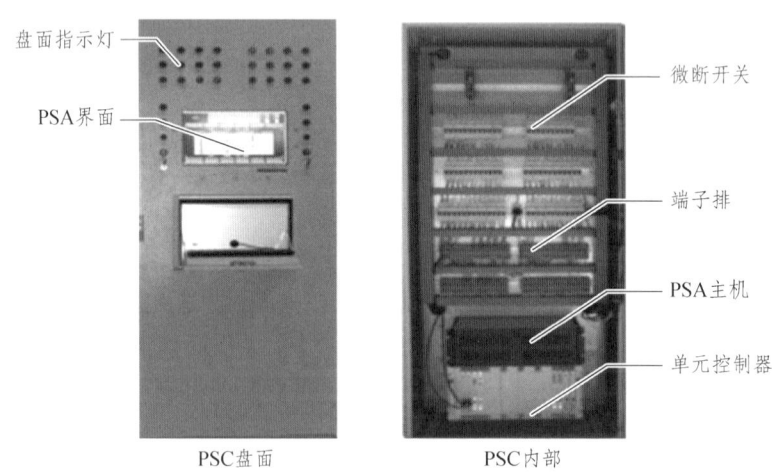

图 4-1-4　中央控制盘（PSC）

中央控制盘由两套相同、相互独立的子系统组成。每个子系统包括一套逻辑控制单元（PEDC），控制一侧车站安全门，其采用高性能安全继电器，以硬线形式连接滑动门门机控制器

（DCU）、站台端头就地控制盘（PSL）、综合后备盘（IBP）等，实现关键的控制与关键信号反馈。

每个子系统还包括一套监控主机，其通过冗余的现场 CAN 总线功能，可实现与两侧站台 DCU 进行实时通信，并将故障和运行状态信息通过总线传送给监控主机。PSC 还包括与信号系统的硬线接口、与综合监控系统的 RS485 串行接口、与 PSA（操作指示盘）的 RJ45 以太网接口或现场总线接口、接线端子排（与柜体面板上的相关按钮开关、指示灯连接）、USB 维修插口（连接 PTE）等。

中央控制盘（PSC）的功能主要有：处理信号系统指令；处理 DCU 指令和信息；处理综合监控系统（ISCS）信息；数据记录和查询；DCU 门控参数的设置；PEDC、DCU 软件下载等。

1. 中央控制盘（PSC）的控制功能

（1）执行信号系统指令，控制 DCU 实现相应操作，并应向信号系统反馈安全门的状态信息。

（2）可靠执行 PSL 上的操作指令。

（3）主控机内可以修改滑动门的速度曲线参数，并能集中下传到每个 DCU。

（4）每套单元控制器（PEDC）配有独立的回路与车站控制室 IBP 综合监控系统接口相连。

2. 中央控制盘（PSC）的监视功能

（1）具有系统运行监视功能和自诊断功能。

（2）能够通过现场总线在线监视所有 DCU 的工作运行状况。

（3）能够查询 PSL 上的操作和状态信息。

（4）能够自动检测安全门系统内部的一些重要故障。

（5）储存重要的数据。

（6）具有手提电脑接口，以便下载数据或更新参数。

（7）具有与综合监控系统的通信功能，将安全门的运营状态及有关故障信息发送至综合监控系统。

（8）PSA 盘面根据设备设计的不同，盘面上设置有以下几类状态指示灯，图 4-1-5 为某 PSC 盘面指示灯。

3. 中央控制盘（PSC）的连接设备

（1）信号系统；

（2）DCU；

（3）PSA；

（4）ISCS；

（5）电源和 UPS；

（6）站台 PSL；

（7）站控室 IBP；

（8）PTE 接口。

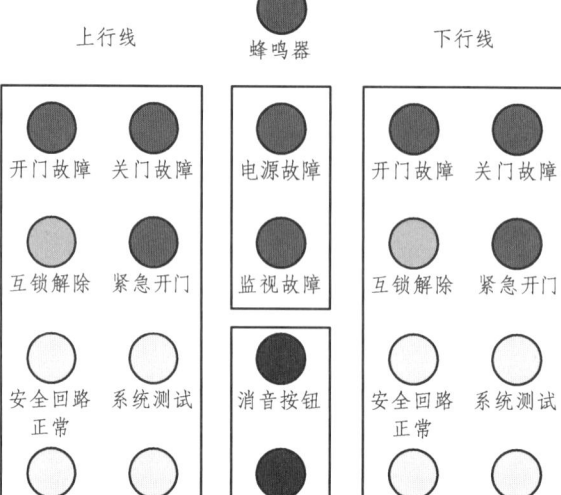

图 4-1-5　PSC 盘面指示灯

知识点 3：单元控制器（PEDC）

单元控制器（PEDC）是中央控制盘（PSC）控制子系统的主要设备，属于整个总线网络的主设备，实现系统内部信息的收发、采集、汇总和分析；并实现与综合监控系统、PSA、PSL、DCU 各单位之间的信息交换；能够查询逻辑控制单元中各个回路的状态，具有足够存放数据和软件的存储单元，具有运行监视功能和自诊断功能。

单元控制器（PEDC）作为 PSC 的核心部件，在设计中遵循安全、可靠、易维护原则。两套 PEDC 在正常工作状态下可进行相互切换，双机热备冗余，保证可靠。当一组故障时自动切换至另一组工作；并可随时断开故障组电源，以插拔方式更换故障插件，维护工作简便轻松。如图 4-1-6、图 4-1-7 所示。

PEDC 的主要功能有：

（1）能够通过现场总线在线监视所有 DCU 的工作运行状况。

（2）每个 PEDC 均能够在接收到信号系统的开/关门指令后，能够快速准确地反应并发出开/关门指令。

（3）执行信号系统指令，控制 DCU 实现相应操作，并向信号系统反馈安全门的状态信息。

（4）能够查询 PSL 上的操作和状态信息。

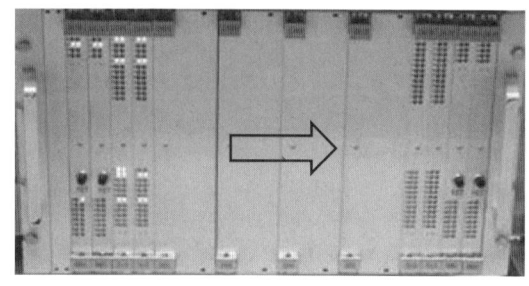

图 4-1-6　PEDC 双切换

图 4-1-7　PEDC 插件更换

知识点 4：安全门操作指示盘（PSA）与安全门状态指示盘（PSAP）

PSA 设置在安全门系统设备室内，每个安全门设备室内安装一套 PSA，通过现场总线接口连接至 PSC，用于监视与控制两侧安全门状态，如图 4-1-8 所示。

图 4-1-8　安全门操作指示盘

PSA 能监视控制系统各设备的运行状态，能实现系统内部信息的收发、采集汇总和分析，能实现与 PSC、PSL、DCU 等设备之间的信息交换，具有存放数据和软件的存储单元，具有运行监视功能和自诊断功能。

PSA 具有设备维护、故障查询和故障定位功能。通过现场总线在线监视所有门机控制器的工作运行状况和故障状态信息，能够监视站台端头就地控制盘的工作状态和故障状态信息。

PSA 是 PSC 盘面，设置于安全门系统设备室，人为监视相对不方便。安全门状态指示盘（PSAP）是 PSA 的延伸，设置于站台监控亭内，监视两侧安全门，显示站台主要状态/故障信息，有故障声光报警装置，可复位。PSAP 如图 4-1-9。

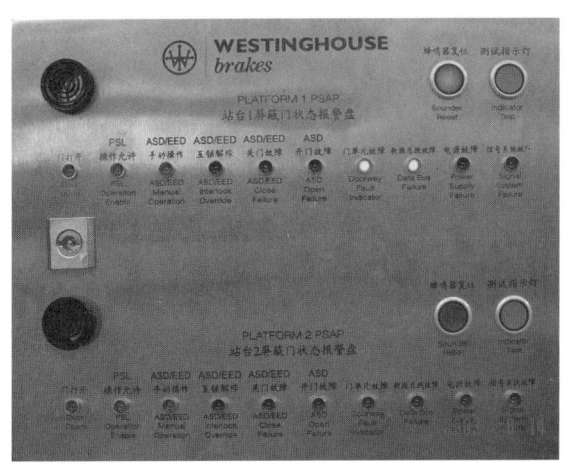

图 4-1-9　安全门状态指示盘 PSAP

知识点 5：门机控制器（DCU）

DCU 是滑动门电机的监控装置，每道滑动门单元均应配置一个 DCU，并安装在门体上部的顶箱内，DCU 由 CPU 组、存储单元、接口单元及相关软件组成。DCU 具有控制、监控、通信及保护四大功能。

1. DCU 的控制功能

（1）对滑动门的开关（曲线）进行控制；
（2）对滑动门各个单元异常状态进行保护控制并报警；
（3）语音报警控制；
（4）站台侧指示灯控制。

2. DCU 的监控功能

（1）内部状况监控；
（2）门锁的监控；
（3）模式开关的监控；
（4）应急门开关的监控；
（5）地址编码器的监控；
（6）紧急释放机构的监控。

3. DCU 的通信功能

（1）两路 CAN 数据总线链路；
（2）系统维护工具接口。

4. DCU 的保护功能

（1）滑动门超速保护；
（2）障碍物检测和防夹功能；
（3）紧急释放机构的操作。

知识点 6：就地控制盘（PSL）

每侧车站安全门两端的端门外各设置一套就地控制盘（PSL，PSD System Local controller）。PSL 的设置位置与正常停车时列车驾驶室门相对应，以便于列车驾驶员开关控制安全门。当信号系统与安全门系统无法进行通信时，站台工作人员或列车司机可以通过 PSL 对整侧安全门进行开关操作。

1. PSL 的主要功能

（1）当 PSL 插入钥匙并离开禁止位后，信号系统和 PSC 控制信号将被旁路，自动控制指令失效。PSL 能够提供模拟信号系统的开关门指令，该指令直接发送给 DCU。这种方式使得当发生信号系统或 PEDC 故障时，PSL 仍能够进行开关门操作。

（2）PSL 应具有与单元控制器（PEDC）连接的硬线接口及电源接口。PSL 通过硬线传输控制信号到 PSC 柜内的 PSL 继电器，PSL 开关的状态信息将反馈给 PEDC，并在相应设备上有提示。

（3）PSL 具有对整侧安全门进行开关控制的功能，当信号系统无法对安全门进行开关控制时，站台工作人员可通过 PSL 对安全门进行开关门的操作。

（4）当个别安全门因故障不能关闭锁紧而无法发车时，在人为保障安全的前提下，站台工作人员或列车驾驶员可通过 PSL 向信号系统发出"互锁解除"信号，允许列车进出车站。

（5）任何一道安全门（含应急门）没有关闭锁紧，则 PSL 面板上的安全门关闭锁紧状态指示灯灭。当站控室值班员将安全门控制权限切换至站控室综合后备盘（IBP）控制时，PSL 操作失效。

2. 某 PSL 盘面包括内容

某 PSL 盘面内容如图 4-1-10 所示。

（1）"ASD/EED 关闭且锁紧"绿色指示灯；
（2）"互锁解除"红色指示灯；
（3）"PSL 操作模式"黄色指示灯
（4）"开门"自复位带灯按钮，每个包含 2 个常开触点；
（5）"关门"自复位带灯按钮，每个包含 2 个常开触点；
（6）"PSL 操作允许"2 位钥匙开关，包含 2 个常开触点；
（7）"互锁解除"2 位自复位钥匙开关，包含 3 个常开触点；
（8）"试灯"按钮。

3. PSL 回路

图 4-1-11 所示为 PSL 控制回路。其中，PSL ENABLE 为 PSL 使能钥匙开关；LOTB 为 PSL 开门按钮，LCTB 为 PSL 关门按钮，INTERLOCK OVERRID 为互锁解除钥匙开关，LOR1/LOR2 为 PSL 使能继电器，LOT1/LOT2 为 PSL 开门继电器，LAMP TEST 为试灯按钮，ADCR/ADCL 为门关闭与锁紧继电器触点。

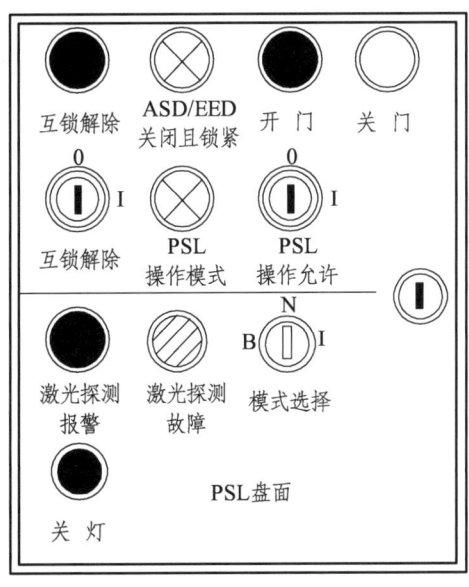

图 4-1-10　PSL 面板

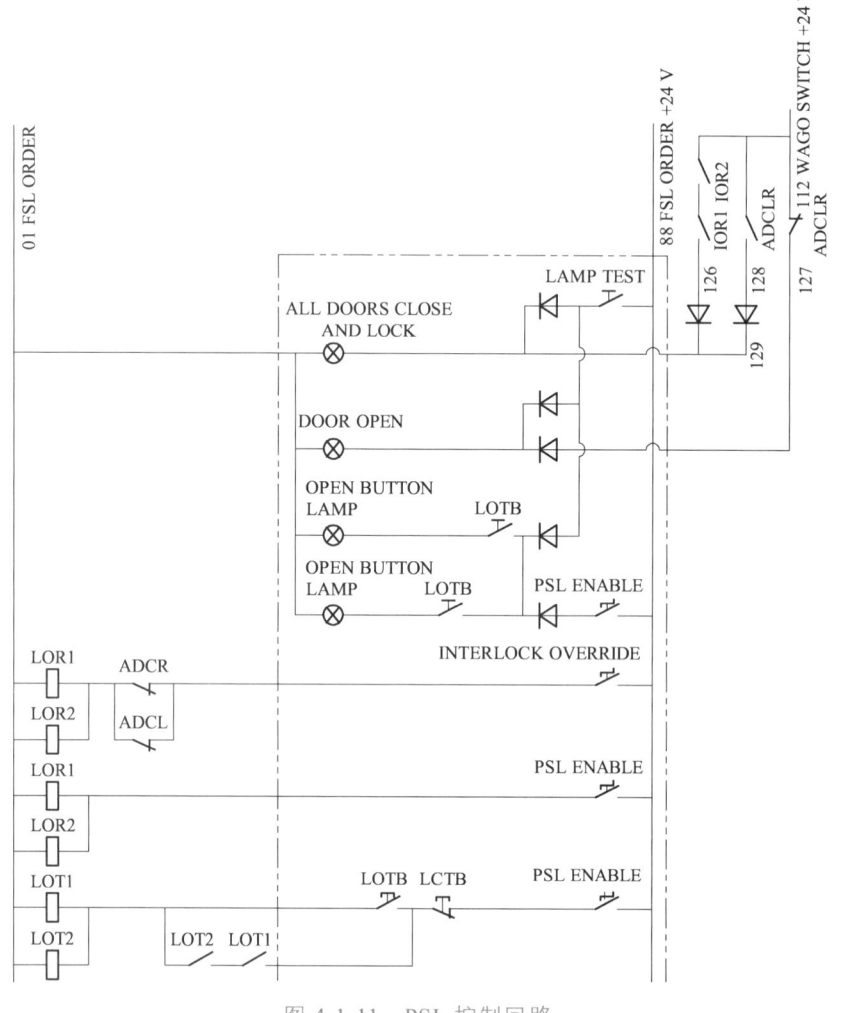

图 4-1-11 PSL 控制回路

知识点 7：就地控制盒（LCB）

每道滑动门配置一套就地控制盒（LCB），LCB 设置在滑动门门楣下端，用于控制一道滑动门。如图 4-1-12、图 4-1-13 所示。LCB 模式开关有自动、隔离、开门（手动）、关门（手动）四挡可选择。也有部分 LCB 设置为两组模式开关，一组为自动、隔离、手动，另一组为手动开门、手动关门。

在正常情况下，模式开关置于"自动"状态，安全门可接收信号系统的指令进行自动控制。当模式开关离开自动位时，与整个控制系统隔离，此时本对滑动门的关闭和锁紧传感器从安全回路中隔离开来，则信号系统、PSC、PSL、IBP 对本对滑动门控制都失效。

当某对滑动门发生故障需维修或保养时，可将该对滑动门的模式开关置于"隔离"状态。也可将该对滑动门的模式开关置于"手动开门"或"手动关门"状态，以便进行人工开关安全门进行单道门的调试。

LCB 插入钥匙后，钥匙从"自动"位顺时针旋转 90° 为"手动关门"位；再顺时针旋转 90° 为"手动开门"位。注意：从"手动开门"位不能直接旋转到"隔离"位。从"自动"

位可以逆时针旋转 90° 到"隔离"位。"自动"位钥匙开关对应设置一个绿灯，当钥匙在该位时灯亮。钥匙只有在"自动"位及"隔离"位时方可取出。只有在"自动"位时，DCU 进入安全回路；其他位置，DCU 退出安全回路。

当 LCB 处于"自动"位时，允许 DCU 接收 PSC 的开关门指令；当 LCB 处于"隔离"位时，DCU 与系统隔离，且隔离本单元的电源，不影响整个系统的正常工作，便于维修作业；当 LCB 处于"手动开门"位或"手动关门"位时，不执行来自 PSC 的指令。门扇可通过对应功能直接手动操作。

图 4-1-12 就地控制盒

LCB 钥匙开关通过专用电缆与 DCU 接口单元连接，且有铝盒密封，接线端子不外露，安全防尘。每个门单元中无论发生网络通信故障、电源故障、DCU、门机故障以及其他故障，均可通过就地控制盒 LCB 切断单元此对滑动门 DCU 的电源，从而使此故障单元从整个系统中隔离，不影响整个系统的正常工作。

图 4-1-13 LCB 模式开关

LCB 的安装位置在滑动门门楣右下方，钥匙开关及按钮的安装位置方便站台侧工作人员通过钥匙进行模式转换。

知识点 8：综合后备盘（IBP）

综合后备盘（IBP，Integrated Backup Panel）安装在车站控制室面板上，分上下行控制。在 IBP 上以每侧安全门设置开门钥匙开关、开门状态指示灯、关门状态指示灯，并设置一个测试按钮，以测试 IBP 上安全门指示灯的工作状态。开门、关门指示灯实时反映门状态，如图 4-1-14 所示。

在确认列车依靠在车站后内部发生火灾时，IBP 将相应侧滑动门打开，乘客下车紧急疏散，同时进行排烟。IBP 面上一般设置有操作允许钥匙开关，开关门按钮及相应的指示灯。当确认火灾发生时，先将操作允许钥匙开关旋转到"允许"位置，然后按下"开门按钮"，则整侧滑动门打开。

在 IBP 上操作一侧安全门的开关门指令时，不影响另一侧安全门的正常操作。

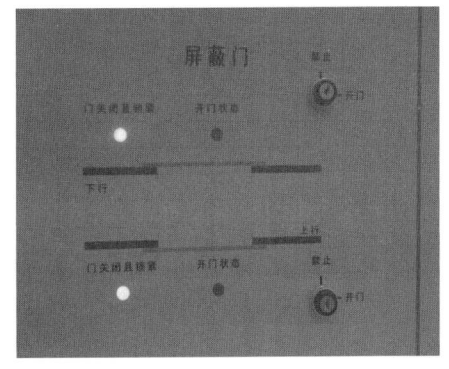

图 4-1-14 综合后备盘

注意：一般 IBP 只能打开安全门，不具有关闭功能。关闭安全门须将 IBP 盘打回禁止位，在站台采取 PSL 关闭，或现场采取手动关闭。现部分新产品增加了关闭功能。

典型 IBP 操作开关回路如图 4-1-15 所示。其中 IBP ENABLE 为 IBP 使能操作钥匙开关，IBP OTB 为 IBP 开门按钮，IBPE1 为 IBP 使能继电器，IBP01 和 IBP02 为 IBP 开门继电器。

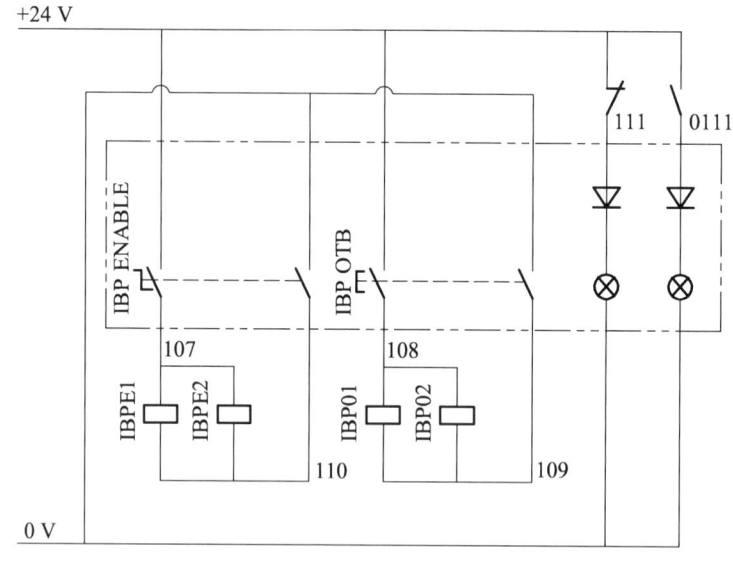

图 4-1-15　IBP 操作回路

知识点 9：声光报警装置

声光报警装置（DOI），也称开门指示灯，每道滑动门、急应门、端门的顶箱活动盖板上都设置 DOI。在开/关安全门的过程中，声光报警装置应向乘客发出声音和闪光预警信号。DOI 状态一览表如表 4-1-2 所示。

表 4-1-2　DOI 状态一览表

滑动门状态	滑动门开门指示灯	报警声
滑动门关闭且锁紧	熄灭	
滑动门开门过程	黄色闪亮	
滑动门关门过程	黄色闪亮	短促
滑动门全开状态	黄色常亮	
滑动门发生故障	红色闪亮	急促
滑动门隔离	红色常亮	
滑动门手动开门	黄色常亮	短促
应急门状态	应急门指示灯	报警声
应急门关闭且锁紧	熄灭	
应急门打开状态	黄色常亮	短促

续表

端门状态	端门指示灯	报警声
端门关闭且锁紧	熄灭	
端门打开状态	黄色常亮	
端门打开 30s 后状态	黄色闪亮	短促
边门状态	边门指示灯	报警声
边门关闭且锁紧	熄灭	
边门打开状态（正常）	黄色闪亮/常亮	
边门打开状态（IBP）	加强红色闪亮	加强声急促

其中，滑动门 DOI 采用双色指示灯：黄色 LED 慢频率闪烁，用于指示滑动门正常开关门过程；红色 LED 慢频率闪烁，用于指示滑动门故障状态；红色 LED 常亮用于指示滑动门处于隔离状态。

应急门 DOI 采用单色指示灯：黄色 LED 常亮用于指示应急门打开状态。

端门 DOI 采用单色指示灯：黄色 LED 常亮用于指示端门打开状态，30 s 后黄色 LED 变为慢频率闪烁。

所有 DOI 的 LED 灯都熄灭指示对应门体处于关闭且锁紧状态。

在自动模式下滑动门关闭的过程中，灯闪亮且发出报警声。当滑动门被意外打开，灯闪亮且发出报警声。应急门被打开，灯闪亮且发出报警声。端门被打开，灯亮，超出 30 s（可调）后端门灯闪亮且发出报警声响。

安全门边门顶箱上的声光报警装置应同时具有强声光报警功能，边门被 IBP 打开时发出强报警声，同时边门警示灯闪烁。

知识点 10：PSC 的接口信号

1. 与列车信号系统（SIG）的接口信号

PSC 对列车信号系统有接口。列车进站前会进入连锁区域，要收到前方车站的站台"所有滑动门/应急门关闭锁紧"信号；列车在站台停下后，指令安全门开门，PSC 接收此开门信号，并反馈"门打开"状态给列车；离站前要关车门，列车关闭车门同时指令安全门关门，PSC 接收此关门信号，并反馈"所有滑动门/应急门关闭锁紧"给列车，此时列车才可以离站；在出站连锁区域内，列车依然要收到后方的"所有滑动门/应急门关闭锁紧"信号。如果在列车关门指令发出若干时间后，没有收到"所有滑动门/应急门关闭锁紧"信号，则需要站务人员确认现场情况后，在就地控制盘（PSL）发出"互锁解除"信号，并由 PSC 反馈给列车后，列车才能离站。

2. 与门机控制器（DCU）的接口信号

PSC 发出"开门"指令给门机控制器（DCU），并接收 DCU 反馈的"开门"状态信号；PSC 发出"关门"指令给 DCU，并接收 DCU 反馈的"所有滑动门/应急门关闭锁紧"状态信号。应急门的状态通过邻近的 DCU 反馈给 PSC。PSC 的监视与控制系统只接收"所有滑动门/应急门关闭且锁紧"的信号,具体门单元的状态、故障信息是在 PSA 里显示。

3. 与就地控制盘(PSL)的接口信号

就地控制盘(PSL)是站台侧控制该侧安全门运行的控制装置,可以让站务人员、列车司机在列车信号系统控制失效时操作安全门。当列车停在站台后需要手动开门,司机要用钥匙把"PSL 操作允许"开关打开,PSC 接收"PSL 操作允许"信号。如果没有"PSL 操作允许"信号,司机无法操作安全门,该设计是为提高安全门系统可靠性。司机按 PSL 上的"开门"开关按钮,PSL 发出"开门"指令通过 PSL 的继电器送给门机控制器(DCU),同时 PSC 接收 DCU 反馈的"开门"状态信号;要关门时,司机按 PSL 上的"开门"开关按钮,PSL 发出"关门"指令通过 PSL 的继电器送给门机控制器(DCU),同时 PSC 接收 DCU 反馈的"所有滑动门/应急门关闭锁紧"状态信号;当不需要列车信号系统与安全门系统连锁时,可人手操作 PSL,使其"互锁解除"开关闭合,PSC 接收 PSL 的"互锁解除"信号。

4. 与综合后备盘(IBP)接口信号

综合后备盘(IBP)开关通常装在车站控制室,站务人员在紧急时刻使用,可以把整侧安全门打开。站务人员要用钥匙把"火灾模式操作允许"开关打上。PSC 接收"火灾模式操作允许"信号,"火灾模式操作允许"开关打上了才能使"开门"按钮操作有效。然后按盘上的"开门"按钮,火灾模式开关发出"开门"指令,通过继电器送给门机控制器(DCU),同时 PSC 接收 DCU 反馈的"开门"状态信号。

5. 与 PSC 面板 PSA 的接口信号

接口有:"开门状态"指示;各级"所有滑动门/应急门关闭锁紧"状态指示;"控制系统故障"指示;"PSL 操作允许"指示;"互锁解除"状态指示;"火灾模式允许"指示;这些都对 PSC 与其他部件接口收发的信号和监视网络发出的报警。

6. 与监控通信系统的接口信号

PSC 对其他部件的接口收发的信号同时会发给监控通信系统。

参考资料: PSC 功能特性及技术参数

以广州佳都 PCI 的一款产品 PCI-PME0111-01A/B/C 为例(数据来自于佳都门户网站)。

安全门单元控制器(PEDC),由安全继电器模块和电子控制模块组成。在整个安全门系统中,只有 PEDC 对门控单元(DCU)发出开关门指令,是安全门系统的一个重要组成部分。安全门控制系统的系统级控制(SIG)、站台级控制(PSL)、火灾模式控制(IBP)均通过硬线连接,经 PEDC 的安全继电器模块实现对每扇滑动门的实时控制。PEDC 的电子控制模块通过现场总线实时采集安全门的状态信息,并将其他控制开关量通过硬线一并输入到主监视系统(MMS),由 MMS 监测安全门系统的运行状态。

1. PCI-PME0111-01A/B/C 产品特点:

(1)高度安全可靠,控制系统信号经过安全继电器模块进行处理;

（2）稳定性，采用双 CPU 设计；

（3）冗余性，上下行 PEDC 互为冗余，在上行或下行 PEDC 发生故障的情况下也不影响所有的监控信息；

（4）易维护性，当继电器发生故障时，可轻易将故障继电器从端子台插座中取出、替换。

2. PCI-PME0111-01A/B/C 技术参数

PCI-PME0111-01A/B/C 技术参数如表 4-1-3 所示。

表 4-1-3　PCJ-PME0111-01A/B/C 技术参数

名称	参数
控制电源输入	24 V DC
额定电流	1 A
控制信号输入	24 V DC，9~27 mA
可接受的最大存储温度	$-25 \sim 85$ ℃
最大可接受的工作温度	$-20 \sim 80$ ℃
湿度要求	无结露
24 V DC 输出	最大输出电流 1.2 A，带过流保护
外部信号隔离电压	2~3 kV
继电器参数（Panasonic 品牌 SF 型安全继电器）	
触点组合	5no+1nc；4no+2nc；3no+3nc；3no+1nc；2no+2nc；
尺寸（$L \times W \times H$）	50 mm×13 mm×24 mm（6 触点）
尺寸（$L \times W \times H$）	40 mm×13 mm×24 mm（4 触点）
触点材料	Au-flashed $AgSnO_2$
使用温度	$-40 \sim +85$ ℃
线圈电压	24 V DC
线圈电阻	1 152 Ω
吸合电压	18 V DC
释放电压	2.4 V DC
负载电流	6 A
寿命	1 000 万次
标准认证	UL/C-UL；TUV；Korean S Mark；CQC
继电器参数（Hengstler 品牌 H468 型安全继电器）	
触点组合	5no+1nc；4no+2nc；3no+1nc；2no+2nc；
尺寸（$L \times W \times H$）	50 mm×12.5 mm×30 mm（6 触点）

续表

名称	参数
尺寸（$L×W×H$）	44.6 mm×12.5 mm×30 mm（4 触点）
触点材料	AgSnO+2μm Au
使用温度	−25～+80 °C
线圈电压	24 V DC
线圈电阻	1 020 Ω
吸合电压	18.1 V DC
释放电压	4.3 V DC
负载电流	8 A
寿命	1 000 万次
符合标准	EN50205；IEC61810-1；UL508
认证	cULus；TUV

3. PCI-PME0111-01A/B/C 应用案例

广州地铁 14 号线、广州地铁 21 号线。

工作实施

1. 安全门控制与监视系统简介

引导问题 1：安全门控制与监视系统主要是与_____系统进行信息交换，对两侧_____门的开门、关门进行控制，保证_____门与列车_____的开门、关门动作同步。同时监视各_____信号及记录安全门_____信息，并在关门过程具备_____探测功能。

引导问题 2：简介安全门控制与监视系统的组成部件。

答：
_____
_____
_____
_____

引导问题 3：一个车站一条线路配置_____套安全门系统，当车站里多条线路时需要配置_____套安全门系统。

引导问题 4：城市轨道交通车站安全门控制与监视系统均包括____个控制子系统，都具有____和_____两项基本功能。PSC 控制与监视两侧车站安全门，正常情况下由两个控制子系统分别独立控制与监视____侧安全门。

引导问题 5：一侧安全门的故障_____影响另一侧安全门的正常运行。（填写：会/不会）

引导问题 6：车站所有滑动门的_____信息可以通过维修终端进行查询。

2. 中央控制盘（PSC）

引导问题 7：中央控制盘（PSC）由____套相同、相互独立的子系统组成。每个子系统包括一套_____，控制一侧车站安全门，其采用高性能安全继电器，以_____形式连接滑动门_____、_____、_____等，实现关键的控制与信号反馈。

引导问题 8：中央控制盘（PSC）通过_____实现与两侧站台 DCU 进行实时通讯；通过_____与信号系统连接；通过_____与综合监控系统连接；设计不同，通过_____或_____与 PSA 连接；通过_____与柜体面板上的相关按钮开关连接；通过_____与 PTE 连接等。

引导问题 9：中央控制盘（PSC）具有哪些功能？
答：
_____
_____
_____
_____

引导问题 10：中央控制盘（PSC）具有哪些接口？
答：
_____
_____
_____
_____

3. 单元控制器（PEDC）

引导问题 11：单元控制器（PEDC）作为 PSC 的_____部件，两套 PEDC 在正常工作状态下可进行相互_____，双机_____。

引导问题 12：PEDC 具有哪些功能？
答：
_____
_____
_____
_____

4. 安全门操作指示盘（PSA）与安全门状态指示盘（PSAP）

引导问题 13：安全门操作指示盘 PSA 设置在_____室。
引导问题 14：PSA 具有设备_____、故障_____和故障_____功能。
引导问题 15：PSA 具有哪些功能？
答：
_____
_____
_____

引导问题 16：安全门状态指示盘（PSAP）设置于站台_____亭内，用于监视_____侧安全门。

5. 门机控制器（DCU）

引导问题 17：门机控制器（DCU）具有_____、_____、_____、_____四大功能。

引导问题 18：DCU 的监控功能有哪些？
答：
_____
_____
_____
_____

引导问题 19：DCU 通过两路 CAN 数据总线与_____进行通信，通过 PTE 接口与_____进行通信。

引导问题 20：DCU 最重要的控制功能是对滑动门_____过程进行控制。

6. 就地控制盘（PSL）

引导问题 21：就地控制盘 PSL 设置在_____侧车站安全门_____端，一套安全门系统共设置_____个 PSL。

引导问题 22：PSL 用于控制一_____安全门。

引导问题 23：当信号系统与安全门系统无法进行通信时，站台工作人员或列车司机可以通过_____对安全门进行开关操作。

引导问题 24：PSL 具有两个功能：一是直接控制_____侧安全门_____门和_____门；一是当安全回路不通时，在保证_____的前提下，PSL 可以_____，让车辆_____。

7. 就地控制盒（LCB）

引导问题 25：就地控制盒 LCB 设置在滑动门门楣_____端，用于控制一_____滑动门。

引导问题 26：常见 LCB 有：_____、_____、_____、_____四个挡位。

引导问题 27：当滑动门开关门的信号控制有问题时，或滑动门关闭信号、锁紧信号有问题时，可能将 LCB 打到_____挡位。

引导问题 28：当滑动门检修成功以后，需要手动开关门测试一遍，此时应操作 LCB 的_____门和_____门挡位。

引导问题 29：当 LCB 处于"自动"位时，LCB_____灯会亮，允许 DCU 接收 PSC 的_____门指令。

8. 综合后备盘（IBP）

引导问题 30：IBP 安装在车站控制室_____上，分_____控制。

引导问题 31：在确认发生火灾时，_____将相应侧滑动门打开，乘客_____车紧急疏散，同时进行排烟。

引导问题 32：一般 IBP 只能打开安全门，不具有_____功能。关闭安全门须将 IBP 盘打回_____位，在站台采取_____关闭。

9. 声光报警装置

引导问题 33：安全门系统中，_____门没有设置声光报警装置。

引导问题 34：滑动门 DOI 采用双色指示灯：黄色用于指示滑动门_____门过程；红色用于指示滑动门_____状态。

10. PSC 接口信号

引导问题 35：列车在停站后，如果失去"所有滑动门/应急门关闭锁紧"信号，将____启动。（填写：会/不会）

引导问题 36：PSC 发出"关门"指令给门机控制器，并接收 DCU 反馈的"_____"状态信号。

引导问题 37：当不需要列车信号系统与安全门系统连锁时，可人手操作 PSL，使其"_____"开关闭合，PSC 接收 PSL 的"_____"信号。

参考答案

评价反馈

表 4-1-4 学生自评表

班级：	姓名：	学号：		
学习情景 4.1	安全门控制与监视系统认知			
评价项目	评价标准	分值	得分	
安全门控制与监视系统各部件认知	能正确认知安全门控制与监视系统各部件，指出各部件的安装位置	10		
PSC 运行状态与功能参数认知	能正确认知安全门 PSC，能分析 PSC 的工作过程及功能参数	20		
DCU 功能与运行认知	能正确认知 DCU，能分析 DCU 功能	10		
LCB、PSL、IBP 的功能及操作认知	能正确认知 LCB、PSL、IBP，能正确操作 LCB、PSL、IBP	20		
声光报警装置认知	能正确认知声光报警装置	10		
工作准备	能完成相关理论知识学习	15		
工作质量	能按计划完成工作任务	15		
合计		100		

表 4-1-5　学生互评表

学习情景 4.1		安全门控制与监视系统认知					
评价项目	分值	评价对象（组别）					
		1	2	3	4	5	6
计划合理	20						
组织有序	20						
工作完整	20						
团队合作	20						
材料上交	20						
合计	100						

注：评价档次统一采用 A（优秀）、B（良好）、C（合格）、D（努力）四个。

表 4-1-6　教师评价表

班级：		姓名：	学号：		
学习情景 4.1			安全门控制与监视系统认知		
评价项目		评价标准		分值	得分
考勤		没有无故缺勤、迟到、早退现象		10	
工作过程	安全门控制与监视系统认知	能正确认知安全门控制与监视系统各部件，指出其位置，分析其功能		20	
	安全门 LCB、PSL、IBP 操作认知	能正确认知 LCB、PSL、IBP 操作		20	
	工作质量	能按计划完成工作任务		10	
	协调能力	能与小组成员合作交流，协调工作		5	
	职业素养	能表达成熟或灵动的想法		5	
项目成果	工作完整	能按计划完成任务		5	
	工作规范	能做到安全生产，文明施工		10	
	工作报告	能正确完成工作报告		10	
	成果展示	能准确表达工作成果		5	
合计				100	
综合评价		自评（20%）	小组互评（30%）	教师评价（50%）	综合得分

学习情景 4.2 安全门控制与监视系统功能认知

情景描述

正常情况下,城市轨道交通车站安全门控制与监视系统依靠行车联锁信号,安全、可靠地控制着安全门系统自动运行。当信号接收出问题时,或者出现滑动门在关门时被挡住时,或者滑动门出现故障不能开关门时,安全门系统能否安全、可靠地运行?当滑动门没有锁闭时,或应急门意外打开时,安全门控制与监视系统能否监视到这些信息?

图 4-2-1 是城市轨道交通车站安全门控制与监视系统连接图。以学习者视角对图进行识读,尝试了解城市轨道交通车站安全门控制与监视系统是如何实现其控制功能和监视功能的。

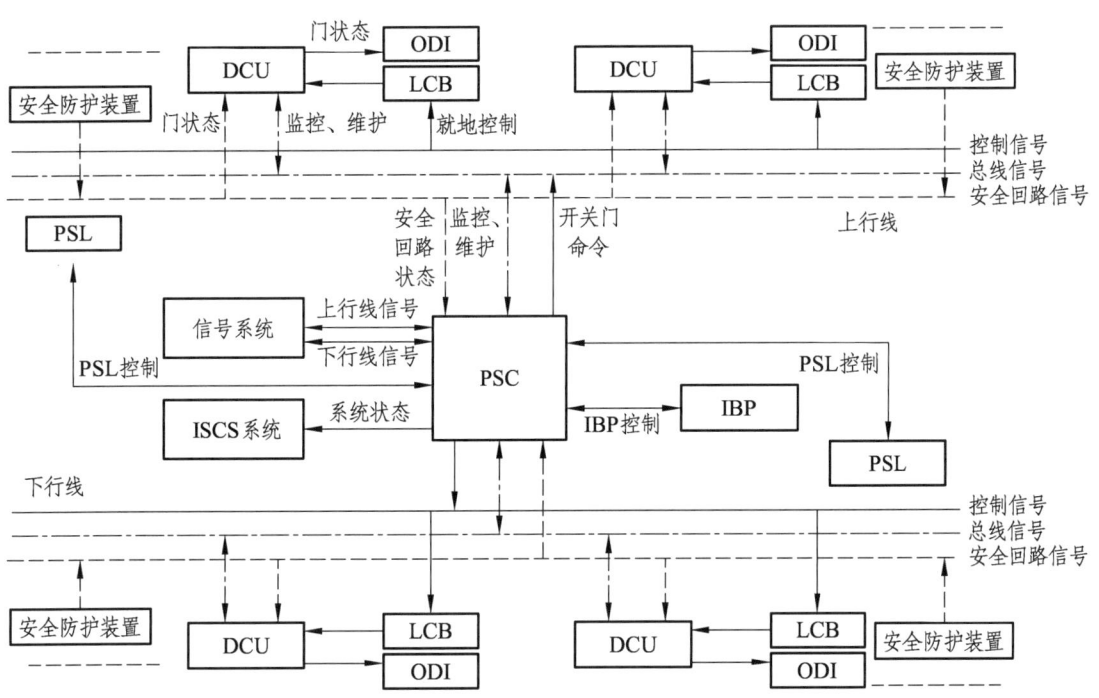

图 4-2-1 安全门控制与监视系统连接图

学习目标

(1) 能掌握城市轨道交通车站安全门控制与监视系统的控制功能及控制过程;
(2) 能掌握城市轨道交通车站安全门控制与监视系统的监视功能;
(3) 能掌握城市轨道交通车站安全门运行模式;
(4) 能理解安全回路;
(5) 了解城市轨道交通车站安全门运行的控制等级及控制权限。

工作任务

（1）在地铁车站和实训室里仔细观察安全门运行的不同控制方式，了解安全门系统在运行过程中，不同的运行模式是如何工作的。分析安全门系统控制功能对于安全门系统产生的影响。

（2）在地铁车站和实训室里仔细观察不同的控制安全门运行的模式，了解安全门系统在什么情况下采取何种运行模式。分析安全门系统监视功能对于安全门系统产生的影响。

任务分组

表 4-2-1　学生任务分配表

班级		组号		指导老师	
组长		学号			
组员	姓名		学号	姓名	学号
任务分工					

工作准备

（1）阅读工作任务，观察地铁车站安全门系统运行模式与滑动门运行状态，并做好记录。

（2）收集《城市轨道交通站台屏蔽门系统技术规范》（CJJ 183—2012）中安全门系统运行的规范与要求。

（3）查阅相关信息，进一步了解城市轨道交通车站安全门系统对可能出现的各种情况的处理方法。

情景知识

知识点 1：安全门与监视控制系统功能分析

1. 安全门与监视控制系统结构

安全门控制与监视系统主要由中央控制盘（PSC，含逻辑控制单元和监视单元）、站台端头控制盘（PSL）、车站综合后备盘（IBP）、门机控制器（DCU）、就地控制盒（LCB）及车站监视器（PSA）等设备组成，如图4-2-2所示。

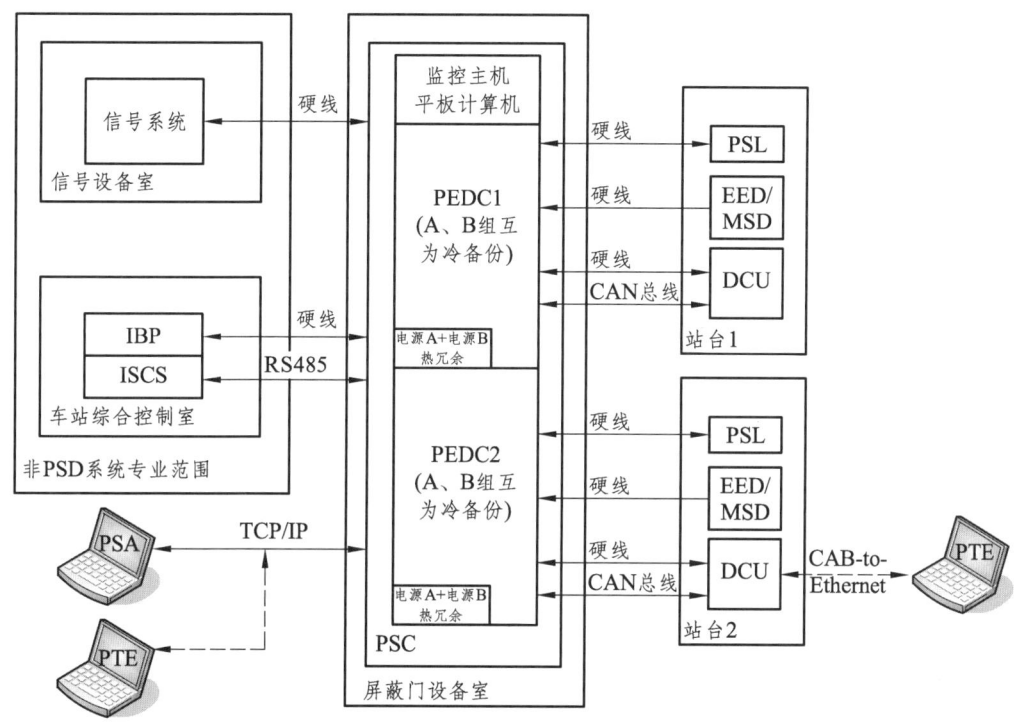

图 4-2-2 安全门控制与监视系统

2. 安全门控制与监视系统功能分析

(1) 满足安全门在正常和非正常状态下的安全、可靠运行,在紧急状态下能保证乘客安全疏散。

(2) 安全门控制与监视系统以车站为单位构成独立的监控系统,具备抗电磁干扰的能力。

(3) 安全门控制与监视系统满足行车组织、信号系统的运行要求。

(4) 安全门控制与监视系统满足主控系统和监控系统的接口要求。

(5) 安全门控制与监视系统采用 UPS 供电方式。

(6) 安全门控制与监视系统中采用的电器元器件(如微动开关、继电器、电缆接头、连接件和接插件等)、电缆接头应优先选用航空插头。

(7) 安全门边门受 IBP 控制,在站台发生火灾时作为消防排烟通道,可从站控室内电动打开车站安全门边门,不影响安全门系统功能和整体性能。

[知识点 2] 安全门系统控制方式

安全门系统控制原则上是司机在驾驶室操作,由信号系统为安全门系统提供开门、关门控制信号。如果信号系统发生故障则由司机通过 PSL 进行操作。在控制系统故障的情况下,站务人员可在站台侧用钥匙或由乘客在轨道侧手动将门打开。列车无法定点停车且偏离较大时,乘客可推开应急门上下车。区间疏散时乘客可从端门通过。

按操作方式和操作位置,安全门系统的控制可分为:系统级控制(PSC 控制或 SIG 控制)、站台级控制(PSL 控制)、车站级控制(紧急级控制或 IBP 控制)和就地级控制(包括 LCB 控制和手动解锁)。此四种控制方式可分别实现安全门的三种运行模式,即:正常运行模式(系统级控制）、非正常运行模式（车站级控制、站台级控制和就地级控制）、紧急运行模式（车站级控制）。

安全门系统分等级进行控制，按顺序从高到低为就地级控制、车站级控制、站台级和系统级控制。只有在执行完优先级的操作后，才可以进行低级别的操作，如图 4-2-3 所示。

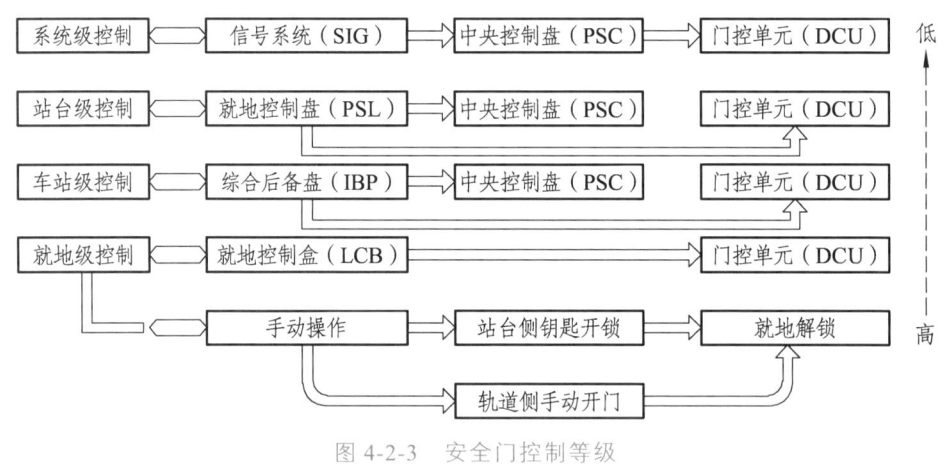

图 4-2-3　安全门控制等级

知识点 3：系统级控制（正常运行模式）

系统级控制应用于正常运行模式，也称安全门自动运行模式。此时，安全门系统和信号系统及二者间的接口等设备都处于正常状态，由信号系统（SIG）通过中央控制盘（PSC）对门控制单元（DCU）直接进行控制，从而开关整侧全部滑动门。

安全门系统级控制模拟操作

（1）当列车进站且停在允许的误差范围内时，安全门系统接受信号（ATC）发来的"开门"指令，PSC 通过硬线安全回路向每个门单元的 DCU 发送打开安全门的指令。门机控制器（DCU）接收到开门指令后，按顺序自动执行解锁、开门等操作。在滑动门打开过程中，滑动门顶箱上的状态指示装置会做出响应动作。

（2）当列车需要离开站台时，安全门系统接收信号（ATC）发来的"关门"指令。PSC 通过硬线安全回路向每个门单元的 DCU 发送关闭安全门的指令，门机控制器（DCU）接收到关门指令后，按顺序执行关门、闭锁等操作。当所有滑动门和应急门都关闭且锁紧后，安全门系统向信号系统发出"安全门关闭且锁紧"信号，允许列车离站。在滑动门关闭过程中，顶箱上的状态指示装置做出响应的动作。

（3）在开/关门过程中，安全门都需要进行防夹检测。如果检测到滑动门运动受阻，则认为该挡滑动门在开/关时遇到了障碍物。于是 PSC 撤销开/关门指令，滑动门停止动作，然后复位，并延迟 3 s（时间可调），再重新开/关滑动门。

（4）如果重复开/关滑动门三次后障碍物仍然存在，滑动门打开并发出声光报警。然后需要站台工作人员进行人工操作，将该挡滑动门进行隔离，等待维修。

知识点 4：站台级控制（非正常运行模式）

站台级控制，也称就地控制盘（PSL）控制，是由列车司机或站台工作人员在站台就地控制盘上对门控制单元（DCU）进行控制，从而开关整侧所有滑动门；同时 PSL 与 PSC 连接，控制信息传输到 PSC。在此模式下，信号系统对安全门的控制信号被旁路，无法控制安全门运行。

在下列情况下可实行站台级控制操作：

（1）当系统级控制方式不能打开或关闭滑动门时，如信号系统故障、安全门自控系统故障等情况，站台工作人员可通过 PSL 对滑动门进行开门、关门操作，实现安全门的站台级控制。

安全门 PSL 操作

（2）当个别滑动门由于故障无法发出"关闭且锁紧"信号时，站台工作人员在认定安全保障的条件下，即在确认没有乘客或物体夹在滑动门中间后，通过专用钥匙操作位于 PSL 上的"互锁解除"开关，向信号系统发送允许列车离开站台指令，允许列车离站，此时声光报警装置停止声光报警。

（3）安全门系统维护期间以及安全门安装工程验收都需要系统测试时。

知识点 5：车站级控制（紧急运行模式）

车站级控制，也称综合后备盘（IBP）控制，是在车站发生紧急情况下（如火灾），在车站控制室操作 IBP 上的钥匙开关打至开门位，直接控制上行或下行所有 DCU，从而开关整侧所有滑动门。同时 IBP 与 PSC 连接，控制信息传输到 PSC。在此模式下，信号系统与 PSL 对安全门的控制信号被旁路，无法控制安全门运行。

安全门车站级控制模拟操作

在下列情况下可实行车站级控制操作：

（1）当列车在非运营期间进行系统测试时，可操作设置在站控室内的 IBP，实现对整侧安全门的开门控制。

（2）当出现紧急情况，例如列车停在站台发生火灾时（紧急运行模式），可操作设置在站控室内的 IBP，实现安全门紧急运行模式，得到授权的车站工作人员可用专用的钥匙开启站控室内 IBP 上的操作允许开关，并操作开门按钮，对整侧安全门进行开门控制。

需要注意的是当发生火灾时，城市轨道交通车站工作人员应采取的措施有以下几点：

① 列车在区间隧道发生火灾时，乘客沿着区间疏散平台向邻近车站疏散，此时列车驾驶员通过行调通知车站站务人员提前打开火灾侧安全门端门，并派工作人员在此引导乘客由车站疏散。

② 区间隧道发生火灾时，驶向火灾发生点的列车会停车，驾驶员通过车载广播系统通知乘客下车，沿远离火灾发生点车站疏散，该车站站务人员打开所在侧安全门端门，引导乘客由车站疏散。

③ 列车在站台发生火灾时，由驾驶员通过站台端头就地控制盘（PSL）或通知车站值班人员在站控室 IBP 上打开所有滑动门，并通过广播引导列车上乘客疏散、站台候车乘客离开车站。

④ 当站台发生火灾时，车站工作人员可根据火灾工况，通过站控室内 IBP，打开相应安全门边门。安全门边门打开时，被打开的边门顶箱上的状态指示装置强声光报警，以防止站台人员掉入轨道区。

⑤ 当站厅发生火灾时，车站工作人员应广播通知并采取积极措施阻止乘客涌向站台候车。同时，在火灾车站现场，乘客只上不下，将火灾车站的候车乘客疏散离开火灾事故点。

知识点 6: 就地级控制（非正常运行模式）

就地级控制，也称手动操作，是站台工作人员或乘客对安全门进行手动操作，包括 LCB 操作和人工操作。

LCB 操作是 LCB 直接控制 DCU，从而隔离。开关对应的单道滑动门。同时，DCU 将控制信息传输到 PSC。在此模式下，信号系统、PSL 及 IBP 对安全门的控制信号被旁路，无法控制安全门运行。手动操作直接脱离电气控制，只用机械方式开关滑动门。在站台侧需用专用钥匙打开滑动门，在轨道侧可用滑动门上的开门拉杆打开滑动门。手动操作滑动门，所有电气控制方式都无法运行。

安全门就地操作

当单个滑动门故障时，可以通过 LCB 控制开关，使该门与整个系统隔离；当出现系统控制故障、系统电源的故障、整侧滑动门故障以及紧急撤离等情况，可以人工开启滑动门、应急门与端头门。

就地级操作控制有以下情况：

（1）当站台上的个别滑动门发生故障无法自动打开时，站台工作人员可在站台侧操作门体上方的就地控制盒开关滑动门。

（2）当个别滑动门发生故障，且使用就地控制盒也无法打开时，站台工作人员根据需要，也可在站台侧用专用钥匙打开滑动门。

（3）站台工作人员还可以根据需要，在站台侧用专用钥匙打开应急门和端门，但打开应急门时必须确认行车安全。当站台区域没有列车，或列车虽在站台区域但没有完全停稳的情况下，禁止打开应急门。

（4）在轨道侧可用手动方式打开安全门，打开方式有以下几种：

① 在轨道侧可用滑动门上的开门拉杆打开滑动门（当滑动门发生故障无法开门时）。

② 在轨道侧操作应急门上的开门推杆打开应急门（当发生列车停位不准等非正常情况，乘客无法通过滑动门下车时，乘客可在应急门上推动开门推杆，手动打开应急门，向车站疏散）。

③ 在轨道侧操作端头门上的开门推杆打开端头门（当隧道内发生火灾需要在隧道内停车时，乘客将从车厢疏散到隧道内，乘客可通过设置在端头门上的开门推杆打开端头门，并通过端头门进入站台）。

（5）在维修、保养、检测等情况下，维护人员可以操作 LCB 对单道滑动门进行作业。

知识点 7: 安全门操作情况

（1）在正常运行模式下，安全门接收列车司机或 ATC 发出的指令，与车门同时执行开/关门操作，安全门自动运行。

（2）当列车司机无法将列车停在规定的范围内、且偏离量不多而乘客仍能从滑动门中进出时，或安全门控制系统与信号 ATC 之间发生通信故障等情况时，则可操作 PSL 开/关滑动门。当列车司机无法将列车停在规定的范围内、且偏离量较大而乘客不能从滑动门中进出时，则引导乘客从应急门进行疏散。

（3）当个别滑动门故障难以立即修复时，则操作安全门上方的就地控制盒，将该挡滑动门的控制与整个系统隔离，不影响其他滑动门的运行。

(4) 如果滑动门在关闭过程中检测到有人或物被夹（即检测到障碍物），则该挡滑动门立即停止关闭并自动弹开，然后重新关闭，若重复3次障碍物仍存在，门仍无法完全关闭且锁紧，则该挡滑动门自动打开，并发出报警信号。

(5) 在轨道侧通过把手、在站台侧通过专用钥匙打开和关闭滑动门、应急门和端门。

(6) 在列车上发生火灾时，可在IBP上操作紧急开门按钮，打开滑动门疏散乘客；在站台发生火灾时，可配合通风空调排烟模式，再打开边门配合排烟。

知识点8：安全门控制与监视系统监视功能简析

1. 安全门控制与监视系统监视的信息

安全门系统中央控制盘监视着每侧安全门单元相关状态信息，以及包括PSC、PSL、IBP、安全门电源的信息，安全门故障报警记录，安全门正常系统运行记录等。实现系统内部信息的收发、采集、汇总和分析，并实现与主控系统车站控制室工作站、PSL、DCU各单元之间的信息交换，并能够查询逻辑控制单元中各个回路的状态；具有足够存放数据和软件的存储单元，具有运行监视功能及自诊断功能。

2. 安全门控制与监视系统监视设备的连接

各设备监测单元的监测信号通过可靠的硬线与中央控制盘进行连接，每个设备监测单元将为中央控制盘的逻辑输入模块提供其操作状态（逻辑电平信号），由中央控制盘监测安全门系统的基本操作状态。

3. 安全门控制与监视系统监视信息传输

中央控制盘将与运营相关的安全门状态及故障信息通过网络通道发送至远程监控系统及综合监控系统，进行状态、故障显示。利用维护终端或从中央控制盘上查询到所监视设备的当前状态及报警信息。综合监控系统的车站控制室工作站及安全门中央控制盘均可实现安全门相关状态的查询及故障报警，并进行报表生成、故障记录等。安全门运行的关键状态及故障信息由综合监控系统发送至控制中心。图4-2-4为安全门的电气与通信系统框图。

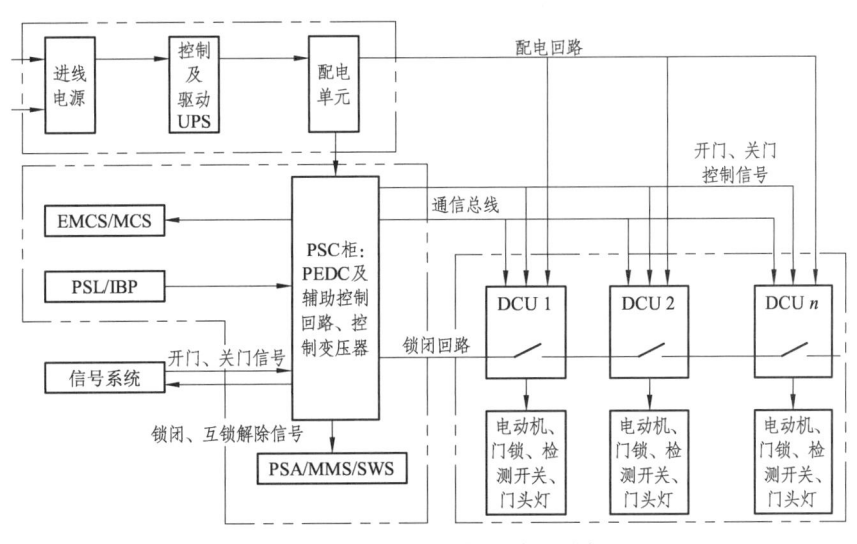

图 4-2-4　安全门电气与通信系统框图

4. 安全门控制与监视系统监视相关内容

安全门系统中央控制盘（PSC）监视相关内容有：
（1）收集 PSC、PSL、IBP 以及安全门电源的信息；
（2）通过内部安全门网络收集全部 DCU 信息；
（3）提供维修数据；
（4）允许对 DCU 参数进行修改；
（5）允许下载新的 DCU 软件；
（6）把安全门数据通过 PSC 传输到综合监控系统；
（7）安全门故障报警储存，安全门正常系统运行记录；
（8）DCU 的自诊断数据传送到维护管理系统（MMS）；
（9）维护管理系统能储存 DCU 的故障诊断信息；
（10）维护管理系统从综合监控系统下载 GPS 时钟。

知识点 9：监视系统网络

PSC 将运营相关的安全门状态及故障信息发送至综合监控系统（ISCS）进行存储及状态、故障显示，综合监控系统的车站控制室工作站可以实现安全门相关状态的查询及故障报警，如图 4-2-5 所示。

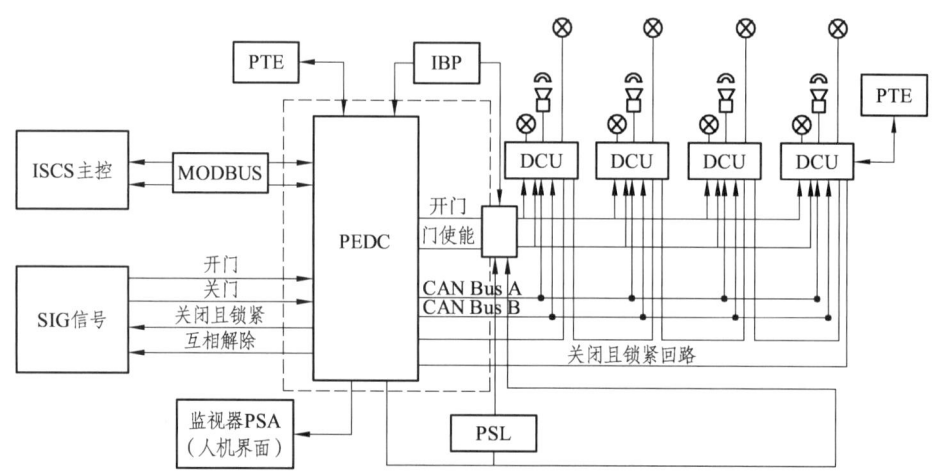

图 4-2-5　监视系统网络示意图

安全门系统连接的外部网络主要有城市轨道交通信号控制系统（SIG，简称信号系统）和城市轨道交通综合监控系统（ISCS，简称综合监控系统）。安全门控制与监视系统中的 PEDC 与 ISCS 是通过 MODBUS 网络转换器以标准的 MODBUS、TCP/IP 协议提供光纤接口进行网络连接的。PEDC 与 SIG 是通过硬线连接和安全继电器实现通信的。

安全门系统内部网络是由 PSC、PSL、PTE、DCU 等通过多种网络总线构成的开放网络系统。如 PEDC 与各 DCU 是通过双冗余的 CAN 总线和硬线进行连接与通信。该内部总线控制网络由双切关键开门信号、门使能信号、门关闭锁紧信号、互锁解除信号和非关键双 CAN 数据总线组成。双冗余 CAN 总线使得当一路通信故障时，系统自动切换到另一路，保障通信正常，并会在监视系统中进行报警。

知识点 10：安全回路

本书中所涉及的安全回路是指城市轨道交通车站安全门系统所有的滑动门和应急门关闭且锁紧回路，由 PEDC 串联连接一侧安全门中的所有滑动门、应急门的门关闭和门锁紧传感器而形成电路。只有在所有滑动门、应急门关闭且锁紧时，安全门才能系统级控制自动运营，列车的进出站才是安全的，故称安全回路。所有传感器都是采用四线双切的连接方式串联接入安全回路的。图 4-2-6 是典型的安全回路。

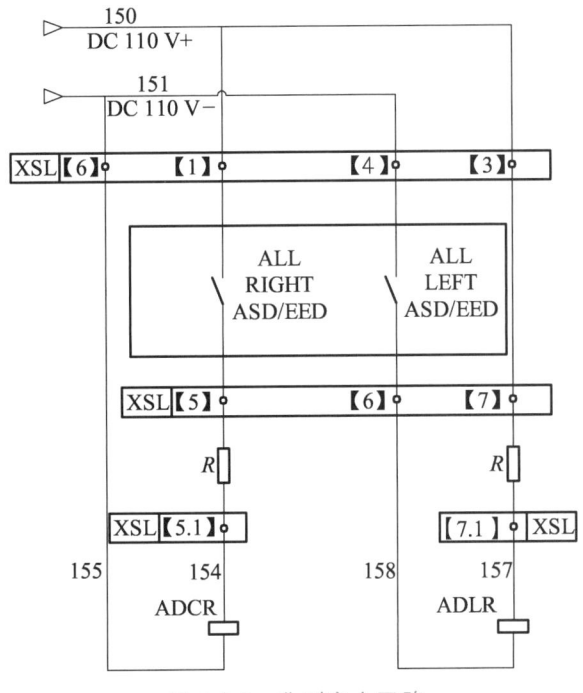

图 4-2-6 典型安全回路

知识点 11：开关门控制权限

在安全门系统自动运行模式下，由信号系统（SIG）通过 PSC 对 EDU 进行控制；当 SIG 或 PSC 有故障时，需要通过站台级控制模式，由站台两端的 PSL 对 EDU 进行控制；当发生紧急状况时，需要通过车站级控制模式，由车站 IBP 对 EDU 进行控制；当安全门系统滑动门无法电动运行时，需要手动打开应急门，在极端情况下，也需要手动打开滑动门。当安全门进行检修时，可通过 LCB 控制滑动门。在这些控制开关门的方法中，手动打开应急门、滑动门属机械开门方法，优先于其他电动开门方法。而 LCB 是直接控制 EDU 的操作设备，故在电动开门方法中权限最高。其他三种方法见典型的 IBP/PSL/信号系统的开关门控制回路电气图如图 4-2-7 所示。

在图 4-2-7 中，IBPE 为 IBP 使能继电器，当其通路开关闭合时，联动开关使得另一路信号断开，由此可以看出 IBP 在该电路中控制权限最高；LOR 是 PSL 使能继电器，当其通路开关闭合时，联动开关使得另一路信号断开，由此可见 PSL 比信号系统的控制权限高。

所有开关门控制权限由低到高为：SIG→PSL→IBP→LCB→手动。这也与图 4-2-3 所示相同。

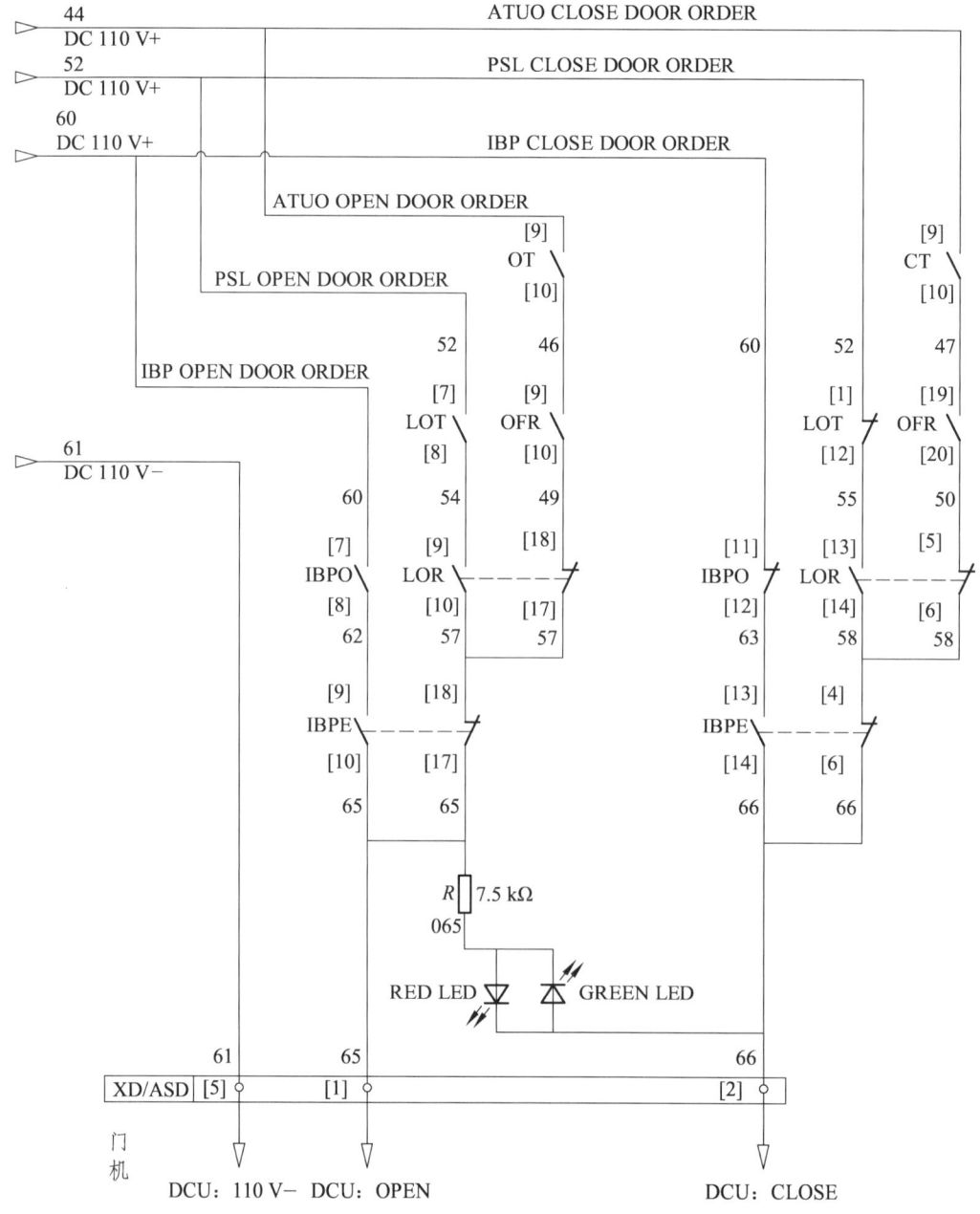

图 4-2-7 典型 IBP/PSL/信号系统的开关门控制指令回路

其中 IBPE 为 IBP 使能继电器，IBPO 为 IBP 开门继电器，LOR 为 PSL 使能继电器，LOT 为 PSL 开门继电器，CT 为信号关门继电器，OT 为信号开门继电器，OFR 为开门故障检测继电器。

工作实施

1. 安全门与监视控制系统功能分析

引导问题 1：安全门控制与监视系统要满足安全门在_____和_____状态下的

安全、可靠运行，在_____状态下能保证乘客安全疏散。

引导问题 2：安全门控制与监视系统要满足_____、_____的运行要求。

2. 安全门系统控制方式

引导问题 3：安全门系统控制原则上是司机在_____操作，由_____系统为安全门系统提供_____控制信号。如果信号系统发生故障则由司机通过_____进行操作。在控制系统故障时，站务人员可在_____侧用钥匙或由乘客在_____侧手动将门打开。当列车无法定点停车且偏离较大时，乘客可推开_____门上下车。区间疏散时乘客可从_____门通过。

引导问题 4：车站安全门系统的控制方式可分为：_____级控制、_____级控制、_____级控制和_____级控制。

引导问题 5：安全门系统有三种运行模式：_____运行模式、_____运行模式、_____运行模式。

引导问题 6：安全门系统控制分等级进行，按从高到低顺序写出各控制方式。

答：
_____
_____
_____

3. 系统级控制

引导问题 7：系统级控制由_____系统通过_____对_____直接进行控制，从而开关整_____滑动门。

引导问题 8：当列车进站且停在_____范围内时，安全门系统接收信号 ATC 发来的"开门"指令，_____通过硬线安全回路向每个门单元的_____发送打开安全门的指令。_____接收到开门指令后，按顺序自动执行_____、_____等操作。

引导问题 9：当列车需要离开站台时，安全门系统接收信号 ATC 发来的"关门"指令。_____通过硬线安全回路向每个门单元的_____发送关闭安全门的指令，_____接收到关门指令后，按顺序执行_____、_____等操作。当所有滑动门和应急门都关闭且锁紧后，安全门系统向信号系统发出"_____"信号，允许列车离站。

引导问题 10：在开/关门过程中，安全门系统如果检测到滑动门运动受阻，则认为该挡滑动门在开/关时遇到了_____。于是 PSC 撤销_____门指令，滑动门_____动作，然后_____，并延迟 3 s（时间可调），再重新开/关滑动门。

4. 站台级控制

引导问题 11：站台级控制是由_____或_____在站台就地控制盘上对_____进行控制，从而开关整_____滑动门；同时 PSL 与_____连接，控制信息传输到_____。在此模式下，信号系统对安全门的_____信号被旁路，_____控制安全门运行。

引导问题 12：当系统级控制方式不能打开或关闭滑动门时，站台工作人员可通过_____对整侧滑动门进行开门、关门操作，实现安全门的_____级控制。

引导问题 13：当个别滑动门由于故障无法发出"＿＿＿＿＿＿"信号时，站台工作人员在认定＿＿＿＿＿＿保障的条件下，通过专用钥匙操作位于 PSL 上的"＿＿＿＿＿＿"开关，向信号系统发送允许列车＿＿＿＿＿＿指令，允许列车离站。

5. 车站级控制

引导问题 14：车站级控制是在车站发生紧急情况下（如＿＿＿＿＿＿），在车站控制室操作＿＿＿＿＿＿上的钥匙开关打至开门位，直接控制上行或下行所有＿＿＿＿＿＿，从而开关整＿＿＿＿＿＿滑动门。同时 IBP 与＿＿＿＿＿＿连接，控制信息传输到＿＿＿＿＿＿。在此模式下，＿＿＿＿＿＿系统与＿＿＿＿＿＿对安全门的控制信号被＿＿＿＿＿＿，无法控制安全门运行。

引导问题 15：列车在区间隧道发生火灾时，乘客沿着区间＿＿＿＿＿＿向邻近车站疏散，此时列车驾驶员通过行调通知车站＿＿＿＿＿＿人员提前打开火灾侧安全门＿＿＿＿＿＿门，并派工作人员在此引导乘客由＿＿＿＿＿＿疏散。

引导问题 16：区间隧道发生火灾时，驶向火灾发生点的列车会＿＿＿＿＿＿车，驾驶员通过车载广播系统通知乘客＿＿＿＿＿＿车，沿＿＿＿＿＿＿火灾发生点车站疏散，该车站站务人员打开所在侧安全门＿＿＿＿＿＿门，引导乘客由＿＿＿＿＿＿疏散。

引导问题 17：当站台发生火灾时，车站工作人员可根据火灾工况，通过站控室内 IBP，打开相应安全门＿＿＿＿＿＿门。

引导问题 18：当站厅发生火灾时，车站工作人员应广播通知并采取积极措施＿＿＿＿＿＿乘客涌向站台候车。同时，在火灾车站现场，乘客只＿＿＿＿＿＿不＿＿＿＿＿＿，将火灾车站的候车乘客疏散离开火灾事故点。

6. 就地级控制

引导问题 19：就地级控制是站台工作人员或乘客对安全门进行＿＿＿＿＿＿操作，包括＿＿＿＿＿＿操作和＿＿＿＿＿＿操作。

引导问题 20：LCB 操作是 LCB 直接控制＿＿＿＿＿＿，隔离、开关对应的＿＿＿＿＿＿滑动门，同时 DCU 将控制信息传输到＿＿＿＿＿＿。

引导问题 21：手动操作直接脱离＿＿＿＿＿＿控制，只用＿＿＿＿＿＿方式开关滑动门。手动操作滑动门，所有＿＿＿＿＿＿控制方式都无法运行。

引导问题 22：就地级控制下，＿＿＿＿＿＿系统、＿＿＿＿＿＿及＿＿＿＿＿＿对安全门的控制信号被旁路，＿＿＿＿＿＿控制安全门运行。

引导问题 23：当发生列车停位不准等非正常情况，乘客无法通过滑动门下车时，乘客可在＿＿＿＿＿＿门上推动开门推杆，手动打开＿＿＿＿＿＿门，向车站疏散。

7. 安全门操作情况

引导问题 24：在正常运行模式下，安全门接收＿＿＿＿＿＿或＿＿＿＿＿＿发出的指令，与车门同时执行＿＿＿＿＿＿门操作，安全门＿＿＿＿＿＿运行。

引导问题 25：当列车司机无法将列车停在规定的范围内、且偏离量＿＿＿＿＿＿而乘客仍能从滑动门中进出时，或安全门系统与信号 ATC 之间发生＿＿＿＿＿＿故障等情况时，则可操作＿＿＿＿＿＿开/关滑动门。

引导问题 26：当列车司机无法将列车停在规定的范围内、且偏离量＿＿＿＿＿＿而乘客不能从滑动门中进出时，则引导乘客从_____门进行疏散。

引导问题27：当个别滑动门故障又一时难以修复时，则操作_____，将该挡滑动门的控制与整个系统_____，不影响其他滑动门的_____。

8. 安全门控制与监视系统监视功能简析

引导问题28：安全门控制与监视系统监视哪些信息？
答：
_____
_____
_____
_____
_____
_____

引导问题29：PSC将与运营相关的安全门状态及故障信息通过_____通道发送至_____监控系统及_____监控系统，进行_____、_____显示。

9. 监视系统网络

引导问题30：安全门系统连接的外部网络主要有城市轨道交通_____控制系统和城市轨道交通_____监控系统。

引导问题31：安全门系统内部网络是由_____、_____、_____、_____等通过多种网络总线构成的开放网络系统。

10. 安全回路

引导问题32：安全回路是指城市轨道交通车站安全门系统所有的滑动门和应急门_____且_____回路。

引导问题33：由PEDC串联连接一侧安全门中的所有_____门、_____门的门关闭和门锁紧_____而形成的电路为安全回路。

11. 开关门控制权限

引导问题34：开关门控制权限中，最高权限为_____控制；电气控制中最高权限是_____控制。

引导问题35：开关门控制权限中，最低权限为_____控制。

参考答案

评价反馈

表 4-2-2　学生自评表

班级：	姓名：	学号：	
学习情景 4.2	安全门控制与监视系统功能认知		
评价项目	评价标准	分值	得分
安全门系统控制方式认知	能正确认知安全门系统四种控制方式，指出各控制方式的控制等级	20	
安全门系统运行模式认知	能正确认知安全门三种运行模式，能分析各运行模式的工作过程及功能控制	20	
安全门控制与监视系统安全回路认知	能正确认知安全回路，能分析安全回路涉及的门状态信息	20	
安全门系统开关门控制权限认知	能正确认知 LCB、PSL、IBP 等设备的开关门权限	10	
工作准备	能完成相关理论知识学习	15	
工作质量	能按计划完成工作任务	15	
合计		100	

表 4-2-3　学生互评表

学习情景 4.2		安全门控制与监视系统功能认知					
评价项目	分值	评价对象（组别）					
		1	2	3	4	5	6
计划合理	20						
组织有序	20						
工作完整	20						
团队合作	20						
材料上交	20						
合计	100						

注：评价档次统一采用 A（优秀）、B（良好）、C（合格）、D（努力）四个。

表 4-2-4 教师评价表

班级：		姓名：	学号：		
学习情景 4.2			安全门控制与监视系统功能认知		
	评价项目	评价标准		分值	得分
考勤		没有无故缺勤、迟到、早退现象		10	
工作过程	安全门控制与监视系统控制功能认知	能正确认知安全门系统各控制方式，指出其控制权限		20	
	安全门控制与监视系统监视功能认知	能正确认知安全回路		20	
	工作质量	能按计划完成工作任务		10	
	协调能力	能与小组成员合作交流，协调工作		5	
	职业素养	能表达成熟或灵动的想法		5	
项目成果	工作完整	能按计划完成任务		5	
	工作规范	能做到安全生产，文明施工		10	
	工作报告	能正确完成工作报告		10	
	成果展示	能准确表达工作成果		5	
		合计		100	
综合评价		自评（20%）	小组互评（30%）	教师评价（50%）	综合得分

单元 5
安全门电源系统

学习情景 5.1　安全门电源系统认知

情景描述

正常情况下，城市轨道交通车站安全门系统是自动运行的。为安全门系统提供能源的安全门电源系统直接影响整个系统设备的工作状态和运行状况。当外部供电出问题时，或者电源系统出现故障时，安全门能否工作？后台监视与控制系统又能否工作？

图 5-1-1 是城市轨道交通车站安全门电源系统原理图。以学习者视角对图进行识读，尝试了解城市轨道交通车站安全门电源系统是如何给各个设备供电的。

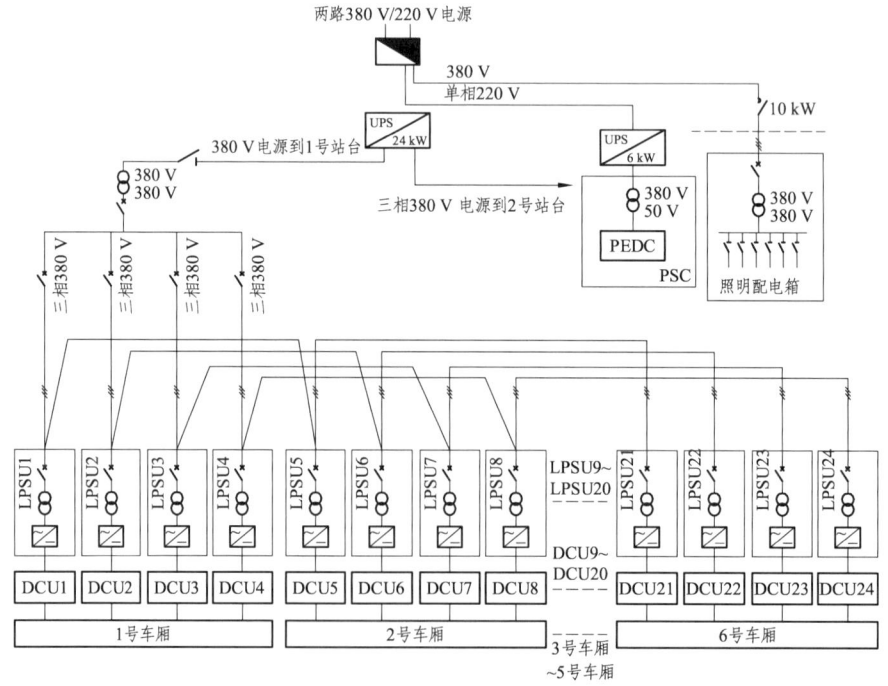

图 5-1-1　安全门电源系统原理图

学习目标

（1）能掌握城市轨道交通车站安全门电源系统的供电要求；
（2）能掌握城市轨道交通车站安全门电源系统的结构组成；
（3）能掌握城市轨道交通车站安全门电源系统技术要求；
（4）能理解安全门电源方案；
（5）了解城市轨道交通车站安全门电源系统附属设施的功能与技术要求。

工作任务

（1）在地铁车站和实训室里仔细观察安全门的工作情况，了解电源系统是如何给安全门系统供电的；电源系统在安全门运行过程中，是如何给电机供电的？如何给其他设备供电的？分析安全门电源系统对于安全门系统产生的影响。

（2）在地铁车站和实训室里仔细观察不同的供电情况下安全门运行状态，了解安全门电源系统如果供电故障后是如何处理的。分析安全门电源系统 UPS 功能对于安全门系统产生的影响。

任务分组

表 5-1-1　学生任务分配表

班级		组号		指导老师	
组长		学号			
组员	姓名		学号	姓名	学号
任务分工					

工作准备

（1）阅读工作任务，观察地铁车站安全门电源系统与滑动门运行状态，并做好记录。

（2）收集《城市轨道交通站台屏蔽门系统技术规范》（CJJ 183—2012）中安全门电源系统的规范与要求。

（3）查阅相关信息，进一步了解城市轨道交通车站安全门电源系统出现的新技术和新要求。

情景知识

知识点1：安全门电源系统简介

1. 安全门电源系统设置简介

电源系统在城市轨道交通车站的各类系统当中，都是必不可少的为本系统提供能源的子系统，其设备质量和供电质量直接影响安全门系统的工作状态和运行质量。安全门电源系统为安全门系统的运营提供能源保障。

安全门系统的运营直接影响到乘坐城市轨道交通的乘客安全以及城轨车站的服务水平。当供电系统发生故障时，要求安全门电源系统必须保证在轨道区间的乘客能顺利通过安全门进入站台，否则容易出现严重安全事故。因此安全门系统的用电负荷纳入一级负荷中的特别重要负荷。安全门系统设置相对独立的电源供应系统，由车站低压配电系统提供两路三相380 V电源，安全门电源系统自己配备备用电源。安全门电源系统配置双电源切换装置、驱动电源、控制电源、UPS、照明灯带电源。

根据《供配电系统设计规范》（GB 50052—2009）一级负荷中特别重要的负荷供电，应符合下列要求：

（1）除应由双重电源供电外，尚应增设应急电源，并严禁将其他负荷接入应急供电系统。

（2）设备的供电电源的切换时间，应满足设备允许中断供电的要求。

在《城市轨道交通站台屏蔽门系统技术规范》（CJJ 183—2012）中对电源系统都作出明确规定：

（1）安全门系统必须按一级负荷供电，必须设置备用电源。

（2）驱动电源和控制电源的供电回路宜相互独立设置。

（3）驱动电源的后备电源容量应符合完成30 min内本站全部滑动门开关3次的需要，控制电源的后备电源容量应符合系统满负载持续工作30 min的需要。

2. 安全门系统设备室电源设备柜

按照《供配电系统设计规范》《城市轨道交通站台屏蔽门系统技术规范》和《地铁设计规范》的规定，安全门系统的供电电源为特别重要的一类负荷，安全门的供电设计为：输入电源应为两路独立的三相AC 380 V、50 Hz交流电，还需配置备用电源。安全门系统的供电电源必须两路交流电源可自动切换。同时，安全门系统电源包括驱动电源和控制电源，两种电源分开配备备用电源。

在轨道交通车站中常单独建设有安全门系统设备室。安全门系统设备室内设置驱动电源柜（DPS）、配电柜（PDP）、电池柜（BAT）和控制电源柜（CPS）组成的安全门电源设备柜，如图5-1-2所示。其中驱动电源柜中设置有驱动电源UPS主机、整流模块、监控模块；电池柜放置所有驱动电源电池组；配电柜设置有隔离变压器、驱动电源交流配电设备；控制电源柜里设置有控制电源UPS主机、整流模块、监控模块、电池及配电设备。

现在安全门电源系统基本上都采用模块化功能部件，具有良好的扩容性，可实现完善的$N+1$备份、在线式热插拔及在线维修等功能。

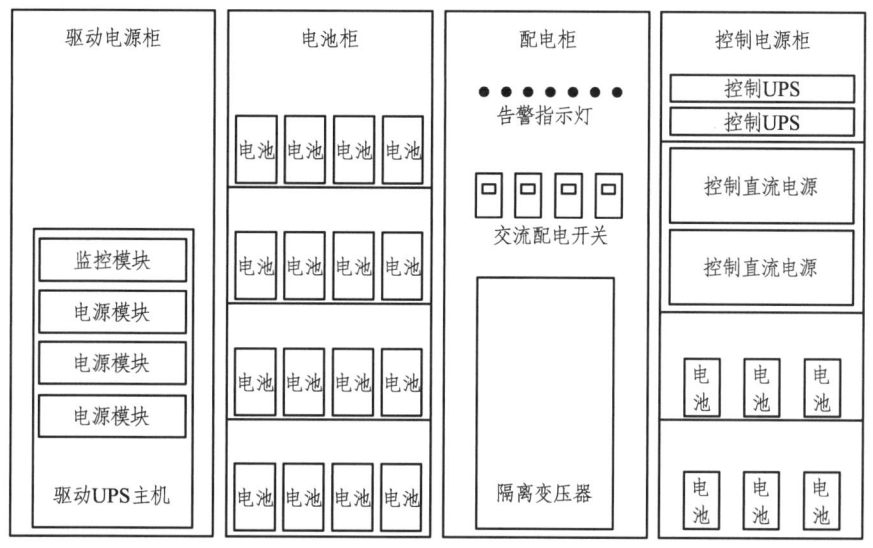

图 5-1-2 安全门电源设备柜图

知识点 2：安全门电源系统工作过程

车站低压配电系统输出两路三相交流电（一路主供电，一路副供电）到安全门电源系统。电源系统通过电源自动切换装置，将两路三相交流电输入切换成一路交流电。正常状态时由主电源供电，当主电源断电、相电压欠压或过压、缺相时，经延时后自动切换至副供电。切换后的交流电将经隔离变压器电气隔离后通过配电单元分配到驱动电源和控制电源。

顶箱照明灯带用电由车站低压配电系统单独提供一路经隔离变压器电气隔离后的 AC 380 V/10 kW 三相电源至安全门系统设备室作为灯带照明电源。

经输入隔离变压器电气隔离后的 380 V 交流电通过配电单元分配到驱动电源和控制电源。其中驱动电源经整流模块整流成 110 V 直流电给安全门驱动电机供电。控制电源 UPS 输出分为两部分，一部分直接给 PSC 设备提供 220 V 交流电，另一部分经过 AC/DC 整流模块整流成 24 V 直流电后给安全门控制设备供电，如图 5-1-3 所示。

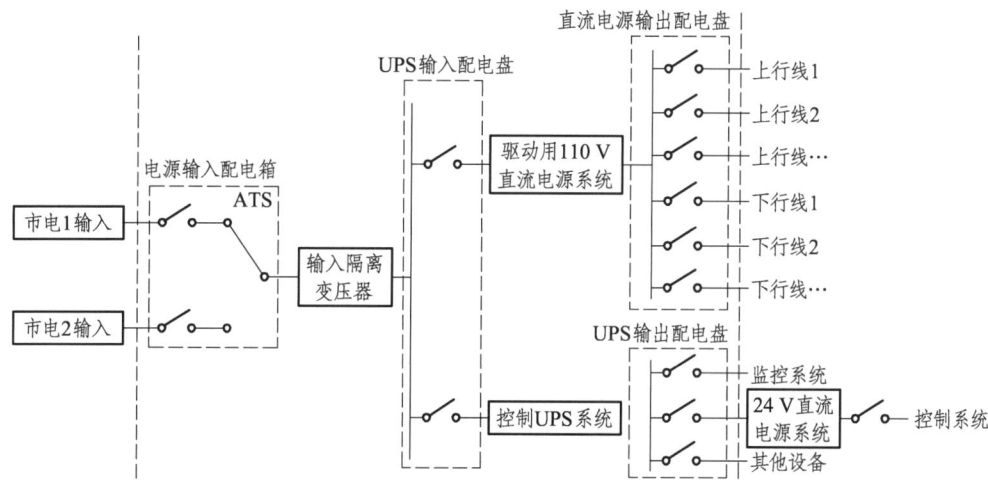

图 5-1-3 安全门电源系统

安全门电源系统在交流输入电源异常或整流器故障时，蓄电池将经 UPS 逆变单元逆变后提供稳定的不间断的交流电给负载供电，从而实现对负载的零间断供电。

同时，绝缘监测单元可在线监测直流母线和各支路的对地绝缘状况。集中监控单元可实现对交流配电单元、充电模块、交直流馈电、绝缘监测单元、直流母线和蓄电池组等运行参数的采集与各单元的控制和管理，并可通过远程接口接收后台操作的监控。

知识点 3： 安全门电源系统主要配置

车站安全门系统电源分为驱动电源和控制电源两部分。驱动电源负责对门机系统（110 V DC）供电，采用直流供电方式，具备充电、馈电、故障保护（过压、并联、过流、过载等）、电源参数和报警信息监测和记录功能。控制电源主要负责为控制设备 DCU、PSC、PSL、IBP 和接口设备等的供电（220 V AC/24 V DC），如图 5-1-4 所示。

（1）驱动电源的容量一般为 30～60 kV·A，主要为城市轨道交通站里安全门的驱动电机供电。其功率的大小主要取决于城市轨道交通站中滑动门个数。

（2）控制电源容量一般较小，只有几百到几千伏安。安全门控制系统采用直流供电，电压等级有 24 V/48 V/110 V 等。控制电源一般采用冗余的供电方式，来保证其供电可靠性。

（3）安全门系统还需配有 UPS 作为备用电源。正常情况下，由交流配电箱供电。当事故停电时，由 UPS 对安全门系统供电。根据中国行业标准《城市轨道交通车站安全门系统技术规范》（CJJ 183—2012）要求：驱动电源的后备电源容量应符合完成 30 min 内本站全部滑动门开关 3 次的需要，控制电源的后备电源容量应符合系统满负载持续工作 30 min 的需要。

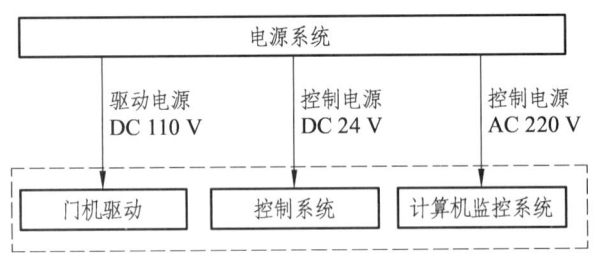

图 5-1-4 安全门电源系统配电简图

知识点 4： 安全门电源系统技术要求

全线车站安全门电源系统采用统一、标准的产品。安全门电源系统相关技术要求如下：

（1）安全门系统属于一级负荷标准，即车站低压配电系统向安全门系统提供两路独立的三相 380 V 交流电源，同时配备 UPS 供电。电源须经隔离变压器隔离后送至各对滑动门。

（2）双电源切换装置设置在安全门系统设备室内，可对主副两路电源进行自动切换。正常状态时由主电源供电，当主电源断电、相电压过压或欠压、缺相时，经设定的时延后自动切换到备用电源供电。当主电源恢复正常后，经设定的时延后自动返回主电源供电。

（3）当主备电源出现断电、相电压过压、欠压、或缺相时，电源设备监视装置发出报警声，提示及时修复。

（4）安全门电源系统的配电对 PSC、DCU、PSL、IBP 采用互为独立的回路，相互之间不能相互干扰。

（5）控制电源和驱动电源采用相互独立的 UPS 及蓄电池组。

（6）控制电源和驱动电源的配电回路应满足国家相关标准的要求，不得因为不平衡电流影响整个电源系统（含外部输入）的正常工作。

（7）顶箱照明灯带用电由低压配电系统提供一路 AC 380 V 三相电源至安全门系统设备室作为照明灯带电源，标准地下车站灯带电源容量不超过 7 kW。

（8）照明配电箱（含隔离变压器）、灯罩和灯具、连接的电缆等选型、供货及安装，需考虑电源压降和门体接地方式的影响。

（9）照明灯带的配电采用馈线回路交叉配电的设计，满足在一路照明支路故障时，不会导致全部灯具熄灭，且配电回路应满足国家相关标准的要求。灯带分批启动，防止启动电流过大。

（10）提供高可靠性、节能的电源系统方案，采用成熟、可靠的高品质部件，满足安全可靠、运营成本低、便于维护及管理等要求。

（11）电源系统主要部件能实现模块化、在线式热插拔及在线维修功能，实现完整的 $N+1$ 冗余备份功能。主机设备单点故障不能引起整台设备的故障。电源系统应有静态旁路和动态旁路功能，切换时间不得超过 10 ms。

（12）电源系统的浮充电装置及各发热元器件，在额定负载下长期运行时，其各部位的温升满足相应规范和规定的要求。

（13）在控制、驱动电源回路中考虑安全门门体及设备室内设备接不同地引起的影响。充分考虑安全门系统设备室面积有限条件下的电源系统散热问题。

（14）电源设备使用寿命不得小于 10 年。

知识点 5：安全门电源系统附属设施

1. 交叉配电及照明灯带

安全门电源系统会将每列车厢对应的四道滑动门分四路进行交叉配电，如图 5-1-5 所示，以保证其中一路电源故障时，其他三道滑动门能可靠供电，以保证同一车厢不会出现对应的四道滑动门因失电都同时打不开的现象。

另外，为阅读安全门的信息提示标识及提高车站美观性，地下车站全高封闭式安全门门体顶箱上设置照明灯带。照明灯带属三级负荷，其电源由车站低压配电直接提供交流电源，与安全门电源系统用电分开配备。

2. 地线隔离

城市轨道交通供电系统中，由于轨道是供电线路的回流部分（回流轨），其供电系统一般需要采用隔离变压器，以便轨道与车站的地线完全隔离。

在车站安全门系统中通常存在两个地：轨道地（车站站台门门体）和弱电地（车站提供的弱电地）。通常车站安全门设备包括门体连接轨道地；而控制室内安全门设备连接车站弱电地。城市轨道交通供电系统中，由于钢轨是导电回路。因此城市轨道交通的供电系统一般需要采用隔离变压器，以便完全隔离车站弱电地。在安全门电源系统中，也不例外。

由于存在杂散电流，为乘客安全，安全门与站台需要进行绝缘处理，同时，安全门与列车之间需要进行等电位处理，如图 5-1-6 所示。

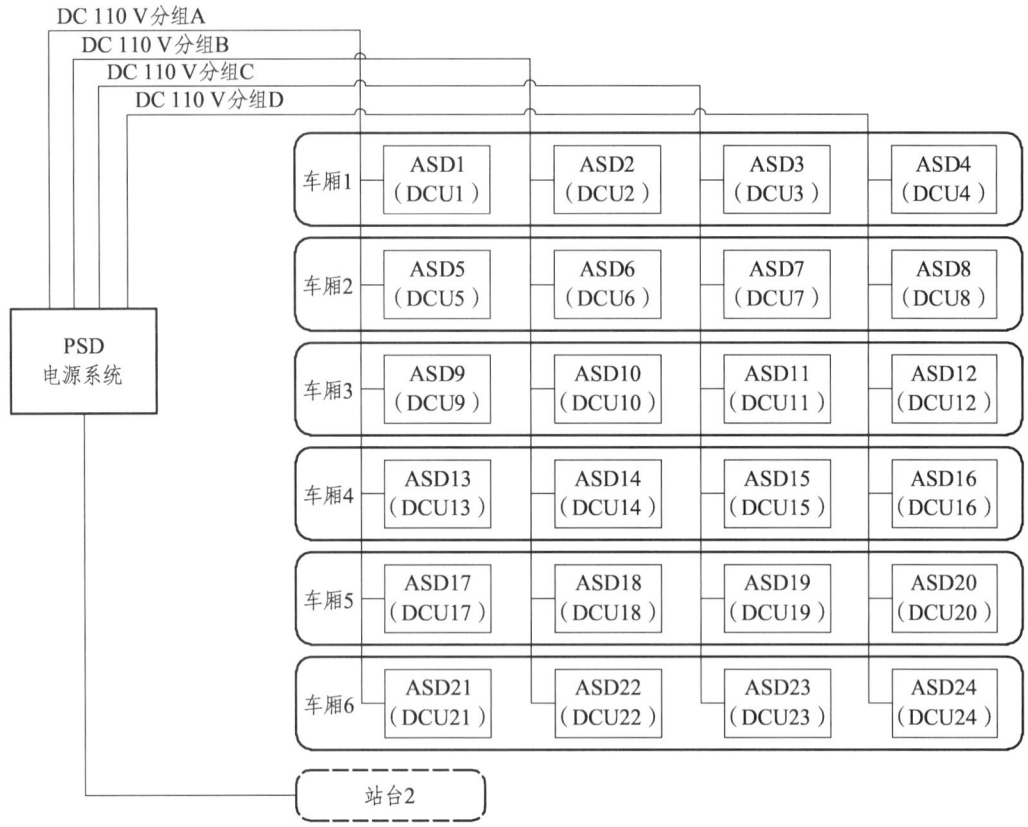

图 5-1-5　安全门电源系统滑动门交叉配电

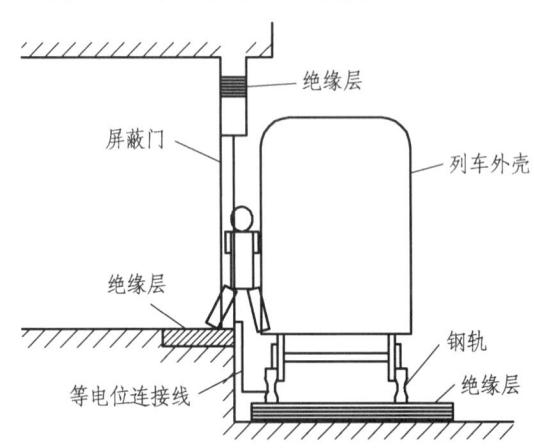

图 5-1-6　安全门、站台、列车、钢轨之间的绝缘与等电位连接

（1）门体绝缘。

安全门系统安装在站台边缘，与列车车体之间的距离很近，乘客上下车时同时接触到列车车体外壳和安全门门体的可能性很大。由于两者的地线不同，两地线之间存在电压。为避免乘客受跨步电压影响，需要将安全门门体结构绝缘以及站台部分地面绝缘处理。

《城市轨道交通技术规范》第 8.1.12 条第 4 款中规定，"在正常运营条件下，正线回流轨与地之间的电压不应超过 DC 90 V"。钢轨电位限制装置的动作电压一般设置为 DC 90 V 左右,钢轨最高可携带 DC 90 V 的直流电压,否则会使得车体与安全门门体之间存在较大的电位差,给上下车乘客带来触电安全隐患。为了保护乘客安全,《城市轨道交通站台屏蔽门系统技术规范》(CJJ 183—2012)要求,门体与车站结构之间的绝缘电阻不小于 0.5 MΩ。因此,需要对安全门进行绝缘设计,并在站台靠近安全门侧安装 1.5~2 m 的绝缘带。

目前,国内的城市轨道交通安全门绝缘设计基本相同,门体结构的顶部和底部采用绝缘套、绝缘板及空气间隙等方式与站台建筑体绝缘安装,也就是安全门立柱、门槛与站台建筑体绝缘安装;同时把站台边缘距离安全门一定范围内地面设置为绝缘区域。

其绝缘做法是:在站台装修层下敷设绝缘层,或者直接将站台地面装修层设置为绝缘层,即铺设绝缘地板,以实现安全门门体与大地之间的绝缘,避免跨步电压对人体造成危害。站台绝缘层如图 5-1-7 所示,在每座车站站台边缘安全门敷设宽度 2 000 mm 绝缘层,另外端门两侧敷设 2 000 mm 绝缘层,连续至设备用房外墙。

门体绝缘基本要求有:

① 安全门与站台建筑结构的电气隔离,在正常大气压试验条件下,系统绝缘电阻要求:在额定电压 U = 500 V 时,绝缘值 ≥ 0.5 MΩ(用 500 V 兆欧表)。

② 安全门底部绝缘应采用绝缘材料,将下部支撑组件进行绝缘,使门槛的金属部件与建筑结构绝缘。安全门顶部采用绝缘套,实现安全门设备与顶部建筑结构绝缘。

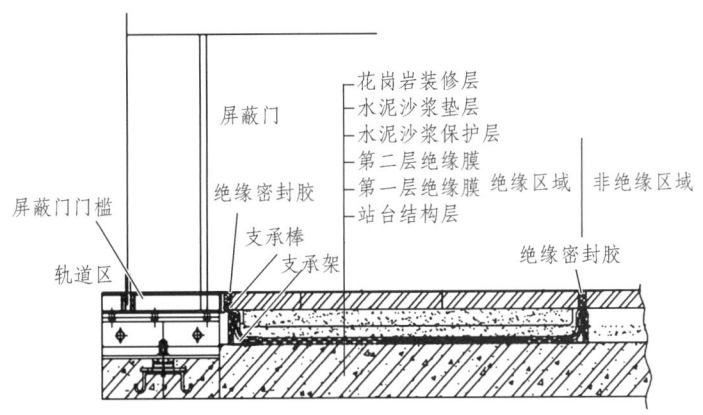

图 5-1-7 站台绝缘层示意图

(2)等电位连接。

安全门门体结构的顶部和底部采用绝缘安装,即安全门门体和大地是绝缘的。根据城市轨道交通站台设计关于绝缘和等电位的要求,在安全门投入运营后,安全门门体和钢轨要保证等电位,即安全门门体和钢轨要采用等电位连接。

安全门供电系统的保护措施包括:安全门系统采用 TN-S 接地方式,将中性导体(工作零线)和保护导体(保护地线 PE)在系统中分开,即安装在安全门门体上的设备金属外壳及金属保护管与门体相连,工作零线悬浮。

安装在安全门门体上的设备外壳及金属保护管与门体等电位,安全门的门体与轨道之间采用一点连接,即要求门体与轨道保持等电位,每侧安全门各单元及各个单元之间用硬铜母线(俗称铜排)进行连接,要求单侧车站安全门整体电阻值不大于 0.4 Ω,保证安全门整体等电位。安全门门体与站台结构绝缘,要求绝缘电阻不小于 0.5 MΩ。

等电位连接基本方法有：

① 安全门与列车之间存在电位差。为确保乘客和工作人员的安全，安全门与车辆之间设计及安装等电位装置，采用铜芯电缆与钢轨相互连接消除电位差。整个安全门门体保持等电位连接：通过等电位铜排以及等电位导线将安全门的各金属部件相连，满足等电位的要求。图 5-1-8 为门槛等电位连接。

② 在车站站台有限长度范围内，采用一点均布的方式通过铜芯电缆将等电位铜排钢轨相连，保证门体与车体电位相等，确保人身安全。

图 5-1-8 门槛等电位连接

3. 电源监控

城市轨道交通安全门的控制与监视系统须将包括电源在内的众多设备的工作状态及告警信息接入进来。因此，需要对电源系统的各个子系统进行监控。监控方式一般采用工业常用的 MODBUS 通信协议，通信方式为 RS485 或 RS422。

4. 双电源自动切换单元

图 5-1-9 为双路交流电源自动切换电路，适用于采用两路交流电源供电的系统。

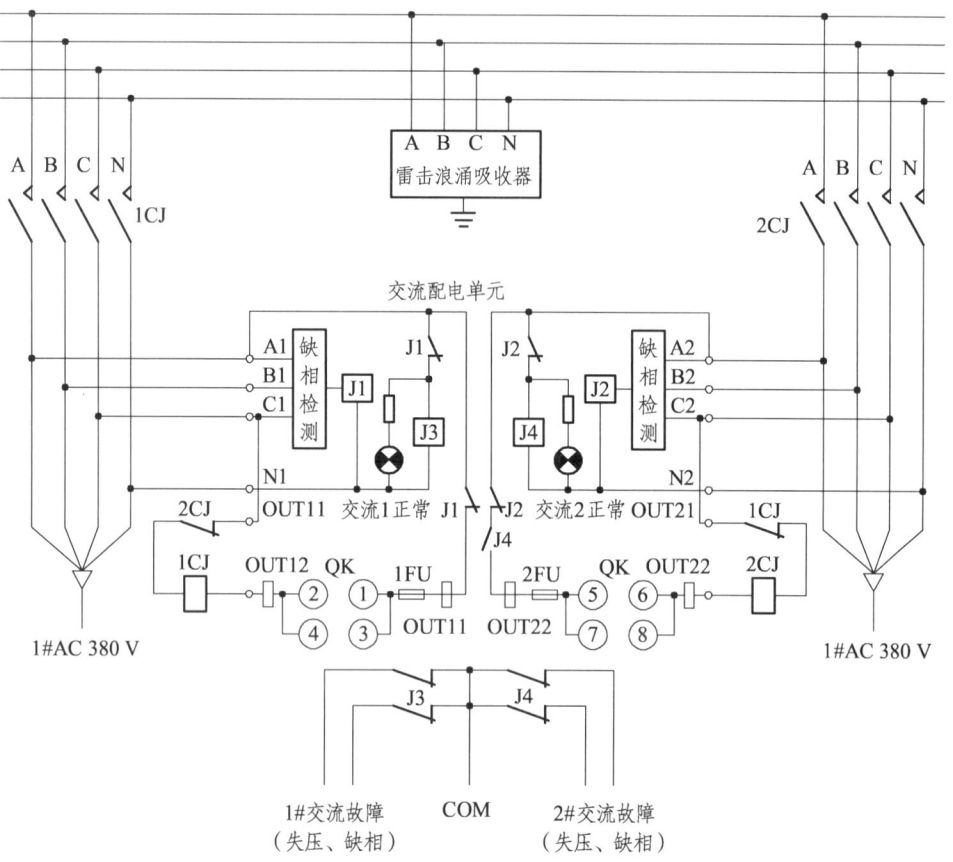

图 5-1-9 双路交流电源自动切换电路

双电源自动切换电路由交流配电单元,两个交流接触器组成,交流配电单元为双路交流自动切换的检测及控制元件,接触器为执行元件。

下面简单介绍安全门电源系统防雷保护措施:

雷击分为直击雷和感应雷两种。直击雷是线路直接遭雷击时,电缆中流过很大电流,同时引起数千伏的电压直接加到线路装置和电压设备上,持续时间达到几微秒,直接危害甚至烧毁用电设备;感应雷通过雷云之间或雷云对地的放电,在附近的电缆或用电设备上产生过电压,这也危及用电设备的安全。因此必须要在交流配电单元处加装防雷装置。

安全门系统在电源柜中设有 C 级及 D 级防雷装置。C 级防雷装置设置在交流配电单元入口,通流量为 40 kA,动作时间小于 25 ns;D 级防雷装置设在充电模块处,通流量为 10 kA,动作时间小于 25 ns。这能有效地将雷电引入大地,使雷电的危害降至最小,同时防雷装置要求插拔方便,便于更换。

知识点 6:安全门系统接地和绝缘方案

1. 安全门系统接地方案

安全门系统接地要求,安全门单元之间电气连接成一个等电位体,再连接至钢轨,确保乘客不会因安全门与车体的电位差受到电击。

门机系统机械结构是通过顶箱及踏步板内连续的接地铜排(也可以用电缆代替)以及接地导线将安全门的各金属部件相连,达到等电位的要求。安全门系统接地如图 5-1-10 所示。

在门体内部,利用接地导线将各种金属部件连接到铜排(或电缆)上,然后将铜排(或电缆)接至连接电缆。连接电缆最后连到离端门 10~20 m 处钢轨的连接孔上,以确保门体与列车车体等电位。

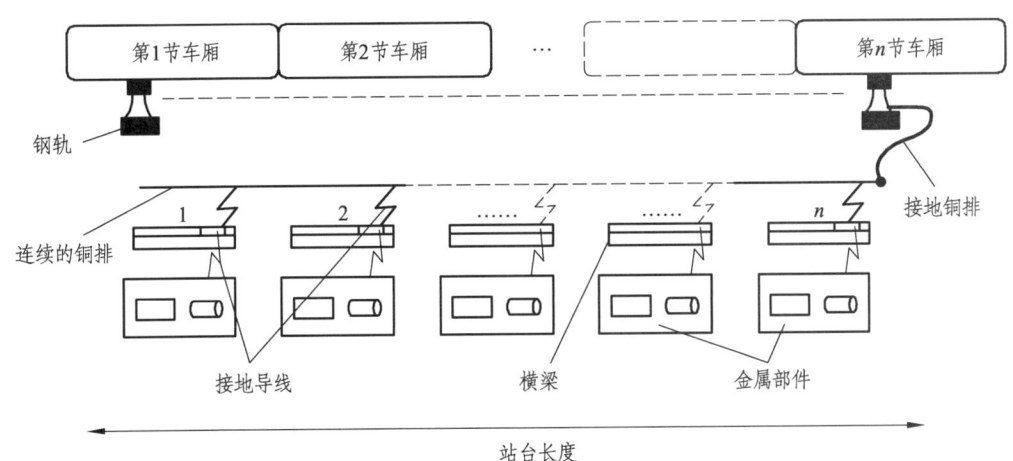

图 5-1-10 安全门系统接地

2. 系统绝缘方案

为了进一步避免乘客触电的危险,将安全门整个下部支撑结构的表面涂上特殊的绝缘材料,同时在安全门前方 900 mm 范围内的站台地面铺设了橡胶地板,达到了双重绝缘的效果,简称橡胶地板方案。还可以在站台层内敷设绝缘薄膜的方式,形成绝缘带,也可以达到同样的效果,简称绝缘薄膜方案。

（1）橡胶地板方案。

橡胶地板电阻值较高，敷设在地面面层，乘客防电击的安全系数大大提高，同时也达到了车站的整体装修效果。具体做法为在距离安全门边约 900 mm 宽，站台通长范围内敷设 3.5 mm 厚的橡胶地板，基面到完成面的预留厚度为 8 mm。橡胶地板方案示意如图 5-1-11 所示。

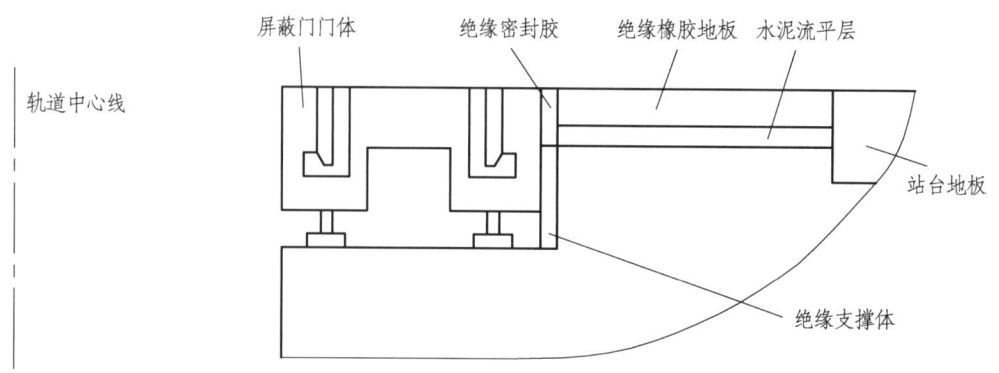

图 5-1-11　橡胶地板方案

（2）绝缘薄膜方案。

在地铁站台实体中设置绝缘层，即地下预埋绝缘薄膜的形式，形成绝缘带。每侧分若干段，绝缘薄膜方案示意如图 5-1-12 所示。

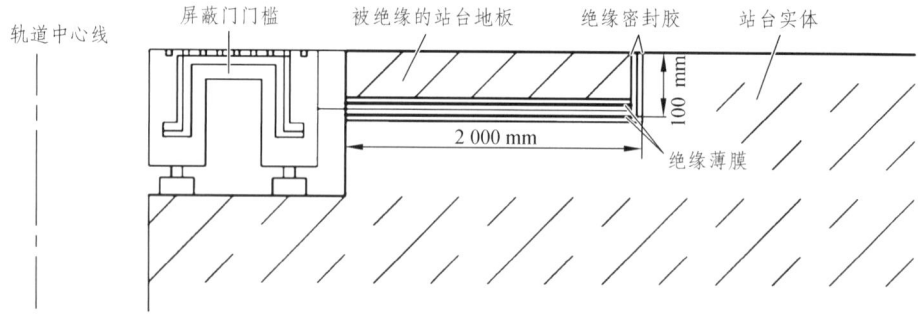

图 5-1-12　绝缘薄膜方案

3. 接地和绝缘的检测标准

安全门系统接地时，要求安全门门体与钢轨连接接线端子的距离必须为最短距离，根据地铁站台安全门和钢轨的布置，门体和钢轨的最短距离约 20 m。连接电缆的横截面积必须达到 50 mm^2，连接后电阻应小于 0.1 Ω。

橡胶地板或绝缘薄膜铺设过程中，每个单元铺完后，单独做绝缘测试，采用绝缘摇表（兆欧表），测试脚一端接绝缘区，一端接非绝缘区，其阻值应不小于 50 MΩ。工作完成后，进行总体绝缘电阻测试，测试电阻应大于等于 0.5 MΩ，电压条件为 500 V DC。

4. 安全门的绝缘性故障

（1）环境因素问题：列车进出站会产生大量灰尘，列车摩擦轨道产生大量金属铁屑，空气水分，油污类物质，这些都将腐蚀安全门绝缘部件，降低绝缘部件性能。

（2）电气影响问题：当绝缘材料长期接受到车辆和轨道产生的电磁场时，绝缘材料之间存在的间隙将会发生产生放电。长时间放电，绝缘材料性能将直接下降。

（3）安全门打火问题：城市轨道交通安全门某些等电位连接点可能会因绝缘性能下降而出现打火的情况。通常来说，安全门系统安装时，每一对安全门的侧面都会设置主接地点，以等电位连接，数量多也可能会增加打火的概率。安全门打火具有比较大的威胁，可能会导致列车停运，也会危害到乘客的生命安全。

安全门绝缘故障的原因有：绝缘材料选用不当；结构设计不合理；有关绝缘材料生产加工环节质量控制不严；影响绝缘的建筑施工环节质量控制不严；维护保养措施不当等。

[知识点7：] 安全门电源方案

安全门电源方案有多种选择。安全门电源方案选择如图 5-1-13 所示，安全门系统驱动电机均为直流电机，主要有 DC 48 V、DC 110 V 两种，其驱动电源的供电方式主要有交流方案和直流方案两种。

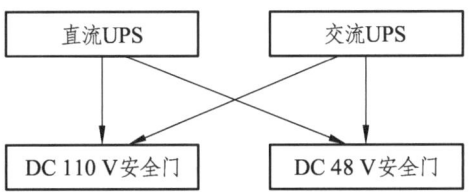

图 5-1-13　安全门电源方案选择

1. 交流方案

对应采用在线式 UPS，即交流电流接在线 UPS，再交流配电到门单元，在每个门单元处进行分散整流。

（1）交流方案系统构成。

采用在线 UPS 为核心，提供 AC 220 V 电力，配置 AC/DC 模块，提供 DC 110 V、DC 24 V 电源，交流方案原理如图 5-1-14 所示。

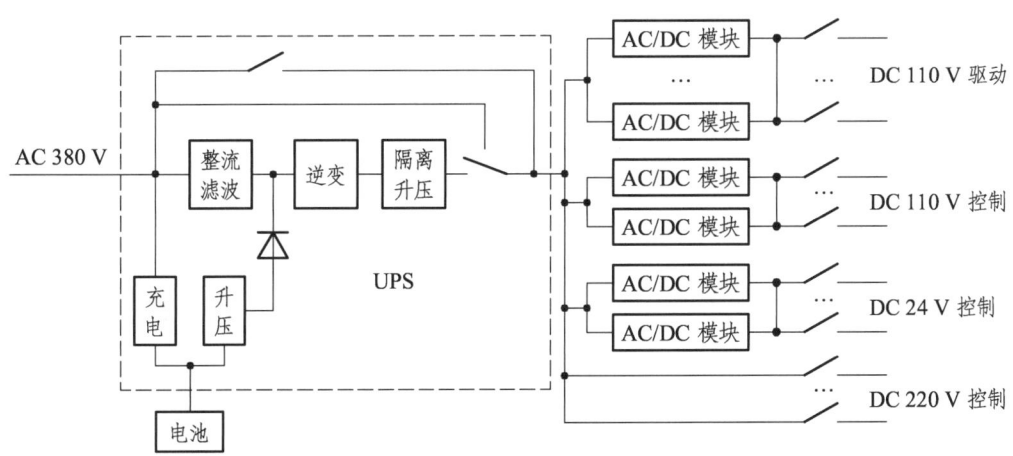

图 5-1-14　交流方案原理框图

（2）电源系统工作描述。

三相交流通过在线 UPS 进行整流、逆变、隔离变压过程后输出稳定的交流电，同时通过充电模块对电池充电。在三相交流停电时，电池的直流电经升压、逆变、隔离变压变为交流电，保证驱动、控制系统用电。UPS 功率要满足开关门时最大冲击功率要求。交流电通过 AC/DC 模块提供控制系统用 DC 24 V 和 DC 110 V，模块采用 1+1 备份；交流电通过 AC/DC 模块提供驱动系统用 DC 110 V，模块采用 $N+1$ 备份，驱动系统用 AC/DC 模块要满足开关门时最大冲击功率要求。

2. 直流方案

对应采用直流 UPS，即交流电源在安全门电源设备室进行集中整流，转换为直流电再分配到各门机的用电，直流 UPS 并联浮充在直流电部分。

（1）直流方案系统构成。

系统配置 AC/DC 整流模块，输出 DC 110 V；再配置 DC/DC 模块，提供 DC 24 V 电源，配置 DC/AC 模块，提供 AC 220 V 电源。直流方案原理如图 5-1-15 所示。

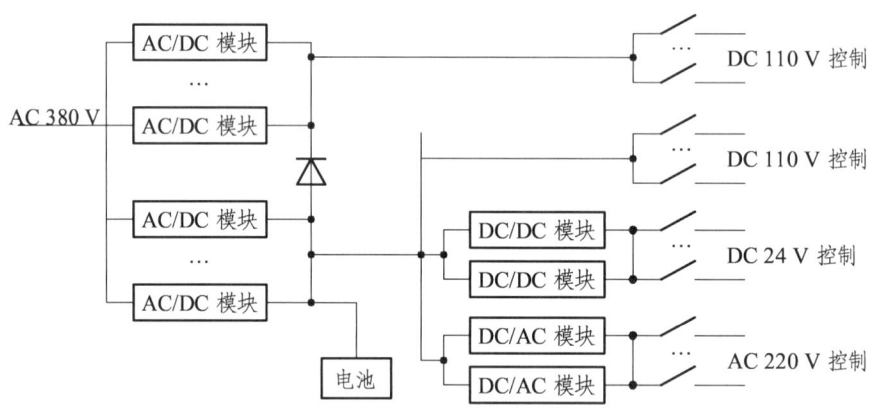

图 5-1-15　直流方案原理图

（2）电源系统工作描述。

三相交流 AC 380 V 通过 AC/DC 模块输出 DC 110 V。AC/DC 模块分为两部分：一部分模块输出为电池充电并为 DC 110 V 控制系统供电，此部分模块采用 $N+1$ 备份；另一部分模块输出为 DC 110 V 驱动系统供电，此部分模块也采用 $N+1$ 备份。使用 DC/DC 模块，提供 DC 24 V 控制系统用电，模块 1+1 备份。使用 DC/AC 模块，提供 AC 220 V 监控设备用电，模块 1+1 备份。在三相交流 AC 380 V 停电时，电池直接对 DC 110 V 驱动系统和 DC 110 V 控制系统供电，并通过 DC/DC 模块和 DC/AC 模块对 DC 24 V 控制系统和 AC 220 V 控制台供电。

除项目明确要求外，安全门电源方案主要取决于各安全门系统供贷商的技术优势。在国内外主要的几家安全门系统供应商中，英国西屋（Westinghouse）公司习惯于采用交流方案，而法国法维莱（Faiveley）公司、瑞士卡巴（KABA）公司和广州新科佳都（PCI）公司则多采用直流方案。安全门电源系统交流方案如图 5-1-16 所示。

城市轨道交通安全门电源系统后备电源一般可选择交流在线式 UPS 和直流 UPS 两种设计方案。两种方案进行比较：

（1）单点故障。交流方案采用单台 UPS 供电存在 3 个单点故障点，即电池、电池升压和逆变。直流方案只存在电池 1 个单点故障点。电池单点故障点通过双组电池备用可以消除。交流方案要消除单点故障需要 UPS 1+1 备份。

（2）功率变换。由于驱动供电的特殊性（峰值功率要求高），交流方案在正常情况下需要经过 2 级功率变换提供驱动供电，即 AC/AC(UPS)和 AC/DC 变换；直流方案只需要 AC/DC 一级功率变换。综合评估，交流方案所需要的变换功率为直流系统的 1.7 倍以上；而变换功率的大小与成本密切相关；因此，直流方案的投资较小。

（3）电池备用的可靠性。交流方案电池后备供电需要经过电池升压、逆变和 AC/DC 模块对外供电，经过的电源变换环节多。直流方案电池直接对 DC 110 V 供电，无变换环节。因此，直流方案电池后备更可靠。

（4）直流方案模块化技术成熟，采用全模块化结构，模块可带电插拔，维护方便，不需要专业技术人员现场服务，维护成本低。备件为标准模块，整条线路备件通用，备件成本低。

基于技术成熟、可靠性高、投资小、维护要求低、维修和备件成本低等因素，目前国内安全门电源系统建设更多趋向于 DC 110 V、直流方案。

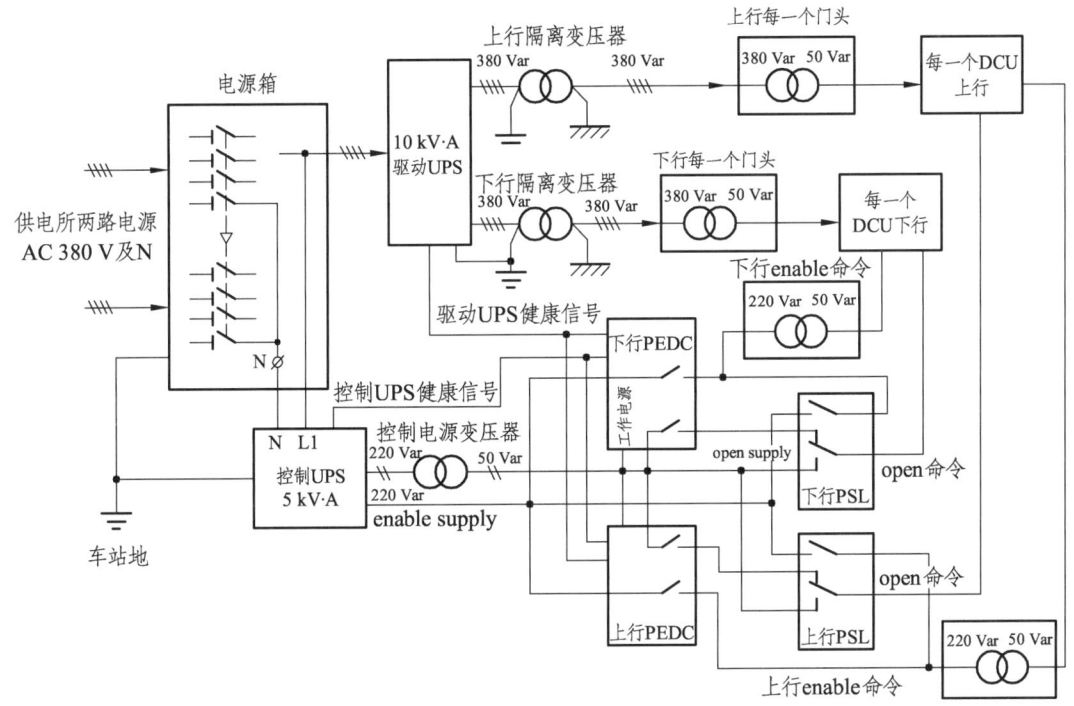

图 5-1-16　安全门电源系统交流方案

工作实施

1. 安全门电源系统简介

引导问题 1：电源系统的_____质量和_____质量直接影响安全门系统的状态和_____质量。

引导问题 2：安全门_____系统为安全门系统的运营提供能源保障。

引导问题 3：当供电系统发生故障时，安全门电源系统必须保证在轨道区间的乘客___通过安全门进入站台。（填写：能/不能）

引导问题 4：安全门系统的用电负荷属___级负荷。

引导问题 5：安全门系统设置相对____的电源供应系统，由车站低压配电系统提供____路____相____V 电源，安全门电源系统自己配备____电源。

引导问题 6：安全门电源系统包括哪几部分？

答：
_____
_____

引导问题 7：安全门系统电源包括_____电源和_____电源，两种电源_____配备备用电源。

引导问题 8：安全门电源设备柜放置在_____室内，设置有____电源柜（DPS）、_____柜（PDP）、_____柜（BAT）和_____电源柜（CPS）。

引导问题 9：安全门电源设备柜内设置了哪些装置？

答：
_____
_____
_____
_____

引导问题 10：现在安全门电源系统基本上都采用_____化功能部件，实现完善的____备份、在线式____插拔及____维修等功能。

2. 安全门电源系统工作过程

引导问题 11：安全门电源系统通过电源_____装置，将____路三相交流电输入切换成____路交流电。正常状态时由____电源供电，当____电源断电、相电压欠压或过压、缺相时，经延时后自动切换至____电源供电。380 V 三相交流电经输入____变压器隔离后，通过____单元分配到____电源和____电源。

引导问题 12：驱动电源经整流模块整流成____V 直流电给____供电。

引导问题 13：控制电源 UPS 输出分为两部分，一部分直接给____设备提供____V 交流电，另一部分经过 AC/DC 整流模块整流成____V 直流电后给安全门____供电。

引导问题 14：照明灯带由车站低压配电系统单独提供____路____V/____kW 三相电源，经____变压器电气隔离后送至_____室，作为____照明电源。

引导问题 15：安全门电源系统在交流输入电源异常或整流器故障时，蓄电池将经____逆变单元逆变后提供稳定的不____的____电给负载供电，从而实现对负载的____供电。

3. 安全门电源系统主要配置

引导问题16：驱动电源主要为城市轨道交通站里安全门_____供电，其容量一般为_____kV·A。

引导问题17：控制电源主要负责为_____设备和_____设备等供电，其容量一般是____V·A。

引导问题18：安全门系统需配有_____作为备用电源。

4. 安全门电源系统技术要求

引导问题19：双电源切换装置设置在_____室内，可对主副两路电源进行_____切换。

引导问题20：控制电源和驱动电源采用相互_____的UPS及蓄电池组。

5. 安全门电源系统附属设施

引导问题21：安全门电源系统会将每列车厢对应的四道滑动门进行_____配电，保证其中一路电源故障时，其他_____道滑动门能可靠供电，以保证同一车厢不会出现对应的四道滑动门因失电都同时_____的现象。

引导问题22：照明灯带属_____级负荷，其电源由车站_____直接提供交流电源。

引导问题23：在车站安全门系统中通常存在两个地：_____地和_____地。

引导问题24：为避免乘客受跨步电压影响，需要将安全门_____绝缘以及站台_____绝缘处理。

引导问题25：安全门绝缘设计主要是安全门_____、_____与站台建筑体绝缘安装；同时把站台边缘距离安全门一定范围内_____设置为绝缘区域。

引导问题26：安全门_____和_____要采用等电位连接。

引导问题27：每侧安全门各个单元之间用_____进行连接，要求单侧车站安全门整体电阻值不大于_____Ω，保证安全门整体____电位。

引导问题28：安全门门体与站台结构_____，要求绝缘电阻不小于____MΩ。

6. 安全门系统接地和绝缘方案

引导问题29：站台地面绝缘常采用_____方案或_____方案。

引导问题30：站台地面总体绝缘电阻测试，测试电阻应大于等于_____MΩ，电压条件为_____V DC。

7. 安全门电源方案

引导问题31：安全门电源方案有_____方案和_____方案两种。

引导问题32：国内安全门电源系统建设更多趋向于DC_____V、_____方案。

评价反馈

表 5-1-2　学生自评表

班级：	姓名：	学号：	
学习情景 5.1	安全门电源系统认知		
评价项目	评价标准	分值	得分
安全门系统供电认知	能正确认知安全门系统供电方式	20	
安全门电源系统结构认知	能正确认知安全门电源系统的组成，分析其特点	20	
安全门电源系统技术认知	能正确分析安全电源系统的技术要求及信息	20	
安全门电源系统附属设施认知	能正确认知交叉配电、地线隔离、电源监控等设施，并分析其作用	10	
工作准备	能完成相关理论知识学习	15	
工作质量	能按计划完成工作任务	15	
	合计	100	

表 5-1-3　学生互评表

学习情景 5.1		安全门电源系统认知					
评价项目	分值	评价对象（组别）					
		1	2	3	4	5	6
计划合理	20						
组织有序	20						
工作完整	20						
团队合作	20						
材料上交	20						
合计	100						

注：评价档次统一采用 A（优秀）、B（良好）、C（合格）、D（努力）四个。

表 5-1-4 教师评价表

班级：		姓名：	学号：		
学习情景 5.1			安全门电源系统认知		
评价项目		评价标准		分值	得分
考勤		没有无故缺勤、迟到、早退现象		10	
工作过程	安全门系统设备室供电认知	能正确认知安全门系统供电方式，指出安全门系统设备室中电源系统相关设备		15	
	安全门电源系统结构认知	能正确认知驱动电源和控制电源，以及附属设施		20	
	工作质量	能按计划完成工作任务		10	
	协调能力	能与小组成员合作交流，协调工作		5	
	职业素养	能表达成熟或灵动的想法		5	
项目成果	工作完整	能按计划完成任务		5	
	工作规范	能做到安全生产，文明施工		15	
	工作报告	能正确完成工作报告		10	
	成果展示	能准确表达工作成果		5	
		合计		100	
综合评价		自评（20%）	小组互评（30%）	教师评价（50%）	综合得分

学习情景 5.2　安全门系统 UPS 电源认知

情景描述

当外部供电正常时,城市轨道交通车站安全门系统依靠车站配电进行正常开关滑动门。当外部供电失效时,安全门系统依靠自己的电源系统也能开关滑动门。显然,安全门电源系统配置有 UPS 电源。那么,安全门电源系统配置什么类型的 UPS 电源?该 UPS 电源有什么技术要求?备用电源能支持安全门运行多长时间?

图 5-2-1 是城市轨道交通车站安全门系统配置 UPS 电源原理图。以学习者视角对图进行识读,尝试了解城市轨道交通车站安全门系统 UPS 电源是如何给各个设备供电的。

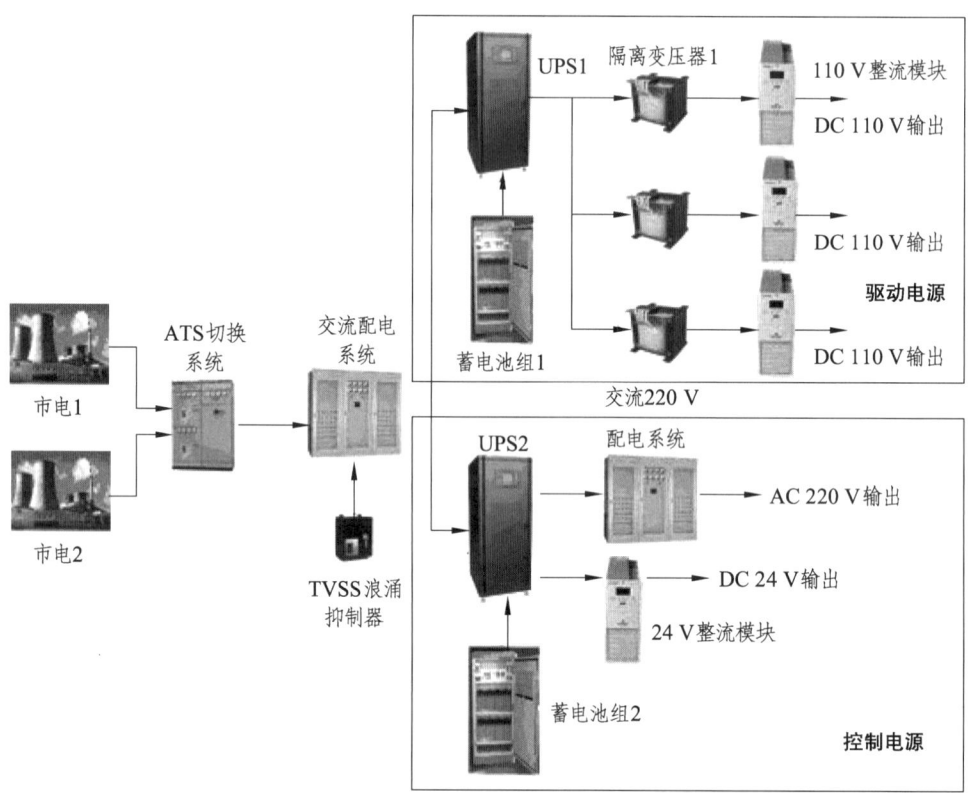

图 5-2-1　安全门系统配置 UPS 电源原理图

学习目标

(1)能掌握城市轨道交通车站安全门系统 UPS 电源的电路结构;
(2)能掌握城市轨道交通车站安全门系统 UPS 电源的类型;
(3)能掌握城市轨道交通车站安全门系统 UPS 电源蓄电池技术参数。
(4)了解城市轨道交通车站安全门系统 UPS 电源维护方法。

工作任务

（1）在地铁车站和实训室里仔细观察安全门的工作情况，了解 UPS 如何给安全门系统供电的，当外部交流电失效后 UPS 电源是如何给电机供电的，UPS 是如何给其他设备供电的。分析安全门系统 UPS 电源对于安全门系统产生的影响。

（2）在地铁车站和实训室里仔细观察不同的供电情况下安全门运行状态，了解安全门系统 UPS 电源是如何工作的？分析安全门电源系统蓄电池对于安全门系统产生的影响。

任务分组

表 5-2-1　学生任务分配表

班级		组号		指导老师	
组长		学号			
组员	姓名	学号		姓名	学号
任务分工					

工作准备

（1）阅读工作任务，观察地铁车站安全门系统 UPS 电源与滑动门运行状态，并做好记录。

（2）收集《城市轨道交通站台屏蔽门系统技术规范》（CJJ 183—2012）中安全门系统 UPS 电源的规范与要求。

（3）查阅相关信息，进一步了解城市轨道交通车站安全门系统 UPS 电源出现的新技术和新要求。

情景知识

知识点 1： 安全门系统 UPS 电源简介

1. UPS 电源简介

UPS（Uninterrupted Power System/Uninterrupted Power Supply）电源作为一级负荷的后备电源，当输入交流电源中断时，可立即为负载提供电力供应；在正常交流电源输入时，也可改善不稳定的电源质量。

当输入电源出现电压浪涌、电压尖峰、电压瞬变、电压跌落、持续过压或者欠压等电网质量问题时，机电设备的电子系统容易受到干扰，会造成数据信息丢失、元件受损甚至设备损坏等严重后果，可引起巨大的经济损失。因此，作为后备电源的 UPS 电源逐渐发展成一种具备稳压、稳频、滤波、抗电磁和射频干扰、防电压浪涌等功能的电力保护系统。

UPS 电源不仅能提供持续的电源供应，还具有对输入交流电源质量进行改善及防雷击等功能，输出相对稳定纯净的电源。

城市轨道交通车站中的弱电设备包括通信系统、信号系统、安全门系统、自动售检票系统和车站监控系统等。由于是大规模公共交通工具，这些系统设备其安全性显得更为重要，所以城市轨道交通车站中的弱电设备几乎都是一级负荷，都需要两路独立的交流电供电，还需要配备 UPS 电源。

在线式 UPS 在交流电正常供电时，先将交流电源整流滤波变成直流电源，然后进行稳压、脉宽调制等处理，再将直流电源逆变成为交流电源。当交流电中断时，立即改由蓄电池以逆变器方式对负载提供交流电源。对在线式 UPS 电源而言，在正常情况下，无论有无交流电输入，都是由 UPS 电源的逆变器对负载供电，从而提高输出电源的质量，减少由电网电压波动及干扰带来的影响。UPS 电源给城市轨道交通车站各用电设备提供高质量的、不间断的电源，保证各用电设备正常工作。

2. UPS 电源设备组成

UPS 电源的主要部分由逆变器、蓄电池、整流器/充电器和转换开关等组成，UPS 电源电路结构如图 5-2-2 所示。

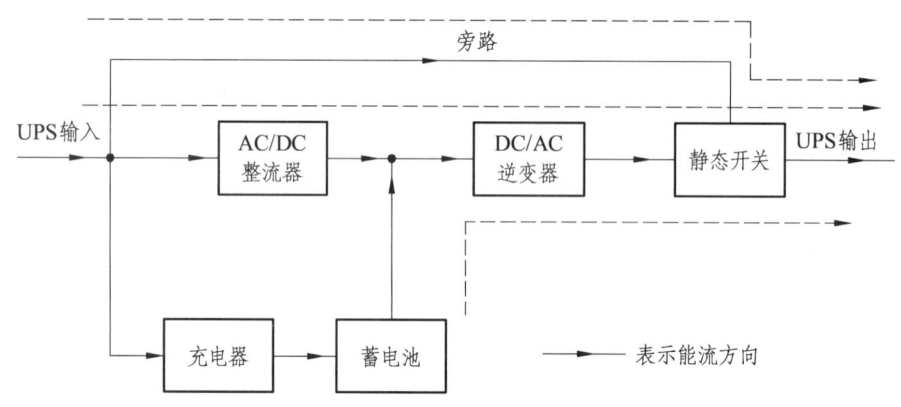

图 5-2-2　UPS 电源电路结构图

（1）逆变器主要由晶体管、变压器和控制回路等组成，其作用是将直流电变为交流电输出。它是 UPS 电源的核心部分，UPS 电源的技术性能、质量主要取决于逆变器。

（2）蓄电池是 UPS 电源储能装置。UPS 电源中的蓄电池应具有良好的大电流放电特性，能经得住反复地充放电，寿命要长。目前 UPS 电源常用的是免维护密封式铅酸蓄电池。

（3）整流器/充电器是把输入交流电变成直流电，为逆变器和蓄电池提供电能的装置。

（4）转换开关（静态开关）的作用是通过瞬时的高速检测回路，当输入交流电有干扰或出现大的浪涌时，把 UPS 迅速转到旁路输出，以保护 UPS 电源；它另外的作用是提供维修通道。对转换开关要求切换时间快、过载能力大。

3. AC/DC 模块配置

交流电通过 AC/DC 模块提供控制系统用 DC 24 V 和 DC 110 V，模块采用 $N+1$ 备份；交流电通过 AC/DC 模块提供驱动系统用 DC 110 V，模块采用 $N+1$ 备份，驱动系统用 AC/DC 模块要满足开关门时最大冲击功率要求。

知识点 2：UPS 电源设备分类

UPS 电源（不间断电源设备）是指在外部供电中断时，通过蓄电池对负载进行继续供电的设备，输出电源可以是交流电，也可以是直流电。由于输出为交流电的方式普遍适用于各类电器，通常所讲的 UPS 是这一类的不间断电源。然而，输出为直流电的不间断电源也有其优点，现统称为直流供电 UPS 电源，也称直流屏。目前在电信行业和轨道行业使用比较多。

安全门电源系统由于其技术特点，需要使用输出为交流和输出为直流的这两种不间断电源。

交流输出的 UPS 电源按的工作方式来分，可分为在线（on-line）式 UPS 电源和离线（off-line）式 UPS 电源。离线式 UPS 电源又称后备式 UPS 电源，它还可分为正弦波输出、方波输出、带稳压的或不带稳压的交流电源。

下面简要介绍后备式 UPS 电源、在线式 UPS 电源、直流供电 UPS 电源。

知识点 3：后备式 UPS 电源

后备式 UPS 电源是指 UPS 电源中的逆变器只在输入交流电中断或欠压失常状态（欠压值约在 170 V，即 UPS 电源投入电压）下才工作，向负载供电，而平时逆变器不工作，处于备用状态。

图 5-2-3 为后备式 UPS 电源结构图。输入交流电供电正常时，输入交流电一方面直接通过交流旁路支路和转换开关，经滤波器输出至负载；另一方面通过电源变压器，经整流后变成直流电，再经充电回路向蓄电池组充电。当输入交流电供电中断时，蓄电池储存的电能通过逆变器变成交流电，经滤波器继续向负载供电。

在后备式 UPS 电源实际电路中含有各种保护、报警等控制回路，比较复杂。

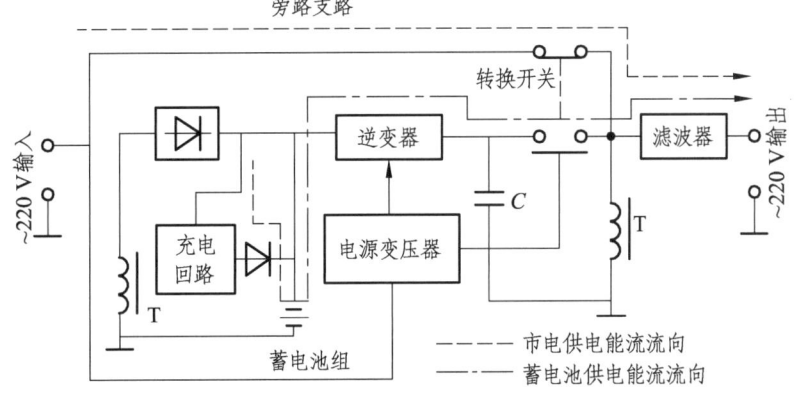

图 5-2-3　后备式 UPS 电源结构图

知识点 4：在线式 UPS 电源

1. 在线式 UPS 电源工作过程

图 5-2-4 为在线式 UPS 电源结构图。在线式 UPS 电源的运作模式为输入交流电和负载（用电设备）是隔离的，输入交流电不直接给负载供电。输入交流电供电正常时，输入交流电经过电源变压器、整流器后，一路经逆变器、滤波器输出至负载；另一路经充电回路向蓄电池组充电。

输入交流电供电品质不稳或停电时，蓄电池从充电转为供电，通过逆变器输出交流电至负载，直到输入交流电恢复正常时蓄电池转回充电。UPS 电源在用电的整个过程中逆变器是全程工作的。当蓄电池端电压低于设定值或逆变器故障时，输入交流电就通过旁路支路经转换开关、滤波器向负载供电。这类电路的优点是输出的波形和输入交流电一样是正弦波，而且纯净无杂讯，不受输入交流电不稳定的影响，可以供电给任何输入交流电的设备。

由此可见，不管输入交流电正常或中断，在线式 UPS 电源的逆变器总是在工作。在线式 UPS 电源的实际电路也含有各种保护、告警等控制回路，都比较复杂。

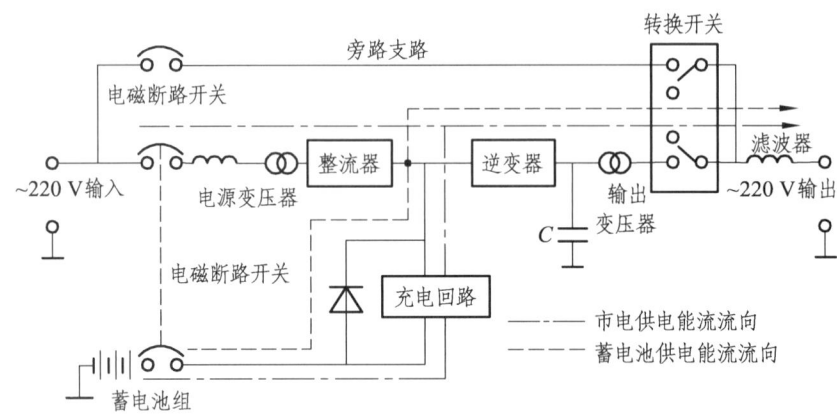

图 5-2-4　在线式 UPS 电源结构图

2. 在线式 UPS 电源特点

（1）在线式 UPS 电源都为正弦波输出，其最显著的特点是实现了对负载的真正不间断供电。两者相比较，后备式 UPS 电源常用继电器作为转换开关，转换时间为"毫秒"级计算；而在线式 UPS 电源常用晶体管作为转换开关，转换时间以"纳秒"级计算。在线式 UPS 电源更适合于对交流电源要求严格的精密设备，如计算机、微控器等。

（2）在线式 UPS 电源实现了对负载的抗干扰供电。因为在线式 UPS 电源无论由输入交流电或蓄电池对负载供电，都要通过逆变器进行。这从根本上消除来自输入交流电电网上的所有电压波动和电干扰对负载的影响，UPS 电源始终向负载提供一个稳压稳频的高质量交流电源，因此在线式 UPS 电源的正弦失真系数更小。

（3）与后备式 UPS 电源相比，在线式 UPS 电源具有优良的瞬时特性。它在 100% 负载加载或减载时，其输出电压的变化小于 4%，时间约 10 ~ 40 ms。

（4）在线式 UPS 电源具有较高的工作可靠性。

知识点 5：直流供电 UPS 电源

1. 直流供电 UPS 电源组成

直流供电 UPS 电源系统由整流器、蓄电池、直流变换器和直流配电屏等部分组成。

当输入交流电正常时，经整流模块整流和蓄电池调压后输出直流电；当输入交流电中断时，由蓄电池单独给负载提供直流电。由于蓄电池通常处于充满电状态，所以输入交流电短期中断时，由蓄电池保证不间断供电。若输入交流电中断期过长，整流器应另由发电机组供电。直流供电 UPS 电源电路结构如图 5-2-5 所示。

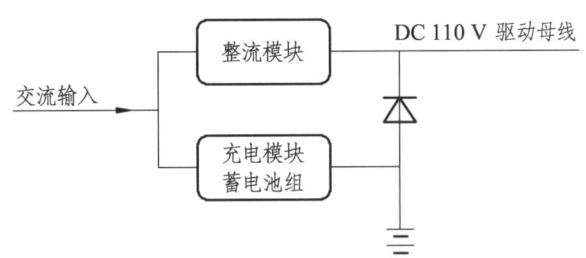

图 5-2-5　直流供电 UPS 电源电路结构图

根据设备规模容量及直流负荷大小、性质、种类的不同，直流供电系统可采用分散式供电和集中式供电方式；另根据供电电源种类的不同，直流供电系统又可分为常规式供电和混合式供电。

2. 直流供电 UPS 电源特点

（1）整流器的交流电源由交流配电屏引入，整流器的输出端通过直流配电屏与蓄电池和负载连接。

（2）当负载需要多种不同数值的直流电压时，采用直流变换器将基础电源的电压变换为所需的电压。

（3）直流供电系统中设置了蓄电池组，可保证不间断供电。

（4）目前广泛应用的直流供电方式为并联浮充供电方式。

3. 直流供电 UPS 电源并联浮充供电

直流供电 UPS 电源并联浮充供电方式是将整流器与蓄电池并联后对负载供电。在输入交流电正常的情况下，整流器一方面给负载供电，一方面又给蓄电池充电，以补充蓄电池因局部放电而失去的电量。在并联浮充工作状态下，蓄电池还起一定的滤波作用。

铅酸蓄电池单只标称电压 12 V，在浮充状态下铅酸蓄电池单只电压 13.5～14.5 V；整组蓄电池由 9 只铅酸蓄电池（110 V 系统）串联组成。整组蓄电池浮充状态下浮充电压为 121～130 V。

并联浮充供电方式的优点是结构简单、工作可靠，供电效率较高。但是，采用这种工作方式时，在浮充工作状态下，输出电压较高；当蓄电池单独供电时，输出电压较低，因此负载电压变化范围较大。

4. 直流供电 UPS 电源降压单元

直流供电 UPS 电源系统正常工作时，充电模块对蓄电池的并联浮充电压通常会高于控制母线允许的波动电压范围，常采用多级硅链调压单元串联在充电模块（或蓄电池）与控制母线之间，经降压后输出电压满足控制母线的要求。

图 5-2-6 为直流供电 UPS 电源降压单元原理图，蓄电池组接入动力母线 HM，正常情况通过自动调压装置接入控制母线 KM。硅链调压作为自动调压装置的备用。硅链，即降压单元，由多只大功率整流二极管串联连接，并对二极管进行降压控制。此电路可实现自动控制，也可以人工调节。

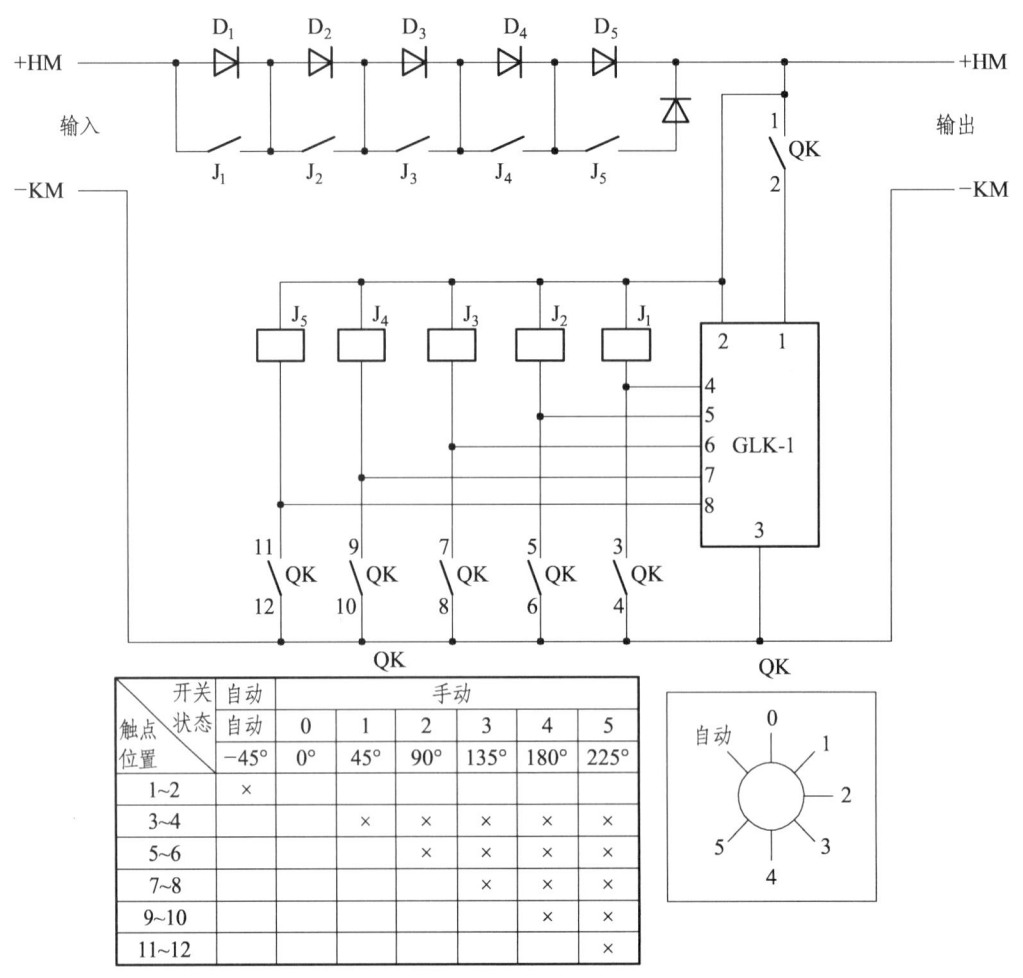

图 5-2-6 直流供电 UPS 电源降压单元原理图

知识点 6：UPS 电源技术要求

1. 蓄电池技术要求

蓄电池的折合浮充寿命在 25 ℃ 达 10 年，电池的质保期不少于 3 年。城市轨道交通供电系统对蓄电池的要求非常特殊，一般采用胶体电池或比较耐高温且寿命长的电池。对电池的延时要求一般为 1 小时。由于负载为安全门，故其具体延时要求一般为半小时内安全门能够开关门 3 次或一小时内安全门能够开关门 5 次。

2. UPS 电源电气性能要求

（1）为了保证 UPS 电源的长期稳定和可靠地运行，UPS 采用成熟的数字控制方式；

（2）电源设备的输入电压为 380 V，输入电压可调范围为 ±15%；

（3）输入频率为 50（1±10%）Hz；

（4）输入功率因数应不小于 0.9，输入谐波电流失真度不大于 7%；

（5）输出为三相（380V）交流电源，输出电压稳压精度为 ±1%；

（6）瞬态输出电压变化范围为 ±2%；当负载从 0 到 100% 突变时，20 ms 以内输出电压恢复到 ±1%；

（7）输出频率为 50（1±0.25）Hz（电池逆变工作）；

（8）配置输出隔离变压器；

（9）输出波形失真度≤3%；

（10）电源设备的效率≥90%；

（11）输出功率因数≥0.8；

（12）电流峰值系数≥3；

（13）过载能力：105% 长期，125% 维持 10 min 以上，150% 时维持 1 min 以上；

（14）允许三相负载 100% 不平衡；

（15）采用 IGBT 功率器件；

（16）UPS 配置手动维修旁路开关，可实现现场不断电维修；

（17）电源输出满足输出分路的需要，供电电源中断后，电源设备能为车站安全门系统提供整侧安全门开关 5 次的电源供应；

（18）UPS 电源设备具有对电池组在线检测功能，能够实时检测电池容量及电池的相关技术指标；

（19）UPS 电源设备应具有抗雷击浪涌能力，能承受模拟雷击电压波形 10/700 μs、幅值为 5 kV 的冲击 5 次，模拟雷击电压波形 8/20 μs、幅值为 20 kA 的冲击 5 次，每次冲击间隔为 1 min，设备仍能正常工作。

3. UPS 电源保护功能：

（1）UPS 电源设备具有输出短路保护功能，在输出负载短路时，立即自动关闭输出，同时发出声光报警信号；

（2）UPS 电源设备应具有输出过载保护功能，在输出负载超过额定负载时，发出声光报警；超出过载能力时，转为旁路供电；

（3）UPS 电源设备应具有低压报警功能，在 UPS 电源设备处于逆变工作方式时，电池电压降至保护点时发出声光告警，停止供电。

4. UPS 电源监控

安全门 UPS 电源在车站与综合监控系统直接互联，安全门 UPS 电源监控信息传送给综合监控系统，并经综合监控系统传送至综合维修中心。安全门 UPS 电源向综合监控系统提供所有状态、故障等信息。

知识点 7：蓄电池管理

蓄电池组是直流系统中不可或缺的重要组成部分，对蓄电池组良好的维护和监测显得尤其重要。目前电池管理技术已经很成熟，电池管理系统对电池的充电电压、充放电电流实时监控，以及实现温度补偿、电池巡检等功能。其功能如下：

（1）充电功能。

电池管理系统监控根据设置的充电参数，自动完成电池充电程序，充电参数根据使用电池的类型、容量以及厂家提供的资料设置。其充电程序为：交流电源恢复送电运行时，计算机控制整流模块自动进入恒流充电（主充）状态运行，按铅酸蓄电池正常充电程序进行充电。

（2）电池温度补偿。

在不同的温度下对铅酸蓄电池充电电压做相应的调整，保障电池处于最佳状态。电池管理系统可根据电池厂家提供的温度参数进行设置，自动调整电池充电电压，满足电池充电的要求。

（3）电池维护保养功能。

免维护蓄电池，只是无须人工加酸加水，而非真正意义上的免维护。蓄电池维护要求高，工作量大。

电池长期不用或长期处于浮充状态，电池极板的活性物质很易硫化。当活性物质变少时，电池的放电能力也变差，直至放不出电。此外，由于电池之间的离散性，单体电池的实际参数不尽相同，设定的浮充电压值并不能满足每一节电池的要求。长期处于浮充状态，其结果会造成部分电池的电量能保证充满，而部分电池的电量无法充满。这些电池的放电能力很差。因此，电池管理系统必须具备定期对蓄电池进行维护性均充活化的功能，以免电池硫化、虚充，确保电池的放电能力和使用寿命。

（4）电池巡检功能。

为了更好地对蓄电池进行管理，电池管理系统配置电池巡检单元，可检测蓄电池组每一节电池电压，如某节电池出现电压跌落过大等非正常情况时，电源管理系统主监控中显示相应故障。

参考资料： 蓄电池相关参数（以某电池为例）

（1）设计寿命：≥10 年（使用温度 $-20 \sim 50$ °C）。

（2）蓄电池使用的是分析纯硫酸配制的胶体电解液；在 $-20 \sim 50$ °C 工作范围内，电解液不会分层分布，且无需均衡充电。

（3）采用 EPDM 橡胶，压力排放范围为 $10.5 \sim 14$ kPa。

（4）20 °C 环境温度时，蓄电池自放电率每月不大于 3%。静置 3 个月后，其容量为 $0.97^3 = 91.3\%$。

（5）蓄电池正负极柱有明显的标识，正极用红色表示，长方体；负极用黑色表示，圆柱体，如图 5-2-7。

（6）蓄电池能承受 50 kPa 的正压或负压不破裂、不开胶，压力释放后壳体无残余变形；

（7）蓄电池外观完整，没有变形、裂纹及污迹，蓄电

图 5-2-7 蓄电池极柱

池在使用中无渗液、漏液、爬液和膨胀现象，无酸雾溢出。

（8）蓄电池在充放电过程中，遇明火内部不会引爆。

（9）蓄电池充电电压、寿命与温度的关系。蓄电池充电电压与温度关系如图 5-2-8 所示，蓄电池容量与温度关系如图 5-2-9 所示，蓄电池寿命与温度关系如图 5-2-10 所示。

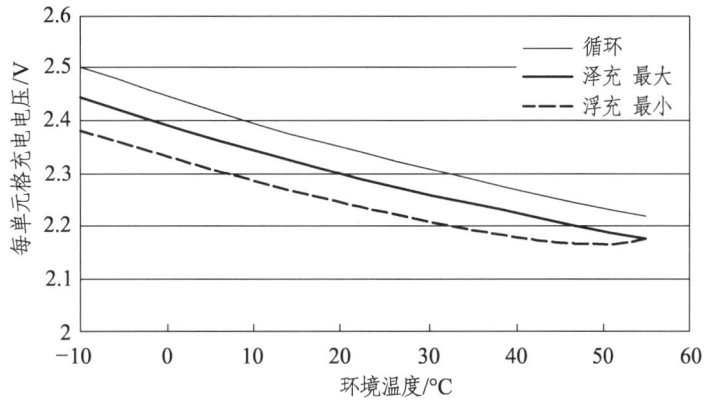

图 5-2-8　蓄电池充电电压与温度关系

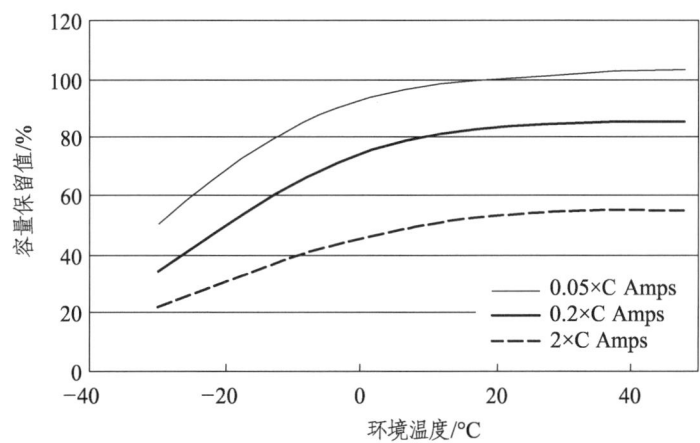

图 5-2-9　蓄电池容量与温度关系

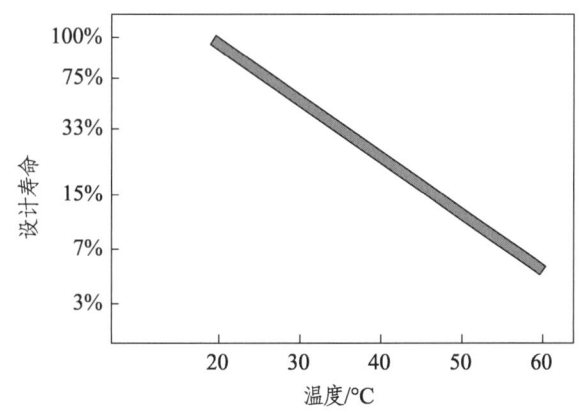

图 5-2-10　蓄电池寿命与温度关系

工作实施

1. 安全门系统 UPS 电源简介

引导问题 1：作为一级负荷的供电电源，必须配备_____电源。

引导问题 2：UPS 电源有什么作用？
答：
_____
_____
_____

引导问题 3：UPS 电源的主要由_____、_____、_____和_____等组成。

引导问题 4：逆变器是 UPS 电源的_____部分，其是将_____电变为_____电输出。

引导问题 5：蓄电池是 UPS 电源_____装置，常用的是免维护密封式_____蓄电池。

引导问题 6：整流器/充电器是将_____电变成_____电，为_____和_____提供电能的装置。

2. UPS 电源设备分类

引导问题 7：UPS 电源设备分为哪几类？
答：
_____
_____
_____

引导问题 8：UPS 电源输出的电源可以是_____电，也可以是_____电。

3. 后备式 UPS 电源

引导问题 9：后备式 UPS 电源的逆变器只在输入交流电_____或_____状态下工作，而平时逆变器不工作，处于_____状态。

引导问题 10：后备式 UPS 工作原理：输入交流电供电正常时，输入交流电一方面直接通过_____支路和_____开关，经_____器输出至负载；另外通过电源变压器，经整流后变成_____电，再经_____回路向_____组充电。当输入交流电供电中断时，蓄电池储存的电能通过_____变成交流电，经_____继续向负载供电。

4. 在线式 UPS 电源

引导问题 11：在线式 UPS 电源的运作模式为输入交流电和负载(用电设备)是_____的，输入交流电_____直接给负载供电。

引导问题 12：在线式 UPS 电源工作过程：当输入交流电供电正常时，输入交流电经过电源_____器、_____器后，一路经_____器、_____器输出至负载；另一路经_____回路向_____组充电。

引导问题 13：不管输入交流电正常或中断，在线式 UPS 电源的逆变器总是在_____。

引导问题 14：在线式 UPS 电源优点是输出的纯净的_____波，不受输入交流电_____的影响。

5. 直流供电 UPS 电源

引导问题 15：直流供电 UPS 电源系统由哪些部分组成？

答：
_____
_____
_____

引导问题 16：直流供电 UPS 电源的工作过程：当输入交流电正常工作时，经_____整流和_____调压后输出_____电；当输入交流电出现中断时，由_____单独给负载提供_____电。

引导问题 17：当负载需要多种不同数值的直流电压时，直流供电 UPS 电源采用_____器将基础电源的电压变换为_____的电压。

引导问题 18：直流供电 UPS 电源并联浮充供电方式是将_____器与_____并联后对负载供电。

引导问题 19：在并联浮充工作状态下，蓄电池还起一定的_____作用。

引导问题 20：并联浮充供电方式的优点是结构_____，供电效率较_____。

引导问题 21：采用并联浮充供电工作方式时，在浮充工作状态下，输出电压较_____；当蓄电池单独供电时，输出电压较_____，因此负载电压变化范围较_____。

引导问题 22：直流供电 UPS 电源降压单元实现对蓄电池的_____电压进行____压。

6. UPS 电源技术要求

引导问题 23：UPS 配置_____旁路开关，可实现现场_____断电维修。

引导问题 24：简介 UPS 电源保护功能

答：
_____
_____
_____

7. 蓄电池管理

引导问题 25：电池管理系统可对电池的_____电压、充放电_____实时监控，以及实现温度_____、电池_____等。

引导问题 26：免维护蓄电池_____维护。（填写：要/不要）

参考答案

评价反馈

表 5-2-2　学生自评表

班级：	姓名：	学号：	
学习情景 5.2	安全门系统 UPS 电源认知		
评价项目	评价标准	分值	得分
安全门系统 UPS 电源结构认知	能正确认知安全门系统 UPS 电源的构成部件	20	
安全门系统 UPS 电源类型认知	能正确认知安全门系统 UPS 电源的不同类型，分析其特点	20	
安全门系统 UPS 电源技术认知	能正确分析安全系统 UPS 电源的技术参数及要求	20	
安全门系统蓄电池技术认知	能正确认知安全门系统蓄电池的参数及要求	10	
工作准备	能完成相关理论知识学习	15	
工作质量	能按计划完成工作任务	15	
合计		100	

表 5-2-3　学生互评表

学习情景 5.2		安全门系统 UPS 电源认知					
评价项目	分值	评价对象（组别）					
		1	2	3	4	5	6
计划合理	20						
组织有序	20						
工作完整	20						
团队合作	20						
材料上交	20						
合计	100						

注：评价档次统一采用 A（优秀）、B（良好）、C（合格）、D（努力）四个。

表 5-2-4　教师评价表

班级：		姓名：	学号：		
学习情景 5.2			安全门系统 UPS 电源认知		
评价项目		评价标准		分值	得分
考勤		没有无故缺勤、迟到、早退现象		10	
工作过程	安全门系统 UPS 电源构成	能正确认知安全门系统 UPS 电源构成部件，指出安全门系统设备室中 UPS 电源相关部件及作用		15	
	安全门系统 UPS 电源技术要求	能正确分析安全门系统 UPS 电源相关的技术参数及要求		20	
工作过程	工作质量	能按计划完成工作任务		10	
	协调能力	能与小组成员合作交流，协调工作		5	
	职业素养	能表达成熟或灵动的想法		5	
项目成果	工作完整	能按计划完成任务		5	
	工作规范	能做到安全生产，文明施工		15	
	工作报告	能正确完成工作报告		10	
	成果展示	能准确表达工作成果		5	
合计				100	
综合评价		自评（20%）	小组互评（30%）	教师评价（50%）	综合得分

学习情景 5.3　安全门系统驱动电源和控制电源认知

情景描述

城市轨道交通车站安全门系统整套机电设备都是需要用电的，明显看到主要的耗能部件是滑动门的自动开关，也就是电机的用电。而安全门系统的所有滑动门规格一致、动作一致，说明电机都是一致的，需要的用电指标也是一致的。因此出现大量电机同时运行的情况，安全门电源系统是如何处理的？另外还有各种监视与控制设备需要用电，这些设备的用电指标并不一致，又如何处理？

城市轨道交通车站安全门电源系统将上述两部分电源区分为驱动电源和控制电源。图 5-3-1 是城市轨道交通车站安全门电源系统配置原理图。以学习者视角对图进行识读，尝试了解城市轨道交通车站安全门系统驱动电源和控制电源是如何工作的；驱动电源和控制电源是如何配置的？

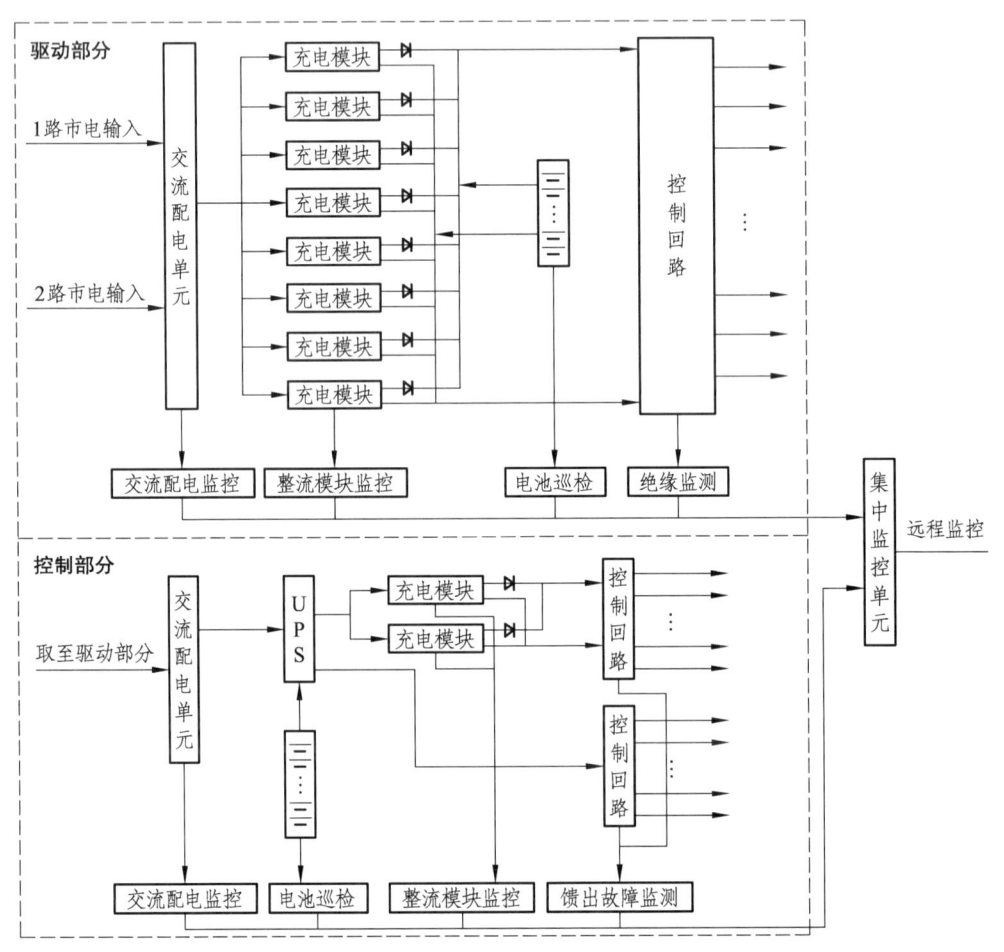

图 5-3-1　安全门系统电源配置原理图

学习目标

（1）能掌握城市轨道交通车站安全门系统 UPS 电源的电路结构；
（2）能掌握城市轨道交通车站安全门系统 UPS 电源的类型；
（3）能掌握城市轨道交通车站安全门系统 UPS 电源蓄电池技术参数；
（4）了解城市轨道交通车站安全门系统 UPS 电源维护方法。

工作任务

（1）在地铁车站和实训室里仔细观察安全门的工作情况，了解驱动电源是如何给安全门系统供电的，控制电源是如何给安全门系统供电的。分析安全门系统驱动电源与控制电源对于安全门系统产生的影响。

（2）在地铁车站和实训室里仔细观察不同的供电情况下安全门运行状态，分别了解安全门系统驱动电源与控制电源有什么特点，是如何配置的。分析安全门系统是如何监控电源系统的。

任务分组

表 5-3-1　学生任务分配表

班级		组号		指导老师	
组长		学号			
组员	姓名		学号	姓名	学号
任务分工					

工作准备

（1）阅读工作任务，观察地铁车站安全门系统驱动电源、控制电源与滑动门运行状态，并做好记录。

（2）收集《城市轨道交通站台屏蔽门系统技术规范》（CJJ 183—2012）中安全门系统驱动电源、控制电源相关的规范与要求。

（3）查阅相关信息，进一步了解城市轨道交通车站安全门系统电源技术的新知识。

情景知识

知识点1：安全门电源系统配电简介

安全门电源系统包括驱动电源、控制电源以及照明灯带电源。电源设备及电源自动切换箱均设置在安全门系统设备室内。安全门系统供电电源的功率要保证在城市轨道交通运营要求的运行能力，为负载不间断地提供额定电源。安全门系统要保持每年365天、每天24小时、时间间隔2分钟的运行能力。

驱动电源负责对门机系统供电；控制电源负责对DCU、PSC、PSL、IBP等接口供电。驱动电源和控制电源采用相互独立的配电回路，避免相互干扰。两部分电源都配备UPS电源，都具备充电、馈电、故障保护（过压、并联、过流、过载等）、电源参数和报警信息监测和记录功能。

安全门电源系统对PSC、DCU、PSL、IBP均采用互为独立的配电回路，相互之间不会产生干扰。

安全门系统配电盘的每个供电回路均配有断路器作为电路保护装置，在接地故障或电路短路时提供必要的保护。供电回路断路器、回路阻抗以及接地回路的设计要符合BS7671标准电气设备要求IEE布线规则，从而对"间接接触"进行保护。

知识点2：安全门系统门机驱动特点

安全门系统的滑动门自动运行就是由门机系统驱动的。安全门电机要求启动快、动作迅速。所有安全门均采用直流电机，都是同步启动、运行、停止。单个门机驱动波形如图5-3-2所示。安全门系统门机驱动具有统一性，驱动电源需要满足直流电机启动的冲击特性，UPS功率要满足开关门时最大冲击功率需求。在安全门正常动作时，驱动电源提供功率3～5 kV·A，启动瞬间达到8～40 kV·A；单台标称电机功率为80～150 W。

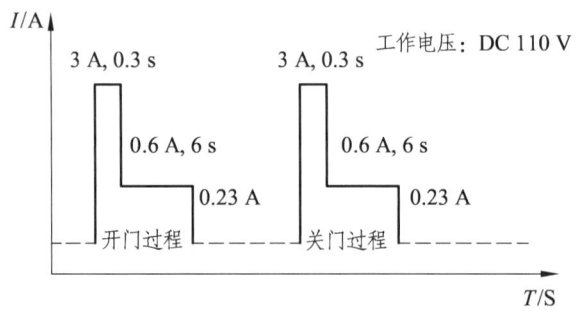

图5-3-2 安全门驱动波形

知识点3：安全门电源系统驱动电源结构

驱动电源主要为城市轨道交通车站安全门系统的滑动门开/关门操作提供动力来源，也就是为其驱动电机提供电源。同时，驱动电源在供电系统失去交流供电时利用蓄电池组为滑动门提供临时电源。功率一般为30～60 kV·A，其功率的大小主要取决于每个轨道交通车站站台某一侧滑动门个数。

驱动电源主要包括电源自动切换装置、充电模块、降压硅链、计算机监控装置、绝缘监测装置、防雷装置、免维护蓄电池和馈线回路等部件。

下面简单介绍各部件：

（1）电源自动切换装置。

当主电源故障时，电源自动切换装置自动将主回路切换到备用电源，将备用电源投入。在安全门设备室电源柜中设有C级及D级防雷装置。C级防雷装置设置在交流配电单元入口，D级防雷装置设在充电模块处。

（2）充电模块。

充电模块在安全门设备室内将三相交流电转换为直流电，经隔离二极管隔离后，一方面对蓄电池组进行浮充电，另一方面通过降压装置（硅链）给安全门供电。充电模块采用$N+1$冗余配置。当某个充电模块发生故障时，不会对其余充电模块产生影响，其余充电模块继续给负荷供电。当主电源、备用电源均发生故障时，由电池组经降压硅链对城市轨道安全门系统的DCU供电。当交流电源恢复供电时，系统具有自启动功能，保证交流电恢复时能自动恢复正常运行。

（3）计算机监控装置。

计算机监控装置主要监测安全门系统的电源自动切换装置、充电装置、蓄电池组、直流馈电单元、电池检测仪和计算机绝缘监测装置等。

（4）降压硅链。

降压硅链串联在电池组与直流母线之间。充电模块输出电压经降压硅链降压后便可输出一个适合DCU正常工作的直流电压。

（5）绝缘监测装置。

计算机绝缘监测装置用于实现直流母线及各支路正负极对地绝缘状况的检测，自动显示正负极对地电压和接地电阻值，在系统过压、欠压、绝缘电阻过低时进行报警。

（6）馈线回路。

馈线回路采用单母线分段的方式。所有馈线开关均选用高分断能力的直流断路器，并设有辅助的脱扣报警触点。各馈线开关选用，需考虑上下级配合，保证直流侧发生故障时各馈线支路既能可靠分断而又不越级跳闸。为了显示各馈线支路的通断状态，每个馈线支路均设置了状态指示灯。

（7）蓄电池。

蓄电池组由免维护铅酸蓄电池、电池检测仪和温度补偿装置构成。

知识点4：安全门电源系统驱动电源工作原理

整套驱动电源直流系统由隔离变压器、高频开关电源充电装置、蓄电池单元、输出馈电单元、监控模块等组成。主要原理如图5-3-3所示。

车站低压配电系统提供两路独立的380 V/40 kV·A三相电源。两路电源通过双电源切换装置对主备两路电源自动切换后，经隔离变压器作电气隔离，提供驱动及控制部分所需要的电源。驱动部分通过AC/DC装置整流后，提供110 V DC馈出回路给安全门驱动供电，蓄电池组直接连接于直流母线上，并联浮充供电。在交流输入失电、超限、故障、整流模块故障等情况下，蓄电池组将通过直流母线直接给安全门供电，从而实现对安全门的不间断供电。

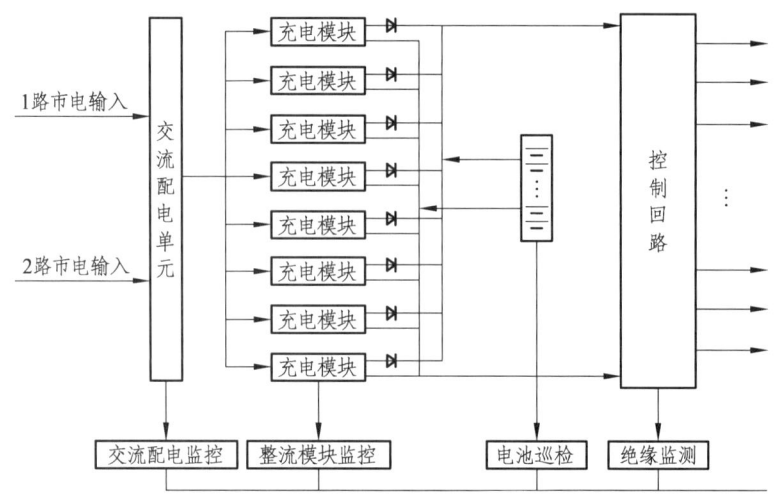

图 5-3-3　驱动电源原理图

其路径为：380 V AC 交流电源输入→隔离变压器电气及防雷装置→AC/DC 高频开关电源整流→充电机及蓄电池母线→降压→控制直流母线→控制馈线输出。

驱动电源的输出回路存在着交叉配电情况。由于轨道交通车辆的车型不同，每列车厢的车门数量也不相同，分别设计有 3、4、5 道。以每列车厢 5 道车门为例，驱动电源的输出回路数至少为 5 路，即每列车厢五道车门的 5 道滑动门需要对应不同的输出回路，以保证在其中一个回路驱动电源故障时，每一节车厢的其余 4 个车门对应的滑动门能够正常工作，最大限度地避免乘客出现拥挤现象。

知识点 5： 安全门电源系统驱动电源监控

如图 5-3-3 所示，驱动电源监控模块能监测驱动电源装置的输出电压、电流，隔离变压器输出的电压、电流，蓄电池浮充电压、电流等，并对驱动电源 UPS 主机内重要的故障、状态信息实施数据采集并能进行显示；根据不同的情况实行电池管理、输出控制和故障呼叫等功能；能对驱动电源 UPS 重要的状态进行远程监视，将故障、状态信息传输到安全门系统的主控机上。

知识点 6： 安全门电源系统控制电源结构

控制电源为城市轨道交通车站安全门系统的控制与监视系统主机、接口继电器等提供电源，故其电源的重要性和稳定性要求较高。同时，控制电源在供电系统失去交流供电时，需要利用蓄电池组为安全门系统操作提供临时电源。

由于在线式 UPS 的特点是无论输入交流电输入是否存在波动，输出总为稳定的 AC 220 V 电源，从而可保证与信号接口回路的 DC 60 V/DC 24 V 电源的稳定性，因此在安全门系统控制电源供电回路中一般都采用了在线式 UPS。

由于设置一定容量的蓄电池，可保证在输入交流电停电后的一段时间内监视主机仍可持续工作一段时间，从而完成内部数据的处理和存储工作，满足运营的需要。控制电源一般采用冗余的供电方式，以保证其供电可靠性。

1. 控制电源部件

安全门电源系统控制电源包括隔离变压器、UPS、蓄电池组、高频开关电源装置、输出馈电单元、监控模块等部件。其原理如图 5-3-4 所示，馈线部分由两部分组成：AC 220 V 馈出和 DC 24 V 馈出。

安全门各品牌厂家设计的控制电源的供配电原理与部件基本相似。方案主要为：UPS 输出 220 V/50 Hz 的纯净正弦交流电，经 24 V 整流模块整流后输出 DC 24 V 控制电源为 PSC 柜内的继电器、监控主机等设备供电；UPS 输出另一路 AC 220 V 直接给 PSC 柜，在 PSC 柜内经过变压、整流和滤波后输出 DC 60 V 供与信号专业接口的电气回路（即与信号系统接口继电器）使用。在信号回路中，可通过调节滑动变阻器的阻值，使得当触点闭合时，继电器线圈上的电压在允许范围内。

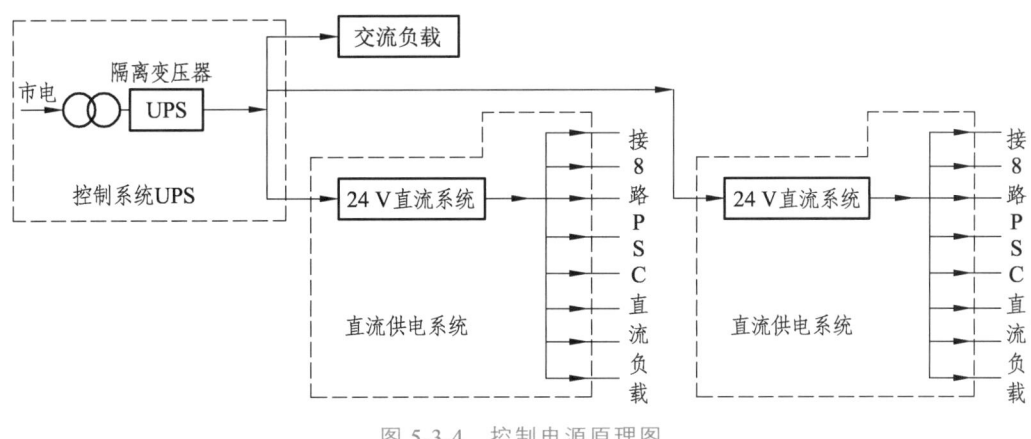

图 5-3-4　控制电源原理图

2. 控制电源 UPS

控制电源 UPS 系统向 PSC 控制盘提供一个不间断的校准好的交流电，使得系统不受电网电压波动、浪涌电压、频率变化及短时间或较长时间内的断电影响，保证系统在一天 24 小时、一年 365 天内正常运行。在外电源中断时，控制电源 UPS 蓄电池的容量能够保证单元控制器（PEDC）、就地控制盘（PSL）和门控单元（DCU）及其他控制用设备等持续工作 1 小时。控制电源 UPS 为模块化，具有在线式热插拔和在线式维修功能。充电模块配备完善的 $N+1$ 冗余备份。

3. UPS 充电模块

三相交流电源经过 EMI 滤波器输入到整流电路，将交流整流变换为脉动的直流输出，通过无源功率因数校正（PFC）电路，将脉动的直流转换为平直的直流电源，DC/AC 高频逆变器将直流转换为高频交流电源，通过高频整流电路将高频的 AC 转换为高频脉动的直流，此直流通过高频滤波输出。AC/DC 充电模块原理如图 5-3-5 所示。

其中 DC/AC 高频变换电路在脉宽调制（PWM）电路的控制下，通过调整变换电路的脉冲宽度，以实现电压调整（包括稳压和电压整定）。

整个充电模块在计算机监控系统下工作，包括模块的保护、电压调整等。同时计算机实现将充电模块的运行数据上报到监控模块，并接受监控模块的控制指令。

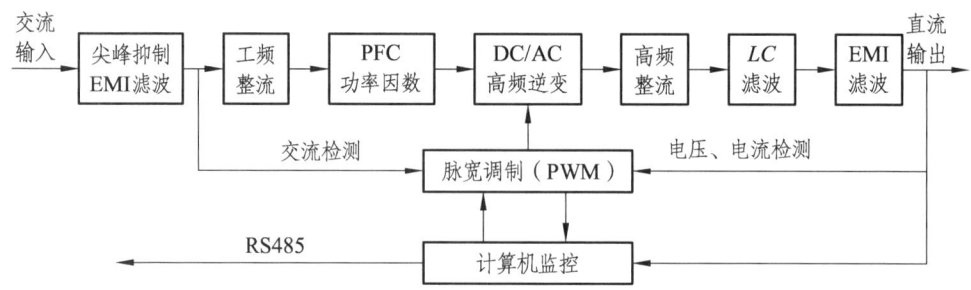

图 5-3-5　AC/DC 充电模块原理图

充电模块采用（$N+1$）冗余方式供电，备用模块采用热备份工作方式，直接参与正常工作。

知识点 7：安全门电源系统控制电源工作原理

控制电源是双路电源切换后的输出交流电源经过隔离变压器作电气隔离，再经 UPS 把 AC 转 DC 再转成高质量的 AC 后输出。控制电源输出分为两部分，一部分直接给 PSC 设备提供 220 V 交流电源，另一部分经过 AC/DC 整流模块整流成 24 V 直流后给安全门控制设备供电。正常工作时 UPS 是在线式状态。蓄电池组直接连接于 UPS 直流母线上，控制电源 UPS 电源在交流输入异常或整流器故障时，蓄电池将经 UPS 逆变单元逆变后提供稳定的不间断的交流电给负载供电，从而实现对负载的零间断供电，如图 5-3-4 所示。

其供电路径为：

（1）220 V AC 交流电源输入→隔离变压器电气隔离及 C/D 级防雷装置保护→UPS。

（2）UPS→AC/DC 高频开关电源整流→24 V 直流馈线输出。

（3）UPS→220 V 交流馈线输出。

知识点 8：安全门电源系统控制电源监控

如图 5-3-6 所示，控制电源监控模块能监视控制电源装置的输入输出电压、电流，并能监视电源系统正常运行状态和故障状态。对 UPS 的重要状态进行远程监视，能将故障、状态信息传输到安全门控制系统的主控机上。

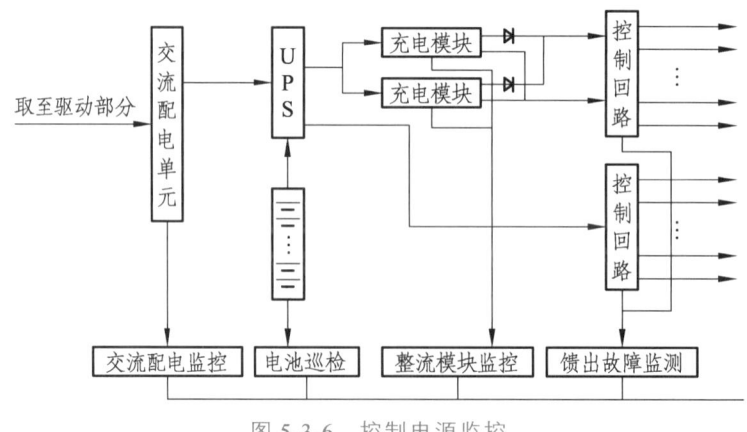

图 5-3-6　控制电源监控

知识点9：安全门电源智能监控系统

安全门电源智能监控系统能够全方位监测供电电源的各种节点运行参数。系统监控主要功能分为三部分：蓄电池管理功能、运行管理功能和"四遥"通信功能。

1. 监控驱动电源

监测交流输入电压电流、驱动供电模块输出电压电流和工作状态、驱动充电模块输出电压电流和工作状态、驱动母线电压电流、驱动电池电压电流、驱动电池单体电压、驱动输出回路开关跳闸状态等运行参数。

2. 监控控制电源

监测交流输入电压电流、控制整流模块输出电压电流和工作状态、24 V DC/DC 模块工作状态、控制蓄电池电压电流、控制蓄电池单体电压、控制母线电压电流、24 V 直流母线电压、各馈电回路开关跳闸状态等运行参数。

3. 监控系统"四遥"功能

（1）遥信。

各个充电模块的工作状态、UPS 工作状态、馈线回路状态、熔断器状态、电池组工作状态、母线对地绝缘状态、交流电源状态（备注：遥信量的增减与系统的具体配置有关）

（2）遥测。

充电模块及 UPS 的输出电压、电流，母线电压、电流，电池组的电压、电流，母线对地绝缘电阻、交流输入电压电流。

（3）遥控。

充电模块的均/浮充转换，充电模块开、关机（当充电模块失去与上位机联系时，具备手动控制均/浮充或开关机功能。

（4）遥调。

充电模块的输出电压（同时具备手动调节功能）

4. 电源智能监控系统管理功能

为实现电源系统运行管理功能，监控系统配置各种功能独立的数据采集模块，具体包含主监控设备、交流监控单元、直流监控单元、开关量监控单元、绝缘监测装置、电池巡检和整流模块内部监测部分。

数据采集模块均采用独立供电、CPU 独立、隔离总线等多项技术，完成功能具体如下：

（1）主监控设备。

主监控是监控系统的核心部分，从监控单元中采集电源系统各种数据并进行管理，它具有以下功能、特点：

① 有声光报警。故障产生时发出报警声，可确认后消除。

② 历史故障可存储。

③ 具有自动和手动2种工作模式。在自动模式下，充电管理过程自动完成；维护充电自动完成。

④ 具有电池容量评估功能；具有放电管理功能，可进行启动放电计量、自动记录放电时间和放电容量。

⑤ 提供通信接口选择及多种通信速率选择。

（2）交流监控单元。

① 测量两路三相交流输入电压、一路电流、交流接触器状态。

② 提供防雷器故障状态和交流开关跳闸状态的检测。

（3）直流监控单元。

① 测量两段母线电压电流、两组蓄电池电压电流、环境温度。

② 提供扩展测量信道，可测量系统扩展设备工作参数。

（4）开关量监控单元。

① 提供开关量检测。

② 提供继电器输出，可由用户自己设置输出内容。

③ 开关量检测采用常开接点、光耦隔离输入。

（5）绝缘监测装置。

① 监测正负母线对地电压、对地绝缘状况。

② 设定绝缘电阻报警值。

③ 准确判断发生绝缘接地的母线极性、支路号。

知识点 10：安全门电源系统配电盘

1. 配电系统容量配置

（1）交流配电屏：100 A/AC 380 V（两侧站台）；

（2）站台交流照明配电箱：15 kV·A。

2. 控制电源配电盘

控制电源配电盘面上主要信号灯设置包括：

（1）隔离变压器输出母线电压过高；

（2）电源故障指示；

（3）隔离变压器母线电压过低；

（4）馈电回路装置故障；

（5）各馈电开关位置显示；

（6）控制电源 UPS 故障；

（7）蓄电池组故障；

（8）受、馈电回路短路故障。

3. 驱动电源配电盘

驱动电源配电柜盘面上主要信号灯设置包括：

（1）电源故障指示灯；

（2）各馈电开关位置状态显示；

（3）蓄电池组故障；

（4）受、馈电回路短路故障。

配电盘所有电源装置故障信号应送至PSC，可通过终端实现故障显示。

知识点11： 安全门系统电源配置方案（以两侧站台为例）

1. 驱动电源UPS电源系统配置

驱动电源UPS主机（含模块）+电池组（含电池柜）台+配电柜，共三面柜。

驱动电源UPS系统主要包含40 kV·AUPS主机（含2只20 kV·A模块）一台、25 kV·A三相隔离变压器一台、电池组（含电池柜）一组、配电柜一套（含输入/输出等馈线开关）。

2. 控制电源UPS系统配置：

控制电源UPS主机（含模块）+电池组（含电池柜）台+配电等，共一面柜。

控制电源UPS系统主要包含5 kV·AUPS两台、5 kV·A单相隔离变压器一台、电池组（放置于配电柜）一组、配电柜一套（含UPS输入/输出/直流模块及交直流馈线开关等）。

参考资料： UPS系统容量计算（以两侧站台为例）

（1）两侧站设60个用电设备（直流电机），总驱动功率60×300 W = 18 000 W，考虑到UPS的输出功率因素0.8，使用最小UPS容量为18 000 W/0.8 = 22.5 kV·A。又根据业主要求UPS可靠性，采用冗余（$N+1$）设计，UPS容量还需要再增加一只模块的容量。即：22.5 kV·A + 20 kV·A = 42.5 kV·A，建议设计容量为40 kV·A。

而考虑到系统中一个模块故障时，系统功率剩余为20 kV·A，是否可以满足极端情况下60个滑动门同时开启的情况？

模块化UPS都设计具有过载能量，过载量可达125%。即当系统单个模块容量为20 kV·A时，其最大负载能力可达25 kV·A。根据这些，可以满足极端情况（60个滑动门电机同时启动）22.5 kV·A的系统容量。故选择40 kV·A系统容量是可以满足冗余供电需求的。

（2）两侧站台控制系统负载为400 W，但考虑到负载的变化和控制系统供电的可靠性，选用2个5 kV·A UPS模块，组成模块冗余（$N+1$）供电系统，容量足够且留有余量，也可以扩展其他负载。

（3）两侧站台驱动系统UPS蓄电池容量计算：

① 两侧站台驱动电源在后备时间内需要消耗两部分能量：在60分钟内开关各5次；待机60分钟。

② 开关5次，最大工作时间为5×（3.5+4.2）= 38.5 s，18 000 W工作38.5 s需要能量为：（38.51 s/3 600 s）×18 000 W = 115.5 W·h = 192.5 V·A·h；

③ UPS电源消耗能量：UPS效率以92%计算，20 kV·A模块产生功率最大约18 kW，其8%即1 440 W。1 440 W在60分钟内需要能量为：1 440 W×1 H = 1 440 W·h，需要的最小能量为：192.5 W·h + 1 440 W·h = 1 632.5 W·h。

④ 因为电池组电压为480 V DC，需要配置最小电池容量为1 632.5 V·A·h÷480 V = 3.4 A·h。根据计算值，查表可得需要的电池容量大于5.5 A·h即可。而实际使用中，电池电流不可以太大，否则会因配置电池容量小而不能承受，或都降低电池寿命。

⑤ 电池最大电流设计在 3C 到 5C 为佳，可以最大限度的发挥电池的作用。负载 18 000 W，所以最大电流为（18 000 W + 1 440 W）÷ 480 V ÷ 95% = 42.63 A，3C 需要电池 14.2 A·h，5C 需要电池 8.5 A·h。

⑥ 选择 12 V 12 A·h 阳光电池。型号为：A412/12SR，每组 40 只。

（4）两侧站台控制系统 UPS 蓄电池容量计算

① 两侧站台控制电源在后备时间内需要消耗能量：

控制电源 UPS 待机 60 分钟，UPS 电源需要消耗能量：400 W × 1 H = 400 V·A·h。

② 制电源 UPS 外接电池电压为 192 V DC，需要配置最小电池容量为 400 V·A·h ÷ 192 V = 2.1 A·h。

③ 负载需要的最大放电电流为：400 W ÷ 192 ÷ 0.92 = 2.26 A（逆变器效率为 0.92，电池指数为每组 16 只）。

查表可知，控制电源选择 12 V 5.5 A·h 电池。考虑后期可能有增加设备容量的需求，UPS 电池采用 12 V 8.5 A·h 电池。型号为：A412/8.5SR，每组 16 只。

工作实施

1. 安全门电源系统配电简介

引导问题 1：安全门系统要保持每年____天、每天____小时、时间间隔____分钟的运行能力。

引导问题 2：驱动电源负责对____系统供电。

引导问题 3：控制电源负责对____、____、____、____和____等供电。

引导问题 4：驱动电源和控制电源采用相互____的配电回路，避免相互____。两部分电源都配备_____电源，

2. 安全门系统门机驱动特点

引导问题 5：所有安全门均采用____流电机，都是同步____、____、____。

引导问题 6：安全门系统门机驱动具有_____性，驱动电源需要满足直流电机启动的_____特性，UPS 功率要满足开关门时_____功率需求。

3. 安全门电源系统驱动电源结构

引导问题 7：驱动电源主要包括哪些部件？

答：

_____

_____

_____

引导问题 8：充电模块一方面对_____进行浮充电，另一方面通过降压装置（硅链）给_____供电。

引导问题 9：降压硅链串联在_____与_____之间。

引导问题 10：蓄电池组由哪几部分构成？

答：

4. 安全门电源系统驱动电源工作原理

引导问题11：写出驱动电源的工作路径。

答：

引导问题12：驱动电源的输出回路存在着_____配电。

5. 安全门电源系统驱动电源监控

引导问题13：驱动电源监控模块能监测_____电源装置的输出电压、电流，_____器输出的电压、电流，_____浮充电压、电流等。

引导问题14：驱动电源监控模块能对电源UPS重要的状态进行_____监视，将故障、状态信息传输到安全门系统的_____机上。

6. 安全门电源系统控制电源结构

引导问题15：在安全门系统控制电源供电回路中一般都采用_____式UPS。

引导问题16：控制电源包括哪些部件？

答：

引导问题17：安全门控制电源馈线输出包括_____V馈出和_____V馈出。

引导问题18：安全门电源系统控制电源UPS充电模块是如何工作的？

答：

7. 安全门电源系统控制电源工作原理

引导问题19：简介安全门电源系统控制电源工作过程。

答：

8. 安全门电源系统控制电源监控

引导问题 20：安全门电源系统控制电源监控将_____、_____信息传输到安全门控制系统的_____机上。

9. 安全门电源智能监控系统

引导问题 21：安全门电源智能监控系统监控主要功能分为：_____管理功能、_____管理功能和_____通讯功能。

引导问题 22：监控系统"四遥"功能是指_____、_____、_____和_____。

引导问题 23：监控系统配置包含_____监控设备、_____监控单元、_____监控单元、_____监控单元、_____监测装置、_____巡检和_____模块内部监测部分。

引导问题 24：主监控设备具有电池_____评估功能；具有_____电管理功能，可进行启动放电计量、自动记录放电_____和放电_____。

10. 安全门电源系统配电盘

引导问题 25：安全门电源系统配电盘包括_____电源配电盘和_____电源配电盘。

引导问题 26：配电盘所有电源装置故障信号应送至_____，可通过终端实现故障_____。

11. 安全门系统电源配置方案

引导问题 27：驱动电源 UPS 系统配置主机功率为_____kV·A。

引导问题 28：控制电源 UPS 系统配置主机功率为_____kV·A。

参考答案

评价反馈

表 5-3-2 学生自评表

班级：	姓名：	学号：		
学习情景 5.3	安全门系统驱动电源和控制电源认知			
评价项目	评价标准	分值	得分	
安全门系统驱动电源和控制电源电路结构认知	能正确认知安全门系统驱动电源和控制电源的组成部件	20		
安全门系统驱动电源工作过程认知	能正确分析安全系统驱动电源工作过程及技术要点	20		
安全门系统控制电源工作过程认知	能正确分析安全系统控制电源工作过程及技术要点	20		
安全门电源系统监控认知	能正确分析安全门系统对电源的监控	10		
工作准备	能完成相关理论知识学习	15		
工作质量	能按计划完成工作任务	15		
合计		100		

表 5-3-3　学生互评表

学习情景 5.3		安全门系统驱动电源和控制电源认知					
评价项目	分值	评价对象（组别）					
		1	2	3	4	5	6
计划合理	20						
组织有序	20						
工作完整	20						
团队合作	20						
材料上交	20						
合计	100						

注：评价档次统一采用 A（优秀）、B（良好）、C（合格）、D（努力）四个。

表 5-3-4　教师评价表

班级：		姓名：	学号：	
学习情景 5.3		安全门系统驱动电源和控制电源认知		
评价项目		评价标准	分值	得分
考勤		没有无故缺勤、迟到、早退现象	10	
工作过程	安全门系统驱动电源与控制电源构成	能正确认知安全门系统驱动电源和控制电源的构成部件，说明相关部件的作用	15	
	安全门系统驱动电源和控制电源技术要求	能正确分析安全门系统驱动电源和控制电源相关的技术参数及要求	20	
	工作质量	能按计划完成工作任务	10	
	协调能力	能与小组成员合作交流，协调工作	5	
	职业素养	能表达成熟或灵动的想法	5	
项目成果	工作完整	能按计划完成任务	5	
	工作规范	能做到安全生产，文明施工	15	
	工作报告	能正确完成工作报告	10	
	成果展示	能准确表达工作成果	5	
合计			100	
综合评价	自评（20%）	小组互评（30%）	教师评价（50%）	综合得分

单元 6

安全门系统信号控制基础

学习情景 6.1　安全门系统接口与信号认知

情景描述

城市轨道交通车站没有车辆时，安全门系统是不会自动打开的。只有当车辆到站停稳后，安全门与车门同步打开与关闭。安全门系统与车辆运行的信号必须是联动，而且需要严格控制与执行。这都离不开城市轨道交通信号系统。安全门系统与外部系统存在着诸多接口。安全门是如何与信号系统连接的？如何接受信号控制的？安全门除了信号接口以外，其安装如何与站台建筑连接？安全门电源系统如何与车站低压配电系统连接等，这些接口又是怎样的？有什么要求？

图 6-1-1 是城市轨道交通车站安全门系统与信号系统的连接示意图。以学习者视角对图进行识读，尝试了解城市轨道交通车站安全门系统与信号系统、综合监控系统、站台建筑结构、低压配电系统等的连接与功能。

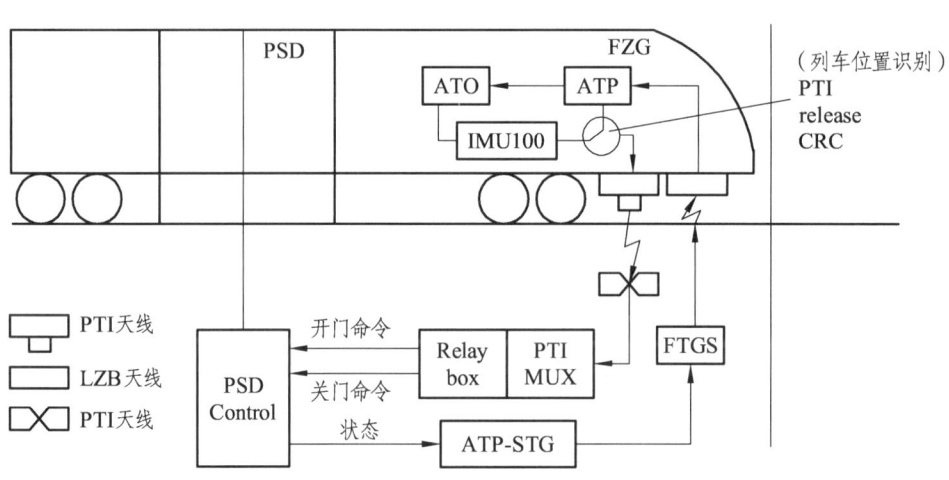

图 6-1-1　安全门系统与信号系统连接示意图

学习目标

（1）能理解城市轨道交通车站安全门系统与信号系统的连接接口及功能；
（2）能理解城市轨道交通车站安全门系统与综合监控系统的连接接口及功能；
（3）能理解城市轨道交通车站安全门系统与站台建筑的连接接口及功能；
（4）能理解城市轨道交通车站安全门系统与车站低压配电系统的连接接口及功能；
（5）了解城市轨道交通车站安全门系统与各接口的功能与技术要求。

工作任务

（1）在地铁车站和实训室里仔细观察安全门的工作情况，了解信号系统是如何控制安全门系统运行的；了解综合监控系统是如何监控安全门系统的。分析信号系统、综合监控系统对安全门系统运行产生的影响。

（2）在地铁车站和实训室里仔细观察供电情况，了解低压配电系统与安全门系统是如何连接的；仔细了解安全门系统是如何安装在站台建筑上的；有什么特殊安装方式。分析安全门系统对于车站低压配电和站台建筑的相关技术要求。

任务分组

表 6-1-1　学生任务分配表

班级			组号		指导老师	
组长			学号			
组员	姓名		学号	姓名		学号
任务分工						

工作准备

（1）阅读工作任务，观察地铁信号系统和综合监控系统对于车站安全门系统运行状态的影响；观察安全门系统与低压配电系统、站台建筑的接口，并做好记录。

（2）收集《城市轨道交通站台屏蔽门系统技术规范》（CJJ 183—2012）中安全门系统涉及的信号系统、综合监控系统、低压配电系统、站台建筑的规范与要求。

（3）查阅相关信息，进一步了解城市轨道交通车站安全门系统出现的新接口技术和新的解决方案。

情景知识

知识点 1：城市轨道交通信号系统简介

在城市轨道交通中，信号系统作为自动控制系统的重要组成部分，担负着指挥列车运行、保证行车安全、提高运输效率的作用。

为了实现安全门系统的自动开关，一般情况下安全门系统由信号系统进行控制。而要更好地实现无人驾驶技术，就必须实现安全门、列车车门与信号系统之间的联动控制，建立联锁关系。

1. 信号系统

在城市轨道交通系统中，信号系统是一个集行车指挥和列车运行控制为一体的非常重要的机电控制系统，它直接关系到城市轨道交通系统的运营安全、运营效率以及服务质量。信号系统保证乘客和列车的安全，实现列车快速、高密度、有序运行的功能。信号系统是现代城市轨道交通核心控制技术之一。

城市轨道交通信号系统的核心是列车自动控制（ATC）系统。它由计算机联锁（CBI）子系统、列车自动防护（ATP）子系统、列车自动驾驶（ATO）子系统、列车自动监控（ATS）子系统构成。各子系统之间相互渗透，实现地面控制与车上控制相结合、就地控制与中央控制相结合，构成一个以安全设备为基础，集行车指挥、运行调整以及列车驾驶自动化等功能为一体的自动控制系统。

其中，计算机联锁子系统（CBI）实现列车运行进路上的道岔、信号机、轨道区段间正确的联锁控制以及系统的自诊断、故障报警。

2. ATP 子系统

ATP 子系统的功能是对列车运行进行超速防护，对与安全有关的设备实行监控，实现列车位置检测，保证列车间的安全间隔，保证列车在安全速度下运行，完成信号显示、故障报警、降级提示、列车参数和线路参数的输入，与 ATS、ATO 及车辆系统接口进行信息交换。

ATP 子系统接收来自联锁设备和操作层面上的信息、线路信息、前方目标点的距离和允许速度信息等，不断将信息数据从地面通过轨道电路等传至车上，由车载设备计算得到当前允许速度；或由行车指挥中心计算出目标速度传至车上，由车载设备测得实际运行速度。依此来对列车实行监视，使之始终在安全速度下运行，以缩短列车运行间隔，保证行车安全。

采用轨道电路传送 ATP 信息时，ATP 子系统由设于控制站的轨旁单元、设置于线路上各轨道电路分界点的调谐单元和车载 ATP 设备组成，以及与 ATS、ATO、联锁设备的接口设备。

3. ATO 子系统

ATO 子系统功能是用于实现"地对车控制"，即用地面信息实现对列车驱动、制动控制、列车自动折返等。根据控制中心的指令使列车按最佳工况正点、安全、平稳地运行，自动完成对列车的启动、牵引、惰行和制动，送出车门和安全门同步开关信号。

使用 ATO 后，可使列车经常处于最佳运行状态，高质量地自动驾驶，提高列车运行效率，避免了不必要的、过于剧烈的加速和减速，提高了旅客舒适度、列车正点率，并减少了能耗和轮轨磨损。

ATO 子系统包括车载 ATO 单元和地面设备两部分。地面设备有站台电缆环线、车-地通信设备以及和 ATP、联锁系统的接口设备。

ATO 还装有双向通信系统，使列车能直接与车站内的 ATS 系统接口，保证实现最佳的运行图控制。

4. ATS 子系统

ATS 子系统功能是实现对列车运行的监视和控制，辅助调度人员对全线列车进行管理，包括：调度区段内列车运行情况的集中监视与控制，监测进路控制、列车间隔控制设备的工作，按行车计划自动控制轨旁信号设备以接发列车，列车运行实迹的自动记录，时刻表自动生成、显示、修改和优化，运行数据统计及报表自动生成，设备运行状态监测，设备状态及调度员操作记录，运输计划管理等，还具有列车车次号自动传递等功能。ATS 工作方式为集中管理，分散控制。

ATS 子系统包括控制中心设备和 ATS 车站、车辆段分机。此外，在 ATC 范围内的各正线控制站各设一套联锁设备，正线有岔站原则上独立设置联锁设备，也可以采用区域控制方法。

知识点 2：安全门系统与信号系统的接口

安全门系统与信号系统的接口是用在于信号系统与安全门系统之间传送控制与监视信号。信号设备室通过硬线连接安全门系统设备室，中央接口盘（PSC）端子排是两系统之间的物理接口。

根据《地铁设计规范》(GB50157—2013) 相关规定要求：信号系统应能控制站台安全门与列车车门按预定顺序开门、关门动作。信号系统中列车自动保护（ATP）子系统负责对安全门状态的连续安全监视，列车自动运行（ATO）子系统负责安全门与车门的同步开、关控制。列车在车站停车，经 ATP 确认满足停车精度的要求后，才允许 ATO 向列车门控系统和站台安全门系统发送开门指令。列车需要离开站台时，由 ATO 自动或人工发出关闭车门和安全门的指令，经 ATP 确认车门和安全门均已关闭且锁紧后才允许启动列车。

1. 安全门系统所需信号系统的条件及功能

（1）信号系统与安全门系统的接口仅考虑线路上的列车的正向运行，但要满足安全门对停车精度的要求。只有停车精度要求被满足，信号系统才允许自动或人工向列车和站台安全门系统发送开门指令。因此，要安装安全门必须改善列车的停车状况，停车精度至少要达到 ATO 系统为 ± 0.4 m，成功率 99.5%，ATP 系统为 ± 0.5 m 的要求；并要保证在列车停车精度为 ± 400 mm 情况下，列车乘客门净开度 $\geqslant 1\,200$ mm（安全门门开宽度为 $2\,000$ mm）。

（2）只有安全门关闭的情况下列车才能运行。ATP 轨旁单元通过故障安全型继电器输入接点接收当前安全门的状态（PSD 开门或 PSD 关门）。如果安全门是开门状态，ATP 轨旁单元会设置一个安全停车点，不让任何列车驶入相应的车站站台。

（3）PDS 的状态通过 ATP 报文传输给列车。当列车接近运营停车点，且安全门的状态由

"PSD 关闭"变化为"PSD 开门"时，ATP 轨旁单元会产生紧急制动让列车停车。

（4）确保当列车停在停车窗位置范围内，才连通列车到轨旁的通信通道。当列车在站台范围内移动时，ATP 通过不激活"PTI（有车标志）释放"切断 PTI 通道。如果列车停到指定的 ATP 停车窗位置时，则通过 ATP 激活"PTI 释放"让 PTI 通道连通。当列车车门打开时，这些报文会通过 PTI 通道传输到轨旁单元，安全门会随之而打开。

（5）安全门控制系统向信号系统提供全部滑动门和应急门"关闭且锁紧"和"互锁解除"信息，接口采用安全型干接点双断硬线连接，接口分界点在安全门控制设备外的线端子排。

（6）列车在 ATP 停车窗范围内停稳后，ATP 车载单元会发出打开列车车门的信号。当列车车门打开，ATP 车载单元一个持续的故障安全输出则会切断列车的牵引系统。这是为了防止列车在车门开启的情况下人为地启动列车。

（7）PTI MUX 根据接收来的 2 个不同的 PSD 编码（对应 PSD 开门的编码）驱动 2 个继电器输出，它们是表示"PSD 开门"指令的接口。为了产生一个持续的控制信号，ATO 需不断发送"PSD 开门"指令，直到安全门被请求关闭为止。

（8）如果列车车门关闭（人工或自动），安全门也随之关闭。这些报文会通过 PTI 通道传输到轨旁单元。

（9）ATP 车载单元在关闭车门的同时，输出关闭安全门指令。只有收到列车车门关闭信号，且通过 ATP 报文接收到安全门的"关闭且锁紧状态"信息后，列车牵引系统才被释放，ATP 才允许启动列车。

（10）开左门或开右门应与站台的位置和列车运行方向相符合。如在换乘站，安全门的开关要根据有利于乘客导向的原则来进行设计：先开下客侧的安全门，后开上客侧的安全门。

（11）安全门系统发生故障，或安全门实际已关闭但因故不能把"关闭且锁紧状态"信号传送给 ATP 系统时，司机只有按"PSD 互锁解除"按钮，安全门系统才能给 ATP 系统送出"互锁解除"的信号，用以切断安全门系统和信号系统间的联锁关系，ATP 才允许启动列车。司机必须在每次发车前都按下"PSD 互锁解除"按钮，直到故障修复为止。

（12）安全门系统应为每侧站台提供一组接口与信号系统连接。因此，岛式站台和侧式站台有两组接口，一岛两侧式站台有四组接口。

（13）线路运行不同编组的列车时，信号系统中需要考虑采用不同的列车编组来开启对应的安全门。

2. 安全门系统与信号系统联动结构

安全门系统由列车控制系统（ATC）监视和控制，由车载设备和轨旁设备共同实施，组成联动系统。具体包括：车载设备（FZG）、轨道电路（FTGS）、列车自动防护系统（ATP）轨旁单元、列车位置识别多路接收器（PTI MUX）等。安全门系统与信号系统联动示意如图 6-1-2 所示。

如图 6-1-2 所示，安全门系统与信号系统联动结构存在两个单向信号通道：

（1）ATP 通道：实现地面到列车信息的传递，主要用于监视 PSD 状态。

ATP 轨旁单元采集安全门的状态信息报文，经 FTGS 轨道电路发送到钢轨上，通过车底 LZB 天线的接收，传送给车载 ATP 单元。

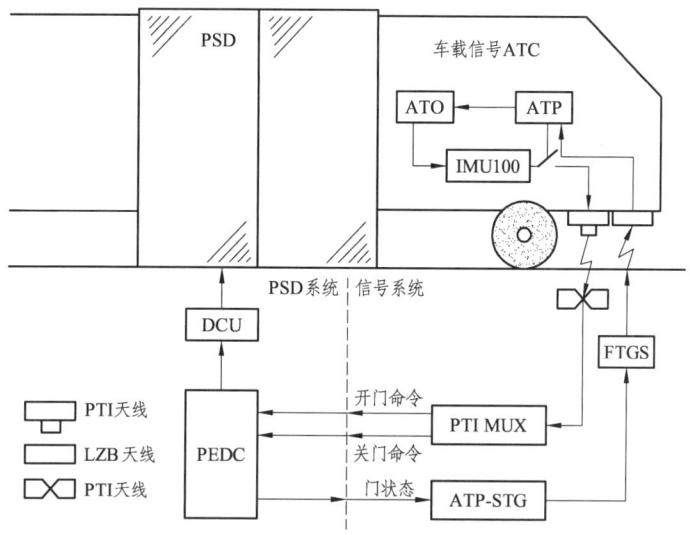

图 6-1-2　安全门系统与信号系统联动示意

（2）PTI 通道：实现列车到地面信息的通信，主要用于传输控制指令。

站台 PSD 的开关门指令是由特定的 ATO 乘务组号报文组成。ATO 通过 PTI 天线发送安全门控制指令报文，由地面 PTI 环线接收，通过 PTI MUX 进行处理，经输出继电器实现与安全门控制系统的接口。

图 6-1-2 中，信号系统的列车自动控制系统（ATC）通过其 LZB 天线对安全门系统进行实时的监视和控制。信号系统与安全门系统的信号传输实现主要分为两部分：一是通过 PTI 通道，传送控制安全门的"开门"和"关门"信号；二是通过 ATP 通道，接收来自安全门系统发出的"门关闭且锁紧"及"互锁解除"信号。

轨旁 ATP 通过故障-安全输入继电器来接收当前 PSD 状态（开或关），同时也向列车上发送此信息。轨旁 ATP 在站前、站台和站后 3 个区段向列车发送 PSD 状态，同时又给列车发出相应的动作指令。当轨旁 ATP 接收到站台 PSD 是在关闭且锁紧状态时，才允许列车以 ATO 或 SM 模式驾驶；否则，轨旁 ATP 就在相应的地方设置安全停车点或直接给车辆发送紧急制动指令，以确保站台和列车上的安全。

3. 安全门系统与信号系统接口

信号系统提供给安全门系统"开门"与"关门"指令，安全门系统向信号系统提供"关闭且锁紧"与"互锁解除"信号。

当信号系统与安全门系统联锁运行时，列车发出开/关门指令。开/关门信号通过信号系统传送给安全门系统；安全门系统通过向信号系统向列车提供安全门状态信息。只有车载信号系统收到安全门关闭且锁紧信号，列车才能以 ATO 模式驾驶。

信号系统向安全门系统发送"开门"及"关门"的控制指令，并且该指令一直保持，直到下一次发出改变门状态的指令才终止。安全门系统向信号系统提供安全门的状态信息（PSD 开门或 PSD 关闭锁紧），一直保持到下一次改变门状态指令时才终止。在安全门系统故障时，向信号系统发送"互锁解除"信号，以解除互锁关系。技术上要求安全门系统收到信号系统的指令后，在 0.3 s 内滑动门开始动作。

信号系统与安全门控制系统之间通过安全认证的传输通道连接。控制电缆从信号设备室引至安全门系统设备室内 PSC 端子排，接口界面在安全门系统设备室内安全门中央接口盘外线端子排（见图 6-1-3），采用继电器接口方式。安全门系统与信号系统连接电路如图 6-1-4 所示。

图 6-1-3 安全门系统与信号系统连接端子排

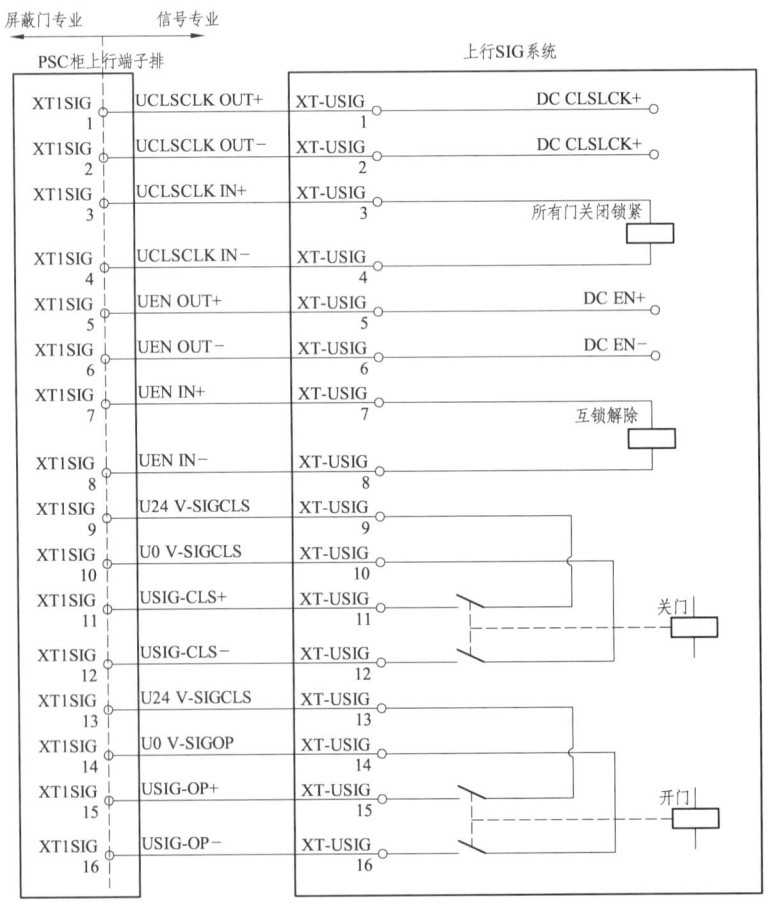

图 6-1-4 安全门系统与信号系统连接电路

图 6-1-4 中，信号系统将提供两组干接点用于发送"开门"与"关门"指令信息，由安全门系统提供电源（根据实际情况选择可调电源 24～50 V）；安全门系统分别提供两组干接点用以发送"关闭锁紧"与"互锁解除"指令信息，由信号系统提供电源（24～60 V 可调电源）；对于每一侧站台，信号系统与安全门系统均需单独连接。

安全门系统在每侧站台提供一组接口与信号系统连接。因此，岛式站台和侧式站台有两组接口，一岛两侧式站台有四组接口，例如广州地铁 1 号线与 2 号线换乘站公园前站。安全门与信号系统接口功能如表 6-1-2 所示。

表 6-1-2 安全门与信号系统接口功能表

内容	信号名称	接线方式	信号方向	信号系统说明	安全门系统说明
信号系统与 PEDC	开门指令	硬线	PEDC←SIG	司机在驾驶室内进行开门操作，信号系统收到此信号，将发出开门指令给安全门系统	从信号系统收到开门指令信号后，由 PEDC 控制所有屏蔽门打开（0.3s 内）
	关门指令	硬线	PEDC←SIG	司机在驾驶室内进行关门操作，信号系统收到此信号后，将发出关门指令给安全门系统	从信号系统收到关门指令信号后，由 PEDC 控制所有安全门关闭
	门开/闭状态	硬线	PEDC→SIG	PEDC 收到 DCU 发出的门开/关状态信号后向 SIG 发出此信号	DCU 收到 PEDC 门开/闭指令，控制驱动电机打开/闭安全门后，向 PEDC 发出门状态信息
	ASD/EED 关闭、锁紧	硬线	PEDC→SIG	SIG 收到 PEDC 发出的 ASD/EED，然后全部门关闭、锁紧，信号系统将允许发车	安全门关闭后，所有 DCU 的门关闭锁紧信号发给 PEDC，PEDC 将此信号发给 SIG
	PSD/EED 互锁解除	硬线	PEDC→SIG	SIG 收到 PEDC 发出的 ASD/EED，然后互锁解除信号，信号系统将允许发车	当安全门关闭后，信号系统因收不到关闭锁紧信号不能发车时，司机可操作 PSL 上的互锁解开关，PSL 向 PEDC 发送互锁解除信号，PEDC 则向 SIG 发出此信号

知识点 3：安全门系统与综合监控系统的接口

1. 安全门系统与综合监控系统的连接

安全门系统与综合监控系统（ISCS）的连接如图 6-1-5 所示，用在于向综合监控系统传送安全门运行状态及故障信息。

其中，综合监控系统负责进行安全门系统在线路控制中心和车站监控中心的状态显示、故障报警、状态查询以及运营管理等方面的功能，包括维修工作站功能。

同时综合监控系统会对以下信息进行报警处理：ASD/EED 关门报警、ASD/EED 互锁解除、ASD/EED 开门故障、门锁开关故障、滑动门门速故障、电源故障、关门遇障碍物故障等。同时在紧急情况下向安全门发送紧急开门命令。

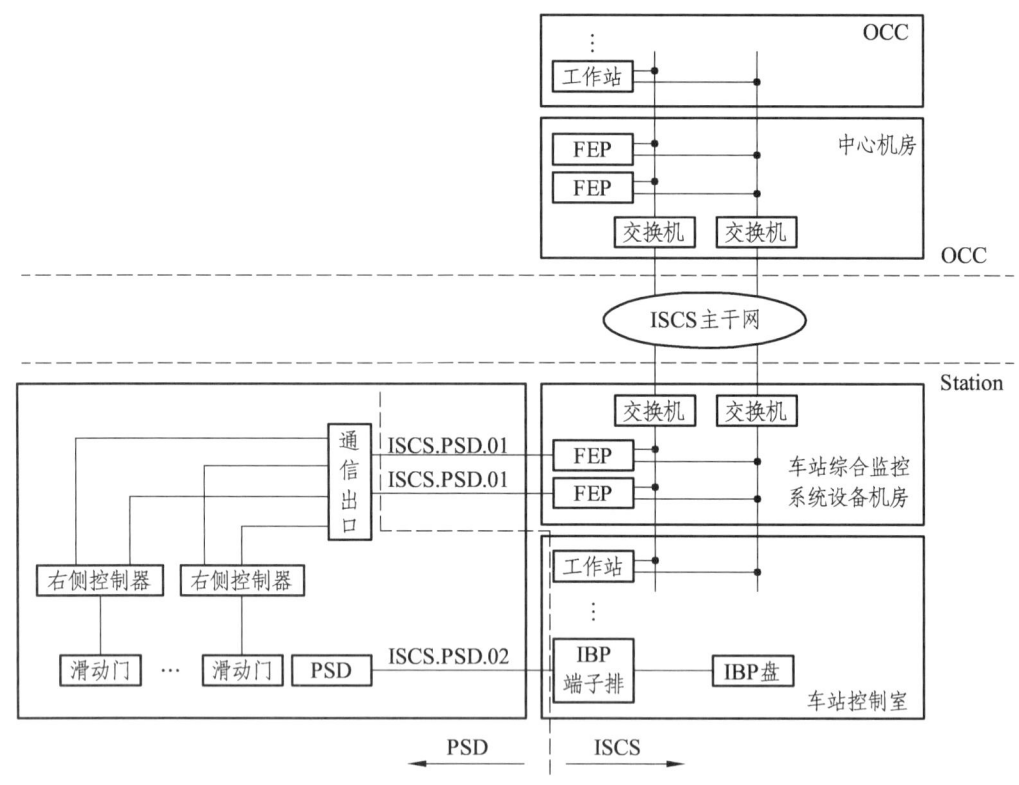

图 6-1-5　安全门系统与综合监控系统的连接图

另外,综合监控系统需为安全门系统提供车站主时钟信息。

安全门系统负责提供与综合监控系统的通信接口,以及相应数据(包括每扇门状态、故障信息),配合综合监控系统进行接口调试,并提供与 IBP 盘的接口电缆。

在紧急情况下,安全门系统接受由综合监控系统设置在车站控制室的 IBP 盘上的紧急开门开关发来的紧急开门命令,打开滑动门,并反馈相应信息。实现在紧急情况下开启安全门的功能。

安全门系统与综合监控系统的物理连接为:通过以太网连接传输数据的综合监控系统总线接口;通过硬线连接 IBP 盘接口,实现 IBP 紧急控制功能。

2. 安全门系统与综合监控系统接口功能

综合监控系统原则上主要接收安全门系统中重要的、安全性的状态或故障信息,以方便运营人员进行管理。因此,综合监控系统能监视安全门的运行平台,在站控室的显示终端进行显示;同时综合监控系统对安全门系统进行故障监控与报警,可实施故障查询和记录。安全门系统与综合监控系统接口界面示意如图 6-1-6 所示。

接口位置:安全门系统中央控制盘(PSC)的端子排上。

接口方式:综合监控系统采用 10/100 Mbps,RJ45 以太网接口,IBP 通过端子排采用硬线连接。

安全门系统与综合监控系统的连接电路如图 6-1-6 所示,综合监控系统显示的安全门系统主要信息如表 6-1-3 所示。

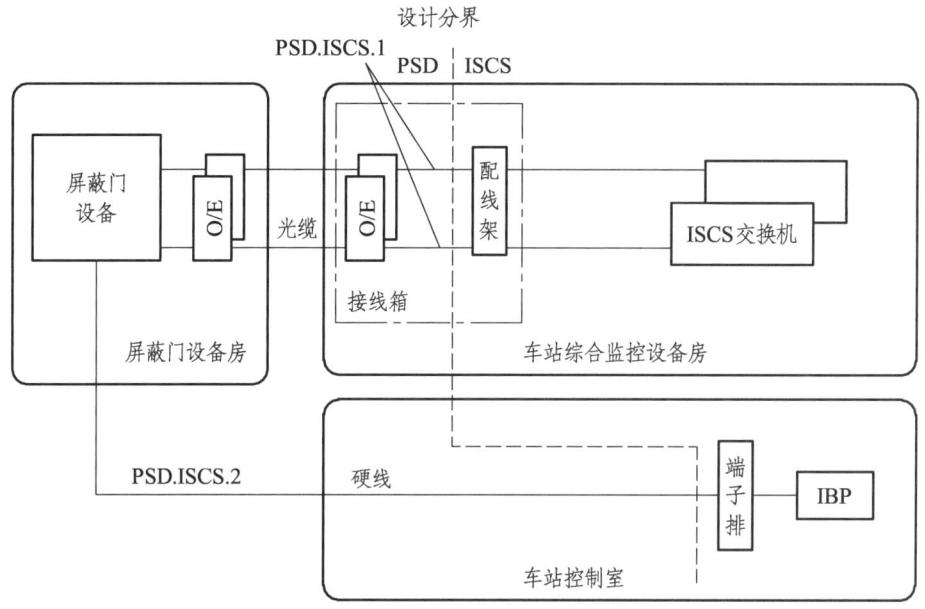

图 6-1-6 安全门系统与综合监控系统接口界面示意图

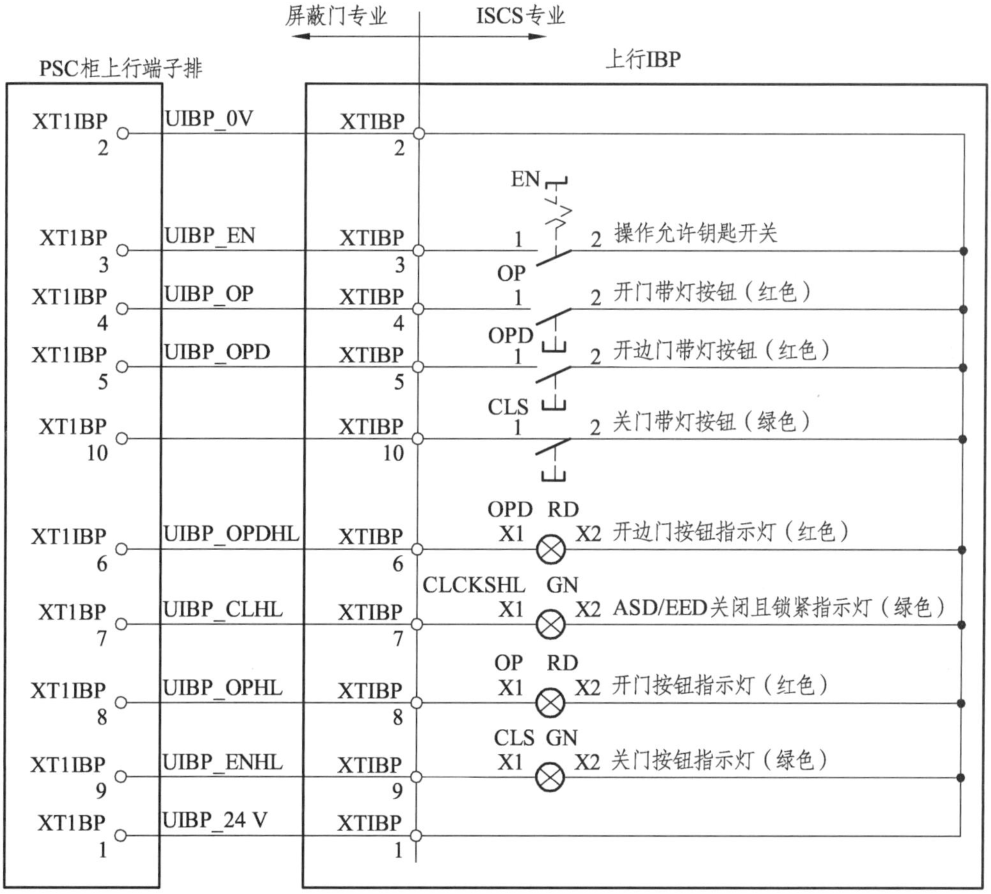

图 6-1-7 安全门系统与综合监控系统的连接电路

表 6-1-3　安全门系统在综合监控系统显示信息

类别	序号	实现的功能	信息说明	备注
状态信息	1	ASD/EED 开门状态	显示每侧 ASD/EED 开门状态	每侧站台
	2	ASD/EED 关门状态	显示每侧 ASD/EED 关门状态	每侧站台
	3	每个门单元的控制模式状态	每个门单元的隔离、自动、维修状态	每个门单元
	4	PSL 操作允许	PSL 的操作允许开关置"PSL 操作允许"位	每侧站台
	5	每侧站台的 PSL 开门指令触发	每侧站台的 PSL 每次开门指令成功触发	每侧站台
	6	每侧站台的 PSL 关门指令触发	每侧站台的 PSL 每次关门指令成功触发	每侧站台
	7	灾害模式下打开每侧站台所有安全门滑动门，开门指令触发	IBP 发出开门指令	每侧站台
	8	IBP 允许每侧站台所有滑动门，开门指令触发	IBP 发出操作允许指令	每侧站台
	9	火灾模式下打开每侧站台边门，开门指令触发	IBP 发出开门指令	每侧站台
	10	MSD 开门状态	显示每个 MSD 开门状态	每对端门
故障信息	1	单侧站台 ASD/EED 关门故障	单侧站台上每个 PSD 单元在设定时间内未关闭，则故障报警	每个门单元
	2	单侧站台 ASD/EED 开门故障	单侧站台上每个 PSD 单元在设定时间内未打开，则故障报警	每个门单元
	3	门处于手动/隔离报警	门处于手动/隔离状态，此门从自动控制系统中隔离出来，进行报警	每个门单元
	4	主电源故障报警	电源双切换箱供电出现故障，进行故障报警	每车站
	5	UPS 驱动电源故障报警	车站内 PSD 中驱动电源出现故障，则进行故障报警	每车站
	6	UPS 控制电源故障报警	车站内 PSD 中控制电源出现故障，则进行故障报警	每车站
	7	控制系统故障报警	单侧站台的 PEDC 出现故障则进行报警	每侧站台
	8	现场总线故障报警	PSC 中的主监控系统出现故障则进行报警	每侧站台

续表

类别	序号	实现的功能	信息说明	备注
故障信息	9	MSD 未锁紧报警	在 2 分钟（1~5 分钟内可调）内，MSD 未锁紧则故障报警	每对端门
	10	单侧站台 ASD/EED 互锁解除报警	单侧站台 ASD/EED 处于"互锁解除"状态，进行报警	每侧站台
	11	每个 DCU 故障报警	站台上有 DCU 出现故障，则进行故障报警	每个门单元
	12	每个电机故障报警	站台上有电机出现故障，则进行故障报警	每个门单元
	13	EED 打开状态报警	每侧站台上有应急门处于打开状态则进行故障报警	每个应急门
	14	ASD 锁闭检测开关（左右）故障报警	滑动门未正常锁闭时，进行报警	每个滑动门
	15	ASD 门头锁解锁故障报警	滑动门门头锁未能正常解锁则进行故障报警	每个滑动门
	16	EED 检测开关故障报警	应急门检测开关故障则进行报警	每个应急门
	17	MSD 检测开关故障报警	端门检测开关故障则进行报警	每个端门

知识点 4：安全门系统与低压配电系统的连接

安全门系统与低压配电系统接口示意如图 6-1-8 所示，分界点：在车站安全门系统设备室电源屏内双电源切换箱输入端。安全门系统和低压配电系统物理接口功能如表 6-1-4 所示。

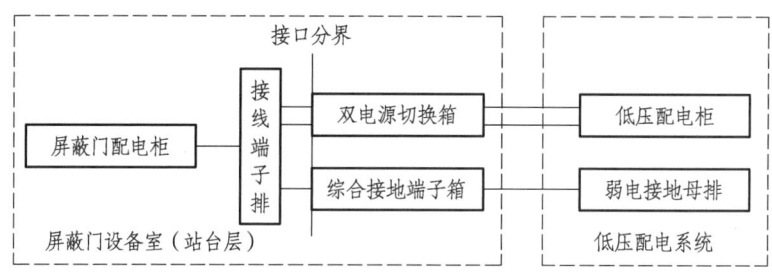

图 6-1-8　安全门系统与低压配电系统接口示意图

表 6-1-4　安全门与低压配电系统的接口功能

接口位置	安全门系统	低压配电	接口类型	接口功能
在安全门系统设备室内电源切换箱	提供双电源切换箱至安全门配电柜箱的电缆、输出端子排，负责敷设	向安全门系统提供两路独立三相 380 V 电源，负荷等级为一级；引至安全门设备室内配电线路及设备	电缆连接	为安全门系统提供足够容量的电源及回路。包括驱动电源、控制电源、监视系统电源容量、照明电源及回路
在安全门系统设备室内	提供柜体与端子箱间接地电缆（电阻小于 1Ω），负责敷设	向安全门系统提供综合接地端子	端子排	满足安全门系统设备室设备接地要求

知识点 5：安全门系统与站台建筑的接口

屏蔽门、全高安全门通过钢架构作为整个安全门系统的受力结构，立柱一般采用上下部分别与站台建筑结构连接。两者结构基本一致，以下均以屏蔽门为例进行分析。

1. 屏蔽门对上部建筑的要求和连接方式

屏蔽门立柱通过上部钢连接件与站台上部建筑结构梁连接，对上部建筑结构梁的位置等均有要求。从屏蔽门安装需要及列车限界需要出发，对上部建筑结构梁的要求：

（1）梁底到站台装修完成面的高度一般为 3 100 ~ 3 600 mm，主要是考虑到吊顶装修完成后能遮挡住立柱上部钢连接件、保持美观；以及考虑到如果建筑结构梁高度太高，对门体的变形会产生较大的影响；

（2）梁中心线到站台边缘线为 200 ± 30 mm，主要是考虑到列车限界的要求以及确保能尽量选择较小的钢连接件；

（3）梁厚 200 ~ 240 mm，上部建筑结构梁的厚度与屏蔽门的安装没有太大的影响，将上部建筑结构梁的厚度设置在 200 ~ 240 mm，主要是从便于安装预埋件或后埋件来考虑。

根据上部土建结构梁的位置不同，屏蔽门立柱通过上部钢连接件与上部建筑结构梁有梁底连接和梁侧连接两种方式。连接件固定一般采用预埋或后埋连接。预埋方式主要有预埋 C 形连接件、预埋钢板、预留穿墙螺栓安装孔等；后埋主要采用化学锚栓、膨胀螺栓连接等。

目前实际工程中经常采用后埋连接方式，即采用化学锚栓或膨胀螺栓与上部土建结构梁连接。而从长远来看，为确保屏蔽门可靠连接，应该尽量采用预埋连接的方式，且采用预埋连接的方式还可以有效降低工程成本。

2. 屏蔽门对下部建筑的要求和连接方式

屏蔽门立柱通过下部支撑件与建筑站台板连接，站台板需能承受人群荷载及屏蔽门的自重等。为便于屏蔽门的安装，需在站台沿轨道一侧预留有安装槽。该安装槽的规格一般为 150 mm × 300 mm（距站台装修完成面 150 mm、距站台边缘 300 mm）。

屏蔽门立柱通过下部钢支座与站台板连接，连接固定一般采用预埋或后埋连接。其方式与上面一致。

3. 半高安全门或仅下部支撑的全高安全门对土建的要求

半高安全门或仅下部支撑的全高安全门均为悬臂支撑结构，站台板除了承受重力外，还承受较大的弯矩。因此，相对于上下支撑的屏蔽门或全高安全门来说，半高安全门或仅下部支撑的全高安全门对站台板的受力要求更高；另外，由于受门体结构形式及安装结构形式的影响，需预留的安装槽尺寸要更大。

一般情况下半高安全门安装槽尺寸为 150 mm × 450 mm（距站台装修完成面 150 mm、距站台边缘 450 mm），仅下部支撑的全高安全门安装槽尺寸为 150 mm × 350 mm（距站台装修完成面 150 mm、距站台边缘 350 mm）。

4. 安全门与建筑结构的绝缘设计

由于城市轨道交通牵引配电系统采用直流供电，并把钢轨作为汇流通道，所以钢轨与大地间存在电位差（按供电系统相关资料，最高为 90 V）。为避免乘客上下列车时碰到安全门而出现的触电危险,需确保安全门与列车车厢处于等电位状态。

首先,在结构上要确保安全门与大地绝缘。一般情况下可通过在上部连接件安装绝缘套及绝缘垫的方式,实现城市轨道交通车站安全门与上部建筑结构的绝缘设计。该结构设计还能在 X、Y、Z 三维方向作调整,以有效适应土建结构施工误差;还能在高程实现上、下调整,可自动吸收车站建筑结构一定程度的沉降。

安全门与站台板通过在下部支撑件上安装绝缘件实现与站台建筑绝缘。下部支撑件主要由上下 T 型支座、绝缘件、支承板、调整垫片等通过螺栓连接而成,其中绝缘件使得安全门系统底部与建筑结构绝缘。将绝缘件设置在距离站台板上方位置,可有效防止异物堆积导致安全门与站台间的绝缘性能下降;另外还应考虑防潮、防尘措施,确保使用过程中受环境影响不会导致绝缘性能下降;门槛与站台装修层(绝缘地板)之间一般留有 10 mm 左右间隙,在安全门安装完成后,用绝缘材料填充。

5. 端门单元的绝缘设计

为了防止端门与安全门主段之间、端门与车站结构之间产生触摸电压,端门单元设计为与车站站台建筑结构绝缘,与安全门主段设备绝缘。

任何与站台地或轨道地连接的设备都不得与端门连接;任何附上或者交叉越过端门单元的电缆都要使用绝缘的线槽或者管道。端门单元的结构将尽可能减少金属和导电材料的使用;任何外露的金属件将涂上一层绝缘材料,减少触摸电压。

除了符合条件的超低压电缆通过,安全门结构中不得通过和接入电缆线。超低电压系统是指在导体间或对地间交流电压小于 50 V 或直流波动为 120 V。即此电压相对于接地分离,当信号发生故障不会出现电击事故。

6. 等电位连接

确保安全门与列车车厢处于等电位状态。用导线将安全门门体与轨道进行可靠的电气连接,即实现安全门系统与轨道的等电位连接。

7. 安全门系统与其他专业接口

安全门系统安装过程中,涉及与众多专业存在着施工接口。妥善处理好各接口是保证安全门及相关专业施工顺利进行、避免返工,实现预期工期目标的前提。除以上接口以处,安全门系统还与以下专业产生接口关系,如表 6-1-5 所示。

表 6-1-5 安全门系统与部分专业的接口关系

相关专业	接口位置	接口内容与要求	输入资料	输出资料
通风空调	PSD 设备室	满足设备室环境要求和受力负载、活塞风风速	安全门所需承受的风压;安全门端部活塞风风速	1. 安全设备室环境要求;2. 安全门的位置、高度及设备发热量
给排水	PSD 设备室	满足设备室消防要求	生产、生活用水	安全门设备室设备类型
运行组织	全线系统	运行资料	列车编组、停站时间、列车单双向行驶资料	

续表

相关专业	接口位置	接口内容与要求	输入资料	输出资料
综合基地	综合基地	维修方式、用房要求		维修方式、用房及定员、
车辆	车辆	车辆具体资料：实现安全门滑动门与列车车门一一对应开关	车辆编组及布置尺寸；车门有效高度、开度；车门开关行程时间等	
限界	车站站台	使安全门满足限界要求	安全门限界要求	
轨道		实现过轨线缆布置和等电位连接	等电位连接位置和方式要求	提供过轨线缆的大小和路径
工程筹划		满足工期要求		提供主要工程数量
概算		编制各阶段概算文件		安全门机电结构形式及数量

工作实施

1. 城市轨道交通信号系统简介

引导问题1：为了实现安全门系统的自动开关，安全门系统由_____系统进行控制。

引导问题2：在城市轨道交通中，信号系统有什么作用？

答：
_____
_____
_____

引导问题3：城市轨道交通信号系统的核心是_____（ATC）系统。

引导问题4：列车自动控制（ATC）系统由_____（CBI）子系统、_____（ATP）子系统、_____（ATO）子系统、_____（ATS）子系统构成。

引导问题5：简介ATP子系统的功能。

答：
_____
_____
_____
_____
_____

引导问题6：ATO子系统功能是用于实现"_____控制"，即用地面信息实现对列车_____、制动_____、列车自动_____等。

引导问题7：ATS子系统功能是实现对列车运行的_____和_____，辅助调度人员对全线列车进行_____。

2. 安全门系统与信号系统的接口

引导问题 8：信号设备室通过_____线连接安全门系统设备室，中央接口盘（PSC）_____是两系统之间的物理接口。

引导问题 9：列车在车站停车，经 ATP 确认满足停车_____的要求后，才允许 ATO 向列车门控系统和站台安全门系统发送_____门指令。

引导问题 10：列车需要离开站台时，由 ATO 自动或人工发出_____车门和安全门的指令，经 ATP 确认车门和安全门均已_____且_____后，才允许列车_____。

引导问题 11：信号系统与安全门系统的接口仅考虑线路上的列车的_____向运行，但要满足安全门对停车_____的要求。

引导问题 12：如果安全门是开门状态，ATP 轨旁单元会设置_____点，不让任何列车驶入相应的车站_____。

引导问题 13：当列车车门打开，ATP 车载单元一个持续的故障安全输出则会切断列车的_____系统，防止列车在车门开启的情况下人为地_____列车。

引导问题 14：只有收到列车车门_____信号，且通过 ATP 报文接收到安全门的"_____"信息后，列车_____系统才被释放，ATP 才允许_____列车。

引导问题 15：安全门系统由列车控制系统（ATC）监视和控制，由_____设备和_____设备共同实施，组成联动系统。

引导问题 16：信号系统提供给安全门系统"_____"与"_____"指令，安全门系统向信号系统提供"_____"与"_____"信号。

3. 安全门系统与综合监控系统的接口

引导问题 17：综合监控系统负责进行安全门系统在线路控制中心和车站监控中心的状态_____、故障_____、状态_____以及运营_____等方面的功能，包括维修_____功能。

引导问题 18：安全门系统与综合监控系统的物理连接为：通过_____连接传输数据的综合监控系统总线接口；通过_____连接 IBP 盘接口，实现 IBP 紧急控制功能。

4. 安全门系统与低压配电系统的连接

引导问题 19：安全门系统与低压配电系统接口在车站安全门系统_____室电源屏内双电源_____输入端。

引导问题 20：低压配电向安全门系统提供两路独立_____相_____V 电源，负荷等级为_____级；引至安全门设备室内配电线路及设备；向安全门系统提供综合_____端子。

5. 安全门系统与站台建筑的接口

引导问题 21：屏蔽门、全高安全门通过_____作为整个安全门系统的受力结构，立柱一般采用_____部分别与站台建筑结构连接。

引导问题 22：半高安全门或仅下部支撑的全高安全门均为_____结构。

引导问题 23：由于钢轨与大地间存在电位差，为避免乘客出现触电危险，需确保安全门与列车车厢处于_____状态，由此在结构上要确保安全门与大地_____。

引导问题 24：为了防止端门与安全门主段之间、端门与车站结构之间产生触摸电压，端门设计为与车站站台建筑结构_____，与安全门主段设备_____。

参考答案

评价反馈

表 6-1-6　学生自评表

班级：	姓名：	学号：	
学习情景 6.1	安全门系统接口与信号认知		
评价项目	评价标准	分值	得分
安全门系统与信号系统接口认知	能正确认知安全门系统与信号系统联动，分析其功能	30	
安全门系统与综合监控系统接口认知	能正确认知安全门系统与综合监控系统联动，分析其功能	20	
安全门系统与站台建筑接口技术认知	能正确认知安全门系统与站台建筑接口，分析其功能	10	
安全门系统与低压配电系统接口认知	能正确认知安全门系统与低压配电系统的接口，分析其功能	10	
工作准备	能完成相关理论知识学习	15	
工作质量	能按计划完成工作任务	15	
合计		100	

表 6-1-7　学生互评表

学习情景 6.1		安全门系统接口与信号认知					
评价项目	分值	评价对象（组别）					
		1	2	3	4	5	6
计划合理	20						
组织有序	20						
工作完整	20						
团队合作	20						
材料上交	20						
合计	100						

注：评价档次统一采用 A（优秀）、B（良好）、C（合格）、D（努力）四个。

表 6-1-8　教师评价表

班级：		姓名：	学号：		
学习情景 6.1			安全门系统接口与信号认知		
评价项目		评价标准		分值	得分
考勤		没有无故缺勤、迟到、早退现象		10	
工作过程	安全门系统与信号系统、综合监控系统连接认知	能正确认知信号系统对安全门系统自动运行的控制过程，分析综合监控系统对于安全门系统的信息		25	
	安全门系统与站台建筑、低压配电系统连接认知	能正确认知安全门系统安装在站台建筑上的特殊言式，指出低压配电系统与安全门系统连接的技术措施		10	
	工作质量	能按计划完成工作任务		10	
	协调能力	能与小组成员合作交流，协调工作		5	
	职业素养	能表达成熟或灵动的想法		5	
项目成果	工作完整	能按计划完成任务		5	
	工作规范	能做到安全生产，文明施工		15	
	工作报告	能正确完成工作报告		10	
	成果展示	能准确表达工作成果		5	
合计				100	
综合评价		自评（20%）	小组互评（30%）	教师评价（50%）	综合得分

学习情景 6.2　安全门系统运行模式与信号控制

情景描述

为保障乘客安全，安全门系统运行设置多种运行模式。通过与信号系统联动，安全门也会影响列车的运行。在不同情况下，信号系统是如何控制安全门运行的？当安全门系统出现各类故障时，如何与信号系统配合，对安全门系统进行控制与处理，以保障乘客安全？

图 6-2-1 是城市轨道交通车站安全门系统与信号系统的连接示意图。以学习者视角对图进行识读，尝试了解城市轨道交通车站安全门系统不同运行模式下，安全门控制与监视系统与信号系统如何相互通信与控制。

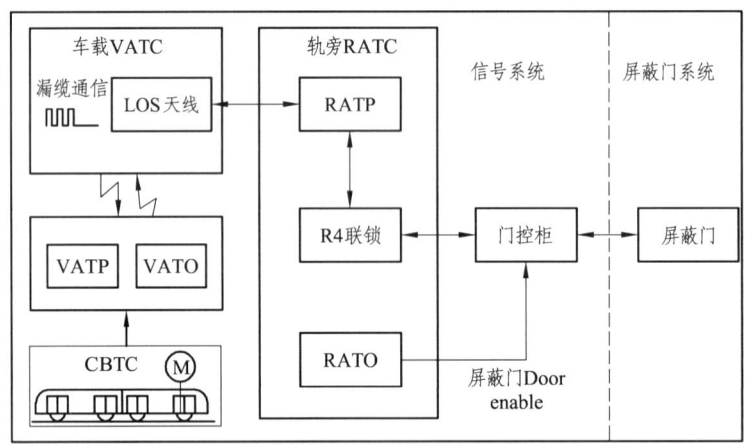

图 6-2-1　安全门系统与信号系统连接示意图

学习目标

（1）能掌握城市轨道交通车站安全门系统与信号系统的信号传输与控制；
（2）能理解城市轨道交通车站安全门系统不同运行模式下的信号传输与控制；
（3）能掌握城市轨道交通车站安全门系统对列车运行的影响；
（4）了解列车停站过程对城市轨道交通车站安全门系统技术要求。

工作任务

（1）在地铁车站和实训室里仔细观察安全门的工作情况，了解信号系统与安全门系统之间的信号是如何双向传输的；了解不同运行模式下安全门系统是如何进行信号控制的；分析信号系统对安全门系统产生的影响。

（2）在地铁车站和实训室里仔细观察列车在进出车站的运行情况，了解安全门系统是如何影响列车运行的；了解列车停站对于城市轨道交通安全门系统有什么特殊要求；分析安全门系统对于列车运行产生的影响。

任务分组

表 6-2-1　学生任务分配表

班级		组号		指导老师	
组长		学号			
组员	姓名		学号	姓名	学号
任务分工					

工作准备

（1）阅读工作任务，观察地铁信号系统对于车站安全门系统运行状态的控制；观察安全门系统对于列车运行的影响，并做好记录。

（2）收集《城市轨道交通站台屏蔽门系统技术规范》（CJJ 183—2012）中安全门系统涉及的信号控制的规范与要求。

（3）查阅相关信息，进一步了解城市轨道交通车站安全门系统出现的新信号控制技术和新的解决方案。

情景知识

知识点 1： 信号系统与安全门系统之间接口信号

信号系统与安全门系统之间的联动控制与状态监视，在保证列车和乘客安全的前提下，提高了城市轨道交通系统的自动化程度，保证快速、高密度、有序运行，同时提高了服务水平，也为无人驾驶系统的发展奠定了基础。

信号系统作为行车安全的重要保障，安全门作为城市轨道交通车站的一道安全屏障，信号系统与安全门接口设计的有效联动机制，软件与硬件电路接口的规范合理是接口设计的核心。将安全门设备接口信号传递和信号系统联锁关系进行有效结合，也为行车安全奠定重要的基石。

1. 接口信号特性

城市轨道交通信号系统与安全门系统的接口信号具有以下特性：

（1）当列车处于安全零速度（零速度，牵引断开，列车制动）时，车载 ATP（VATP）才会发出使能命令。

如图 6-2-2 所示，当列车停稳后，VATP 通过车载电缆向整列车的车门发出使能命令，VATP 同时向轨旁 ATP（RATP）发出请求信号，让 RATP 给车站安全门发出使能命令；RATP 通过联锁（EbiLock）向车站安全门系统发出使能命令，并且 RATP 在使能命令发出后立即对车站台区域实施零限速。该限速被传送到停在站台的列车和其他接近车站的列车，以此禁止列车在车站区域的移动。

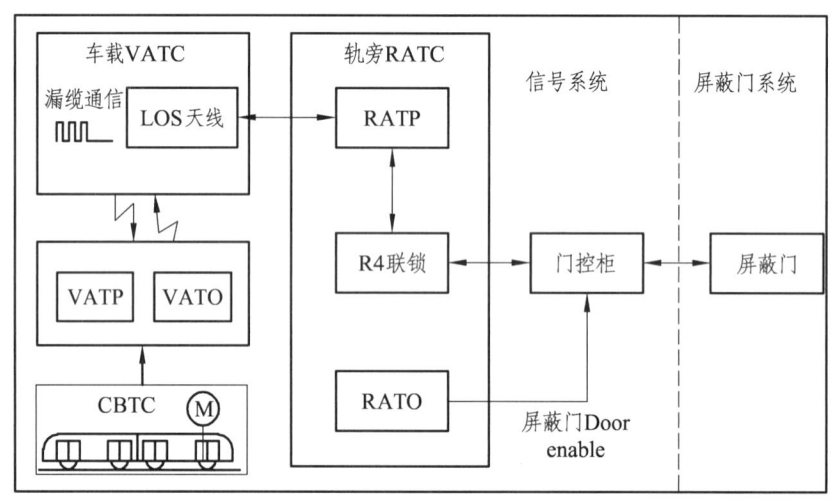

图 6-2-2　信号系统与安全门系统接口示意图

（2）ATC 系统传输到安全门的接口信号分为两种：一个安全信号和一个非安全信号。

安全信号是 RATO 和安全门之间的，用于确定安全门是否已正确关闭锁紧，及安全门何时可以允许安全操作。非安全信号用于 RATO 和站台门 PLC 之间，通过 RATP 许可开关门。

2. 接口信号功能

（1）信号联锁系统接收到"安全门关闭并锁闭"信号后，才让列车进入站台或从站台发车。"安全门关闭并锁闭"信号必须连续不间断地接收。

（2）列车到达站台准确停靠，并处于安全零速度后，RATP 才能通过联锁（EbiLock）向车站安全门发出使能命令，方能打开安全门。

（3）打开安全门指令：信号系统连续不间断地发送给安全门开门信息，直至开门指令中断。

（4）关闭安全门指令：信号系统连续不间断地发送给安全门关门信息，直至收到开门信息为止。

3. 安全门开关模式

在 ATO 自动运营模式运行下,列车门、安全门有三种开关门操作模式:自动开/关(A/A)模式、自动开/人工关(A/M)模式和人工开/关(M/M 模)式。

(1)自动开关安全门。

列车车载 ATP(VATP)控制列车在车站的准确停靠,当列车处于安全零速度(零速度,牵引断开,列车制动),RATO 负责控制安全门开关。 一旦开关安全门命令由 RATO 发出,车载 ATC(VATC)将开关安全门,这样就允许 RATO 来控制列车停站时间。

(2)自动开/人工关。

自动开门同上述,不同的是在人工关门模式下,列车司机负责通过 TOD 上的人工控制按钮关闭安全门。当 RATO 从列车收到关门命令后,它将发出安全门关门请求。

(3)人工开关安全门。

人工关门模式同上述,在人工开门模式下,列车司机通过安装在 TOD 上的人工控制按钮来开启安全门。当 RATO 从列车收到开门命令后,它将发出安全门开门请求。

4. 接口功能实现

信号 ATC 系统实现对安全门的监控,包括列车自动防护(ATP)子系统和列车自动运行(ATO)子系统。RATP 计算列车移动授权限制,并传递给列车,保证行车安全。ATO 子系统主要负责安全门、列车门自动打开和自动关闭,以及自动运行下的列车牵引和制动功能。安全门系统通过中央控制盘单元(PEDC)实现对站台门的控制。

信号系统与安全门系统之间有 4 种通信信号:

(1)开门命令电路信号。

开门命令由非安全信号和安全信号两个部分组成,其中非安全信号从 RATO 发出,该命令发出后传递到 PSC 中的可编程控制器,使得 PSC 里的相应输出模块输出使得开门安全继电器励磁。安全信号从 RATP 发出,传送到 EbiLock 联锁装置,相应的输出模块输出使得 PSC 里的安全门使能继电器励磁。该过程是整个开门命令电路的一部分。开门继电器和门使能继电器的励磁构成了开门命令电路。

(2)关门命令电路信号。

关门命令由 RATO 发出。该命令在开门命令中断后自动发出。当 PSC 中的可编程控制器(PLC)没有收到开门命令时,PLC 就会使相应的关门命令输出模块输出使得关门安全继电器励磁。

(3)关闭且锁紧电路信号。

安全门关闭且锁紧是由安全门系统提供的一个安全指示信号。安全门系统通过闭合一系列相关接点来闭合电路,从而使得 PSC 中的门关闭且锁闭安全继电器励磁。该安全继电器的闭合形成相关信息并传递给联锁计算机 EbiLock,由它继续传递给 RATP。 RATO 也会收到 PSC 的 PLC 传递进来的门关闭且锁紧信息。

(4)互锁解除电路信号。

安全门互锁解除是安全门系统提供的另一个安全指示信号。安全门系统通过闭合一系列相关接点来闭合电路,从而使得 PSC 中的相关联的安全继电器励磁。该安全继电器的闭合形成相关信息传递给联锁计算机 EbiLock,由它继续传递给 RATP。RATO 也会收到 PSC 的 PLC 传递进来的互锁解除信息,从而实现安全门状态的互锁解除功能。

知识点 2：信号系统对安全门系统运行模式的控制

根据《地铁设计规范》（GB 50157—2013）相关规定：信号系统应能控制站台安全门与列车车门的开、闭按预定顺序动作。信号系统中列车自动保护（ATP）子系统负责对安全门状态的连续安全监视，列车自动运行（ATO）子系统负责安全门与车门的同步开、关控制。列车在车站停车，经 ATP 确认满足停车精度的要求后，才允许 ATO 向列车门控系统和站台安全门系统发送开门指令。列车需要离开站台时，由 ATO 自动或人工发出关闭车门和安全门的命令，经 ATP 确认车门和安全门均已关闭且锁紧后才允许启动列车。

为了实现安全门的自动开关，一般情况下安全门系统由信号系统进行控制。当安全门接口或线路产生故障时，就需要人为进行处理。在不同状况下，可以将安全门系统的运行模式分为正常运行模式和故障模式。

下面分析信号系统对于安全门系统运行模式进行不同的控制。同时由于存在着部分车站运行不同编组列车的情况，信号系统对于不同列车编组的安全门的控制也存在着特殊要求。

1. 正常运行模式控制

（1）控制安全门系统滑动门的打开。

列车到站停车，ATP 子系统确认列车停在允许的误差范围内（±500 mm）。若不满足停车精度要求，则安全门和车门均不能打开，允许列车以规定的限速（≤5 km/h）后退一定距离（≤5 m）或者依据 ATP 系统移动授权点的位置前进一定距离，以达到停车精度要求。ATP/ATO 车载系统通过车地通信设备 PTI 环线向站控室发出"列车到站"持续信息，同时向安全门系统和列车发送开门指令。该指令通过安全门主控机（PEDC）传给门机控制器（DCU）；DCU 收到开门指令后，按顺序执行解锁、开门的操作，同时 PEDC 停止向信号系统发送"关闭锁定"的状态信息。

（2）控制安全门系统滑动门的关闭。

停站时间结束时，ATP/ATO 车载系统通过 PEDC 向 DCU 发出关门指令。DCU 收到关门指令后，按顺序执行关门、闭锁的操作。在所有的滑动门及应急门关闭且锁紧后，PEDC 给轨旁 ATP 系统发送全部滑动门"关闭且锁紧"的状态信息，轨旁 ATP 系统收到此安全可靠信息后，才允许启动列车。若有一个安全门单元没有锁定，安全门系统不能给出闭锁信息。

2. 故障模式控制

（1）停站列车的解除互锁。

当安全门系统发生故障，或安全门已经关闭但因故"关闭且锁紧"的状态信息不能有效地传送给 ATP 系统时，为了不影响线路的正常运营，由列车司机或经授权的站台工作人员在站台端部通过专用钥匙操作位于就地控制盘（PSL）上的转换开关，安全门系统经 PEDC 向 ATP 系统发送"互锁解除"的信号，用于解除安全门系统和信号系统间的互锁关系，ATP 系统才允许列车启动离开站台。该信号一直保持到故障修复为止。

（2）ATP 子系统对安全门打开状态时的保护。

轨旁 ATP 通过故障-安全输入继电器来接收当前 PSD 状态（开或关），同时也向列车上发送此信息。而在站前、站台和站后 3 个区段向列车发 PSD 状态的同时，也给列车发出相应的动作命令。当接收到站台 PSD 是在关好状态时，才允许列车以 ATO 或 SM 模式驾驶；否则，轨旁 ATP 就在相应的地方设置安全停车点或直接给车辆发送紧急制动命令，以确保站台和列车上的安全。

列车准备进站时，信号系统与安全门系统进行联锁。轨旁 ATP 通过故障－安全型继电器的接点，接收当前安全门的状态并传输给列车。当列车在运行中安全门处于打开状态时，ATP 子系统监视并控制列车的安全移动。列车进出站时安全门打开，可分以下几种情况进行处理。

① 列车进站前，安全门打开，轨旁 ATP 会生成一个安全停车点，不让列车驶入相应的车站站台。当列车制动距离小于列车与安全停车点的接近距离时，列车实施正常制动，使列车在停车点前停车。当列车制动距离大于列车与安全停车点的接近距离时，列车则要被实施紧急制动。

② 列车已进入站台区域，收到"PSD 关闭"改变为"PSD 开门"的信息时，车载 ATP 单元产生一个紧急制动指令使列车停车。

③ 列车尚未完全驶离站台区域，收到"PSD 关闭"改变为"PSD 开门"的信息时，车载 ATP 单元也会产生一个紧急制动指令使列车停车。

④ 列车已完全驶出站台区域时，信号系统与安全门系统解除联锁关系，若此时安全门打开，列车不会产生制动。

（3）安全门失去关闭状态表示。

只有在列车不间断地接收到"安全门关闭且锁紧"状态信息的情况下，列车才能进入站台区域或从站台区域发车。当因故失去安全门关闭且锁紧状态信息时，信号系统将封锁相应站台，关闭信号机，不允许列车进出站，并对正在进站和出站的列车实施紧急制动。

3. 运行不同编组列车时对安全门的控制

不同编组列车在线路上混合运营，信号系统根据列车编组情况给安全门系统发送对应的开/关门控制命令。

以 4 节编组和 6 节编组列车混跑为例，4 节编组列车在站台的停车位置有两种情况，即列车停在站台中央（4 节编组列车停在距站台端部 1/6 处）和发车方向站台的端部。不论哪种情况，只要列车的停车位置确定，信号系统会根据列车编组数向安全门系统发送对应列车编组的开门控制信号；同时，安全门系统向信号系统提供站台全部安全门的"关闭且锁紧"状态信息，信号系统在收到该信息后才允许列车启动，如图 6-2-3 所示。

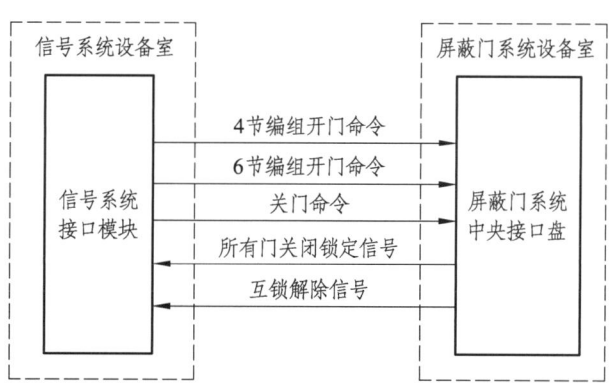

图 6-2-3　运行不同编组列车时信号系统对安全门开/关门控制示意图

另外需要注意的是，当列车在 ATP 停车窗范围内停稳后，列车车门打开。为了防止列车在车门开启的情况下人为地启动列车，ATP 车载单元有一个持续的故障 – 安全信号输出，切断列车的牵引系统。在列车需要离开站台时，ATP 系统接收到安全门系统的"关闭且锁紧"状态信息后，列车牵引系统被释放，车载 ATP 才允许列车启动。

知识点 3：PSD 开关门控制

在任何驾驶模式下，列车一旦占用站台区段，车载 ATP 就会切断 PTI 通道，以免由于干扰而给 PSD 发误动作命令。当列车在 ATP 指定的停车窗内停下时，车载 ATP 就会接通 PTI 通道，同时轨旁 ATP 给出 1 个相应的门释放信号，车门允许被打开，安全门也允许被打开。如图 6-2-4，为 PSD 开关控制命令安全输出原理图；表 6-2-2 为开关 PSD 对应的乘务组号及相应动作的继电器。

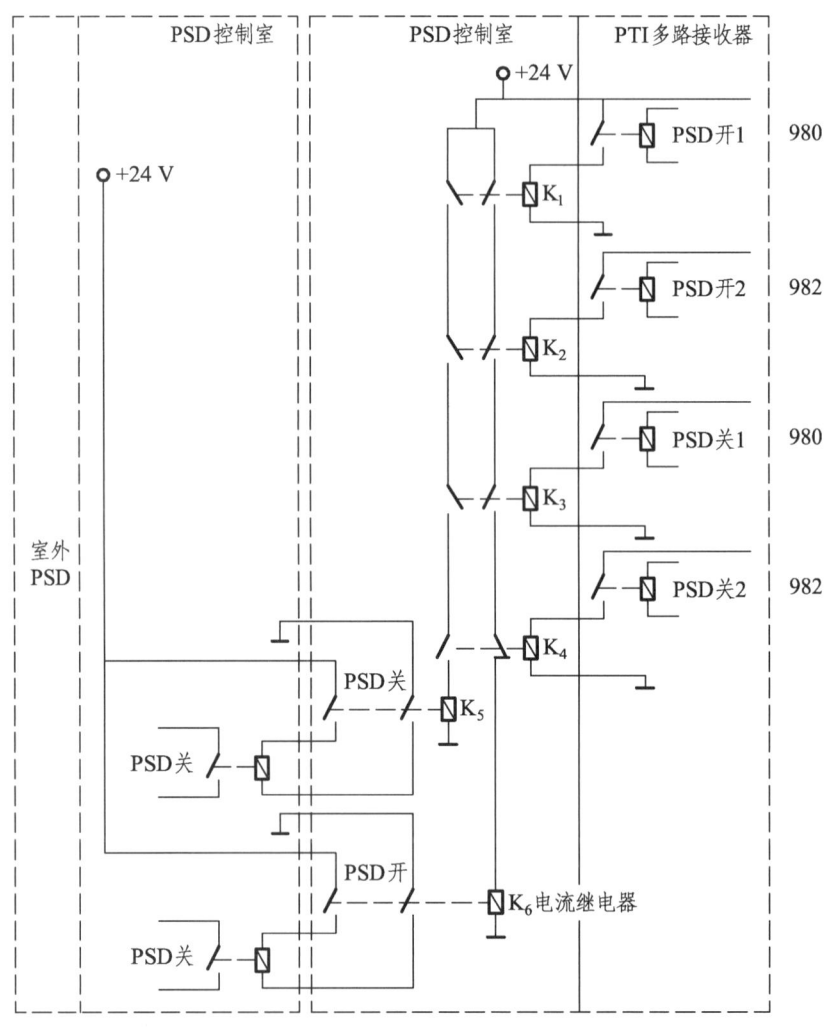

图 6-2-4　PSD 开关控制命令安全输出原理图

表 6-2-2　为开关 PSD 对应的乘务组号及相应动作的继电器

确定列车开哪侧门 PSD 才动作	特定的乘务组号（eg:）	项目1（允许信号）	项目2（命令信号）
开左门（右门）	980（980）	"PSD open 1"、K_1	K_6
	982（984）	"PSD open 2"、K_2	
全关	988	"PSD close 1"、K_3	K_5
	990	"PSD close 2"、K_4	

根据各个站的情况，表 6-2-2 中的信息都会作为用户数据，在 PTI-MUX 系统中配置好，在确定列车是开左门还是右门后，PSD 才动作。

1. PSD 开门控制

当列车门开始打开时，车载 ATO 接收到车门打开信号，经过 ATO、PTI 处理后，向 PSD 控制系统发出开门命令信号，然后 PSD 自动打开。

为了确保 PSD 不会误动作，车载 ATO 输出 2 组不同数字（eg：980、982）作为特定的乘务组号开门报文，传给车载 PTI 处理系统，然后经 PTI 天线、PTI 轨道接收环线或 PTI beacon，最后传到轨旁 PTI-MUX，再经 PTI-MUX 处理后，把 980、982 二个允许信号分别传给 PSD open 1、PSD open 2，它们动作之后，K_1、K_2 也相继动作，最后二路允许信号汇总，K_6 动作，将有效的"PSD 开门"命令信号传给 PSD 控制系统。为了使 PSD 可靠动作，ATO 将连续发"PSD 开门"命令直到接收到关车门信息。当 PSD 自动打开后，轨旁 ATP 就会接收到 PSD 处于开状态，不允许动车。

2. PSD 关门控制

当开始列车门关闭时，车载 ATO 接收到车门关闭信号，经 ATO、PTI 系统处理之后向 PSD 控制系统发出关门命令信号，然后 PSD 自动关闭。

ATO 这时将用另 2 组不同数字（eg：988、990）作为特定的乘务组号关门报文，传给 PTI 处理系统，经过和开门命令同样的线路，最后把 988、990 两个允许信号分别传给 PSDclose1、PSDclose2，它们动作之后，K_3、K_4 也相继动作，最后两路允许信号汇总，K_5 动作，将有效的"PSD 关闭"命令信号传给 PSD 控制系统。同样为了使 PSD 可靠动作，ATO 将连续地发"PSD 关闭"命令直到列车开始离开。当车门、PSD 关闭后，PSD 的状态信息就会从"开门"变为"关门"，同时其他条件也满足时，轨旁 ATP 就会释放动车命令给列车，列车才可以以 ATO、SM 模式离站。

3. 联动命令的可靠性分析

（1）用特定的乘务组号报文来控制 PSD 的开关。如表 6-2-2 所示，只有出现这些特定的乘务组号报文，PSD 开关门命令才会生效，同时这些乘务组号必须按特定的逻辑顺序排列。

（2）从车载 ATO 系统的 IMU100 到轨旁的 PTI-MUX 之间，整个的 PTI 通道是安全冗余。从信息源（ATO 系统）到最后的目的点（PTI-MUX）之间，整个信息的流程是通过一个冗余车载 ATP 控制的，如图 6-2-4 所示。车载 ATP 是 1 个二取二的冗余安全系统，它通过特定的数字输出来控制 PTI 的释放，同时也监控 PTI 释放继电器的状态。当列车在站台区段停在停车窗内时，车载 ATP 才会释放 PTI 继电器，接通 ATO 系统到 PTI-MUX 系统间的传输通道。

（3）信号命令与 PSD 控制系统间的接口，比如输出继电器的动作，都是通过 PTI-MUX 运行程序来控制的。PTI-MUX 系统设置允许最大容错时间为 1 s。即 PTI-MUX 系统如果在 1 s 内没有收到列车发"PSD 开门"或"PSD 关门"信号，PTI-MUX 程序将保持 1 s 输出原来的 PSD 命令报文；如果超过了 1 s，程序就将终止输出。

（4）可以避免同时输出开、关 PSD 等误动作命令。从图 6-2-4 可以看出，要有 5 个继电器动作才能产生 1 个有效的 PSD 命令，因此在同一时间出现"PSD 开门、PSD 关门"等错误命令的概率为零。

在 PTI-MUX 与 PSD 系统间安装的 K_1、K_2、K_3、K_4 这些继电器在开和关之间是互锁的，能够防止 PTI 多路接收器同时输出"11"等无效组合命令。即使出现了一些无效组合，PTI-MUX 软件系统最后将输出 "00" 给 PSD 系统，使 PSD 不会有任何动作。

（5）PTI 通道硬件出现故障可能性。PTI 通道元件的可靠性要求极高，特别是 $K_1 \sim K_6$ 这些电流继电器，触电就会动作，灵敏很高。由于在传输通道中冗余系统的保护和 PSD 控制命令是由报文中特定的乘务组号产生，因此假设单个的硬件故障不会产生任何错误的 PSD 控制命令。

4. 硬线接口连接的安全设计

简单的故障会导致安全门错误地开、关门，这是必须要防止的。下面分析硬件接口的安全设计。

（1）PTI-MUX 和 PSD 控制器之间的继电器盒。

PTI-MUX 和 PSD 控制器之间采用继电器进行隔离，防止电气干扰影响信号系统。同时为提高安全性，接口电路采用 4 线双切线路。一个正常的 PSD 命令是由 4 个 PTI-MUX 输出继电器组合确定的，可以避免"PSD 开门"和"PSD 关门"两个信号同时出现的错误。这些继电器会安装在 PTI-MUX 上，通过复合的接点关系防止"PSD 开门"和"PSD 关门"命令的错误输出。

通过其继电器控制电路逻辑结果分析，16 种继电器可能的动作组合中，只有 2 种组合会产生正确的输出（PSD 开门和 PSD 关门）。这样的设计也是为了防止继电器失误而产生错误的输出命令。

（2）报文容错。

车载 ATO 通过 PTI 信标到 PTI-MUX 的整个传输通道的报文都有 CRC(循环冗余码校验)进行校验。另外，列车停在停车窗位置范围时，整个 PTI 传输通道才连通，以确保其他情况下没有任何的报文接收，影响到 PSD 的功能。

5. 车门与安全门的同步

安全门和列车车门的开门时间，会在小于 1 s 内同步启动。安全门和列车车门关闭的时间应大致相同。同步要求的延误，主要是因为启动指令要从信号系统的车载设备传送到信号系统的地面设备，传送过程中会产生延误。关门同步实现起来比较容易。列车车门及安全门收到关门命令也不是立即关闭的，而是都有一个延时时间，由各自系统根据实际情况设定一个关门的延时时间。

工作实施

1. 信号系统与安全门系统之间接口信号

引导问题1：简介信号系统与安全门系统之间的联动控制与状态监视所起的作用。

答：_____
_____
_____
_____

引导问题2：当列车处于安全零速度（_____速度，牵引_____，列车_____）时，车载ATP（VATP）才会发出使能命令。

引导问题3：列车停稳后，信号系统如何向安全门系统发送门使能命令？

答：_____
_____
_____
_____

引导问题4：ATC系统传输到安全门的接口信号分为两种：一个是_____信号，另一个是_____信号。

引导问题5：信号联锁系统接收到"_____"信号后，才让列车进入站台或从站台发车。该信号必须_____地接收。

引导问题6：在ATO自动运营模式运行下，列车门、安全门有三种开关门操作模式：_____模式、_____模式和_____模式。

引导问题7：信号系统与安全门系统之间通信信号：（1）_____，（2）_____，（3）_____，（4）_____。

引导问题8：安全门系统提供的安全指示信号有：（1）_____，（2）_____。

引导问题9：开门命令由_____信号和_____信号两个部分组成。

引导问题10：关门命令由_____发出。该命令在开门命令_____后自动发出。

2. 信号系统对安全门系统运行模式的控制

引导问题11：列车到站停车，ATP子系统确认列车停在_____的误差范围内（±500 mm）。若不满足停车精度要求，则安全门和车门均_____打开。

引导问题12：停车时间结束时，信号系统如何控制安全门系统滑动门的关闭？

答：_____
_____
_____
_____

引导问题 13：当安全门系统发生故障，"＿＿＿＿＿＿"的状态信号不能有效地传送给 ATP 系统时，为了不影响线路的正常运营，由＿＿＿＿＿＿或经授权的＿＿＿＿＿＿在站台端部通过专用钥匙操作位于就地控制盘（PSL）上的＿＿＿＿＿＿，安全门系统经 PEDC 向 ATP 系统发送"＿＿＿＿＿＿"的信号，用以解除安全门系统和信号系统间的互锁关系，ATP 系统才允许列车启动＿＿＿＿＿＿站台。该信号一直保持到＿＿＿＿＿＿为止。

引导问题 14：列车进站前，安全门打开，轨旁 ATP 会生成一个安全＿＿＿＿＿＿点，不让列车驶入相应的车站站台。当列车制动距离小于列车与安全停车点的接近距离时，列车实施＿＿＿＿＿＿，使列车在停车点前停车。当列车制动距离大于列车与安全停车点的接近距离时，则列车要被实施＿＿＿＿＿＿。

引导问题 15：列车已进入站台区域，收到"PSD 关闭"改变为"PSD 开门"的信息时，车载 ATP 单元产生一个＿＿＿＿＿＿指令使列车停车。

引导问题 16：列车尚未完全驶离站台区域，收到"PSD 关闭"改变为"PSD 开门"的信息时，车载 ATP 单元也会产生一个＿＿＿＿＿＿指令使列车停车。

引导问题 17：列车已完全出清站台区域时，信号系统与安全门系统解除联锁关系，若此时安全门打开，列车不会产生＿＿＿＿＿＿。

引导问题 18：只有在列车不间断地接收到安全门＿＿＿＿＿＿状态信息的情况下，列车才能进入站台区域或从站台区域发车。当因故失去该安全门信息时，信号系统将封锁相应＿＿＿＿＿＿，关闭＿＿＿＿＿＿机，不允许列车＿＿＿＿＿＿站，并对正在进站和出站的列车实施＿＿＿＿＿＿。

引导问题 19：为了防止列车在车门开启的情况下人为地启动列车，ATP 车载单元有一个持续的＿＿＿＿＿＿输出，切断列车的＿＿＿＿＿＿系统。

3. PSD 开关门控制

引导问题 20：在任何驾驶模式下，列车一占用站台区段，车载 ATP 就会切断＿＿＿＿＿＿通道，以免由于干扰而给＿＿＿＿＿＿发误动作命令。

引导问题 21：当列车在 ATP 指定的停车窗内停下时，车载 ATP 接通＿＿＿＿＿＿通道，同时轨旁 ATP 给出 1 个相应的门＿＿＿＿＿＿信号，＿＿＿＿＿＿门允许被打开，＿＿＿＿＿＿门也允许被打开。

引导问题 22：当列车门开始打开时，车载 ATO 接收到车门打开信号，经过＿＿＿＿＿＿、＿＿＿＿＿＿处理后，向 PSD 控制系统发出＿＿＿＿＿＿命令信号，然后 PSD＿＿＿＿＿＿打开。

引导问题 23：当列车门开始关闭时，车载 ATO 接收到车门打开信号，经过＿＿＿＿＿＿、＿＿＿＿＿＿处理后，向 PSD 控制系统发出＿＿＿＿＿＿命令信号，然后 PSD＿＿＿＿＿＿关闭。

引导问题 24：只有出现＿＿＿＿＿＿的乘务组号报文，PSD 开关门命令才会生效。

引导问题 25：PTI-MUX 系统设置允许最大容错时间为＿＿＿s。

引导问题 26：安全门和列车车门的开门时间，会在小于＿＿＿s 内同步启动。

参考答案

评价反馈

表 6-2-3　学生自评表

班级：	姓名：	学号：	
学习情景 6.2	安全门系统运行模式与信号控制		
评价项目	评价标准	分值	得分
安全门系统与信号系统之间信号传输	能正确认知安全门系统与信号系统之间的信号传输，分析其功能	30	
安全门系统不同运行模式认知	能正确认知安全门系统在不同运行模式下的信号传输，分析其控制功能	30	
不同列车编组对安全门系统技术认知	能正确认知安全门系统在列车停站的技术要求	10	
工作准备	能完成相关理论知识学习	15	
工作质量	能按计划完成工作任务	15	
合计		100	

表 6-2-4　学生互评表

学习情景 6.2		安全门系统运行模式与信号控制					
评价项目	分值	评价对象（组别）					
		1	2	3	4	5	6
计划合理	20						
组织有序	20						
工作完整	20						
团队合作	20						
材料上交	20						
合计	100						

注：评价档次统一采用 A（优秀）、B（良好）、C（合格）、D（努力）四个。

表 6-2-5 教师评价表

班级：		姓名：	学号：		
学习情景 6.2			安全门系统运行模式与信号控制		
评价项目		评价标准		分值	得分
考勤		没有无故缺勤、迟到、早退现象		10	
工作过程	安全门系统与信号系统双向信号传输认知	能正确认知信号系统与安全门系统之间的信号传输过程，分析其信号功能		20	
	不同运行模式下的安全门系统信号控制认知	能正确认知安全门系统在不同运行模式下的信号传输，能分析其信号功能		20	
	工作质量	能按计划完成工作任务		10	
	协调能力	能与小组成员合作交流，协调工作		5	
	职业素养	能表达成熟或灵动的想法		5	
项目成果	工作完整	能按计划完成任务		5	
	工作规范	能做到安全生产，文明施工		10	
	工作报告	能正确完成工作报告		10	
	成果展示	能准确表达工作成果		5	
合计				100	
综合评价		自评（20%）	小组互评（30%）	教师评价（50%）	综合得分

单元 7

安全门系统运行管理

学习情景 7.1　安全门系统设备操作

情景描述

城市轨道交通车站安全门系统是综合性智能机电一体化设备。正常情况下安全门系统是由信号控制进行自动化运行。由于存在各种人为和非人为因素,安全门系统设置各层次的非自动化的人为设备操作方法,旨在不同情况下保障乘客、列车运营和设备安全。因此安全门系统运行需要一定的人为管理,特别是当出现安全门非正常运行状态时,车站管理人员需要马上操作安全门系统设备进行处理,以避免出现更为严重的安全事故。

图 7-1-1 是城市轨道交通车站安全门设备操作管理情景图。以学习者视角对图进行识读,尝试了解城市轨道交通车站对于安全门系统的设备操作情况,分析城市轨道交通车站安全门系统不同设备操作管理及使用范围。

图 7-1-1　城市轨道交通车站安全门设备操作管理

学习目标

（1）能掌握城市轨道交通车站安全门系统的设备操作管理要求；
（2）能掌握城市轨道交通车站安全门系统的控制部件的正确操作方法；
（3）了解安全门系统的不同类型设备操作规范，熟练掌握相关设备操作使用规范要求。

工作任务

（1）模拟城市轨道交通车站里岗位人员，练习操作控制安全门系统的运行情况，掌握各控制设备操作方法。
（2）模拟城市轨道交通车站里岗位人员，练习参与安全门系统运行故障的紧急处理情景，掌握各安全门设备操作对应不同紧急情况的使用情况。

任务分组

表 7-1-1　学生任务分配表

班级		组号		指导老师	
组长		学号			
组员	姓名		学号	姓名	学号
任务分工					

工作准备

（1）阅读工作任务，观察城市轨道交通车站安全门系统非正常状态与处理方法，并做好记录。
（2）收集《城市轨道交通站台屏蔽门系统技术规范》（CJJ 183—2012）中安全门系统设备操作管理的相关技术规范与要求。
（3）查阅相关信息，进一步了解城市轨道交通车站安全门的技术发展。

 **情景知识**

知识点 1：安全门系统日常运行使用

（1）安全门日常运行使用包括日常操作、巡视、紧急情况下的操作和故障应急处理。

（2）应根据各种运营模式下的工况合理选用安全门的控制方式。

（3）当安全门发生故障时，应按"先通车后修复故障"原则处理。

（4）运营部门应建立安全门系统日常巡检机制，并应符合下列规定：

① 日常使用巡视：应对安全门系统的日常直观状态进行实时监视、状态确认及故障报修，每日运营前对安全门进入正常运行状态进行确认。

② 设备运行巡视：应通过观察设备运行特征，发现异常状态、故障信息，及时恢复正常，避免故障后维修。

知识点 2：城市轨道交通车站安全门系统运行操作管理

（1）正常情况下安全门采用系统级操作控制模式，司机通过司机台上的开关门按钮进行安全门开关门操作。关门操作完成后，司机应对安全门与列车之间间隙进行确认，确保无夹人、夹物情况后方可进行后续操作。行车调度值班员、站务员监视本站安全门系统设备运行状态。

（2）当安全门系统级操作出现故障时，司机通过发车端 PSL 对整侧滑动门进行开关门操作，并根据具体情况报行调或站务员。

（3）当整侧安全门发生开关门故障时，车站工作人员通过在站台操作 PSL 上互锁解除开关，保证列车进出站。

（4）当整侧滑动门安全回路发生故障时，即单个滑动门产生故障时，车站工作人员操作 LCB，将此故障门置于隔离位置，使故障门脱离信号系统控制，保证整侧安全门系统正常运行。

（5）当列车在车站发生火灾等应急事件，乘客需要在车站疏散时，站务员操作 IBP 盘上的安全门紧急控制按钮，开启滑动门，使乘客快速疏散。

（6）安全门系统运行时，站务员监视本站安全门系统设备的运行状态。当安全门系统设备发生故障时，车站人员应进行先期应急处置，同时向维修单位报修。

（7）行车调度值班员监视全线安全门系统设备的运行状态。当安全门系统设备发生故障时，根据司机或站务员上报的故障情况，及时通知行调，由行调通知后续列车司机采取措施进站或采用 PSL 操作滑动门。

知识点 3：城市轨道交通车站安全门系统安全操作规范

（1）安全门系统所有操作都必须严格遵守一般通用生产安全规定，坚持"安全第一"的生产方针。安全门系统轨道侧的作业，应遵守轨道作业指引，相关的文件可从运营分公司有关安全文件中获得。

（2）安全门操作人员必须经过培训，取得供货商颁发的安全门培训结业证书或获得相关部门授权操作权限后，才能操作安全门。

（3）在未经行调同意时严禁对安全门中的滑动门、应急门进行开关门作业。

（4）严格执行安全门专用钥匙的保管和使用制度，不得将钥匙转交他人。使用钥匙应严格执行操作规定。

（5）安全门故障或破损时，应及时安放好防护栏及警告标识，并尽快通知相关部门。

（6）操作开关安全门时，应注意观察站台边人群拥挤情况，严禁没有警告及防护措施不当时开关安全门，防止乘客跌入轨道造成伤害。

（7）单个滑动门故障排除后，必须手动操作安全门测试开关门一次。当安全门关闭后，才能把模式开关转到自动控制位置。

（8）在列车进出车站的过程中，严禁打开滑动门、应急门。安全门在正常的状态下严禁打开应急门。应急门使用后，必须确认关闭且锁紧。严禁使用异物阻挡应急门的关闭。

（9）列车进出站台 30 s 内不能开关端门。

知识点 4：安全门系统操作前准备

（1）安全门系统设备操作人员必须向相关人员（OCC 行调或站控室值班员）发出操作请求，取得允许后方能操作。

（2）检查端门、应急门是否正常锁闭，安全门门体有无破损，站台侧安全门有无渗水现象。

（3）注意观察站台人群拥挤情况，严禁没有警告及防护措施不当时开启安全门。

实训 1：安全门系统上电操作

允许操作人员：经过培训的机电工班员工及车站站务人员。

操作步骤：

（1）操作人员将滑动门打开。

（2）上电后，在接近最小速度和力矩极限的状态下，滑动门能关闭且锁紧。

（3）每天安全门系统运营开始前，使用 PSL 进行开关门操作，观察安全门是否正常运行，确认 PSL 上门关闭指示灯点亮。

实训 2：安全门系统 UPS 电源操作

允许操作人员：经过培训的机电工班员工及车站站务人员。

图 7-1-2 为 AB 双电源切换箱；图 7-1-3 为门头电源空气开关。

图 7-1-2　AB 双电源切换箱

图 7-1-3　门头电源空气开关

1. 安全门 UPS 电源启动步骤

（1）合闸驱动 UPS 供电、控制 UPS 供电；
（2）按驱动 UPS 电源开机指引启动驱动 UPS 工作，启动控制 UPS 工作；
（3）在系统配电柜顺序合上门单元供电、系统控制器供电，进入待机状态；
（4）确认在列车未进站时，所有门单元关闭并锁紧。

2. 安全门 UPS 电源停机步骤

（1）确认所有门单元关闭并锁紧；
（2）在系统配电柜按顺序中断系统控制器供电、门单元供电；
（3）按 UPS 电源停机指引停止控制 UPS、驱动 UPS 工作；
（4）断开驱动 UPS 供电、控制 UPS 供电。

实训 3：安全门的自动操作

允许操作人员：经过培训的列车司机。

操作步骤：

（1）在正常运行模式下，列车到站并停在允许的误差范围内，信号系统（SIG）发出允许开门的指令。
（2）各种安全因素经过列车司机的人工确认后，按压开门按钮，安全门自动打开。
（3）当列车停站时间到，信号系统（SIG）发出允许关门指令。
（4）各种安全因素经过列车司机的人工确认后，按压关门按钮，安全门自动关闭。

图 7-1-4 为自动开门操作顺序流程图，图 7-1-5 为自动关门操作顺序流程图。自动开门操作结果是顶箱上指示灯点亮且报警声响起，PEDC 上 ASD/EED 状态指示灯应亮。自动关门操作结果是关门过程中顶箱上指示灯闪烁且发出短促报警声；门关闭且锁紧后顶箱上指示灯和 PEDC 上 ASD/EED 状态指示灯应熄灭，报警声关闭，列车可以离站。

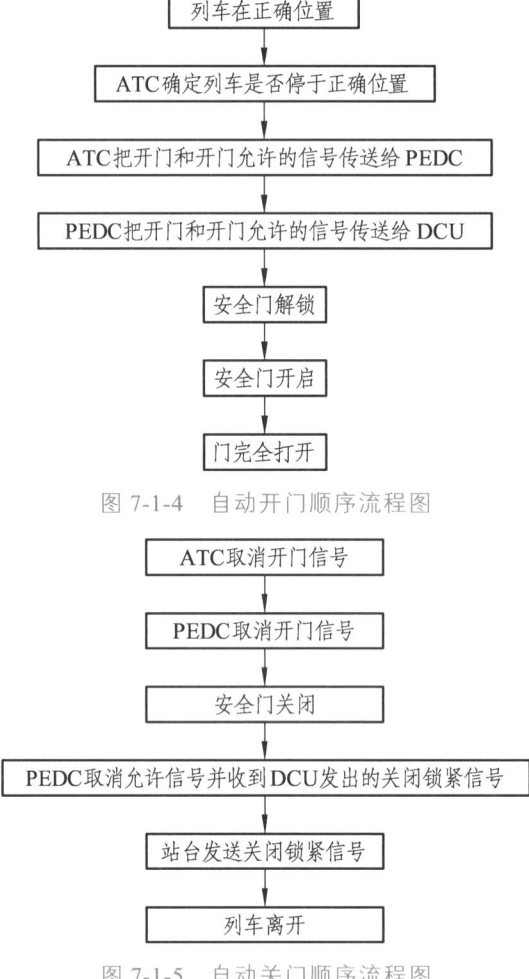

图 7-1-4　自动开门顺序流程图

图 7-1-5　自动关门顺序流程图

实训 4：就地控制盒（LCB）操作

允许操作人员：经过培训的机电工班员工及车站站务人员。

就地控制盒（LCB）操作是就地级操作之一，此操作只针对单道滑动门。

图 7-1-6 为就地控制盒（LCB）。

图 7-1-6　就地控制盒（LCB）

单对安全门开关
模拟操作

操作步骤：

（1）自动位置操作。

① 当安全门自动运行时，LCB 开关挡位应该设置如图 7-1-6 所示位置，LCB 指示灯（绿灯）常亮。当出现单道门单元故障时，使用模式钥匙隔离或测试维修，当故障排除后，必须手动操作手动开门和关门一次，关闭安全门，才能把模式开关转到自动控制位置。

② 将该道门的模式钥匙开关切换到自动位置（中间位置），将门恢复到自动控制状态。

③ 钥匙从开关上取出带走，操作完毕。

（2）门道故障隔离操作。

① 当某一门单元控制出现故障，导致无法打开或关闭时，为了使它不影响整列安全门的控制，将该门从安全门系统整侧安全回路（锁闭回路）中旁路出来，插入模式钥匙切换到隔离位置（逆时针转动），隔离该挡门，绿亮灭。

② 在故障门前设置安全围栏，站台工作人员加强监护，以保证正常的运营。

③ 排除故障后，用手动开关门进行至少一次开关门操作。

④ 将该道门的模式钥匙开关切换到自动位置（中间位置，顺时针转动），将门恢复到自动控制。

⑤ 钥匙从开关上取出带走，操作完毕。

（3）测试位置操作。

① 模式开关钥匙插入，切换到手动开关门位置（顺时针转动），此时可进行测试开关的操作。

② 开关把手打到"开"位置时，此档安全门打开。

③ 开关把手打到"关"位置时，此档安全门关闭。

④ 排除故障后，用手动开关进行至少一次开关门操作。

⑤ 将该道门的模式钥匙开关切换到自动位置（中间位置，逆时针转动），将门恢复到自动控制状态。

⑥ 钥匙从开关上取出带走，操作完毕。

实训 5：就地控制盘（PSL）操作

允许操作人员：经过培训的列车司机、机电工班员工及车站站务人员。

就地控制盘（PSL）操作是站台级操作，此操作针对整侧滑动门。

当因信号系统（SIG）故障失效或安全门系统控制柜（PSC）对安全门控制单元（DCU）控制故障时，由司机或被授权操作人员操作就地控制盘（PSL）控制安全门的开关。操作时信号系统被忽略。

整侧安全门开关模拟操作

图 7-1-7 为就地控制盘（PSL）。

操作步骤：

（1）就地控制盘（PSL）允许操作开关门。

① 开门操作：司机或车站工作人员用钥匙打开 PSL 上的操作允许开关，此时 PSC 及 PSL 面板上的"PSL 操作允许"指示灯应亮；停顿 1 s，再将钥匙打到开门位置，保持 5 s，整侧安全门打开，PSL、PEDC 上 ASD/EED 开门（红灯）状态指示灯点亮。

② 关门操作：司机或车站工作人员在 PSL 上打开操作允许开关，停顿 1 秒钟，将钥匙打到关门挡位，发出关门指令，保持 5 s，此时 PSC 及 "PSL 操作允许"指示灯点亮，安全门开始关闭。当安全门全部锁闭后，PSL 上的 ASD/EED 关门（绿灯）状态指示灯点亮，PEDC 上 ASD/EED 状态指示灯熄灭。

③ 取出钥匙并带走，操作完毕。

（2）ASD/EED 互锁解除开关的操作。

当安全门全部关闭后，但信号系统因无法确认而不能发车时，此时由司机或车站工作人员用互锁解除专用钥匙转动互锁开关至 OVERRIDE（互锁解除）位置，PEDC 收到"ASD/EED 互锁解除信号"后，PEDC 上的"PSL 操作允许"指示灯点亮。SIG 获得互锁解除信号后允许列车发车，但钥匙必须保持在 PSL 操作盘上。

图 7-1-7　就地控制盘（PSL）

ASD/EED 互锁解除开关的操作，强行给出 ASD/EED 互锁已解除的信号，让列车继续前行或进入车站，该过程一般由车站工作人员操作：

① 插入钥匙转动至互锁解除位置并保持。

② 确认列车停车到位，松开钥匙开关。

③ 取出钥匙并带走，操作完毕。

（3）测试按钮操作。

当该按钮被按下时所有的 LED 灯亮，用于测试就地控制盘（PSL）上所有指示灯是否正常。

实训 6：综合后备盘（IBP）操作

允许操作人员：经过培训的机电工班员工及车站站务人员。

综合后备盘（IBP）操作是紧急操作模式、火灾模式操作，当列车在车站站台发生火灾时，由经过授权的人员对 IBP 进行操作：此操作针对整侧滑动门。

图 7-1-8 为综合后备盘（IBP）。

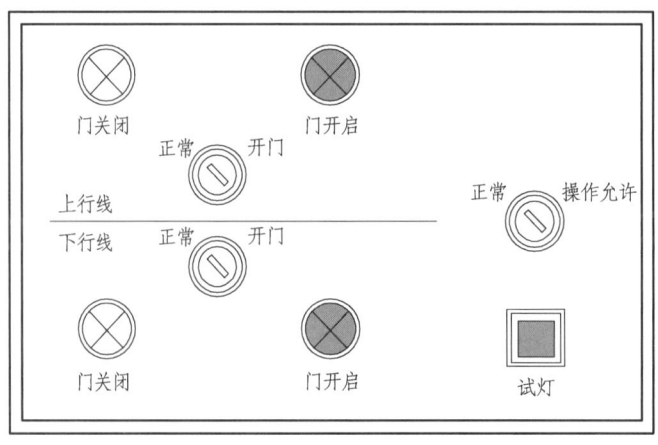

图 7-1-8　综合后备盘（IBP）

操作步骤：

（1）插入专用钥匙至对应站台侧的允许钥匙开关，转到允许位置，并保持。

（2）按下开门按钮，开启整侧滑动门（也有允许钥匙直接转动至开门位置，没有开门按钮的设计），配合站台排烟。

（3）紧急制动结束后，允许钥匙开关转到禁止位置。

（4）取出钥匙并带走，操作完毕。

（5）操作 PSL，关闭整侧安全门；或逐个操作 LCB 关闭安全门。

需要注意的是：IBP 只能开启整侧安全门，不能关闭整侧安全门。而此状况下需现场手动关闭。

实训 7：滑动门手动打开操作

允许操作人员：经过培训的机电工班员工、车站站务人员及乘客。

滑动门手动操作是就地级操作之一，此操作只针对单道滑动门，仅当滑动门失电或电气控制完全失效时使用。

执行此操作时，PEDC 上的"ASD/EED 手动操作"状态指示灯应点亮，手动操作打开滑动门后，如 DCU 能正常工作，则在 15 s 后自动关闭滑动门。

图 7-1-9 为轨道侧滑动门内侧隐形把手，图 7-1-10 为站台侧滑动门钥匙门闭锁。

图 7-1-9 轨道侧滑动门内侧隐形把手

图 7-1-10 站台侧滑动门钥匙门闭锁

操作步骤：

（1）乘客在轨道侧拉开滑动门内侧隐形把手，把手带动门框内的解锁机构松开滑动门的上下门闭锁，向站台方向左右拉开滑动门。

（2）站台人员在站台侧用钥匙打开滑动门的门锁，向站台方向左右拉开滑动门。

实训 8：应急门操作

允许操作人员：经过培训的机电工班员工、车站站务人员及乘客。

当列车进站出现停车故障，车辆门无法对准滑动门，且不能进行位置调整时，乘客需要从应急门上下列车。此操作只针对单对应急门。

图 7-1-11 为轨道侧应急门推杆，图 7-1-12 为站台侧应急门钥匙门闭锁。

图 7-1-11　轨道侧应急门推杆

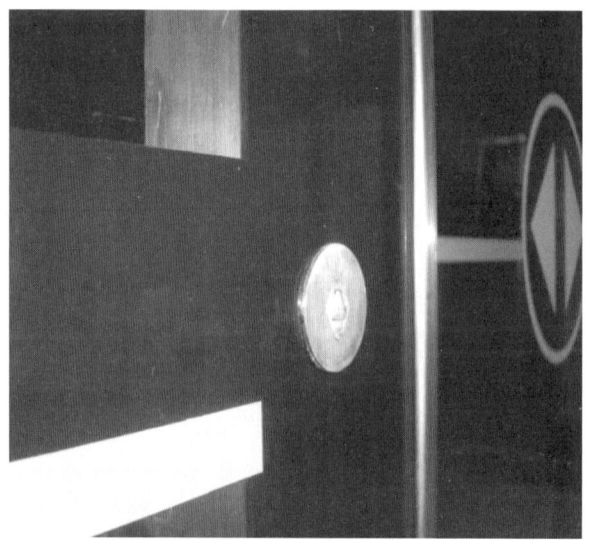

图 7-1-12　站台侧应急门钥匙门闭锁

操作步骤：

（1）乘客在轨道侧推压推杆，推杆带动门框内的解锁机构松开应急门的上下门闭锁，然后向站台侧旋转90°推开应急门。

（2）站台人员在站台侧用钥匙打开应急门的门闭锁，向站台侧旋转90°拉开应急门。

注意：每道应急门有两门扇，门框上装有闭门器，使用后站台工作人员应确保应急门自动复位关闭，防止乘客跌入轨道及保障列车正常运行。

实训9：端门操作

允许操作人员：经过培训的机电工班员工、车站工作人员及乘客。

当列车在隧道中出现特殊紧急事故或停车故障且无法短时修复时，司机指挥乘客从隧道边的应急通道步行到车站时，或当车站工作人员进出隧道区时，乘客或车站工作人员需要操作端门。

轨道侧端门推杆、站台侧端门钥匙门闭锁跟应急门结构相同，操作基本一致。此操作只针对单对端门。

操作步骤：

（1）乘客在轨道侧推压推杆，推杆带动门框内的解锁机构松开端门的上下门闭锁，然后向站台侧旋转推开端门。

（2）车站人员在站台侧用钥匙打开端门的门闭锁，向站台侧旋转拉开端门。

注意：每道端门有两门扇，门框上装有闭门器。当端门旋转达到90°以上，端门将定位90°；当端门旋转没有达到90°，端门将自动关闭。使用端门通道后车站工作人员必须确保关闭，防止乘客误入隧道区。

参考资料： 广州6号线安全门送电操作指引

操作过程包括合上双切电源箱安全门驱动电源开关（图7-1-2、图7-1-3），控制电源开关、灯带电源开关。

1. 驱动电源柜送电

（1）依次合上交流开关QF2、QF3，其开关对应的状态指示灯亮；

（2）UPS1、UPS2、UPS3处于正常工作状态；

（3）再合上QF5，其开关对应的状态指示灯亮；STS处于S1路正常工作状态；

（4）依次合上交流开关QD101至QD103，QD201至QD203，其开关对应的状态指示灯亮；

（5）合上电池组开关QFB1。

注意：正常送电情况下，维修旁路开关QF4应处于分闸状态。

2. 控制电源柜送电

（1）合上交流输入开关QF1，充电模块UD1处于正常工作状态；

（2）依次合上QF6、QF7，其开关对应的状态指示灯亮，控制整流充电模块UC1至UC4处于正常工作状态；UT1至UT2处于正常工作状态；

（3）依次合上 TX101 至 TX103、TX201 至 TX203 直流开关，TX105、KZ101、YG101、YG201，其开关对应的状态指示灯亮；

（4）合上电池组开关 QFB2。

3. 灯带照明箱送电

（1）合上总电源开关；

（2）依次合上各分路开关，箱面板上状态指示灯亮。

工作实施

1. 安全门系统日常运行使用

引导问题 1：安全门日常运行使用包括哪些内容？
答：
_____
_____
_____

引导问题 2：当安全门发生故障时，应按_____原则处理。

引导问题 3：日常使用巡视是对安全门系统的日常_____状态进行_____监视、状态_____及故障_____，每日运营前对安全门进入_____运行状态进行确认。

引导问题 4：设备运行巡视是通过观察设备_____特征，发现_____状态、_____信息，_____恢复正常，避免_____。

2. 城市轨道交通车站安全门系统运行操作管理

引导问题 5：正常情况下安全门采用_____级操作控制模式，由_____进行安全门开关门操作。

引导问题 6：当安全门系统级操作出现故障时，司机通过发车端_____对整侧滑动门进行开关门操作。

引导问题 7：单个滑动门产生故障时，车站工作人员操作_____，将此故障门置于_____位置，使故障门脱离_____系统控制，保证_____安全门系统正常运行。

引导问题 8：当列车在车站发生火灾等应急事件，乘客需要在车站疏散时，站务员操作_____上的安全门紧急控制按钮，开启_____门，使乘客快速疏散。

引导问题 9：当安全门系统设备发生故障时，车站人员应进行先期_____处置，同时向_____单位报修。

3. 城市轨道交通车站安全门系统运行操作规范

引导问题 10：安全门系统所有操作都必须严格遵守_____生产安全规定，坚持"_____"的生产方针。

引导问题 11：安全门系统轨道侧的作业，应遵守_____作业指引。

引导问题 12：安全门操作人员必须经过_____，取得供货商颁发的安全门培训_____证书或获得相关部门_____操作权限后，才能操作安全门。

引导问题 13：在未经_____同意时严禁对安全门中的_____门、_____门进行开关门作业。

引导问题 14：严格执行安全门_____钥匙的保管和使用制度，不得将钥匙转交他人。

引导问题 15：单个滑动门故障排除后，必须手动操作安全门测试_____门一次。当安全门_____后，才能把模式开关转到_____控制位置。

引导问题 16：在列车进出车站的过程中，严禁打开_____门、_____门。

引导问题 17：应急门使用后，必须确认_____且_____。

引导问题 18：列车进出站台_____s 内不能开关端门。

4. 安全门系统操作前准备

引导问题 19：安全门系统设备操作人员必须向_____或站控室_____发出操作请求，取得允许后方能操作。

5. 安全门系统上电操作

引导问题 20：上电后，在接近最小_____和_____极限的状态下，滑动门能_____且_____。

引导问题 21：每天安全门系统运营开始前，使用_____进行开关门操作，观察安全门是否正常运行，确认_____上门关闭指示灯点亮。

6. 安全门系统 UPS 电源操作

引导问题 22：安全门系统 UPS 电源允许操作人员为经过培训的_____工班员工及车站_____人员。

7. 安全门的自动操作

引导问题 23：安全门系统自动操作开门的条件是：列车_____并停在_____的误差范围内；安全门系统自动操作关门的条件是：列车停站_____。

8. 就地控制盒（LCB）操作

引导问题 24：就地控制盒（LCB）操作针对_____（填数量）滑动门。

9. 就地控制盘（PSL）操作

引导问题 25：就地控制盘（PSL）操作针对_____（填数量）滑动门。

10. 综合后备盘（IBP）操作

引导问题 26：综合后备盘（IBP）操作针对_____（填数量）滑动门。

11. 滑动门手动打开操作

引导问题 27：滑动门手动打开操作针对_____（填数量）滑动门。

12. 应急门操作

引导问题 28：应急门操作针对_____（填数量）应急门。

13. 端门操作

引导问题 29：端门操作针对_____（填数量）端门。

引导问题 30：根据设备实际操作情况，自己填写表 7-1-2（安全门设备实际操作记录）。

参考答案

表 7-1-2　安全门设备实际操作记录

实操内容	未操作	生疏	基本掌握	熟练
安全门系统操作前准备				
安全门系统上电操作				
安全门系统 UPS 电源操作				
安全门的自动操作				
就地控制盒（LCB）操作				
就地控制盘（PSL）操作				
综合后备盘（IBP）操作				
滑动门手动打开操作				
应急门操作				
端门操作				

评价反馈

表 7-1-3　学生自评表

班级：	姓名：	学号：	
学习情景 7.1	安全门系统设备操作		
评价项目	评价标准	分值	得分
安全门系统电源设备操作	能正确操作安全门电源设备，能清楚 UPS 电源的使用事项	10	
安全门系统 PSL、LCB、IBP 操作	能正确操作 PSL、LCB、IBP，能清楚安全门系统滑动门的开关门对应情况	30	
安全门系统手动开关滑动门、应急门、端门操作	能正确手动操作滑动门、应急门、端门的开关门，能清楚安全门系统各类门体开关门的对应情况	30	
工作准备	能完成相关理论知识学习	15	
工作质量	能按计划完成工作任务	15	
合计		100	

表 7-1-4 学生互评表

学习情景 7.1		安全门系统设备操作					
评价项目	分值	评价对象（组别）					
		1	2	3	4	5	6
计划合理	20						
组织有序	20						
工作完整	20						
团队合作	20						
材料上交	20						
合计	100						

注：评价档次统一采用 A（优秀）、B（良好）、C（合格）、D（努力）四个。

表 7-1-5 教师评价表

班级：		姓名：	学号：	
学习情景 7.1		安全门系统设备操作		
评价项目		评价标准	分值	得分
考勤		没有无故缺勤、迟到、早退现象	10	
工作过程	安全门系统电气设备操作	能正确操作安全门系统电气设备	20	
	安全门系统人手操作	能正确人手操作安全门机械设备	20	
工作过程	工作质量	能按计划完成工作任务	10	
	协调能力	能与小组成员合作交流，协调工作	5	
	职业素养	能表达成熟或灵动的想法	5	
项目成果	工作完整	能按计划完成任务	5	
	工作规范	能做到安全生产，文明施工	10	
	工作报告	能正确完成工作报告	10	
	成果展示	能准确表达工作成果	5	
合计			100	
综合评价	自评（20%）	小组互评（30%）	教师评价（50%）	综合得分

学习情景 7.2　安全门系统故障应急处理

情景描述

城市轨道交通车站安全门系统安装有智能化程度很高的控制与监视系统,能够检测和处理许多系统设备碰到的问题。但由于存在各种人为和系统设备老化等因素,安全门系统在连续高强度运行及客流拥挤的情况下,可能会出现各种非正常运行情况。车站工作人员在一线作业,面临第一时间处理故障的任务。

当安全门系统出现非正常运行状况时,为保障乘客安全、设备安全和列车运营效率,车站工作人员需要各岗位人员配合,专业、有序地进行故障紧急处理,以避免出现更为严重的安全事故及减少对乘客的出行影响。

图 7-2-1 是城市轨道交通车站安全门故障应急处理实景图。以学习者视角对图进行识读,尝试了解各种城市轨道交通车站安全门系统非正常运行应急处理情况,分析城市轨道交通车站安全门系统故障应急处理方法和流程。

图 7-2-1　安全门系统故障应急处理实景图

学习目标

（1）能掌握城市轨道交通车站安全门系统故障应急处理原则;
（2）能熟悉城市轨道交通车站安全门系统常见故障应急处理流程;
（3）能了解安全门系统的不同故障类型与应急处理措施;
（4）能正确说出城市轨交通车站安全门故障汇报的标准用语;
（5）能了解城市轨道交通车站不同岗位人员在安全门系统故障应急处理中的工作职责。

工作任务

（1）模拟城市轨道交通车站里不同岗位人员,练习使用城市轨交通车站安全门故障汇报的标准用语。

（2）模拟城市轨道交通车站里不同岗位人员，练习参与安全门系统运行故障的紧急处理情景，掌握不同紧急情况下的安全门系统处理方法与流程。

任务分组

表 7-2-1　学生任务分配表

班级		组号		指导老师	
组长		学号			
组员	姓名		学号	姓名	学号
任务分工					

工作准备

（1）阅读工作任务，观察地铁车站安全门系统运行与故障应急处理情况，并做好记录。

（2）收集《城市轨道交通站台屏蔽门系统技术规范》（CJJ 183—2012）中安全门相关技术规范要求。

（3）查阅相关信息，进一步了解城市轨道交通车站安全门系统的技术发展。

情景知识

知识点 1： 安全门系统故障应急处理

安全门系统运行管理要保证设备处于安全受控状态，实现系统的各项功能，为车站正常运营提供必要的设备基础条件。

当安全门系统系统设备突发故障时，各站务人员的应急处理是为了能及时组织抢险，最大限度地减少对运营的影响，减少公司的经济损失，保障人员安全。安全门故障进行应急处理后，应立即按事故信息流程通知维修人员进行故障排除。

安全门系统故障应急处理指设备发生故障时，车站工作人员依照行车规则做应急技术处理，并按程序报维修人员处理。

知识点 2： 安全门系统应急处理原则

（1）发生安全门故障时，要按照"先通后复"的原则进行处理。在保证安全的前提下，站务人员要尽快处理，及时向司机显示"好了"信号；司机在确保安全的情况下按时刻表的要求行车，确保列车准点运行。

（2）应急处理过程中的行车组织必须严格按照行车组织规则的有关规定执行。

（3）当运营中安全门发生异常情况时，司机、站务人员要及时进行处理，做好行车组织，同时做好乘客广播、引导等客运组织工作。

（4）与信号系统联锁后，列车在RM、SM、ATO运行模式下安全门均可实现与车门同步开关；在列车反方向运行下，必须使用PSL开关安全门。

（5）因安全门故障影响列车接发时，首列车接发不需使用互锁解除，后续列车（即自第二列起）使用互锁解除接发车。

（6）整侧滑动门故障时，车站应使用隔离带进行安全防护。

（7）整侧滑动门不能开关时，车站安排不少于3人到现场支援。

（8）操作尾端PSL的情况仅是钥匙断在头端PSL锁孔里或列车反方向运行时才使用。

（9）当车站同时发生两侧滑动门整侧故障时，行调可根据列车运行实际情况做出列车越站通过或不上下客作业（首末班车除外）等相应调整。

（10）在无列车停靠站台时需要人工手动打开单个或多个安全门，车站必须征得行调同意。先将门旁路和关闭电源，并密切注意PDP屏显示列车到站时间；当显示"列车即将到达"信息时必须停止操作。

（11）对不能关闭的单个或多对滑动门，必须设置安全防护栏或安排专人看护。已设置安全防护栏时，每个人最多可监护五挡相邻滑动门；未设置安全防护栏，专人看护时，每个人最多可监护两挡相邻滑动门。

（12）故障滑动门断电不能代替隔离（控制信号）和旁路（安全回路），要保持滑动门开启状态可将LCB设置为人工开门，要保持滑动门关闭状态可将LCB设置为人工关门；人工开门和人工关门会使控制信号隔离和安全回路旁路。要保证故障滑动门不影响行车必须将LCB设置为人工位，使安全回路旁路。

（13）故障滑动门修复后，由行调负责组织，车站和司机配合，利用下一列车进行一次相应侧的滑动门开关门试验。

（14）车站安全门备用钥匙要求统一放在监控亭，由站务人员负责保管。101号钥匙与105号、机械钥匙（丁字形钥匙）必须分开，不得连在一起。105号钥匙与机械钥匙（丁字形钥匙）可连在一起。

知识点3：安全门系统运行管理组织及职责

职责分工：安全门系统运行管理部门负责故障前期处理、报修和安全监管，监督故障排除工作按时完成。安全门维修工班（含委外单位维保人员）负责工单的执行、材料申领、故障排除、填写故障维修记录；工班完成后续故障处理信息输入、申请工单关闭工作。

安全门系统运行管理人员包括设备维修人员、站务人员、生产调度、技术支持及管理人员。

安全门系统设备维修设有专业维修工班。维修工班负责日常巡检、执行各种计划作业、故障抢修、应急处理、临时任务，并及时向生产调度、技术支持及管理人员反馈各种作业情况。站务人员负责日常使用操作、运营巡视、应急处理。技术支持及管理人员负责制订各种作业计划，为维修工班提供维修技术支持，为站务人员提供咨询服务，根据运营实际情况制定运行规章制度。

各运行管理人员主要职责如下：

1. 行车调度员职责

（1）负责监视全线安全门系统的运行状态。

（2）当安全门系统设备发生故障时，根据乘务员或行车值班员报告的故障信息，负责通知后续列车乘务员实现不同形式的行车指挥。

（3）当安全门系统故障，无法向信号系统发出"门关闭且锁紧"信息，影响列车进出站时，及时采取相应措施保证列车进出站。

2. 列车司机职责

（1）正常情况下，通过信号系统实现安全门的开/关门操作。

（2）当安全门系统级操作故障时，将现场情况报告行调，行调通知车站行车值班员处置。

3. 行车值班员职责

（1）通过综合监控系统监视本站安全门系统设备运行状态，监控滑动门、应急门、端门以及边门日常操作状态。

（2）当安全门系统设备发生故障时，负责进行安全门应急处置工作，报告行调，并向维修公司报修。

（3）当发生安全门故障时，及时广播告知乘客，引导乘客安全有序乘车。

（4）当发生滑动门开门故障时，行车值班员接到综合监控系统报警信息或司机电话告知，及时通知站务人员协助乘客开门，完成乘客上下车，并将情况上报行调。

（5）当发生滑动门关门故障时，行车值班员接到综合监控系统报警信息或司机电话告知，及时通知站务人员协助进行互锁解除或对单个门进行隔离操作，使列车尽快离站，并将情况上报行调。

（6）当发生火灾等事故时，行车值班员根据车站发生火灾的具体位置，根据救灾排烟、通风模式要求，在站控室的紧急模式盘上操作IBP紧急控制开关，开启两侧或单侧滑动门。同时根据火灾具体情况通知车站人员操作互锁解除，使列车进站。

4. 站务人员职责

（1）站务人员引导站台乘客候车和上下车，保障乘客安全及安全门系统正常运行。

（2）站务人员巡视在运营时段监控站台区安全门门单元开关状态，防止夹人、夹物动车；对进入轨道区的异物及时出清；对出现的故障及时报修。

（3）当安全门出现非正常状态时，站务人员应尽快到达故障点，及时参与安全门故障应急处理，并做好站台安全防护措施。

（4）安全门故障抢修时站务人员负责安全防护，在下趟列车到达前1分钟，通知维修人员停止抢修；抢修完毕后向行车值班员报告。

（5）当应急处理后安全门故障尚未解决时，站务人员应及时设置安全防护栏和参与专人看护，并做好其他保障安全门运行安全防护措施。

知识点 4：安全门事故应急汇报时标准用语

1. 站务人员汇报站控室时标准用语

（1）车门夹人夹物时："站控室，上行（下行）列车×号车厢×号车门夹人（夹物）"。

（2）滑动门夹人夹物时："站控室，×站台第×档滑动门夹人（夹物）"。

2. 站务人员呼叫司机标准用语

当车门/滑动门夹人夹物，列车即将动车或已动车时，站务人员呼叫司机的标准为："××站上行（下行）司机立即停车！停车！"。

3. 行车值班员汇报行调时标准用语

（1）车门夹人夹物时："行调，×站上行（下行）站台（出站）列车×号车厢×号车门夹人（夹物）"。

（2）滑动门夹人夹物时："行调，×站台第×挡滑动门夹人（夹物）"。

小组演练 1：单对/多对滑动门不能开门故障处理场景

提示：由于就地控制盒 LCB 设计存在不同类型和功能差异，操作会有不同。LCB 存在着四位一体（隔离、自动、手动开门、手动关门）控制器设计，早期也存在着三位（隔离、自动、手动）控制器加两位（手动开门、手动关门）控制器设计。且早期 LCB 在功能设计上不尽相同，有部分 LCB 在隔离位的功能包括安全回路旁路，而安全门相关行业标准要求隔离位时滑动门单元不应脱离安全回路。本文以符合行业标准的四位一体 LCB 为例进行分析，所有小组演练、实操也都以此为准。

单对安全门不能打开应急处理模拟操作

1. 司机

（1）发现两对及以下滑动门不能开启时，使用客室广播通知乘客："本站有安全门故障，请乘客从正常开启的安全门下车"，同时通知车站："××站台有滑动门不能开启"，要求协助处理，并报告行调。

（2）发现三对及以上滑动门不能开启时，使用客室广播通知乘客："因安全门故障，请乘客按安全门上操作手柄旁粘贴的操作指南开门或从正常开启的滑动门下车"，同时通知车站："××站台有滑动门不能开启"，要求协助处理，并报告行调。

（3）确认乘客上下车完毕，安全门与车门都关闭。

接着分三种情况：

① 车门与安全门未实现联动。司机报告行调并得到同意后凭站务人员"好了"信号发车。

② 车门与安全门能实现联动。在收到速度码时，司机报告行调并得到同意后凭站务人员"好了"信号以正常模式发车。

③ 车门与安全门能实现联动。在未收到速度码时，将影响发车晚点情况下，司机报告行调，在得到同意后凭站务人员"好了"信号以 RM 模式发车，后续列车司机凭车站"好了"信号以正常模式出站（站务人员须在 PSL 上将安全门互锁解除开关打到"互锁解除"位以便接发列车）。

（4）动车时注意确认车门与安全门之间的间隙安全。

2. 行车值班员

(1) 接到故障通知后,报告行调:"××站××站台××对滑动门不能开启",并通知后方站转告司机。

(2) 立即通知站务人员前往现场处理故障安全门。发现三对及以上滑动门不能开启时,还要通知值班站长前往现场处理故障安全门,加强对站台的监控及广播引导乘客上下车。

(3) 通知环调,环调通知检修人员处理,如不能处理好,通知维调组织抢修。

(4) 维修人员到达现场后,根据车站的客流情况,指示维修人员进行抢修。

(5) 接到抢修完毕的通知后,确认IBP盘上安全门"关闭且锁紧"信号,向行调、维调汇报,并通知后方站本站安全门恢复正常

(6) 在维修过程中需开关整侧滑动门时需报行调,得到行调同意后,维持好站台秩序方可操作。

3. 值班站长

(1) 接报故障后,立即前往现场并组织人员支援。

(2) 根据客流情况及车站人员数量,在确保每节车厢至少有一道滑动门处于打开状态。

(3) 利用后续2~3趟列车的行车间隔,组织车站人员使用LCB钥匙陆续开启更多故障滑动门,确保滑动门开启时不出现连续关闭情况。

(4) 同时做好现场防护。

4. 站务人员

(1) 接到安全门故障通知后,视各站具体情况尽快到达故障点,协助行车值班员确认现场情况。

(2) 发现两对及以下滑动门不能开启,立即通知司机、报告行车值班员:"站台××对滑动门不能开启",并引导乘客从其他开启的滑动门下车。根据指令,LCB"隔离"操作不能开启的故障滑动门(操作所需时间约为5 s)。乘客上下车完毕及故障滑动门做好安全防护(或人工看护),确认站台安全后,向司机显示"好了"信号。待列车离开站台后,在故障门上张贴"此门故障,暂停使用"告示,加强现场安全监控。

(3) 发现三对及以上滑动门不能开启,立即通知司机、报告行车值班员:"站台××对滑动门不能开启"。根据指令,LCB"隔离"操作不能开启的故障滑动门;并根据客流情况,保证每节车厢对应的滑动门有一对及以上在开启状态。必要时立即前往故障滑动门单元处,操作LCB"手动开门"开启滑动门,如果滑动门不能打开,则继续采用专用钥匙人工操作开门(操作一道门所需时间约为10 s)。该故障门保持常开状态;并引导乘客从开启的滑动门下车。然后对乘客自行手动打开的滑动门,方法一、立即进行人手操作关门再LCB"隔离"处理;方法二、操作LCB"手动开门"处理(两种方法视不同情况而定)。

接着分两种情况:

① 车门与安全门未实现联动。乘客上下车完毕及故障滑动门做好安全防护(或人工看护),确认站台安全后向司机显示"好了"信号。待列车离开站台后,站务人员继续采取操作LCB"手动开门"开启滑动门。如果滑动门不能打开,则继续采用开门钥匙人工操作开门。做到相邻的滑动门不能连续关闭两对,并根据站台客流情况,保证每节车厢对应的滑动门有

两对或三对滑动门在开启状态（每节车厢相对应开启的滑动门最多不超过3挡），在故障门上张贴"此门故障，暂停使用"告示，加强现场安全监控。

② 车门与安全门能实现联动。若故障门未能及时恢复或安全旁路，将影响发车晚点。第一趟车发车时，乘客上下车完毕及故障滑动门做好安全防护（或人工看护），确认站台安全后，可直接向司机显示"好了"信号。司机以 RM 模式发车。后续列车则由站务人员立即在站台端头控制盘（PSL）上将安全门互锁解除开关打到"互锁解除"位，以便接发列车。待列车离开站台后，在故障门上张贴"此门故障，暂停使用"告示，加强监控。

（4）故障安全门抢修时负责安全防护，在下趟列车到达前 1 min，通知维修人员停止抢修；抢修完毕后向行车值班员报告。

（5）故障安全门单元恢复正常后，撤除安全门故障告示。

5. 行调

（1）把控故障应急处置时间，做好行车调整。

（2）通知全线司机安全门故障情况。

（3）通知全线司机进入该车站加强瞭望，注意安全。

小组演练 2：单对/多对滑动门不能关门故障处理场景

1. 司机

（1）发现单对或多对滑动门不能关闭时，同时通知车站："××站台有滑动门不能关闭"，要求协助处理，并报行调。

（2）确认乘客上下车完毕。

接着分三种情况：

① 车门与安全门未实现联动。司机报告行调并得到同意后凭站务人员"好了"信号发车。

② 车门与安全门能实现联动。在收到速度码时，司机报告行调并得到同意后凭站务人员"好了"信号以正常模式发车。

③ 车门与安全门能实现联动。在未收到速度码时，将影响发车晚点情况下，司机报告行调，在得到同意后凭站务人员"好了"信号以 RM 模式发车，后续列车司机凭车站"好了"信号以正常模式出站（站务人员须在 PSL 上将安全门互锁解除开关打到"互锁解除"位以便接发列车）。

（3）动车时注意确认车门与安全门之间的间隙安全。

2. 行车值班员

（1）接到故障通知后，报告行调："××站××站台××对滑动门不能关闭"，并通知后方站转告司机。

（2）立即通知值班站长、站务人员前往现场处理故障安全门，发现三对及以上滑动门不能关闭时，还要通知值班站长前往现场处理故障安全门。加强对站台的监控及广播引导乘客上下车。

（3）通知环调，环调通知检修人员处理，如不能处理好，通知维调组织抢修。

（4）维修人员到达现场后，根据车站的客流情况，指示维修人员进行抢修，并通知站台岗。

（5）接到抢修完毕的通知后，确认IBP盘上安全门"关闭且锁紧"信号，向行调、维调汇报，并通知后方站本站安全门恢复正常。

（6）在维修过程中需开关整侧滑动门时需报行调，得到行调同意后，维持好站台秩序方可操作。

3．值班站长

（1）接报故障后，立即前往现场并组织人员支援。

（2）根据客流情况及车站人员数量，在确保每节车厢至少有一道滑动门处于打开状态。

（3）利用后续2~3趟列车的行车间隔，组织车站人员使用LCB钥匙陆续开启更多故障滑动门，确保滑动门开启时不出现连续关闭情况。

（4）同时做好现场防护。

4．站务人员

（1）接到安全门故障通知后，视各站具体情况尽快到达故障点，协助行车值班员确认现场情况。

（2）发现滑动门不能关闭，立即通知司机、报告行车值班员："站台××对滑动门不能关闭"。

① 单道滑动门故障时：确认无夹人夹物后（有则按夹人夹物处理，下同），将故障滑动门LCB"手动关门"操作；如果故障门不能关闭，则LCB"手动开门"操作（目的是安全回路旁路）；待乘客上下车完毕及故障滑动门做好安全防护（或人工看护），确认站台安全后，向司机显示"好了"信号。

待发车后人工方式将该门关闭并LCB"隔离"操作，并张贴"此门故障，暂停使用"告示，加强现场安全监控。

② 两对滑动门故障时：先到就近一对故障滑动门，确认无夹人夹物后，将其LCB"手动关门"操作，如果故障门不能关闭，则人工方式操作滑动门将其关闭，再LCB"隔离"操作；然后到另一对故障门，确认无夹人夹物后，将故障滑动门LCB"手动关门"操作，如果故障门不能关闭，则LCB"手动开门"操作（目的是安全回路旁路），乘客上下车完毕及故障滑动门做好安全防护（或人工看护），确认站台安全后，向司机显示"好了"信号。

待发车后人工方式将该门关闭并LCB"隔离"操作，并张贴"此门故障，暂停使用"告示，加强现场安全监控。

③ 三对及以上滑动门故障时：对不能关闭的滑动门，加设安全防护栏，做好安全防护或人工看护后（人工看护时原则上每个人可监护五档相邻安全门），待乘客上下车完毕，确认站台安全后向司机显示"好了"信号。

待列车出发后，逐一确认每对故障门无夹人夹物后，将故障滑动门LCB"手动关门"操作；如果故障门不能关闭，则人工方式操作滑动门将其关闭，再LCB"隔离"操作；同时根据客流情况，保证每节车厢对应的滑动门有一对及以上滑动门在开启状态。必要时可将故障滑动门LCB"手动开门"操作（目的是安全回路旁路），将该故障门保持常开状态。在故障门上张贴"此门故障，暂停使用"告示，设置安全防护栏，加强现场安全监控。

如果车门与安全门能实现联动。若故障门未能及时恢复或安全旁路，将影响发车晚点。第一趟车发车时，乘客上下车完毕及故障滑动门做好安全防护（或人工看护），确认站台安全后，可直接向司机显示"好了"信号。司机以 RM 模式发车。后续列车则由站务人员立即在站台端头控制盘（PSL）上将安全门互锁解除开关打到"互锁解除"位，以便接发列车。

（3）故障安全门抢修时负责安全防护，在下趟列车到达前 1 min，通知维修人员停止抢修；抢修完毕后向行车值班员报告。

（4）故障安全门单元恢复正常后，撤除安全门故障告示。

5. 行调

（1）把控故障应急处置时间，做好行车调整。

（2）通知全线司机安全门故障情况。

（3）通知全线司机进入该车站加强瞭望，注意安全。

小组演练 3：某侧站台所有滑动门不能开门故障处理场景

1. 司机

（1）发现所有滑动门不能开启时，10 s 内在站台端头控制盘（PSL）上尝试完成开门操作，若仍不能开门，立即通知车站行车值班员："××站台所有滑动门不能开启"，要求协助处理，并报行调。原则上当次列车可不进行上下客作业。

整侧安全门不能打开应急处理模拟操作

（2）接行车调度员命令，若进行上下客作业，使用客室广播通知乘客："因安全门故障，请乘客按安全门上操作手柄旁粘贴的操作指南开门下车"，并报行调。

（3）确认乘客上下车完毕，

接着分三种情况：

① 车门与安全门未实现联动。司机报告行调并得到同意后凭站务人员"好了"信号发车。

② 车门与安全门能实现联动。在收到速度码时，司机报告行调并得到同意后凭站务人员"好了"信号以正常模式发车。

③ 车门与安全门能实现联动。在未收到速度码时，将影响发车晚点情况下，司机报告行调并得到同意后凭站务人员"好了"信号，以 RM 模式发车。后续列车司机凭车站"好了"信号以正常模式出站（站务人员需在 PSL 上将安全门互锁解除开关打到"互锁解除"位，以便接发列车）。

（4）动车时注意确认车门与安全门之间的间隙安全。

2. 行车值班员

（1）接到司机故障通知后，报告行调："××站××站台所有滑动门不能开启"，并通知后方站转告司机。经行调同意在综合后备控制盘（IBP）上操作尝试开启滑动门（注意此操作需要 IBP 有"关门"功能，尝试使用 IBP 盘开启滑动门。如可以整侧门开启和关闭，则后续均采用 IBP 盘进行控制；车门/滑动门关闭后，确认 IBP 盘安全门"关闭且锁紧信号"）。

（2）如果 IBP 有"关门"功能，但无法控制整侧门开关；或 IBP 无"关门"功能。立即通知行车调度员，按行车调度员命令执行。

（3）若滑动门仍不能开启，则通知值班站长、站务人员（要求至少有 3 名）前往站台协助处理故障滑动门。如果车门与安全门能实现联动，则在站台端头控制盘（PSL）上将安全门互锁解除开关打到"互锁解除"位，以便接发列车。加强对站台的监控及广播引导乘客候车。

（4）通知环调，环调通知检修人员处理，如不能处理好，通知维调组织抢修。

（5）维修人员到达现场后，根据车站的客流情况，指示维修人员进行抢修，并通知站台岗。

（6）接到抢修完毕的通知后，向行调、维调汇报，并通知后方站本站安全门恢复正常。

（7）在维修过程中需开关整侧滑动门时需报行调，得到行调同意及维持好站台秩序方可操作。

3. 值班站长

（1）接报故障后，立即前往现场并组织人员支援。

（2）根据客流情况及车站人员数量，组织至少有 3 名车站人员使用 LCB 钥匙陆续开启故障滑动门，优先确保每一节车厢至少有一道滑动门处于打开状态，

（3）并利用后续 2~3 趟列车的行车间隔，开启更多滑动门，确保滑动门开启时不出现连续关闭情况，同时做好现场防护。

4. 站务人员

（1）接到安全门故障通知后，视各站具体情况尽快到达故障点。

（2）若 IBP 盘可以控制滑动门，协助行车值班员确认现场情况；若 IBP 盘无法控制滑动门，根据行车值班员指令做好服务工作。

（3）接到站控室"手动开启滑动门"的指令后，在站台侧采用开门钥匙人工开启滑动门（操作一道门所需时间约为 10 s），同时 LCB "手动开门" 操作处理（目的是安全回路旁路），保持常开状态；并根据站台客流情况，保证每节车厢对应的滑动门有一对及以上滑动门在开启状态。做好站台安全防护，并引导乘客上下列车。然后对乘客自行手动打开的滑动门立即进行 LCB "手动开门" 处理。

接着分两种情况：

① 车门与安全门未实现联动。乘客上下车完毕及故障滑动门做好安全防护（或人工看护），确认站台安全后，向司机显示"好了"信号。待列车离开站台后，继续采取人工方式开启故障门。开启的故障门通过 LCB "隔离" 处理，做到相邻的滑动门不能连续关闭两对，并根据站台客流情况，保证每节车厢对应的滑动门有两对或三对滑动门在开启状态（每节车厢相对应开启的滑动门最多不超过 3 挡），在故障门上张贴"此门故障，暂停使用"告示，加强现场安全监控。

② 车门与安全门能实现联动。若故障门未能及时恢复或安全旁路，将影响发车晚点。第一趟车发车时，乘客上下车完毕及故障滑动门做好安全防护（或人工看护），确认站台安全后，可直接向司机显示"好了"信号。司机以 RM 模式发车。后续列车则由站务人员立即在站台端头控制盘（PSL）上将安全门互锁解除开关打到"互锁解除"位，以便接发列车。待列车离开站台后，在故障门上张贴"此门故障，暂停使用"告示，加强监控。

（3）故障安全门抢修时负责安全防护，在下趟列车到达前 1 min，通知维修人员停止抢修；抢修完毕后向行车值班员报告。

（4）故障安全门单元恢复正常后，撤除安全门故障告示。

5．行调

（1）接报故障后，如果车站报告 IBP 盘可开关滑动门时，通知后续列车司机本站由车站 IBP 盘开关滑动门。如果车站报告 IBP 盘无法开关滑动门后，原则上通知司机当次列车不进行上下客作业，关闭车门并做好乘客广播。

（2）若乘客已手动开启滑动门或司机无法关闭车门时，组织当次列车进行站台作业。

（3）同时把控故障应急处理时间，做好行车调整。

（4）通知全线司机安全门故障情况。通知全线司机进入该车站加强瞭望，注意安全。

小组演练 4：某侧站台所有滑动门不能关门故障处理场景

1．司机

（1）发现所有滑动门不能关闭，10 s 内在站台端头控制盘（PSL）上尝试完成关门操作，若仍不能开门，立即通知车站行车值班员："××站台所有滑动门不能关闭"，要求协助处理，并报行调。

（2）确认乘客上下车完毕。

接着分三种情况：

① 车门与安全门未实现联动。司机报告行调并得到同意后凭站务人员"好了"信号发车。

② 车门与安全门能实现联动。在收到速度码时，司机报告行调并得到同意后凭站务人员"好了"信号以正常模式发车。

③ 车门与安全门能实现联动。在未收到速度码时，将影响发车晚点情况下，司机报告行调并得到同意后凭站务人员"好了"信号，以 RM 模式发车，后续列车司机凭车站"好了"信号以正常模式出站（站务人员需在 PSL 上将安全门互锁解除开关打到"互锁解除"位，以便接发列车）。

（3）动车时注意确认车门与安全门之间的间隙安全。

2．行车值班员

（1）接到司机故障通知后，报告行调："××站台所有滑动门不能关闭"，并通知后方站转告司机。

经行调同意在综合后备控制盘（IBP）上操作尝试关闭滑动门（注意这操作需要 IBP 有"关门"功能，尝试使用 IBP 盘关闭滑动门。如整侧门可以开启和关闭，则后续均采用 IBP 盘进行控制；车门/滑动门关闭后，确认 IBP 盘安全门"关闭且锁紧信号"）。

（2）如果 IBP 有"关门"功能，但无法控制整侧门开关；或 IBP 无"关门"功能。立即通知行车调度员，按行车调度员命令执行。

（3）通知值班站长、站务人员前往站台协助处理故障滑动门。如果车门与安全门能实现联动，则在站台端头控制盘（PSL）上将安全门互锁解除开关打到"互锁解除"位，以便接发列车。加强对站台的监控及广播引导乘客候车。

（4）通知环调，环调通知检修人员处理。如不能处理好，通知维调组织抢修。

（5）当维修人员到达现场后，根据车站的客流情况，指挥维修人员进行抢修。

（6）接到抢修完毕的通知后，向行调、维调汇报，并通知后方站本站安全门恢复正常。

（7）在维修过程中需开关整侧滑动门时需报行调，得到行调同意后，维持好站台秩序方可操作。

3. 站务人员

（1）接到滑动门故障通知后，视各站具体情况尽快到达故障点。

（2）若IBP盘可以控制滑动门，协助行车值班员确认现场情况；若IBP盘无法控制滑动门，根据行车值班员指令做好服务工作。

（3）如果车门与安全门能实现联动，则在站台端头控制盘（PSL）上将安全门互锁解除开关打到"互锁解除"位，以便接发列车。

（4）列车门关闭时，广播通知乘客不要进出故障滑动门。列车门关闭及故障滑动门做好安全防护（或人工看护）后，确认站台安全后，向司机显示"好了"信号，并密切注意站台乘客的动态，确保乘客安全。

（5）列车离开站台后，加强对站台的监控，防止在没有列车停站时乘客进入开启的滑动门而掉下轨道区。严禁乘客越出黄色安全线。

（6）报告行车值班员。

（7）故障安全门抢修时负责安全防护，在下趟列车到达前1 min，通知维修人员停止抢修；抢修完毕后向行车值班员报告。

4. 行调

（1）接报故障后，如果车站报告IBP盘可开关滑动门时，通知后续列车司机本站由车站IBP盘开关滑动门。如果车站报告IBP盘无法开关滑动门后，通知司机注意关闭车门时机，并做好乘客广播。

（2）同时把控故障应急处理时间，做好行车调整。

（3）通知全线司机安全门故障情况。通知全线司机进入该车站加强瞭望，注意安全。

小组演练5：列车进站时自动或紧急停车处理场景

1. 司机

（1）通过ATC查看确认为安全门问题，立即向行调报告。

（2）如收不到速度码时，按调指令RM模式进站。

（3）自动停车后收到速度码，列车正常进站。

（4）不能正常发车时，观察PSL"ASD/EED门关闭"绿灯。

接着分两种情况：

① PSL"ASD/EED门关闭"绿灯亮，报告行调，根据行调指示以RM模式发车。

② PSL"ASD/EED门关闭"绿灯不亮，使用PSL尝试开关一次，仍不亮时，将情况报站控室（使用站台直线电话，直线电话故障时报行调转达车站）。

（5）报告行调，凭行调指示或站务人员"好了"信号发车。

2. 行车值班员

（1）接报后，通知站务人员确认安全门状态安全和无夹人夹物后显示"好了"手信号；
（2）通报行调、维修承包商、维修及监控调度。

3. 站务人员

（1）接到行值通知，察看安全门门头状态指示灯是否报警，如指示灯报警，则将该挡单元门进行 LCB 手动关操作（目的是安全回路旁路），并报站控室；如指示灯不报警，表示站台安全门安全，报告站控室。

（2）首列车开车后，察看端头墙 PSL，并及时汇报站控室。如"ASD/EED 门关闭"绿灯不亮，按站控室指示，使用互锁解除接发后续列车。

4. 行调

通知全线司机进入该车站加强瞭望，注意安全。

小组演练 6：列车启动后突然紧急制动处理场景

1. 司机

（1）通过 ATC 查看确认为安全门问题，立即向行调报告；
（2）按行调指令 RM 模式动车。

2. 行调

与车站确认站台安全后通知司机 RM 动车。

3. 行车值班员

（1）观察看站控室 IBP 盘"关门"绿灯是否常亮，亮则报告行调安全门无异常；不亮通知站务人员察看安全门状态。
（2）报告行调、维修承包商、维修及监控调度。

4. 站务人员

（1）接到行值通知，察看安全门门头状态指示灯是否报警，如指示灯报警，则将该档单元门进行 LCB 手动关门操作（目的是安全回路旁路），并报站控室；如指示灯不报警，表示站台安全门安全，报告站控室。

（2）察看端头墙 PSL，并及时汇报站控室。如"ASD/EED 门关闭"绿灯不亮，按站控室指示，使用互锁解除接发后续列车。

小组演练 7：列车发车时收不到速度码，但安全门门头灯状态指示灯无报警处理场景

1. 司机

（1）观察 PSL "ASD/EED 门关闭"绿灯。

接着分两种情况：

① PSL "ASD/EED 门关闭"绿灯亮，报告行调，根据行调指示以 RM 模式发车。

② PSL "ASD/EED 门关闭"绿灯不亮，使用 PSL 尝试开关一次，仍不亮时，将情况报站控室（使用站台直线电话，直线电话故障时报行调转达车站）。

（2）报告行调，凭行调指示或站务人员"好了"信号动车。

2. 行车值班员

（1）接报后，通知站务人员确认安全门状态安全和无夹人夹物后显示"好了"手信号。

（2）通报行调、维修承包商、维修及监控调度。

3. 站务人员

确认安全门无夹人夹物，向司机显示"好了"信号。

4. 行调

通知全线司机进入该车站加强瞭望，注意安全。

小组演练 8：使用 PSL 关闭滑动门，打到"禁止"位后滑动门自动打开处理场景

1. 司机

（1）立即报站控室（使用站台直线电话，直线电话故障时报行调转达车站），要求派站务人员到端头墙 PSL 处协助处理。

（2）报告行调。

（3）待站务人员关闭安全门后，按规定动车。

2. 行车值班员

（1）接报后，通知站务人员到司机立岗处协助司机手动关闭安全门。

（2）通报行调、维修承包商、维修及监控调度。

3. 站务人员

（1）到端头墙操作 PSL 关闭滑动门，并保持在"门关闭"位。

（2）待列车启动往前移动 2 m 后，将钥匙恢复到"禁止"位，拔出钥匙。

4. 行调

在运行前方站存在同样问题，通知运行前方其他站协助司机关闭安全门。

小组演练 9：使用互锁解除接发列车处理场景

1. 行车值班员

（1）在后续列车因安全门故障影响行车时（如故障门未隔离（旁路）或 IBP 盘"关门"绿灯不亮），安排站务人员在端头墙操作互锁解除接发车（整侧滑动门均不能正常关闭时除外）。

（2）通知列车运行方向的后方邻站后续列车到其站后向本站报点。

（3）接到后方站报点后，通知站务人员操作互锁解除接车。

2. 站务人员

（1）接到行车值班员的通知后，到端头墙 PSL 处，接车时，使用 105 号钥匙操作互锁解除并保持其操作。

（2）列车到达停妥后，松开 105 号钥匙。

（3）如果安全门不能自动开启，将 101 号钥匙打到"门打开"位打开安全门；乘客上下车完毕，将 101 号钥匙打到"门关闭"位关闭安全门。

（4）发车时，再使用 105 号钥匙操作互锁解除，并保持其操作；待列车尾部越过出站信号机，完全离开车站后，松开钥匙开关。

注意：站务人员保持操作互锁解除过程中，应确保接车时列车进站停稳及出站时列车驶出列车防护区，防止进出站列车出现紧急停车情况。

3. 值班站长

（1）如有滑动门/应急门异常开启时，设置安全防护栏或安排人工看护（人工看护时原则上每个人可监护五档相邻安全门）。

（2）乘客上下车完毕后，向司机显示"好了"信号。

小组演练 10：使用 PSL 专用锁匙断在锁孔中处理场景

1. 司机

（1）如钥匙断在"门关闭"位，上下客完毕且安全门已关闭，将连接 PSL 的 LITTON 接头从 PSL 上卸除，关车门，动车后再报行调。

（2）如钥匙断在"禁止"/"门关闭"位，乘客尚未完成上下车；或钥匙断在"门打开"位时，立即将情况报站控室（使用站台直线电话，直线电话故障时报行调转达车站），要求派站务人员到尾端 PSL 操作安全门。同时将连接 PSL 的 LITTON 接头从 PSL 上卸除；待站务人员关闭安全门后，关闭车门动车，并将情况报告行调。

2. 行车值班员

（1）接报后，通知站务人员到尾端墙协助开关安全门。

（2）通报行调、维修承包商、维修调度。

3. 站务人员

（1）列车乘客未上下车时，通过尾端 PSL 开启安全门。

（2）确认乘客上下车完毕后，操作 PSL 关闭安全门。

（3）后续列车到达对标停稳后，通过尾端 PSL 开启安全门；乘客上下车完毕（列车开门约 20 s），操作 PSL 关闭安全门。

4. 行调

通知运行前方站交一新钥匙给司机。

5. 运行前方站值班站长

与司机交接新钥匙。

小组演练 11：安全门玻璃破碎处理场景

1. 站务人员

（1）发现玻璃破碎报告站控室，如果列车未进车站时滑动门、应急门与固定门破碎，立即按压紧急停车按钮（端门不需要）。

（2）手动打开滑动门且该门 LCB 打至"手动开门"位（目的是安全回路旁路），手动打开应急门且该门打至隔离位（目的是安全回路旁路），手动打开端门（故障门打开，减少活塞风的影响，防止玻璃进一步破裂和倒塌）。

（3）将其左右相邻两档滑动门 LCB 打至开门位（目的是安全回路旁路），保持常开状态，端门破碎时将临近的 1#或 30#滑动门 LCB 打至开门位（目的是安全回路旁路），保持常开状态。打开滑动门目的是减少风压对故障门的影响。

（4）当玻璃未掉下来，使用封箱胶纸将破碎的玻璃粘贴住。

（5）当门玻璃已破碎并掉落在站台区，站务人员应在 10 min 内将破碎玻璃清理完毕，防止玻璃碎片掉入轨道区。

（6）当门玻璃已破碎并掉落在轨道区，如果玻璃不影响行车，运营结束后清理；如果玻璃会影响行车，立即请点进入轨道区清理，清理完毕后向站控室汇报。

（7）协助值班站长做好故障门的安全防护工作，在故障门及相邻的滑动门设置安全围栏防护区域和张贴告示牌。

（8）在故障安全门前值守，实时监控该门情况；引导乘客远离该故障门，从其他正常的安全门下下车，加强监督防护，提醒乘客注意安全。

（9）接发列车时，若故障门需现场防护，在故障门处显示"好了"手信号。

2. 行车值班员

（1）接报后，通知值班站长到场处理。

（2）通过 CCTV 加强故障区的监控，保证站台乘客安全；做好乘客安全广播。

（3）通报行调、维修承包商、维修调度。

（4）在站务人员需下轨清理玻璃碎片时，在 IBP 盘上按压紧急停车按钮对相应区段做好防护。

3. 值班站长

（1）接报后携带手持电台、安全门钥匙前往现场确认处理。

（2）组织人员在故障门及前放置铁马，黄线位置放置防护围栏，粘贴告示，附近安排人员值守。

（3）如玻璃掉下来则组织将其清扫；如掉落到轨道区的玻璃，不影响行车，运营结束后清理，加强监控；如掉落到轨道区的玻璃影响行车，立即向行调请求进入轨道区清理，接到行调命令后方可下轨清理。

4. 行车调度员

（1）接报有车站安全门破裂，扣停后续进站列车。

（2）在现场确认玻璃破裂情况，有无人员受伤，有无异物侵入轨行区，车站是否做好防护。

（3）确认具备运行条件后，放行后续进站列车限速 25 km/h 进站；后续列车在该站限速进出站，并告知司机该安全门退出使用。

（4）若列车已经进入站台区域，站台作业完毕后安排列车限速 25 km/h 出站，并通知后续列车在该站限速 25 km/h 进出站。

小组演练 12：站台侧夹人夹物处理场景

1. 站台人员

（1）发现列车门夹人夹物、安全门夹人夹物、列车车门与安全门之间夹人夹物，立即就近按动紧急停车按钮（在去按压紧停按钮的途中，可向司机显示停车手信号），立即将情况报告站控室。

（2）如果列车未启动，及时手动打开安全门，（如列车门夹人夹物则通知司机打开列车门）将人或物撤出后，向站控室报告。

（3）如果列车已启动，列车未停车，应立即报告站控室。列车停在尚未出站且所在位置在站台有效范围内，应前往夹人夹物现场了解情况，及时手动打开安全门，（如列车门夹人夹物则通知司机打开列车门）将人或物撤出后，并将情况向站控室汇报。

（4）处理完毕后确认安全门正常关闭，如不能正常关闭则旁路相应安全门，并将情况向站控室汇报，并向司机显示"好了"信号。

（5）值班站长到场后，协助调查处理。

2. 行车值班员

（1）发现异常或接到报告后，通知值班站长前往处理，并向行调汇报。如列车未停止运行，应立即向行调汇报，不能立即与行调通话时，应通知前方站。

（2）利用 CCTV 观察现场情况；需要时，通知公安或运管办到场协调处理。

（3）应急事故处理完毕，接到行调通知后，取消紧停，恢复正常运作。

知识点 5：滑动门关门障碍时的操作

（1）滑动门关闭时，如遇障碍物，滑动门自动后退打开再关闭，障碍物清除后，门关闭且锁紧。

（2）如果障碍物依然存在，循环三次（次数可设置）后，滑动门完全打开，门顶箱发出声光报警。

（3）经授权站务人员操作 LCB "手动关门"该道门（该操作目的安全回路旁路）；若 LCB "手动关门"滑动门不能关闭，则人手操作关闭该门，然后操作 LCB 打在"隔离"位；若人手操作关闭滑动门不能成功，则操作 LCB 打在"手动开门"位，并向相关人员报告。

（4）排除故障后，用测试开关进行至少一次开关门操作。

（5）将该门道的模式钥匙开关切换到自动位置，将门恢复到自动控制。

（6）钥匙从开关上取出带走，操作完毕。

知识点6：操作PSL"互锁解除"失效处理

（1）车站人员操作PSL"互锁解除"开关功能失效，列车不能发车，综控员报行调。
（2）行调通知司机改变驾驶模式，并通知后续到站列车司机。
（3）司机转换驾驶模式发车，车站人员向维修单位报修。

知识点7：应急门故障无法关闭故障处理

（1）应急门故障无法关闭故障，车站工作人员手动操作将该门关闭。
（2）若仍不能恢复正常，方法一是将应急模式控制开关打到"隔离（旁路）位"（现部分厂家应急门系统设置有挡位开关"自动""隔离（旁路）"，多放置在顶箱，也有安装在相邻滑动门LCB旁边），如图7-2-2所示；方法二是没有设置此开关的系统，将故障门相邻滑动门LCB置于"手动关门"位置。
（3）在故障门处加强巡视，向维修单位报修，直至其修复。

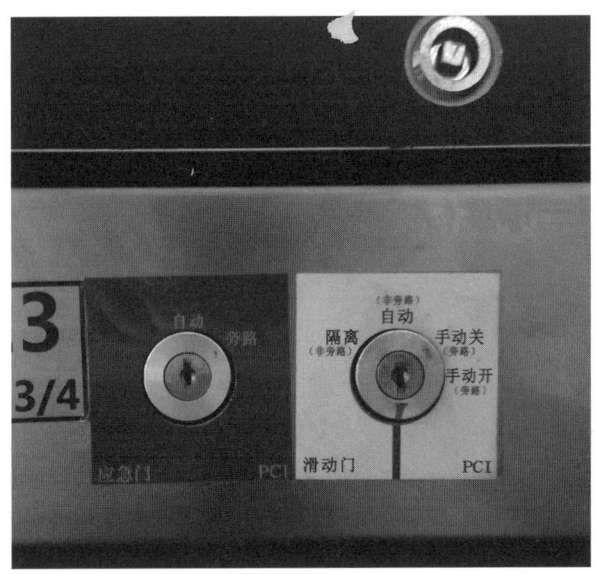

图7-2-2 安全门系统应急门模式控制开关

知识点8：火灾情况下安全门故障处理

（1）列车在车站发生火灾：
① 司机打开滑动门，乘客疏散。
② 综控员接到火灾报警确认信息后，直接操作IBP"开门"，乘客疏散。
（2）列车在区间发生火灾，乘客需进站疏散：
站控室接到火灾报警信息，通知车站人员操作"互锁解除"，保证列车进站；操作IBP"开门"，乘客疏散。
（3）列车在区间发生火灾，无法进站，人员在区间疏散。
站控室接到火灾报警信息，确认列车无法进站，人员在区间疏散时，操作IBP"开门"，同时开启相应端门，使乘客进站疏散。

知识点 9： 列车停车偏离量大处理

当列车无法在规定范围内停车，且偏离量较大，乘客无法从滑动门进出时，站台工作人员在站台侧用钥匙打开应急门；或由列车司机通过广播指导乘客压推杆锁打开应急门。

列车停车不准安全门模拟操作

知识点 10： 单挡或多挡安全门上方渗漏水处理

（1）打开受渗漏水影响的安全门的顶箱盖板；
（2）拉下断路器开关，切断电源并隔离；
（3）车站加强对受渗漏水影响的安全门的监控及安全防护。

知识点 11： 边门未锁紧故障处理

（1）边门未锁紧报警后，站控室通知司机及车站人员现场处置，同时向维修单位报修。
（2）车站人员操作 PSL "互锁解除" 开关，使列车进出站。
（3）综控员报行调，行调通知后续列车。

知识点 12： 车站同时发生两侧滑动门整侧故障处理方法

当车站同时发生两侧滑动门整侧故障时，行调可根据列车运行实际情况做出列车越站通过或不上下客作业（首末班车除外）等相应调整。

知识点 13： 隔离带使用方法

整侧滑动门故障时，车站应使用隔离带进行安全防护。
（1）未进行上下客作业时，车站派员分别站在站台盲道或黄色警戒线处手拉隔离带进行安全防护，禁止候车乘客越过盲道或黄色警戒线。
（2）进行上下客作业时，站台人员将隔离带举过头顶，让乘客上下车。
注意：车站需在站台监控亭常备 2 卷以上隔离带和 3 个以上安全防护栏杆。

参考资料：《行车组织规则》安全门相关内容（摘录）

1. 总则

（1）城市轨道交通运营管理和行车组织工作，按运营时刻表的要求，以安全运送乘客、满足设备维护的需要，实现安全、准点、快捷、舒适的运营服务为宗旨。各单位、各部门必须在集中领导，统一指挥的原则下，紧密配合、协调动作，确保行车和乘客安全，完成各项工作任务。

（2）城市轨道交通运营的行车组织指挥工作，必须坚持安全生产的方针，贯彻高度集中，统一指挥，逐级负责的原则。

（3）运营时刻表是行车组织工作的基础，凡与列车运行有关的各部门都必须根据运营时刻表的要求组织本部门的工作。

2. 城市轨道交通行车组织机构

城市轨道交通行车组织机构设置如图 7-2-3 所示。

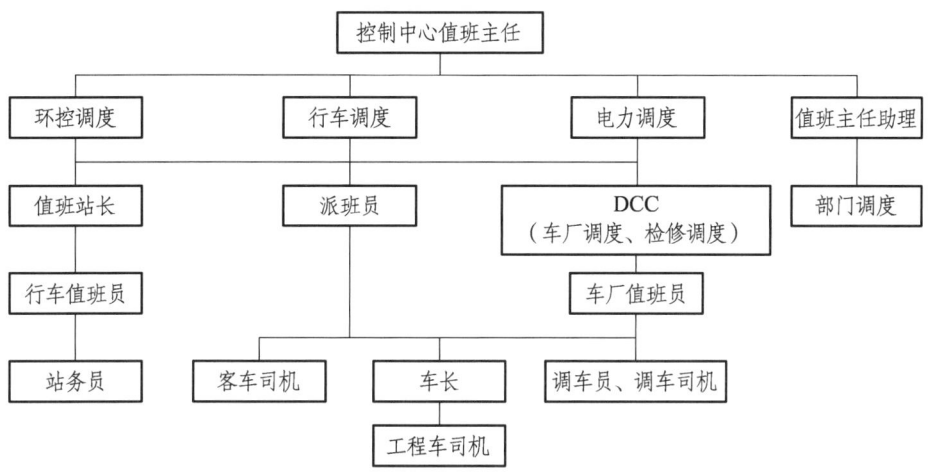

图 7-2-3 城市轨道交通行车组织机构

3. 客车司机安全门操作规定

(1) 客车配一名司机,负责驾驶客车和操作相关设备,监视安全门和客车车门的开关状态。

(2) 如安全门车门能实现联动功能。客车到站停车后自动打开车门与安全门,司机迅速打开驾驶室门,观察乘客上下车情况,负责监视安全门和客车车门的开关状态。

(3) 如安全门与车门不能实现联动功能。按同步打开车门/安全门,先关安全门,后关车门顺序操作。

(4) 乘客上下车完毕,按运营时刻表规定的停站时分,提前 12 s 关闭安全门、车门。司机瞭望安全门与车门的间缝并确认没有人、物品滞留,确认安全后进入驾驶室,确认进路信号开放和车载信号给出速度码后开车。

(5) 发生车门与安全门联动功能故障或安全门故障时,按本规则的有关规定处理。

4. 信号与安全门接口故障的处理

(1) 客车在进入车站站台区前或在站台区收不到速度码的处理规定如下:

① 当客车在进入车站站台区前停车时,报告车站及行调,司机按行调的命令并确认运行前方的站台区轨道空闲后,以 RM 模式(如 RM 模式产生紧急制动时,改 URM 模式进站,对标后恢复 ATP)进站对标停车,上下乘客完毕关好安全门、车门后收不到速度码时,车站派站务人员在 PSL 上打"安全门互锁解除"开关,收到速度码后以 AM/SM 模式动车,如收不到速度码按行调的命令以 URM 或 RM 模式动车。车站派站务人员在下一趟客车到站前在 PSL 上打"安全门互锁解除"开关,直至客车出站。

② 当客车在车站关好安全门、车门后,收不到速度码时,司机立即报告车站及行调,车站派站务人员在 PSL 上打"安全门互锁解除"开关,收到速度码后以 AM 模式动车,如收不到速度码按行调的命令以 URM 或 RM 模式动车。

(2) 车站接到行调或司机报告在车站进站前或在站台区收不到速度码时,立即检查站台区和安全门的状态,发现异常立即通知司机和报告行调。

(3) 值班主任助理接到故障报告后,立即组织维修人员前往抢修。

5. 车门与安全门不能联动的处理

（1）车载 ATP 故障，车门与安全门不能联动时，当客车离前方终点站 5 个站及以上时，行调通知下一车站派站务人员（如客车有 2 名乘务员则车站不派人）上驾驶室，协助司机开关安全门。

（2）安全门与车门联动功能故障的情况下：

① 客车配一名司机时，车站安排一名员工协助司机开关安全门，协助司机瞭望进路，监督客车司机按规定速度运行。

② 客车在投入客运服务前，须把开门状态开关打到手动位；客车在车站停稳后，应迅速打开驾驶室门，先由安全门操作员操作打开安全门，后由司机打开客室门；上下乘客完毕后，先关闭安全门，再关闭客室门，并确认无夹人、夹物时，进入驾驶室开车。

工作实施

1. 安全门系统故障应急处理

引导问题 1：安全门系统运行管理要保证设备处于_____状态，实现系统的各项_____，为车站正常运营提供必要的_____条件。

引导问题 2：安全门故障应急处理后，应按事故信息流程通知_____进行故障排除。

2. 安全门系统应急处理原则

引导问题 3：发生安全门故障时，要按照"_____"的原则进行处理。

引导问题 4：应急处理过程中的行车组织必须严格按照_____规则的有关规定执行。

引导问题 5：整侧滑动门故障时，车站应使用_____进行安全防护；整侧滑动门不能开关时，车站安排不少于_____人到现场支援。

引导问题 6：在无列车停靠站台时需要人工手动打开单个或多个安全门，车站必须征得_____同意。

引导问题 7：已设置安全防护栏时，站务人员每个人可最多监护_____挡相邻滑动门；未设置安全防护栏，专人看护时，每个人最多可监护_____挡相邻滑动门。

引导问题 8：车站安全门备用钥匙要求统一放在_____，由_____负责保管。

3. 安全门系统运行管理组织及职责

引导问题 9：安全门系统运行管理人员包括哪些人员？

答：
_____
_____
_____

引导问题 10：行车调度员负责监视_____安全门系统的运行状态。行车值班员监视_____安全门系统的运行状态。

引导问题 11：当安全门出现非正常状态时，站务人员应尽快到达_____，及时参与安全门故障_____处理，并做好站台_____措施。

4. 安全门事故应急汇报时标准用语

引导问题12：站务人员汇报站控室时标准用语：

车门夹人夹物时："_____
_____"。

滑动门夹人夹物时："_____
_____"。

引导问题13：站务人员呼叫司机标准用语：

当车门/滑动门夹人夹物，列车即将动车或已动车时，站务人员呼叫司机的标准为："_____"。

5. 小组演练1：单对/多对滑动门不能开门故障处理场景

引导问题14：发现此故障，司机使用客室广播通知_____，同时通知_____，并报告_____。

引导问题15：行车值班员接到故障通知后，报告_____，并通知后方站转告_____。

引导问题16：值班站长接报故障后，立即前往_____并组织人员支援，确保每节车厢至少有____对滑动门处于打开状态。

引导问题17：站务人员对不能开启的滑动门进行LCB_____操作。为保证每节车厢对应的滑动门有一对及以上在开启状态。必要时对部分不能开启的滑动门进行LCB"_____"操作开启滑动门，如果滑动门不能打开，则继续采用_____钥匙人工操作开门。

引导问题18：站务人员要对故障滑动门做好_____防护。

6. 小组演练2：单对/多对滑动门不能关门故障处理场景

引导问题19：站务人员发现此故障，立即通知_____、报告_____。

引导问题20：站务人员到达单道滑动门故障点，确认无夹人夹物后，将故障滑动门LCB"_____"操作；如果故障门不能关闭，则LCB"_____"操作；待发车后人工方式将该门关闭并LCB"_____"操作。

7. 小组演练3：某侧站台所有滑动门不能开门故障处理场景

引导问题21：司机发现此故障，10 s内在站台_____上尝试完成开门操作，若仍不能开门，立即通知_____。

引导问题22：发生此故障，原则上当次列车可_____上下客作业。

8. 小组演练4：某侧站台所有滑动门不能关门故障处理场景

引导问题23：司机发现此故障，10 s内在站台_____上尝试完成关门操作，若仍不能关门，立即通知_____。

9. 小组演练5：列车进站时自动或紧急停车处理场景

引导问题24：发生此故障，站务人员接到行值通知，首先_____安全门门头状态指示灯是否报警。

10. 小组演练6：列车启动后突然紧急制动处理场景

引导问题25：发生此故障，行车值班员观察看站控室IBP盘"关门"绿灯是否常_____。

11. 小组演练 7：列车发车时收不到速度码，但安全门门头灯状态指示灯无报警处理场景

　　引导问题 26：司机可观察 PSL"＿＿＿＿＿＿"绿灯。

12. 小组演练 8：使用 PSL 关闭滑动门，打到"禁止"位后滑动门自动打开处理场景

　　引导问题 27：发生此故障，站务人员到端头墙操作 PSL＿＿＿＿＿滑动门，并保持在"＿＿＿＿"位；待列车启动往前移动 2 m 后，将钥匙恢复到"＿＿＿＿"位，拔出钥匙。

13. 小组演练 9：使用互锁解除接发列车处理场景

　　引导问题 28：站务人员在保持操作互锁解除过程中，应确保接车时列车进站＿＿＿＿＿及出站时列车＿＿＿＿＿列车防护区，防止进出站列车出现＿＿＿＿＿情况。

14. 小组演练 10：使用 PSL 专用锁匙断在锁孔中处理场景

　　引导问题 29：发生此故障，由站务人员到＿＿＿＿＿操作安全门。

15. 小组演练 11：安全门玻璃破碎处理场景

　　引导问题 30：发生此故障，打开相邻两档滑动门，目的是减少＿＿＿＿＿对故障门的影响。

16. 小组演练 12：站台侧夹人夹物处理场景

　　引导问题 31：发生此故障，站务人员立即就近按动＿＿＿＿＿按钮。

17. 滑动门关门障碍时的操作

　　引导问题 32：排除此故障后，用测试开关进行至少一次＿＿＿＿＿操作。

18. 操作 PSL"互锁解除"失效处理

　　引导问题 33：发生此故障，司机＿＿＿＿＿驾驶模式发车。

19. 应急门故障无法关闭故障处理

　　引导问题 34：发生此故障，要将应急门＿＿＿＿＿处理。

20. 火灾情况下安全门故障处理

　　引导问题 35：列车在车站发生火灾时，司机打开滑动门；或者是综控员接到火灾报警确认信息后，直接操作＿＿＿＿＿，进行乘客疏散。

21. 列车停车偏离量大处理

　　引导问题 36：发生此故障，乘客无法从滑动门进出时，乘客从＿＿＿＿＿门上下车。

22. 单挡或多挡安全门上方渗漏水处理

　　引导问题 37：发生此故障，在顶箱内切断＿＿＿＿＿并隔离。

23. 边门未锁紧故障处理

　　引导问题 38：发生此故障，车站人员操作 PSL"＿＿＿＿＿"开关，使列车进出站。

24. 车站同时发生两侧滑动门整侧故障处理方法

引导问题 39：行调可做出列车_____通过或_____作业等相应调整。

25. 隔离带使用方法

引导问题 40：整侧滑动门故障时，车站应使用_____进行安全防护。

引导问题 41：根据实操情况，自己填写表 7-2-2 安全门故障应急处理小组演练记录。

参考答案

表 7-2-2　安全门故障应急处理小组演练记录

实操内容	未演练	生疏	基本掌握	熟练
单对/多对滑动门不能开门故障处理				
单对/多对滑动门不能关门故障处理				
某侧站台所有滑动门不能开门故障处理				
某侧站台所有滑动门不能关门故障处理				
列车进站时自动或紧急停车处理				
列车启动后突然紧急制动处理				
列车发车时收不到速度码，但安全门门头灯状态指示灯无报警处理				
使用 PSL 关闭滑动门，打到"禁止"位后滑动门自动打开处理				
使用互锁解除接发列车处理				
使用 PSL 专用锁匙断在锁孔中处理				
安全门玻璃破碎处理				
站台侧夹人夹物处理				

评价反馈

表 7-2-3 学生自评表

班级:	姓名:	学号:		
学习情景 7.2	安全门系统故障应急处理			
评价项目	评价标准	分值	得分	
安全门系统故障应急处理认知	能正确认知安全门系统故障应急处理原则,各岗位人员职责等	10		
安全门事故应急汇报标准用语掌握	能正确汇使用安全门汇报标准用语	10		
滑动门故障应急处理方法掌握	能基本掌握滑动门故障应急处理方法	30		
应急门、端门和固定门故障应急处理方法掌握	能基本掌握三类门故障应急处理方法	10		
监控设备故障应急处理方法掌握	能基本掌握监控设备故障应急处理方法	10		
工作准备	能完成相关理论知识学习	15		
工作质量	能按计划完成工作任务	15		
合计		100		

表 7-2-4 学生互评表

学习情景 7.2		安全门系统故障应急处理					
评价项目	分值	评价对象(组别)					
		1	2	3	4	5	6
计划合理	20						
组织有序	20						
工作完整	20						
团队合作	20						
材料上交	20						
合计	100						

注:评价档次统一采用 A(优秀)、B(良好)、C(合格)、D(努力)四个。

表 7-2-5　教师评价表

班级：		姓名：	学号：	
学习情景 7.2			安全门系统故障应急处理	
	评价项目	评价标准	分值	得分
	考勤	没有无故缺勤、迟到、早退现象	10	
工作过程	安全门故障应急处理认知	能正确认知安全门系统故障应急处理原则、职责等	10	
	安全门故障应急处理与分析	能正确处理安全门故障应急及技术分析	30	
	工作质量	能按计划完成工作任务	10	
	协调能力	能与小组成员合作交流，协调工作	5	
	职业素养	能表达成熟或灵动的想法	5	
项目成果	工作完整	能按计划完成任务	5	
	工作规范	能做到安全生产，文明施工	10	
	工作报告	能正确完成工作报告	10	
	成果展示	能准确表达工作成果	5	
		合计	100	
综合评价		自评（20%）	小组互评（30%）	教师评价（50%）	综合得分

单元 8

安全门系统维护

学习情景 8.1　安全门系统检修

情景描述

城市轨道交通车站安全门系统是按照全年 365 天工作设计的,如何保障设备正常及运行安全是车站工作人员及设备维护人员重要的工作内容。

作为乘客,平时极少在车站现场见到安全门系统进行维修维护,机电设备使用过程中的设备检修究竟是如何进行的?

图 8-1-1 是某城市轨道交通车站安全门系统检修实景图。以学习者视角对图进行识读,尝试了解城市轨道交通车站安全门系统检修的情况,分析城市轨道交通车站安全门系统在车站中开展检修工作的内容与实际操作。

图 8-1-1　城市轨道交通车站安全门检修

学习目标

（1）能掌握城市轨道交通安全门系统在车站中检修情况；
（2）能了解安全门系统的不同检修类型；
（3）能正确开展城市轨道交通车站安全门日常巡检；
（4）能了解城市轨道交通车站安全门系统的技术发展。

工作任务

（1）在地铁车站及实训室里仔细观察安全门系统的运行情况，了解安全门系统日常巡检及定期检修的内容及技术要求。
（2）根据实训室及工作需要，填写实施过程中的表格。

任务分组

表 8-1-1　学生任务分配表

班级			组号		指导老师	
组长			学号			
组员	姓名		学号	姓名		学号
	任务分工					

工作准备

（1）阅读工作任务，观察地铁车站安全门系统，并做好记录。
（2）收集《城市轨道交通站台屏蔽门系统技术规范》（CJJ 183—2012）中安全门相关技术规范要求。
（3）查阅相关信息，进一步了解城市轨道交通车站安全门的技术发展。

情景知识

知识点1：城市轨道交通车站安全门系统的运行基本要求

1. 基本技术要求

（1）安全门系统满足运行要求：按照全年365天运行，每天连续运行18小时，每2分钟开关门一次。

（2）安全门系统必须满足限界要求。

（3）安全门系统必须满足与土建结构的电气隔离，并进行等电位连接，不得有漏电现象。

（4）安全门系统开关门时间、障碍物检测功能、噪声值等应符合规定。

2. 安全门档案要求

安全门系统运行管理应建立完善的安全技术档案，内容包含但不限于：

（1）安全门设备台账；

（2）设备及其零部件、安全保护装置的产品技术文件；

（3）产品合格证、出厂检（试）验报告，安装、改造、重大维修的有关资料；

（4）安装、改造、重大维修定期检验报告；

（5）设备运行故障与事故、重大缺陷及处理记录；

（6）日常检查与使用状况记录、维保记录、年度自行检查记录或报告、应急救援演习记录、定期检验报告、设备运行故障记录等。

其中，设备运行故障记录至少保存2年，其他资料应长期保存。

知识点2：安全门系统运行检查

1. 安全门检查项目主要内容

（1）按基本技术要求所规定的内容。

（2）安全门外观完整、无损，部件和标志标识齐全。

（3）相关安装调试、分部分项验收、现场5 000次开关门试验报告，应做到动作可靠。

（4）安全门运行正常、平稳、无异味、无异响、无异常振动。

2. 安全门运行前的检查

（1）操作安全门头尾端PSL盘试灯按钮，检查盘体上各操作指示灯显示是否正常。

（2）使用PSL盘进行开关门操作，检查动作指令是否正确，门头指示灯显示是否正常。

（3）所有门关闭后安全回路是否畅通。

（4）使用IBP盘进行开关门操作，检查动作指令是否正确，接口功能是否正常。

3. 运行中巡视检查项目

安全门运行中的巡视检查，除应包括下述的基本内容外，还应对巡视过程中发现的异常情况及时向安全门维修主管部门汇报，并做好记录，随时观察其发展，并交由当日夜间维保人员整改、整治。

（1）检查设备房情况：门、锁、通风、温度、湿度、照明、清洁、安全标识、消防设施有无异常。

（2）检查电源柜、PSC 柜体情况：通风散热良好、无异味、无杂音、无异常温升、无报警声、查看历史故障记录，电压、电流、整流、逆变模块运行是否正常。

（3）检查蓄电池情况：外观、温升是否完好、正常，无变形、漏液、鼓涨，安全阀是否开启、接线端及气孔无盐霜现象。

（4）检查 PSL 盘情况：外观、安装是否完好、紧固。

（5）检查门体外观情况：顶箱盖板外观应完整无损，门体玻璃是否有划伤、破裂现象。

（5）检查运行情况：开门、关门运行是否正常，顺畅平滑无撞击，运行无异响、无异味、无异常振动和冲击，门状态指示灯、蜂鸣器声音是否正常。

4. 安全门巡视检查周期安排

（1）运行中安全门由巡检人员进行定期巡视，每天每站不少于 1 次。

（2）停用安全门每周巡视不少于 1 次。

（3）新运行安全门应缩短巡视周期，滑动门开关门 20 000 次以后转为正常巡视。

注意：高低温季节、高湿度季节、气候异常时，应适当加强巡视。

知识点 3：城市轨道交通车站安全门维修保养概念

维护保养是指在城市轨道交通车站安全门系统交付使用后，为保证安全门系统正常及运行安全，而按计划进行的一种主动的预防性维修。根据安全门系统设备的构成、运行和使用特点等因素，周期性地纠正系统各设备（部件）运行后可能积累的误差、磨损，或零部件使用寿命后的更换，调整设备达到良好的运行状态。

知识点 4：安全门系统日常运行技术要求

根据国家行业标准《城市轨道交通站台屏蔽门系统技术规范》(CJJ 183—2012)，对于安全门系统日常运行使用提出以下要求：

（1）安全门日常运行使用包括日常操作、巡视、紧急情况下操作和故障应急处理。

（2）应根据各种运营模式下的工况合理选用安全门的控制方式。

（3）当安全门发生故障时，应按先通车后修复故障原则处理。

（4）运营部门应建立安全门系统日常巡检机制，并应符合下列规定：

① 日常使用巡视：应对安全门系统的日常直观状态进行实时监视、状态确认及故障报修，每日运营前对安全门进入正常运行状态进行确认。

② 设备运行巡视：应通过观察设备运行特征，发现异常状态、故障信息，应及时恢复正常，避免故障后维修。

知识点 5：安全门系统设备的维护工作模式

安全门系统设备的维护工作分为三种模式：

（1）日常巡检——按照巡检要求，对全线各站安全门系统设备的工作状态进行定期检查，及时发现问题，进行简单维护并做记录。

（2）计划检修——制订检修计划，由检修人员对安全门设备进行检查、维修、更换等工作，使设备保持良好运作水平。

（3）故障检修——在接到生产调度的故障报告后，检修人员及时修复故障设备，使之在短时间内重新投入运作。

知识点 6：预防性维护规范

安全门系统预防性维护包括日常巡检和计划检修（定期检修）。根据《城市轨道交通站台屏蔽门系统技术规范》（CJJ 183—2012）要求，对安全门各组成部分进行有计划检修，包括日常巡检、半月检、月检、季检、半年检、年检、五年检等周期检修内容。

车站设备预防性维护工作应成立检查小组，用以提高车站设备系统的可靠性。小组应包含操作监管员、操作员、维修监管员、一线维修技术员和检查专家等。

在检测过程中，当发现影响个人安全或者列车正常运转的损坏部件则必须立即修理。检测结果必须在检查清单上记录，用以体现安全门系统的实际状态。

在执行预防性维护工作之前，必须考虑下列问题：

（1）车站的许可和车辆控制中心收到将要维修的工作内容；

（2）需要对维修工作完全的监督以符合安全管理并且记录检测结果；

（3）在实施可视检测时断掉所有相关系统的电源；

（4）维修工作结束后通知车站和车辆控制中心。

在检修作业中，技术操作人员需要注意以下安全措施：

（1）检查应注意影响行车安全，在列车停止运营后进行作业；

（2）轨道作业时应停电挂牌并设有专人监护；

（3）作业完成后应检查设备是否恢复正常状态，并出清现场；

（4）作业结束后严禁在气体的保护房间进行休息；

（5）认真学习并严格遵守机电安全交底单上的相关内容。

知识点 7：安全门系统日常巡检简介

日常巡检是指城市轨道交通车站的站务工作人员和设备维修人员定期对设备运行的外观表征信息（例如操作状态指示灯、人机界面显示信息等）、每日投入运营使用前的设备状态、设备各组成部件运行内在信息（例如设备散热及温升状态、电源负载率、监视系统信息记录）和设备运行环境是否正常进行确认。

知识点 8：安全门系统日常巡检内容

安全门系统日常巡检应主要包括下列主要内容：

1. 门体结构

（1）检查门体玻璃、门槛、盖板、装饰板、胶条和毛刷的外观；

（2）清洁滑动门门槛导靴；

（3）检查顶箱或固定侧盒指示灯状态；

（4）检查滑动门、应急门、端门开关状态；

（5）检查照明灯带状态。

2. 电源系统

（1）检查电源柜的电压与电流状态；

（2）检查驱动电源的外观、运行状态、进线电压、输出电压、电池组串联电压、电池温升、散热风扇工作状况；

（3）检查控制电源的外观、进线电压、输出电压、运行状态、指示灯测试、环境温度、电源/电池/主机负载状态、电池组串联电压、电池温升、散热风扇工作情况。

3. 监控系统

（1）检查中央控制盘工作指示灯状态、机柜内温度；

（2）查看监控系统报警信息。

4. 检查安全门设备房的温度、湿度等环境因素

日常巡检标准如表8-1-2所示。

表8-1-2　日常巡检检修标准表

	检修保养工作内容	工艺和标准
设备房	检查设备房门、锁	是否完好
	检查设备房通风	是否良好
	检查设备房内温度、湿度	是否在允许范围内
	检查设备房内	有无漏水
	检查设备房安全标志标识	是否齐全、清晰、完备
电源	检查电源柜体	是否清洁、无异味、无杂音、无异常温升
	检查电源柜体通风散热	是否良好
	检查电源柜（驱动、控制）	有无报警声、历史故障记录
	检查电源柜（驱动、控制）电压、电流	是否正常
	检查整流、逆变模块运行	是否正常
	检查蓄电池外观、温升	是否完好、正常，无变形、漏液、鼓涨，安全阀开启、接线端及气孔无盐霜现象
控制系统	检查PSC柜体	是否清洁、无异味、无杂音、无异常温升
	检查PSC柜体通风散热	是否良好
	检查PEDC工作状态	是否正常
	检查PSL外观、安装	是否完好、紧固
门体	检查安全门开、关门运行	是否正常
	检查门体玻璃	是否有划伤、破裂现象
门机	检查门状态指示灯	是否显示正常
	检查蜂鸣器声音	是否正常

续表

检修保养工作内容		工艺和标准
电源	清洁电源柜	清洁、无尘
	检查电源柜元器件外观、温升	是否完好、正常
控制系统	清洁 PSC、PSL	清洁、无尘
	检查电缆桥架	是否安装紧固、表面清洁
	检查 PSC、PSL 元器件外观、温升	是否完好、正常
门体	清洁滑动门门槛、导槽	清洁、无异物
	检查前盖板、盖板锁、支撑杆	是否完好、间隙紧密
门机	检查门头	有无漏水、水迹
	清洁门机导轨	清洁、无异物

知识点 9：安全门系统日常巡检要求

安全门系统日常巡检作业要求：
（1）向站务人员详细了解安全门系统设备的工作状态是否有故障；
（2）按内容和要求进行巡检作业，并对异常状态进行详细记录；
（3）如需即时对故障进行维修，应办理车站登记手续，经 OCC 同意后，进行维修；
（4）巡检人员若现场不能及时解决故障，应上报车站调度，安排人员进行维修；
（5）安全门系统设备巡检表应做好存档管理。

知识点 10：安全门系统定期检修作业前准备

安全门系统作业前准备工作应包括：
（1）办理车站登记手续；
（2）准备好所需备品备件，穿戴好劳保防护用品；
（3）做好作业区域的安全防护和监护。

知识点 11：安全门系统半月检

安全门系统半月检应包括下列主要内容：
（1）清洁门机导轨，检查并紧固顶箱或固定侧盒内接线端子。
（2）检查电源系统中的电源柜的供电单元的电源参数，并检查各组件外观、温升、连接及固定情况。清洁电源柜。
（3）监控系统
① 检查中央控制盘内元器件外观及工作状态；
② 清洁控制柜；
③ 检查就地控制盘指示灯及开关工作状态；
④ 检查监控软件及其时钟信息。
半月检标准如表 8-1-3 所示。

表 8-1-3　半月检标准表

检修保养工作内容		工艺和标准
设备房	检查设备房门、锁	是否完好
	检查设备房通风	是否良好
	检查设备房内温度、湿度	是否在允许范围内
	检查设备房内	有无漏水
	检查设备房安全标志标识	是否齐全、清晰、完备
电源	检查电源柜体	是否清洁、无异味、无杂音、无异常温升
	检查电源柜体通风散热	是否良好
	检查电源柜（驱动、控制）	有无报警声、历史故障记录
	检查电源柜（驱动、控制）电压、电流	是否正常
	检查整流、逆变模块运行	是否正常
	检查蓄电池外观、温升	是否完好、正常，无变形、漏液、鼓涨，安全阀开启、接线端及气孔无盐霜现象
控制系统	检查 PSC 柜体	是否清洁、无异味、无杂音、无异常温升
	检查 PSC 柜体通风散热	是否良好
	检查 PEDC 工作状态	是否正常
	检查 PSL 外观、安装	是否完好、紧固
门体	检查安全门开、关门运行	是否正常
	检查门体玻璃	是否有划伤、破裂现象
门机	检查门状态指示灯	是否显示正常
	检查蜂鸣器声音	是否正常
电源	清洁电源柜	清洁、无尘
	检查电源柜元器件外观、温升	是否完好、正常
控制系统	清洁 PSC、PSL	清洁、无尘
	检查电缆桥架	是否安装紧固、表面清洁
	检查 PSC、PSL 元器件外观、温升	是否完好、正常
门体	清洁滑动门门槛、导槽	清洁、无异物
	检查前盖板、盖板锁、支撑杆	是否完好、间隙紧密
门机	检查门头	有无漏水、水迹
	清洁门机导轨	清洁、无异物
设备房	清洁设备房	清洁、无尘

知识点 12 安全门系统月检

安全门系统月检应包括下列主要内容：

1. 门体

（1）检查滑动门、应急门、端门的手动解锁装置是否灵活，操作是否可靠；

（2）检查端门闭门器及应急门定位器；

（3）检查门体玻璃外观、胶条和毛刷安装紧固状况。

2. 门机

（1）检查电机及齿轮箱、传动装置、门锁机构安装紧固状况；

（2）检查滑动门锁紧装置及其检测开关安装紧固状况；

（3）检查门机电源模块、顶箱或固定侧盒控制变压器等供电部件安装紧固状况及输入输出值；

（4）检查顶箱或固定侧盒指示灯安装紧固状况；

（5）检查障碍物检测功能；

（6）清洁顶箱或固定侧盒所有辅助器件。

3. 监控系统

（1）测试中央控制盘指示灯；

（2）检查中央控制盘内安全继电器、时间继电器、固态继电器、控制变压器安装可靠状况；

（3）检查中央控制盘内布线、器件安装状况；

（4）存档备查监控软件的故障记录、事件记录。

4. 就地控制盘

（1）对盘内外进行清洁；

（2）检查各部件安装紧固、老化、异味等状态；

（3）检查各电线、电缆、半导体元件的连接状态；

（4）检查各钥匙开关、按钮的状态。

5. 紧急控制盘开关

（1）对盘内外进行清洁；

（2）检查各部件安装紧固、老化等状态；

（3）检查各电线、电缆、器件的连接状态；

（4）检查各钥匙开关、按钮的状态；

（5）测试综合备份盘功能。

6. 清洁安全门设备房，检查通风空调设备

月检标准如表 8-1-4 所示。

表 8-1-4　月检标准表

	检修工作内容	工艺和标准
设备房	检查与低压配电箱、等电位箱接线	是否紧固、无松脱、无老化、无异常发热
电源	检查电源柜元器件连接及固定情况	是否功能正常、安装紧固、接线无松脱、无老化、无异常发热并清洁
	检查电源柜状态灯	是否显示正常
控制系统	检查 PSC、PSL、IBP 元器件连接及固定情况	是否功能正常、安装紧固、接线无松脱、无老化、异常发热并清洁
	检查 PSC、PSL、IBP 状态灯	是否显示正常
	检查 MMS 记录数据	进行保存、分析并重启监控
	检查 PSC 与 PSL 接口连线、联动功能	是否紧固、正常
	检查 PSC 与 IBP 接口连线、联动功能	是否紧固、正常
门体	检查滑动门、应急门、端门运行及固定	是否正常、紧固
	检查滑动门、应急门、端门手动解锁及钥匙开门功能	是否正常
	检查应急门、端门自闭功能	是否正常
	检查门体毛刷	是否紧固、完好
门机	检查电机及联轴器	是否无异常噪音、漏油、连接紧固
	检查丝杆	是否紧固、润滑
	检查滑动门、应急门、端门锁紧检测开关功能	是否正常
	检查门机支撑装置	是否紧固
	检查门机线缆	是否整齐、稳固、无老化并清洁
	检查门机元器件件外观、温升	是否完好、正常并清洁
	检查 DCU 工作状态	是否正常
	检查滑动门障碍物检测功能	是否符合设计要求

[知识点 13：] 安全门系统季检

安全门系统季检应包含下列主要内容：

1. 门机

（1）检查皮带张力及连接状况或螺杆螺母（或齿轮齿条）啮合传动及润滑状态；
（2）检查门滚轮磨损及转动状况；
（3）检查惰轮、皮带轮转动状况；
（4）检查电线、电缆、接地线、网线的完好及固定情况。

2. 监控系统

（1）就地控制盘、综合备份盘功能与逻辑操作检测；
（2）检查安全门设备房到门机线缆、线槽，并对其清洁、紧固、防锈；

(3)中央控制盘与信号系统接口记录、功能确认检查；

(4)中央控制盘与其他系统通信功能检查；

(5)检查并紧固就地控制盘、中央控制盘内部接线。

3. 电源系统

(1)对控制电源、驱动电源的蓄电池进行充放电，并记录放电前后蓄电池的电压；

(2)检查电源控制柜接线端口连接状态；

(3)清洁蓄电池外表面；

(4)检查不间断电源蓄电池的温度、声音、变形、漏液、鼓胀、安全阀开启、接线端及气孔异常；

(5)检查蓄电池充电器状态；

(6)检查蓄电池与外部接口电缆电线安装状况；

(7)检查电源配电箱。

季检标准如表 8-1-5 所示。

表 8-1-5 季检标准表

	检修工作内容	工艺和标准
设备房	检查设备房到门机电缆、电缆桥架外观、温升、连接、固定	是否完好、正常，并对其清洁、紧固、防锈
控制系统	检查 PSC 与 SIG 接口连线、联动功能	是否紧固、正常
	检查 PSC 与 ISCS 接口连线、状态响应、信息记录	是否紧固、正常、一致
门体	检查橡胶减震垫	是否功能正常、无脱落
	检查门体橡胶条	是否紧固、无变形、无破损
	检查滑动门、应急门、端门门锁	是否安装紧固、锁孔无异物、
门机	检查滑动门滚轮外观、转动	是否完好、灵活
	检查门机元器件连接及固定情况	是否功能正常、安装紧固、接线无松脱、无老化、无异常发热
	检查手动解锁装置	是否正常

知识点 14：安全门系统半年检

安全门系统半年检应包含下列主要内容：

1. 门体

(1)滑动门运行指标的抽查；

(2)检查接轨导线有无松动、接地线缆有无老化；

(3)检查滑动门导靴、门槛间隙；

(4)检查顶箱或固定侧盒前、后盖板安装紧固及密封；

(5)检查限位挡块、螺杆、螺母、轴承、联轴器状态；

(6)检查滑动门与吊挂件的连接状态，必要时调整滑动门的对中、垂直及水平位置。

2. 门机及监控系统

（1）检查碳刷磨损及变形程度；
（2）检测滑动门（含门控器）的各控制功能；
（3）中央控制盘功能与逻辑操作检测；
（4）检查应急门、端门功能，包括状态指示、检测、诊断。
半年检标准如表 8-1-6 所示。

表 8-1-6　半年检标准表

	检修工作内容	工艺和标准
	季检全部项目+	
电源	对电源柜蓄电池进行充、放电	记录放电前后电压
	检查电源柜接线端口	是否正常、紧固、无变形、无破损
门体	检查滑动门运行力	是否符合设计要求
	检查接轨地线连接及固定情况	是否紧固、接线无松脱、无老化、无异常发热
门机	检查丝杆润滑油状态	是否需要添加
	检查门锁性能	是否灵活、无变形、无破损
	检查碳刷组件磨损、变形、固定	是否完好、正常
	检查滑动门导片	是否完整、无变形、无裂痕
	检查门机接线	是否完好、紧固、接触良好
	按规范程序进行绝缘测试	是否符合设计要求

知识点 15：安全门系统年检

安全门系统年检应包含下列主要内容：
（1）门体
① 检查门扇玻璃、支架和胶条的状态；
② 检查及清洁下支架；
③ 检查门槛等电位电缆有无松动；
④ 检查门揽支撑件上下绝缘件状态，必要时更换；
⑤ 安全门进行绝缘、等电位测试。
（2）检查蓄电源系统电池容量。
（3）检查轨顶、轨侧线槽安装、固定、锈蚀状态。
年检标准如表 8-1-7 所示。

表 8-1-7　年检标准表

	检修工作内容	工艺和标准
	半年检全部项目+	
门体	检查门槛、门体、门体玻璃、门胶、门头及上、下支架	是否紧固、无弯曲、变形
	检查门槛基座绝缘	是否符合设计要求、并清洁
门机	检查电机、联轴器、丝杆	是否紧固、无松动、丝杆磨损在正常范围
	检测 DCU 功能	是否正常

知识点 16：安全门系统五年检

安全门系统五年检应包含下列主要内容：
（1）检测中央控制盘逻辑控制单元功能及其器件；
（2）所有紧固件固定及锈蚀检查；
（3）变形缝结构检查。

五年检标准如表 8-1-8 所示。

表 8-1-8　年检标准表

检修工作内容		工艺和标准
年检全部项目+		
门体	检查所有紧固件	是否紧固、是否锈蚀，并清洁
	检查变形缝结构	是否符合设计要求
控制系统	检查控制系统器件	是否紧固、连接无松动
	检测 PSC 功能	是否正常

参考资料： 部分器件检修保养要点

1. 接线端子

如图 8-1-2 所示，检测所有的接线端子以确保它们没有松动，如果有轻微的松动，将它推回去。

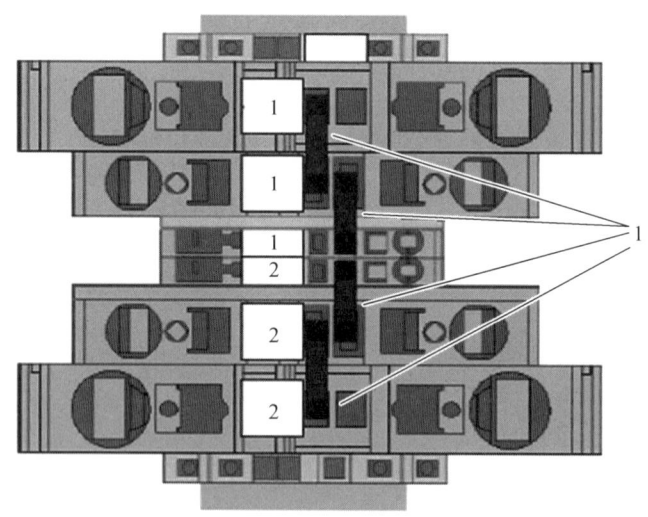

图 8-1-2　接线端子

2. 电机驱动单元

如图 8-1-3 所示，检查电机驱动单元的所有部件，查看是否有机械损坏和超负荷工作的迹象，包括以下部分：
（1）检查电机支架固定螺栓是否松动；

（2）检查皮带防滑块与皮带之间的间隙是否影响皮带运行；
（3）检查电机表面温度是否在正常温升范围内；
（4）检查皮带是否有磨损。

图 8-1-3　电机驱动单元

3. 从动轮单元

如图 8-1-4 所示，检查从动轮单元的所有部件，查看是否有机械损坏和超负荷工作的迹象，包括以下部分：

（1）检查从动轮与皮带之间的啮合是否正常；
（2）检查皮带防滑块与皮带之间的间隙是否影响皮带运行；
（3）通过螺栓来调节皮带的张紧度；
（4）检查皮带防止齿牙不对称的现象，超负荷工作和毁坏（切口，裂痕）的迹象。

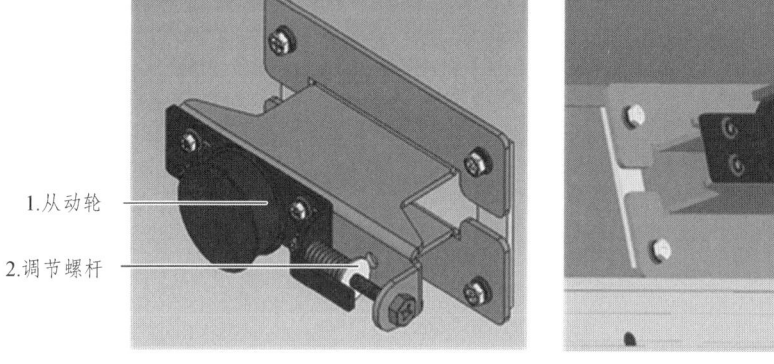

图 8-1-4　从动轮单元

4. 滑动门吊挂件

如图 8-1-5 所示，检查滑动门吊挂件的所有部件，查看是否有机械损坏和超负荷工作的迹象，包括以下部分：

（1）检查皮带夹是否有松动；
（2）检查行程开关感应板是否能正常触碰行程开关；
（3）检查滚轮是否有磨损及松动或间隙增大；
（4）检查调节螺杆是否有松动。

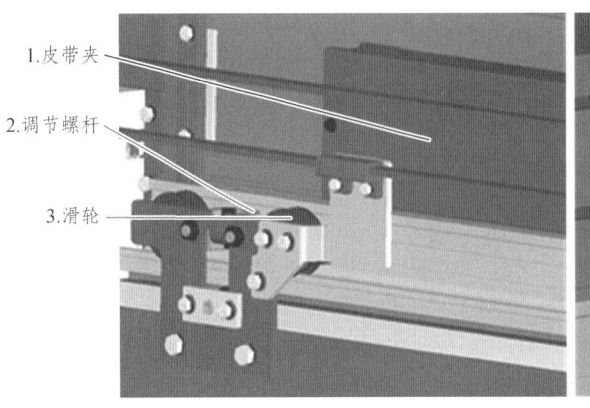 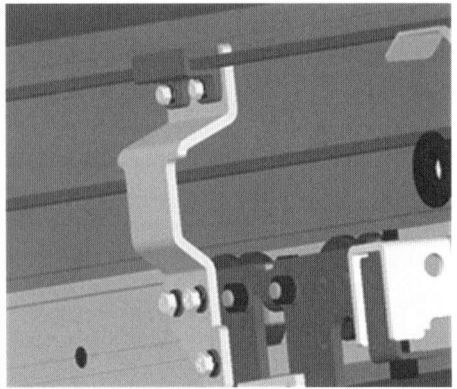

图 8-1-5　滑动门吊挂件

5. 闸锁机构

如图 8-1-6 所示，检查所有活动部件，查看是否有磨损。

（1）检查闸锁支架是否松动；

（2）检查电磁铁能否正常动作，表面温升是否正常；

（3）检查左右锁舌是否连接运行顺畅；

（4）锁紧检测机构是否运行顺畅；

（5）检测所有的接线端子以及电缆线束以确保其正常连接。

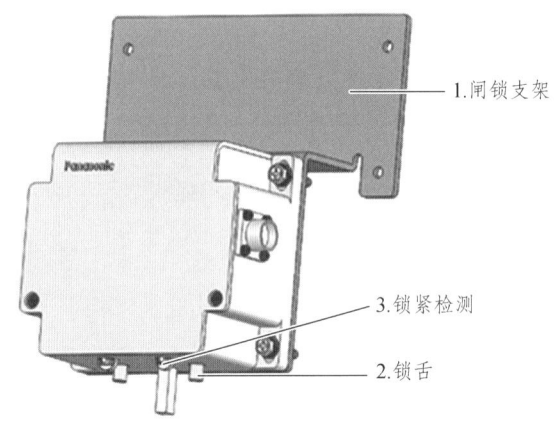

图 8-1-6　闸锁机构

6. 接地连接

（1）检查所有等电位连接是否牢固可靠；

（2）检查磨损或灰尘；

（3）检查可视的等电位电缆，查看他们有没有破损、损坏的情况。

7. 顶箱保养

（1）安全操作要求：

① 此项任务 PSD 系统带电！

② 操作时要确保所操作单元已从系统电源中隔离；

③ 此项任务需要在 ASD 部分开启时实施；
④ 需要打顶箱盖板；
⑤ 顶箱检测在非运营时间进行。
（2）保养操作步骤：
① 打开前盖板；
② 检查接线端子排；
③ 从 DCU 上断开电源；
④ 检查电机和电机安装支架；
⑤ 检查齿带、皮带张紧力和皮带轮；
⑥ 检查所有的滚轮组和驱动部件；
⑦ 检查和调试锁装置；
⑧ 给锁勾和锁销等做润滑措施；
⑨ 检查所有的吊挂件；
⑩ 检查 DCU 盒子的电缆；
⑪ 检查驱动部件上的连接电缆；
⑫ 检查闸锁上的连接电缆；
⑬ 检查接地的等电位电缆；
⑭ 重新通电；
⑮ 测试 ASD 开关 5 次以上；
⑯ 关闭顶箱。

8. 障碍物检测系统的功能测试

（1）安全操作要求：
① 只能在非运营的情况下做此功能测试；
② 在展开维修工作之前请通知车站相关工作人员；
③ 在整个过程中 ASD 会使用自动模式进行开关门测试；
④ 注意防止人员坠落在轨道上。
（2）障碍物检测系统功能检测步骤：
① ASD 的 LCB 处于自动模式，使用 PSL、IBP 或者 SIG 打开 ASD。
② 把 5 mm 测试板放在两对滑动门的 1 m 高处。
③ ASD 的 LCB 处于自动模式，使用 PSL、IBP 或者 SIG 关闭 ASD。障碍物检测系统会采取行动，一旦 ASD 达到了检测直径的话，障碍物检测系统会阻止 ASD 关闭，ASD 后退一段距离，待 ASD 尝试几次（障碍物检测次数可以在上位机上设置，1~5 次为有效参数）关闭无法成功时，ASD 会全开到位，并且发出声光报警。
④ ASD 再次正常开关门或者 LCB 转到隔离模式时，报警会消失。

9. 对信号回路的功能性检测

（1）安全操作要求：
① 此项功能测试需要在非运营的时候进行；

② 在执行维修工作之前通知车站。

（2）对信号回路的功能性检测步骤：

此项检测需要进入 PSD 设备房，并且需要打开 PSC 控制柜。

① 在信号系统给出"开门"信号发给 PSC 时，在 PSC 柜中的相关安全继电器会动作；

② 在信号系统给出"关门"信号发给 PSC 时，在 PSC 柜中的相关安全继电器会动作；

③ 检测所有门关闭并锁上时给 PSC 发送信号，在 PSC 柜中的检测相关接线端子之间有 22～27 V DC。

10. 手动解锁功能检查

（1）安全操作要求：

① 此项检查需要在轨道方操作；

② 在操作时 ASD 系统会部分打开；

③ 此项功能测试需要在车辆非运营的时候进行；

④ 在执行维修工作之前请通知车站相关工作人员。

（2）手动解锁功能检查步骤：

① 使用 T 型钥匙通过站台侧的手动解锁装置解锁 ASD；

② 把滑动门手动推开，此时 ASD 会进行声光报警；

③ 等待系统设定的时间后（该时间可以在上位机上进行设置，1～60 s 为有效参数），滑动门会自动关闭，并停止声光报警；

④ 从轨道侧操作应急手动解锁装置解锁 ASD。也会出现第 2 和第 3 个步骤的现象；

⑤ 务必确保 ASD 系统在整个测试过程中都能顺利关闭且锁紧。

工作实施

1. 城市轨道交通车站安全门系统的运行基本要求

引导问题 1：安全门系统运行管理应建立的安全技术档案主要包括哪些？

答：
_____
_____
_____
_____
_____
_____

引导问题 2：安全门设备运行故障记录至少保存_____年，其他资料应_____保存。

2. 安全门系统运行检查

引导问题 3：安全门运行前如何检查？

答：

_____

_____

_____

_____

_____

引导问题 4：运行中安全门，每天每站巡视不少于_____次；停用安全门每周巡视不少于_____次。

3. 城市轨道交通车站安全门维修保养概念

引导问题 5：维护保养是指在城市轨道交通车站安全门系统交付使用后，为保证安全门系统_____及运行_____，而按计划进行的一种主动的_____性维修。

4. 安全门系统日常运行技术要求

引导问题 6：安全门日常运行使用包括哪些内容？

答：

_____

_____

引导问题 7：设备运行巡视是指通过观察设备_____特征，发现_____状态、_____信息，及时恢复_____，避免_____维修。

5. 安全门系统设备的维护工作模式

引导问题 8：安全门系统设备的维护工作分为哪几种模式？

答：

_____

_____

引导问题 9：日常巡检指按照巡检要求，对全线各站安全门系统设备进行定期检查其工作_____，及时发现_____，进行_____并做记录。

6. 预防性维护规范

引导问题 10：根据相关规范要求，对安全门各组成部分进行有计划检修，包括_____检、_____检、_____检、_____检、_____检、_____检、_____等周期检修内容。

引导问题 11：车站设备预防性维护工作应成立检查小组，小组应包含哪些岗位人员？

答：

_____

_____

引导问题 12：在检测过程中，当发现影响个人_____或者是列车_____运转的损坏部件必须_____修理。

引导问题 13：检测结果必须在检查清单上_____，用以体现安全门系统的实际_____。

7. 安全门系统日常巡检

引导问题 14：安全门系统日常巡检包括_____巡视和_____巡视。

8. 安全门系统日常巡检内容

引导问题 15：开展安全门系统日常巡检，填写表 8-1-9。

表 8-1-9 安全门巡检记录

		设备状况	记录 1	记录 2
1		设备房门、锁是否完好	□是 □否	□是 □否
2		设备房内通风良好、温度、湿度是否在允许范围	□是 □否	□是 □否
3		设备房内有无漏水	□是 □否	□是 □否
4		设备房内应无异响异味（如烧焦味等）	□是 □否	□是 □否
5		设备房内安全标志标识是否齐全、清晰、完备	□是 □否	□是 □否
6		设备房内各电柜风扇应运转正常	□是 □否	□是 □否
7		低压配电柜内电源开关应为合闸状态	□是 □否	□是 □否
8		各控制柜内各开关元器件外观应整齐无损	□是 □否	□是 □否
9		电池柜内电池外观完好无爆裂变形、温升正常、无漏液、盐霜等现象且接线牢固	□是 □否	□是 □否
10	驱动电源	数字电流表显示 L1	_____A	_____A
11		数字电流表显示 L2	_____A	_____A
12		交流电流表显示 L3	_____A	_____A
13		电压检查转换开关应灵活可靠（相间 380V 相零 220V±5%）	□是 □否	□是 □否
14		蓄电池放电电流	_____A	_____A
15		蓄电池放电电压	_____V	_____V
16		指示灯上行线侧一二三为灭四五六为亮	□是 □否	□是 □否
17		指示灯下行线侧一二三为灭四五六为亮	□是 □否	□是 □否
18		电池巡检、绝缘监测、监控系统故障指示灯状态应不亮	□是 □否	□是 □否
19	驱动电源	其 QF1~QF6 开关应在闭合状态	□是 □否	□是 □否
20		开关 QF7.8.9.13.14.15 应断开，QF10.11.12.16.17.18.应为闭合状态	□是 □否	□是 □否
21		其柜后充电模块应在合闸状态	□是 □否	□是 □否
22		其电源灯亮，满电灯（亮或闪亮），保护灯应熄灭	□是 □否	□是 □否
23		充电模块充电电压	_____V	_____V
24		充电模块充电电流	_____A	_____A

续表

		设备状况	记录 1	记录 2
25		UPS 输出电流指示	_____A	_____A
26		UPS 输出电压指示	_____V	_____V
27		24 V 输出电压指示	_____V	_____V
28		110 V 输出电压指示	_____V	_____V
29	控制电源	指示灯、MMS 供电电源，220/110 V 模块，220/24 V 模块都应为	☐ 亮　☐ 灭	☐ 亮　☐ 灭
30		指示灯、输入电源故障、蓄电池组故障都应为	☐ 亮　☐ 灭	☐ 亮　☐ 灭
31		柜内除 QF15.QF16 为备用开关其余开关应合上	☐ 是　☐ 否	☐ 是　☐ 否
32		充电模块 1 路电源灯亮，满电灯亮或闪亮，保护灯熄灭（接下一页）	☐ 是　☐ 否	☐ 是　☐ 否
33		充电模块 2 路电源灯亮，满电灯亮或闪亮，保护灯熄灭（续上一页）	1）☐ 是　☐ 否	2）☐ 是　☐ 否
34		充电模块 1 路充电电流	_____A	_____A
35		充电模块 2 路充电电流	_____A	_____A
36		蜂鸣器无报警.按下测试按钮 PSC 柜所有灯应亮	☐ 是　☐ 否	☐ 是　☐ 否
37		指示灯、电源故障灯不亮（红色灯不亮）	☐ 是　☐ 否	☐ 是　☐ 否
38	PSC 柜	指示灯、互锁解除、开门故障、关门故障、系统故障灯不亮（红色灯不亮）	☐ 是　☐ 否	☐ 是　☐ 否
39		上下行各观察一列车开关门情况应为（司机插下 PSL 钥匙，其 PSL 灯会亮，门开启开门灯会亮，门关好关闭锁紧灯会亮，司机拔钥匙离开 PSL 灯会灭，且关闭锁紧灯仍然亮为正常）	☐ 是　☐ 否	☐ 是　☐ 否
40	PSL	上行 PSL 各元件外观完整安装牢固、各按钮功能正常	☐ 是　☐ 否	☐ 是　☐ 否
41		下行 PSL 各元件外观完整安装牢固、各按钮功能正常	☐ 是　☐ 否	☐ 是　☐ 否
42		各端门外观完整无损、两侧开关门正常并能锁紧、指示灯正常	☐ 是　☐ 否	☐ 是　☐ 否
43		各应急门外观完整无损、并能锁紧、指示灯正常	☐ 是　☐ 否	☐ 是　☐ 否

续表

	设备状况	记录1	记录2
44	各滑动门开关正常,外观完整无损,指示灯、蜂鸣器正常	□是 □否	□是 □否
45	车控室IBP盘上的安全门操作匙孔、上下行线都应处于禁止状态	□是 □否	□是 □否
安全门情况备注:哪一项异常可写在此外,但请写清日期和时间;或写在每列下方的备注。		巡检人: 巡检日期时间: 备注:	巡检人: 日时: 备注:

9. 安全门系统日常巡检要求

引导问题16:安全门系统日常巡检中,如需即时对故障进行维修,应办理车站_____手续,经OCC同意后,才进行_____。

引导问题17:巡检人员若现场不能及时解决故障,应上报车站_____,安排人员进行_____。

10. 安全门系统定期检修作业前准备

引导问题18:安全门系统作业前准备包括哪些工作?

答:
_____
_____
_____
_____

11. 安全门系统半月检

引导问题19:开展安全门系统半月检,填写表8-1-10。

表 8-1-10 安全门保养质量跟踪表（半月检）

检查人：　　　　　　　　　　车站：
作业开始时间：　　年　　月　　日　　时　　分
作业结束时间：　　年　　月　　日　　时　　分

项目	检查工作内容	周期
电源	清洁电源柜	每半月
电源	检查电源元器件外观、温升是否完好、正常	每半月
控制系统	清洁 PSC、PSL	每半月
控制系统	检查电缆桥架是否安装紧固、表面清洁	每半月
控制系统	检查 PSC、PSL 元器件外观、温升是否完好、正常	每半月
门体	清洁滑动门门槛、导槽	每半月
门体	检查前盖板、盖板锁、支撑杆是否完好、间隙紧密	每半月
门机	检查门头有无漏水、水迹	每半月
门机	清洁门机导轨	每半月
补充记录	（请记录作业的异常情况、零配件更换、重大调整。）	

互检人：＿＿＿＿＿＿＿＿　专检人：＿＿＿＿＿＿＿＿

12. 安全门系统月检

引导问题 20：开展安全门系统月检，填写表 8-1-11。

表 8-1-11 安全门保养质量跟踪表（月检）

检查人：　　　　　　　　　　车站：
作业开始时间：　　年　　月　　日　　时　　分
作业结束时间：　　年　　月　　日　　时　　分

项目	检查工作内容	周期
同半月检全部项目		
设备房	清洁设备房	每月
设备房	检查与低压配电箱、等电位箱接线无松脱、无老化、无异常发热	每月
电源	检查电源柜元器件连接及固定情况，接线无松脱、无老化、无异常发热	每月
电源	检查电源柜状态灯显示是否正常	每月

续表

项目	检查工作内容	周期
控制系统	检查 PSC、PSL、IBP 元器件连接及固定情况是否功能正常、安装紧固，接线无松脱、无老化、无异常发热并清洁	
	检查 PSC、PSL、IBP 状态灯是否显示正常	
	检查 MMS 记录数据进行保存、分析并重启监控	
	检查 PSC 状态灯显示是否正常	
	检查 PSC 与 PSL 接口连线、联动功能是否紧固、正常	
	检查 PSC 与 IBP 接口连线、联动功能是否紧固、正常	
门体	检查滑动门、应急门、端门运行及固定是否正常、紧固	
	检查滑动门、应急门、端门手动解锁及钥匙开门功能是否正常	
	检查应急门、端门自闭功能是否正常	
	检查门体毛刷是否紧固、完好	
门机	检查电机及联轴器是否无异常噪声、漏油、连接紧固	
	检查丝杆是否紧固、润滑	
	检查滑动门、应急门、端门锁紧检测开关功能是否正常	
	检查门机支撑装置是否紧固	
	检查门机线缆是否整齐、稳固、无老化并清洁	
	检查门机元器件外观、温升是否完好、正常并清洁	
	检查 DCU 工作状态是否正常	
	检查滑动门障碍物检测功能是否符合设计要求	
补充记录	（请记录作业的异常情况、零配件更换、重大调整。）	

互检人：_____ 专检人：_____

13. 安全门系统季检

引导问题 21：开展安全门系统季检，填写表 8-1-12。

表 8-1-12　安全门保养质量跟踪表（季检）

检查人：　　　　　　　　　　　　车站：
作业开始时间：　　年　　月　　日　　时　　分
作业结束时间：　　年　　月　　日　　时　　分

项目	检查工作内容	周期
同月检全部项目		
设备房	检查设备房到门机电缆、电缆桥架外观、温升、连接、固定是否完好、正常，并对其清洁、紧固、防锈	每季
控制系统	检查PSC与SIG接口连线、联动功能是否紧固、正常	
	检查PSC与ISCS接口连线、状态响应、信息记录是否紧固、正常、一致	
门体	检查橡胶减震垫是否功能正常、无脱落	
	检查门体橡胶条是否紧固、无变形、破损	
	检查滑动门、应急门、端门门锁是否安装紧固、锁孔无异物	
门机	检查滑动门滚轮外观、转动是否完好、灵活	
	检查门机元器件连接及固定情况是否功能正常、安装紧固，接线无松脱、无老化、无异常发热	
	检查手动解锁装置是否正常	
补充记录	（请记录作业的异常情况、零配件更换、重大调整。）	

互检人：＿＿＿＿＿＿＿＿＿＿＿＿　专检人：＿＿＿＿＿＿＿＿＿＿＿＿

14. 安全门系统半年检

引导问题22：开展安全门系统半年检，填写表8-1-13。

表 8-1-13　安全门保养质量跟踪表（半年检）

检查人：　　　　　　　　　　　　车站：
作业开始时间：　　年　　月　　日　　时　　分
作业结束时间：　　年　　月　　日　　时　　分

项目	检查工作内容	周期
同季检全部项目		
电源	对电源柜蓄电池进行充、放电并记录放电前后电压	每半年
	检查电源柜接线端口是否正常、紧固、无变形、无破损	

续表

项目	检查工作内容	周期
门体	检查滑动门运行力是否符合设计要求	
	检查接轨地线连接及固定情况，接线无松脱、无老化、无异常发热	
门机	检查丝杆润滑油状态是否需要添加	
	检查门锁性能是否灵活、无变形、无破损	
	检查碳刷组件磨损、变形、固定是否完好、正常	
	检查滑动门导片是否完整、无变形、无裂痕	
	检查门机接地线是否完好、紧固、接触良好	
	按规范程序进行绝缘测试是否符合设计要求	
补充记录	（请记录作业的异常情况、零配件更换、重大调整。）	

互检人：_____ 专检人：_____

15. 安全门系统年检

引导问题 23：开展安全门系统年检，填写表 8-1-14。

表 8-1-14 安全门保养质量跟踪表（年检）

检查人：　　　　　　　　　　车站：

作业开始时间：　　年　　月　　日　　时　　分

作业结束时间：　　年　　月　　日　　时　　分

项目	检查工作内容	周期
同季检全部项目		
电源	对电源柜蓄电池进行充、放电并记录放电前后电压	每年
	检查电源柜接线端口是否正常、紧固、无变形、无破损	
门体	检查滑动门运行力是否符合设计要求	
	检查接轨地线连接及固定情况，接线无松脱、无老化、无异常发热	
	检查门槛、门体、门体玻璃、门胶、门头及上、下支撑机构是否紧固、无弯曲、无变形	
	检查门槛基座绝缘是否符合设计要求，并清洁	

续表

项目	检查工作内容	周期
门机	检查丝杆润滑油状态是否需要添加	
	检查门锁性能是否灵活、无变形、破损	
	检查碳刷组件磨损、变形、固定是否完好、正常	
	检查滑动门导片是否完整、无变形、无裂痕	
	检查门机接地线是否完好、紧固、接触良好	
	按规范程序进行绝缘测试是否符合设计要求	
	检查电机、联轴器、丝杆是否紧固、无松动、丝杆磨损在正常范围	
	检测 DCU 功能是否正常	
补充记录	（请记录作业的异常情况、零配件更换、重大调整。）	

互检人：_____ 专检人：_____

16. 安全门系统五年检

引导问题 24：开展安全门系统五年检，填写表 8-1-15。

参考答案

表 8-1-15 安全门保养质量跟踪表（五年检）

检查人：_____ 车站：_____
作业开始时间：　　年　　月　　日　　时　　分
作业结束时间：　　年　　月　　日　　时　　分

项目	检查工作内容	周期
同季检全部项目		
电源	对电源柜蓄电池进行充、放电并记录放电前后电压	
	检查电源柜接线端口是否正常、紧固、无变形、无破损	
门体	检查滑动门运行力是否符合设计要求	每五年
	检查接轨地线连接及固定情况，接线是否无松脱、无老化、无异常发热	
	检查门槛、门体、门体玻璃、门胶、门头及上、下支撑机构是否紧固、无弯曲、无变形	
	检查门槛基座绝缘是否符合设计要求，并清洁	
	检查所有紧固件是否紧固、无弯曲、无变形	
	检查变形缝结构中否符合在正常范围	

续表

项目	检查工作内容	周期
门机	检查丝杆润滑油状态是否需要添加	
	检查门锁性能是否灵活、无变形、无破损	
	检查碳刷组件磨损、变形、固定是否完好、正常	
	检查滑动门导片是否完整、无变形、无裂痕	
	检查门机接地线是否完好、紧固、接触良好	
	按规范程序进行绝缘测试是否符合设计要求	
	检查电机、联轴器、丝杆是否紧固、无松动、丝杆磨损在正常范围	
	检测 DCU 功能是否正常	
	检查控制系统器件功能是否正常	
	检测 PSC 功能是否正常	
补充记录	（请记录作业的异常情况、零配件更换、重大调整。）	

互检人：_____ 专检人：_____

评价反馈

表 8-1-16　学生自评表

班级：	姓名：	学号：	
学习情景 8.1	安全门系统检修		
评价项目	评价标准	分值	得分
安全门系统运行要求与运行检查认知	能正确认知安全门运行要求，能清楚认知安全门运行检查内容	10	
安全门维护工作模式认知	能正确认知安全门三种维护工作模式	10	
预防性维护认知	能正确认知安全门系统预防性维护的内容及特点	10	
安全门系统日常巡检认知	能正确了解安全门日常巡检的内容及技术要求	20	
安全门计划检修认知	能正确了解安全门计划检修的内容及技术要求	20	
工作准备	能完成相关理论知识学习	15	
工作质量	能按计划完成工作任务	15	
合计		100	

表 8-1-17　学生互评表

学习情景 8.1		安全门系统检修					
评价项目	分值	评价对象（组别）					
		1	2	3	4	5	6
计划合理	20						
组织有序	20						
工作完整	20						
团队合作	20						
材料上交	20						
合计	100						

注：评价档次统一采用 A（优秀）、B（良好）、C（合格）、D（努力）四个。

表 8-1-18　教师评价表

班级：		姓名：	学号：	
学习情景 8.1		安全门系统检修		
评价项目		评价标准	分值	得分
考勤		没有无故缺勤、迟到、早退现象	10	
工作过程	安全门系统运行与检修认知	能正确认知安全门系统运行与检修的重要性	10	
	安全门系统检修内容	能正确开展安全门日常巡检工作及计划检修工作	30	
	工作质量	能按计划完成工作任务	10	
	协调能力	能与小组成员合作交流，协调工作	5	
	职业素养	能表达成熟或灵动的想法	5	
项目成果	工作完整	能按计划完成任务	5	
	工作规范	能做到安全生产，文明施工	10	
	工作报告	能正确完成工作报告	10	
	成果展示	能准确表达工作成果	5	
合计			100	
综合评价		自评（20%）	小组互评（30%）	教师评价（50%）	综合得分

学习情景 8.2　安全门系统设备维修

情景描述

为保证全年 365 天运行，城市轨道交通车站安全门系统采取各种检修活动，包括日常巡检、半月检、月检、季检、半年检、年检、五年检等周期检修。在检修过程中发现安全隐患或者安全门系统运行过程中出现故障时，需要开展安全门系统设备维修。

图 8-2-1 是某城市轨道交通车站安全门系统设备维修实景图。以学习者视角对图进行识读，尝试了解城市轨道交通车站安全门系统设备维修的情况，分析城市轨道交通车站安全门系统在车站中开展设备维修工作的技术要点与实际操作。

图 8-2-1　城市轨道交通车站安全门系统设备维修

学习目标

（1）能掌握城市轨道交通安全门系统在车站中维修情况；

（2）能了解安全门系统的不同设备维修方法；

（3）能正确开展城市轨道交通车站安全门系统设备维修；
（4）能了解城市轨道交通车站安全门系统的技术发展。

工作任务

（1）在地铁车站及实训室里仔细观察安全门系统的运行情况，了解安全门系统设备维修的内容及技术要求。

（2）根据实训室及工作需要，填写实施过程中的表格。

任务分组

表 8-2-1 学生任务分配表

班级		组号		指导老师	
组长		学号			
组员	姓名	学号		姓名	学号
任务分工					

工作准备

（1）阅读工作任务，观察地铁车站安全门系统，并做好设备维修记录。

（2）收集《城市轨道交通站台屏蔽门系统技术规范》（CJJ 183—2012）中安全门相关技术规范要求。

（3）查阅相关信息，进一步了解城市轨道交通车站安全门的技术发展。

情景知识

知识点 1： 安全门设备维修概念

1. 预防性维护

预防性维护是为了防止设备性能劣化或降低设备故障概率，根据事先规定的时间间隔，定期进行的维护。预防性维护包括定期检查、状态监测、关键件更换、测试、调整和校正、润滑等。

2. 故障维修

故障维修是针对所有非定期维修的活动，由于系统或设备出现故障进行的维护。故障维修包括失效、移位、隔离、拆卸、移除、更换、修理、重装和校核等。

3. 一线维修

一线维修是为保持或恢复设备的工作状态而在本地进行的维修，尽量避免或减少列车乘客服务的中断。一线维修的维修人员一般负责在线执行设备的预防性维护和故障维修。

4. 二线维修

二线维修是跟进一线维修而进行的，包括诊断替换的故障部件、修复替换的部件、管理供应商提供的外部部件维修、电器元件的修复测试等。通常在设备系统维护企业内部进行，有时在现场也作进一步核查或深层分析故障。

5. 工作室维修

安全门系统维护企业在工作室配备一些机电工作台，对安全门一些部件进行的维修工作，基本包括：

（1）诊断故障部件（设备、电路板、继电器等）；
（2）维修和调整的机械部件；
（3）更换故障部件内的零件；
（4）将故障部件返回OEM供应商修理；
（5）测试验证和确认维修后操作部件的正常性；
（6）调整和校准工具和仪器。

6. 可靠性维护/预防维保

为了进行可靠性维修或预防维保，广泛收集每一套安全门的性能数据，有助于趋势分析和阈值设置。在评估可靠性维护和预防维保的实施中，很显著地影响在门操作时，甚至相同站台的个别门设置都有不同的特性。

知识点 2：安全门设备维修分析

1. 预防维保分析

安全门系统预防性维护通过一线维修方式，定期对安全门系统进行的维护工作。包括定期维修任务、平均任务时间、维修人员和专用工具的需求。预防维保分析见表8-2-2。

通过预防维保分析方法执行，可以获得：

（1）确定预防性维护的内容及工程评估；
（2）确定各项任务所需投入的最优绩效；
（3）根据工程评价经验，确定任务持续时间和工作频率。

表 8-2-2　预防维保分析

序号	项目说明	任务说明	单体用时（min）	任务频率（月）	特别工具和设备	备注
1	固定门	全面检查玻璃面板	1	18		
2	滑动门	全面检查门体，包括玻璃面板，防撞胶条等	2	12		
3	推拉门（完整滑动门手动解锁机构）	全面地检查门体，包括玻璃面板，橡胶条	2	12		
		用滑动门手动解锁机构进行手动释放的功能测试	1	12		
4	MSD的紧急推杆&闭门器	测试MSD的紧急推杆及闭门器的功能	5	12		
5	MSD玻璃板	全面检查玻璃面板	0.5	18		
6	EED的紧急推杆装置	测试EED的紧急推杆的功能	20	12		
7	EED监测装置	全面检查开关和监控	4	12		
8	EED玻璃板	全面检查玻璃面板	4	18		
9	前盖板风撑	全面检查开关是否顺畅	1	18		
10	控制设备（门机系统：包括DCU、驱动装置、滚轮等）	目测门机系统	5	3		
		目测连接处	3	3		
		检查螺栓扭矩值	10	6	扭矩扳手	
		常规清洁	5	6		
11	DCU门机控制器	DCU功能测试，包括障碍探测、自动重启和手动操作	5	6	便携式电脑	
12	闸锁装置	锁钩的润滑	5	3		
		检查电磁铁温升、动作是否正常	5	6		
13	滑动门DOI	目测外观	1	12		
14	PSC中央控制盘	PSC的功能测试	6	12		
		信号功能检查	6	12		
		按钮指示灯测试	3	1		
15	PSL就地控制盘	按钮指示灯测试	3	1		
16	整流器	目测	3	12		
17	电池	功能测试	5	12		

2. 故障维修分析

安全门系统的故障维修主要针对一线维修。包括预定的维修任务、平均任务工时、维修人员和特殊工具的需求。常见设备故障维修操作分析见表8-2-3。

通过故障维修分析方法执行，可以获得如下：
（1）鉴别在一线维修中最可能需要更换的装置、设备、部件；
（2）确定预防性维护的内容及工程评估；
（3）确定各项任务所需投入的最小化人力；
（4）确定任务完成时间等。

表 8-2-3 故障维修分析

序号	项目简介	摘要说明移除	时间/min	简要说明安装/更换	时间/min	所需的工具	备注/安全注意事项
1	固定门间隙密封胶	移除间隙密封胶	5	安装间隙密封胶	5	胶枪	
2	滑动门侧边及应急门顶部、底部的密封毛刷支架	卸除毛刷	2	安装夹子刷架	2	标准工具	
3	滑动门门槛	1. 移除滑动门；2. 移除门槛与站台间密封胶；3. 移除门槛紧固件；4. 移除门槛	25	1. 安装门槛；2. 安装紧固件并拧紧；3. 安装门槛与站台的密封胶；4. 安装滑动门	40	标准工具、玻璃吸盘、钢尺、障碍物探测计	需要在轨道侧测试滑动门手动解锁机构；LCB 切换到隔离模式；拥有所需的安全防范和企业风险管理的经验
4	固定门	1. 打开前盖板；2. 移除固定门间隙密封胶；3. 拆除固定门上部紧固件；4. 移除固定门	10	1. 装固定门机紧固件；2. 安装固定门间隙密封胶；3. 关闭前盖板	10	标准工具、玻璃吸盘	
5	滑动门防爬板	1. 松开紧固件；2. 移除防爬板	15	1. 安装防爬板；2. 拧紧紧固件；3. 微调；4. 功能测试	25	标准工具	需要在轨道侧测试滑动门手动解锁机构；LCB 切换到隔离模式；拥有所需的安全防范和企业风险管理的经验
6	滑动门玻璃面板	1. 移除面板锁；2. 移除玻璃面板	2	1. 安装玻璃面板；2. 安装面板锁	5	玻璃吸盘、胶枪	
7	滑动门防夹手胶条	1. 移除滑动门；2. 移除防夹手胶条	3	1. 安装防夹手胶条；2. 安装滑动门；3. 微调；4. 功能测试	10	标准工具、玻璃吸盘、钢尺	

续表

序号	项目简介	摘要说明 移除	时间/min	简要说明安装/更换	时间/min	所需的工具	备注/安全注意事项
8	MSD 门轴	1. 打开端门活动门； 2. 移除闭门器的撑臂； 3. 移除端门活动门的门轴	5	1. 安装端门活动门的门轴； 2. 安装闭门器撑臂； 3. 微调； 4. 测试手动解锁功能	10	标准工具	
9	MSD 的玻璃面板	1. 移除面板锁； 2. 移除玻璃面板	5	1. 安装玻璃面板； 2. 安装面板锁	5	标准工具、玻璃吸盘	
10	EED 门轴	1. 打开端门活动门； 2. 移除闭门器的撑臂； 3. 移除端门活动门的门轴	5	1. 安装端门活动门的门轴； 2. 安装闭门器撑臂； 3. 微调； 4. 测试手动解锁功能	10	标准工具	
11	EED 监控装置	1. 打开前盖板； 2. 移除紧固件； 3. 断开接线，移除行程开关	5	1. 更换新的行程开关； 2. 接线； 3. 拧紧紧固件； 4. 关闭前盖板	5	标准工具	
12	EED 玻璃面板	1. 移除面板锁； 2. 移除玻璃面板	2	1. 安装玻璃面板； 2. 安装面板锁	2	标准工具、玻璃吸盘	
13	EED/MSD 闭门器	1. 打开前盖板； 2. 移除 EED/MSD； 3. 移除闭门器	10	1. 安装闭门器； 2. 安装 EED/MSD； 3. 关闭前盖		标准工具	需在轨道侧测试紧急推杆
14	前盖板锁	1. 打开前盖板； 2. 移除紧固件； 3. 移除盖板锁	2	1. 安装盖板锁； 2. 拧紧紧固件； 3. 关闭前盖板	3	标准工具	
15	前盖板风撑	1. 移除紧固件； 2. 移除盖板风撑	5	1. 安装盖板风撑； 2. 拧紧紧固件	5	标准工具	
	控制设备						
16	DCU	1. 移除电缆； 2. 移除紧固件； 3. 移除 DCU	5	1. 安装 DCU 并拧紧紧固件； 2. 连接电缆； 3. 下载 DCU 软件； 4. 功能测试	20	标准工具、PTE	确保已经隔离电源
17	驱动装置	1. 移除电缆； 2. 松开并移除驱动皮带； 3. 松开紧固件； 4. 移除驱动装置	10	1. 安装驱动装置； 2. 拧紧紧固件； 3. 调整皮带； 4. 检查并调整闸锁； 5. 连接电缆； 6. 设置 DCU； 7. 功能测试	30	标准工具、皮带张力计、PTE	确保电源已经被隔离，LCB 切换到手动模式
18	电机	1. 移除电缆，包括连接电缆； 2. 移除皮带； 3. 松开紧固件； 4. 移除电机	15	1. 安装新的电机； 2. 安装连接电缆并锁紧； 3. 安装皮带并调整； 4. 连接控制电缆； 5. 功能测试	25	标准工具、皮带张力计	确保电源已经被隔离，LCB 切换到手动模式

续表

序号	项目简介	摘要说明移除	时间/min	简要说明安装/更换	时间/min	所需的工具	备注/安全注意事项
19	皮带	松开并移除皮带	10	1. 安装皮带； 2. 调整皮带张紧力； 3. 功能测试	15	标准工具、皮带张力计	确保电源已经被隔离，LCB切换到手动模式
20	从动轮装置	1. 松开紧固螺栓及螺母； 2. 在门机梁上作好位置标记； 3. 移除支架紧固螺栓； 4. 移除皮带； 5. 移除从动轮	10	1. 安装从动轮； 2. 安装并调整皮带； 3. 检查并调整锁紧调节装置； 4. 功能测试	15	标准工具、皮带张力计	确保电源已经被隔离，LCB切换到手动模式
21	导轨	1. 在滑动门底部垫上垫片作为支撑物； 2. 松开吊挂件； 3. 松开皮带； 4. 移除紧固件及导轨	15	1. 安装导轨； 2. 拧紧紧固件； 3. 检查调整导轨； 4. 调整吊挂件； 5. 调整皮带； 6. 必要时调整闸锁； 7. 功能测试	25	标准工具、皮带张力计	确保电源已经被隔离，LCB切换到手动模式
22	闸锁支座	1. 移除电缆； 2. 移除紧固件； 3. 移除闸锁支座	10	1. 安装闸锁支座； 2. 拧紧紧固件； 3. 连接电缆； 4. 调整闸锁装置； 5. 重置DCU； 6. 功能测试	20	标准工具、PTE	确保电源已经被隔离，LCB切换到手动模式
23	DOI指示灯	1. 打开前盖板； 2. 移除电缆； 3. 移除紧固件； 4. 移除DOI	10	1. 安装DOI； 2. 拧紧紧固件； 3. 连接电缆； 4. 关闭前盖板	10	标准工具	确保电源已经被隔离，LCB切换到手动模式
24	PLC	移除PLC	2	1. 安装PLC； 2. 功能测试	5	标准工具	
25	继电器	移除继电器	2	1. 安装继电器； 2. 功能测试	5	标准工具	
26	PSL/PSC开关按钮及指示灯	1. 移除电缆； 2. 移除紧固件； 3. 移除按键开关	5	1. 安装按键开关； 2. 拧紧紧固件； 3. 连接电缆； 4. 功能测试	10	标准工具	确保电源已经被隔离
27	整流器（±48 V直流）	1. 移除紧固件； 2. 移除整流器	15	1. 安装整流器； 2. 拧紧紧固件	15	标准工具	确保电源已经被隔离
	其他项						
28	限位开关	1. 断开EED/MSD行程限位开关的电缆； 2. 松开紧固件并移除限位开关	10	1. 安装新的限位开关并拧紧紧固件； 2. 连接EED/MSD电缆； 3. 确保限位开关的功能要求	15	标准工具	确保电源已经被隔离，LCB切换到手动模式

续表

序号	项目简介	摘要说明移除	时间/min	简要说明安装/更换	时间/min	所需的工具	备注/安全注意事项
29	防撞胶条	向上移除防撞胶条	5	1. 向下安装防撞胶条； 2. 确保防撞胶条上端、下端与支架平齐	15	标准工具	确保电源已经被隔离，LCB切换到手动模式
30	滑动门手动解锁机构紧急释放装置	1. 松开手动解锁机构支架上的紧固件； 2. 移除手动解锁机构面板锁； 3. 移除手动解锁机构底部的拉手； 4. 从门框顶部移除手动解锁机构的连杆	20	1. 安装手动解锁机构的拉手； 2. 安装手动解锁机构面板锁； 3. 拧紧紧固件； 4. 检查并测试手动解锁机构功能	30	标准工具	确保电源已经被隔离，LCB切换到手动模式。该项工作建议在工作间进行
31	紧急推杆装置	1. 拆开胶条； 2. 松开防夹胶条铝型材固定座； 3. 移除紧急推杆装置侧封盖； 4. 拧紧紧急推杆装置的下支架上的紧固件； 5. 移除推杆； 6. 移除玻璃面板上的面板锁； 7. 从门框顶部取出紧急推杆装置	20	1. 从门框顶部安装新的紧急推杆装置； 2. 安装玻璃面板上的面板锁； 3. 拧紧紧急推杆装置的下支架上的紧固件； 4. 安装推杆； 5. 拧紧推杆臂的紧固件； 6. 安装紧急推杆装置侧封盖和胶条固定铝型材； 7. 安装胶条； 8. 功能测试	30	标准工具	确保电源已经被隔离，旁路开关切换到隔离模式。该项工作建议在工作间进行
32	导靴	采用一字螺丝刀的尖锐头部从支架上撬开导靴	10	安装新的导靴	10	标准工具	确保电源已经被隔离，LCB切换到手动模式

知识点3：安全门系统维修操作安全要求

1. 人员安全要求

安全门设备是带电压和电流的电气设备，会对人体产生非常大的危险。因此，对设备进行各类操作的人员应有以下安全要求：

（1）安全门设备必须由培训合格的专业人员进行安装、启动、运行、维护、关闭、拆卸等操作。

（2）安全门系统运行之前，相关联的电源设备应断开连接。

（3）在维护保养过程中，确保安全门系统或所在单元的电源切断。

（4）如果需要，使用护栏或屏障避免维修人员跌落轨道。

（5）技术人员必须遵从相关法规、安全规则、正确操作指引等。

2. 维护安全

在安全门系统的故障排除和维护过程中，需要注意以下安全措施：

（1）维护时必须使用带电压绝缘的工具。

（2）在维修之前，从安全门系统主电源断开安全门系统的供电，为防止因无意识或不小心接通电源，可对相关设备上锁。如果采用该方式，也要使用警示牌提醒。

（3）在需要的情况下，使用护栏或屏障来阻止维修人员跌落轨道。

（4）从现场拆除的电气产品，须至少五分钟后才能打开相关的电气产品保护盖，需要在相关电容性储能元器件放电之后方可进行维修工作。

（5）如果在线维护不可避免，必须有两个人配合工作，在紧急情况下互相提供帮助。

（6）必须检查所有拆卸的相关电气设备，确保现场供电线路都已经对其断电，然后将断电设备的在线线路和邻近的设备器件进行隔离或短接。

（7）更换或调整设备、器件时，须确保与原有正常运行时设备、器件的距离、间隙、气隙等一致。

知识点4：安全门系统维护工具

1. 相关工具

表8-2-4所列维修工具将在执行矫正和定期检修任务中使用（1套用量）。

表8-2-4 维修工具

工具	类型（规格）	数量
一字螺丝刀	一字螺丝刀刀头规格1 mm，3 mm，5 mm	每种规格一把
十字螺丝刀	十字螺丝刀刀头规格1 mm，3 mm，5 mm	每种规格一把
内六角匙	公制1.5 mm，2 mm，2.5 mm，3 mm，3.5 mm，4 mm，5 mm，6 mm，8 mm，10 mm	每种规格一把
扭力扳手	扭力范围0～200 N·m	一套
绝缘尖嘴钳	中号	一把
胶木锤		一把
斜口钳	中号	一把
开口扳手	4 mm，5 mm，6 mm，7 mm，8 mm，10 mm，12 mm，13 mm，17 mm，19 mm	每种规格一把
美工刀	可替换刀片的美工刀	一把
电工胶布		一卷
扎带	各类扎带	一包
除锈剂	WD40	一瓶
数字万用表	带测试电线的数字式多用电表，电压量程0.1mV～1000 V	一件
拉力计	量程为0～200 N	一件
卷尺	3 m	一把
玻璃吸盘	大号	四个
梯子		一把
清洁布	去除污渍	按要求
手电筒	带干电池	一把

2. 设备维修终端（PTE）

PTE 具备 PSD 维修终端的功能，具有与监控主机、PLC、DCU 的通信接口，具有 10/100 Mbps，RJ45 的标准以太网接口。

PTE 安装有 PSD 相关软件（包括故障诊断软件、维修软件），可直接与监控主机、DCU 进行直接通讯，可从 PTE 上查询到 DCU 及监控主机中所有能够监控得到的设备的全部信息，并能对 DCU 进行在线参数修改及软件升级。

知识点 5：机电设备故障简介

机电设备在运行中出现的故障是多种多样的，其中常见的有：

（1）失调性故障。机电设备间隙过小或者过大，其压力过小或者过大，运行中出现失调。

（2）松脱性故障。机电设备出现脱离后者松动的情况。

（3）渗漏或者堵塞型故障。机电设备出现漏油、漏气、漏水以及堵塞的状况。

（4）损坏型故障。机电设备变形、开裂、断裂、龟裂、烧蚀等诸多情况。

（5）功能失效或者性能退化型故障。机电设备功能失去功效、过热、性能不断衰退等状况。

当现场操作人员或用户发现设备异常，进行简单故障处理维修无效时；或在预防性维护过程中发现设备部件故障或隐患时，由专业维修人员利用备品进行现场维修，以解决故障或隐患。这种设备维护方法常称为矫正性维护。

知识点 6：降级模式下的紧急维修

1. 安全门系统多重故障

如果出现全安全门系统多重故障，操作控制中心可以决定延缓此站台的列车服务（例如将此故障站台做过站处理）或增派人员手动打开或关闭出现故障的安全门。维修人员评估在运营时间或非运营时间进行维修。

2. 玻璃爆裂

在安全门玻璃（可能是滑动门、应急门、固定门玻璃）爆裂的紧急情况下，尽管安全门玻璃是钢化安全玻璃，仍然可能导致乘客的受伤。破碎的玻璃也可能进入轨道，降低列车和站台之间的安全系数。在这种紧急情况下，建议立即封锁故障区域。如果是滑动门的玻璃损坏，应该将此门设置成隔离模式以防止滑动门的继续自动运行。

安全门系统门的玻璃破碎，碎玻璃均有可能进入到轨道中，相应的工作人员应立即将碎玻璃清除，并且用金属板作为紧急替用板安装在漏洞上，至少需要拉警戒线并由专人看护。在碎玻璃的清除和替换过程中，建议列车暂时停止运行，直到替用板安装完毕。

3. 信号系统不能被检测到关闭且锁紧信号

如果信号系统不能检测到关闭且锁紧信号，站台上的车就不会被信号系统授权发车。需要列车员或站务人员进行相关操作：

（1）站务人员试着重新关闭滑动门；

（2）观察哪一个门的 DOI 在门关闭后仍在警示，并作相关处理；

（3）在 PSL 上进行互锁解除操作；

（4）如果信号系统仍无法收到关闭且锁紧信号，通过人眼观察，确保站台足够安全以便列车离开。

4. 滑动门超速/速度不足

滑动门关闭太快会导致乘客受伤，并且有可能使安全门的机械装置受损。另一方面安全门关闭太慢会导致列车时刻表的延迟。如果检测到超速或速度不足，需要有相应的人员做人眼观察检查，错误的滑动门应该被锁定到隔离模式以防止继续的自动操作。然后可进行矫正维修。

知识点 7：轨道侧维修注意事项

安全门主体结构是安装在站台边沿和轨道之间，当维修人员需要进入轨道侧维修维护时，需要得到车站相关在轨道侧维修的授权。特别注意以下几种维护情形：

（1）排查安全门系统结构电气隔离；

（2）安全门门槛等支撑件的维修；

（3）安全门定期维护；

（4）轨道侧测试开门把手。

知识点 8：安全门设备故障与处理简介

安全门系统是机电一体化设备，机械、电气、软件等各个组成部分要经过充分的论证、分析、试验才能形成最终的产品。通常在城市轨道交通车站安全门系统的制造商、安装单位都有成功的安全门制造、使用业绩和经验。一般认为，只要严格遵守使用、操作规程，定期保养维护，安全门系统出现故障并不多见。

当出现安全门故障时，对乘客安全和列车运行会产生一定影响，而如何减少安全门故障对乘客和列车产生的影响是更为重要的环节。因此，掌握安全门的故障应急处理操作是每一位轨道交通行车人员与车站工作人员必需的知识和技能。安全门的故障应由相关专业人员进行分析、检测与维修。

当由安全门控制系统导致的列车紧停的故障发生时，维修人员可按以下步骤进行处理：

（1）通过安全门监控系统 PSA 上查看各个门的状态是否正常。红色为故障门，绿色为正常门，黄色为隔离门。查看 PSA 记录，可以初步判断故障源。

（2）通过安全门站台操作盘 PSL 上指示灯查看安全回路状态。亮绿灯代表该侧安全门安全回路接通，各门单元关闭锁紧状态正常。

（3）检查安全门控制室端子排情况。比如西屋安全门系统，PSL 处的门关好时"关闭锁紧"指示灯没有点亮，到安全门控制室，用数字万用表测量主端子排的 82#、84# 端子电压 60 V DC，如果有则检查 ATC 板的 5#、8#端子在门关好时是否为 60 V DC，没有就可以转向检查 ATC 板。

机电产品的故障可分为机械故障和电气故障两大类。安全门的常见故障有滑动门动作故障、门体分中不对称故障、安全回路故障、电源故障、无法联动等。

知识点 9：安全门典型机械故障及原因

安全门机械故障表现为动作过程迟缓、卡顿、有异响；打开或关闭时，机械部件重叠或出现缝隙；严重时，会出现机械框架变形、玻璃破碎等。机械故障的主要原因是机械传动部件磨损、变形、摩擦力增加；动作部件不够润滑、动作受阻、空间变化；承重结构由于建筑移位而变形等。

实训 1：安全门开关门延时——行程开关异常

排查方法：断开单个门单元电源，查看左关门、右关门行程开关是否有松动（行程开关保持 1～2 mm 动作间隙），灵活动作。

处理方法：使用 m8 扳手调整左、右关门行程开关螺丝，并保持开关在 1～2 mm 间隙灵活动作，若调整后故障依然存在可试图更换行程开关。

实训 2：门体分中不对称

排查方法：从导槽开始查找，查看其中左扇门或右扇门槛导槽内是否有异物卡入。然后用砝码测试皮带是否松脱，调整单边门皮带松紧度。

处理方法：用镊子取出导槽异物，用 2 kg 砝码（或手提称）测皮带挠度是否在 25～40 mm 之间，调整皮带整体均衡，张力适度。

安全门皮带故障处理模拟操作

实训 3：单个门故障——滑动门动作缓慢

故障现象：门状态指示灯低频闪烁，滑动门动作缓慢、无法完全打开、无法完全关闭。

故障原因：有纸屑、石子、螺钉、竹签等进入门槛槽，导致滑动门导靴与门槛槽摩擦力增加。此故障非机电设备故障，而是由乘客引起。

实训 4：端门不能关闭锁紧故障

故障原因：门锁机构松脱或门锁损坏。

排查方法：列车离开站、等风压过后，使用人字梯攀登并打开端门顶箱盖板，查看门锁机构部分是否有松脱现象，并及时紧固处理。如果紧固后未能处理故障，时间不允许的情况下须在此门做防护措施，张贴故障标示，在夜间卸掉门锁机构后处理。

处理方法：用钳子紧固相关松脱部分，在卸掉门体锁杆后按照规范要求用螺丝刀或扳手适当调节位移。

安全门门头锁故障处理模拟操作

实训 5：更换门体玻璃

故障现象：门体玻璃爆裂或龟裂。

故障原因：钢化玻璃的边角被坚硬的外物撞击时容易破裂，多是乘客不小心碰撞造成；也有可能在温度变化时产生自爆；以及振动或玻璃框架变形引起爆裂。

处理方法：戴上安全手套，从安全门门扇（如有）上取出碎玻璃；移除面板锁；割胶刀具割开玻璃四周的密封胶，使密封胶与门体之间的粘结断开，移除玻璃面板。使用玻璃吸盘吸住滑动门玻璃，安装玻璃面板，使用打胶枪给玻璃四周的缝隙填胶；安装面板锁。开关门测试；清理现场。

注意：玻璃爆裂应急处理是为减少对列车运行和乘客安全的影响，而更换爆裂玻璃的作业一般在正常运营结束后的夜间进行。

知识点 10：安全门典型电气故障及原因

安全门电气故障常表现为：指示灯闪烁、红灯亮、报警声响起；电源指示灯灭；开关、按键操作无效；列车无法进出站台、接点打火等。安全门系统的电气故障点从理论分析的角度来分析，会有很多产生故障的可能。但从产品特点和电气维修的实践来看，常见的故障有连线接口松脱；开关、按键接触不良；电路板焊点虚焊、电源模块故障等。

实训 6：安全回路故障排查

故障现象：若整侧滑动门可以正常开关，PSL 关闭锁紧灯不亮，列车不能进出站，PSA 显示安全门无异常，可判断是安全回路有故障。

排查方法：取下该侧距离安全门设备房相对一端的滑动门 DCU 板七芯控制线输出接口堵头（以下简称堵头），将堵头连接于该侧距离 PSL 盘较近的滑动门七芯控制线输出段。如果 PSL 关闭锁紧灯点亮说明 PSL 无故障，正常。再取下堵头，恢复距离 PSL 较近的滑动门正常状态。将堵头接入整侧门体中间位置滑动门（12 号滑动门）的七芯线输出端口，如果 PSL 关闭锁紧指示灯点亮说明 12 号滑动门到距离设备房较近的滑动门之间无异常，继续以此方法使用堵头分段对几个门单元进行排查，直到查出某个单元门七芯线异常。

安全门电机故障处理模拟操作

处理方法：使用推针器进行紧固或拔出七芯线接口针，查看接口针是否有损坏等异常，更换接口针后设备恢复正常状态。

安全回路故障处理过程提示：

（1）安全回路故障后 PSC 面板上的门闭锁指示灯熄灭。确认整侧安全门是否已关闭，未关闭滑动门及应急门指示灯会闪烁，若有指示灯闪烁将该故障门隔离处理。

隔离后处理步骤如下：

① 重新将隔离挡打回自动挡观察滑动门是否正常。

② 若不正常将门头 DCU 电源空开重新上电。

③ 若不正常更换 DCU。

处理完成将设备恢复正常状态。处理时间为半小时，工具为扳手及 DCU 备件。

（2）确定故障发生时间，根据故障时间查询 PSA 上每个 DCU 运营状态及故障记录。

实训 7：PSL 不能控制整侧安全门开/关门——指示灯未点亮

故障现象：PSL 关闭锁紧指示灯未点亮。

排查方法：查看 PSA 故障记录是否报某个滑动门故障，并查看 PSL 关闭锁紧指示灯是否点亮。若关闭锁紧灯未点亮，使用该侧末端滑动门七芯线堵头连接于距离设备房较近滑动门七芯线（输出端）。连接后若关闭锁紧指示灯点亮说明此滑动门异常，进一步检查该处七芯线是否有松动，接口内针是否有续接；若关闭锁紧指示灯未点亮，检查设备房相应开关线、使能线（78、79、80）连接是否正常。经排查，距设备房较近的滑动门门头七芯线松脱。

处理方法：使用推针器进行紧固或拔出七芯线接口针查看接口针是否有损坏等异常，重新安装锁紧接头后恢复设备正常状态。

实训 8：PSL 不能控制整侧安全门开/关门——指示灯点亮

故障现象：PSL 关闭锁紧指示灯点亮，但 PSL 未能控制整侧安全门动作。

排查方法：查看距离安全门设备房较近的滑动门门机，查看 DCU 版七芯控制线插口是否有松脱现象。若查看正常后，查看安全门设备房 PSC 柜与门头连接输入、输出端使能允许线、公共线、开门控制线是否有松动或异常情况。经排查，安全门控制开关门使能允许线掉落。

处理方法：按照图纸规范正确方法，使用尖口钳连接紧固相应掉落线头，恢复设备正常状态。

PSL 操作无效故障处理过程提示：

（1）确认是否按要求操作 PSL；

（2）将 PSL 操作允许打到 ON，PSL 开关门打到开门位，确认 PSC 柜体内空开 Q108、Q109、Q110 合上，用万用表测量 X101：28（正）与 X101：29（负）、X101：30（正）与 X101：31（负）电压应为 24 V DC，若无 24 V DC（低于 20VDC）断开 Q101 更换安全继电器模块（S5）。

处理完成将设备恢复正常状态。处理时间为半小时，工具为万用表、一字螺丝刀及安全继电器备件。

实训 9：电源模块故障——所有滑动门不能打开

故障现象：上下行所有滑动门无法电动打开。

排查方法：检查 380 V 交流供电正常，发现驱动电源模块故障告警灯点亮；电源模块内部有白色烟雾排出。判断电源模块故障，旁路断电后打开电源模块，发现内部电容元件炸裂。分析为驱动电源 UPS 故障导致轨旁 ATS 动作，但旁路空开没有动作到位，造成整个车站的驱动电源失电。

处理方法：更换驱动电源模块后故障解决。

实训 10：电源模块故障——部分滑动门不能打开

故障现象：滑动门第 3、8、13、18、23 号门无法联动打开。

排查方法：检修人员切断总电源和 UPS 供电并重新启动中央控制盘，故障仍然存在。打开对应编号门顶箱，使用万用表检测 DCU 电源均为 0 V。联想到滑动门驱动电源为交叉配电，该编号滑动门为同一驱动电源模块供电，经检测，该驱动电源模块输入正常，而输出 0 V，判断该电源模块故障。

处理方法：列车停运后，对故障门电源模块进行了更换，经通电测试，设备恢复正常。

实训11：DCU 不工作

故障现象：单个滑动门不能打开。

排查方法：经 LCB 隔离后打开顶箱盖板，发现 DCU 电源灯不亮，使用万用表检测，其输入电源电压正常，判断 DCU 故障。

处理方法：更换 DCU 后故障解决。

后期处理：在工作室维修中，打开故障件 DCU，使用万用表检测，发现其电源变压器虚焊，重新焊接后通电测试，其电源灯亮。经测试，此 DCU 工作正常，可作维修备品使用。

安全门DCU故障处理模拟操作

参考资料：部分设备更换要点

1. 更换 DCU

如图 8-2-2 所示。

（1）注意。

① 影响站台的自动服务，在运营时间不能进行这项操作；

② 在进行维修工作之前向车站报告；

③ 需要打开门顶箱；

④ 操作时确保相应的 ASD 的电源已经断开。

（2）工具。

维修工具。

（3）拆除步骤。

① 断开终端动力模块的 DCU 电源供应；

② 断开 DCU 的所有其他电气连接（航空插头）；

③ 用安装工具拆除 DCU 盒体。

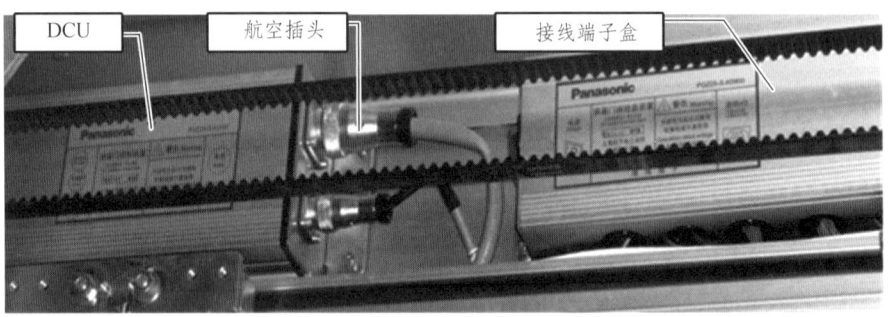

图 8-2-2　DCU 更换

（4）安装步骤。

① 安装新的 DCU；

② 连接所有电气连接器来启动电力终端，包括 DCU 电力供应电缆；

③ 用装有 DCU 下载软件的终端电脑对 DCU 进行程序下载；

④ 手动开启/关闭门几次，如果没有异常摩擦和声音等，开启 ASD；

⑤ 进行 DCU 设置；

⑥ 重置完毕后，即可正常开关 ASD。

2. 更换电机以及传动系统

如图 8-2-3 所示。

（1）注意。

① 操作时确保相应的 ASD 的电源已经断开；

② 使用围栏来防止非工作人员进入工作区域；

③ 需要打开门机梁；

④ 在进行维修工作之前请向车站相关工作人员报告。

（2）工具。

① 安装了软件的笔记本电脑；

② 写入权限的数据线；

③ 维修工具。

（3）移除步骤。

① 关闭电源；

② 从 DCU 断开电机的所有电缆；

③ 松开电机安装支架安装在门机梁的螺栓，然后再将电机从电机支架上卸掉并更换新的电机安装在电机支架上。

图 8-2-3　电机更换

（4）安装步骤。

① 在把电机以及电机支架重新安装在门机梁前先恢复好和皮带的组装，让皮带和电机同步轮能正确衔接上。

② 手动拧紧电机支架和门机梁的连接螺栓，调节电机同步轮与皮带之间平行，再用扭力扳手锁紧该螺栓。

③ 通过调节螺杆来调节从动轮的位置并配合皮带配重块来确保皮带的张紧力符合要求。如图 8-2-4 所示。

④ 适度松开从动轮上的 4 个 M5×10 六角三组合螺栓。检查张力调整垫片右侧是否与张力调整板末端平齐。平齐则表明皮带的张紧力符合规定，固定先前松开的 4 个 M5×10 六角三组合螺栓，扭矩为 2.5 N·m。

⑤ 如果张力调整垫片与张力调整板末端不平齐，则需要正时针或逆时针旋转张力调整螺栓，直到齐平。固定先前松开的 4 个 M5×10 六角三组合螺栓，扭矩为 2.5 N·m。

⑥ 皮带调到规定张力后，检查确认滑动门的单门启动力<9 kg、滑行力<7 kg。

⑦ 连接电机的电缆。

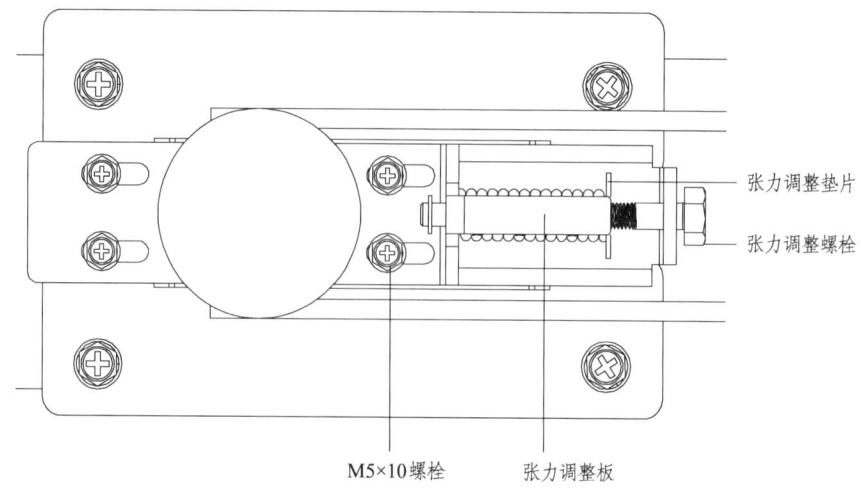

图 8-2-4　电机调整

3．更换皮带

如图 8-2-5 所示。

（1）注意。

① 操作时确保相应的 ASD 的电源已经断开；

② 使用围栏来防止非工作人员进入工作区域；

③ 需要打开门机梁；

④ 在进行维修工作之前请向车站相关工作人员报告；

⑤ 在拆除旧的驱动装置前先把驱动装置的安装位置画线做好记录，在安装新的部件时可以参考画好的安装线。

（2）工具。

① 皮带张力测试仪；

② 维修工具。

（3）移除步骤。

① 关闭电源，用手推动滑动门至完全打开状态。注意可先在门机梁上为从动轮做好原始安装位置划线记号；

② 松开安装在吊挂件上的皮带夹的螺丝，并取下皮带；

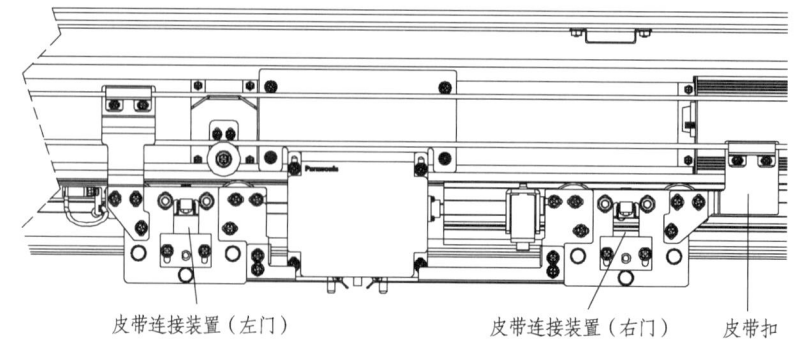

图 8-2-5　皮带连接

③ 松开从动轮支架和门机梁的紧固螺丝，调节调节螺杆确保从动轮支架向门机梁中间方向移动约一段距离。

（4）安装步骤。

① 更换一条长度一样的皮带，并把皮带重新固定在皮带夹上。需要确保在更换皮带的过程中滑动门不能移动。

② 把皮带重新放回从动轮上，并确保皮带圆弧齿和同步轮圆弧齿能正常啮合。通过调节螺杆调节从动轮支架位置至之前划线的位置并拧紧紧固螺栓。

适度松开从动轮上的 4 个 M5×10 六角三组合螺栓。检查张力调整垫片右侧是否与张力调整板末端平齐。平齐则表明皮带的张紧力符合规定，固定先前松开的 4 个 M5×10 六角三组合螺栓，扭矩为 2.5 N·m。

③ 如果张力调整垫片与张力调整板末端不平齐，则需要正时针或逆时针旋转张力调整螺栓，直到齐平。固定先前松开的 4 个 M5×10 六角三组合螺栓，扭矩为 2.5 N·m。

⑤ 皮带调到规定张力后，检查确认滑动门的单门启动力 < 9 kg、滑行力 < 7 kg。

4. 更换闸锁

如图 8-2-6 所示。

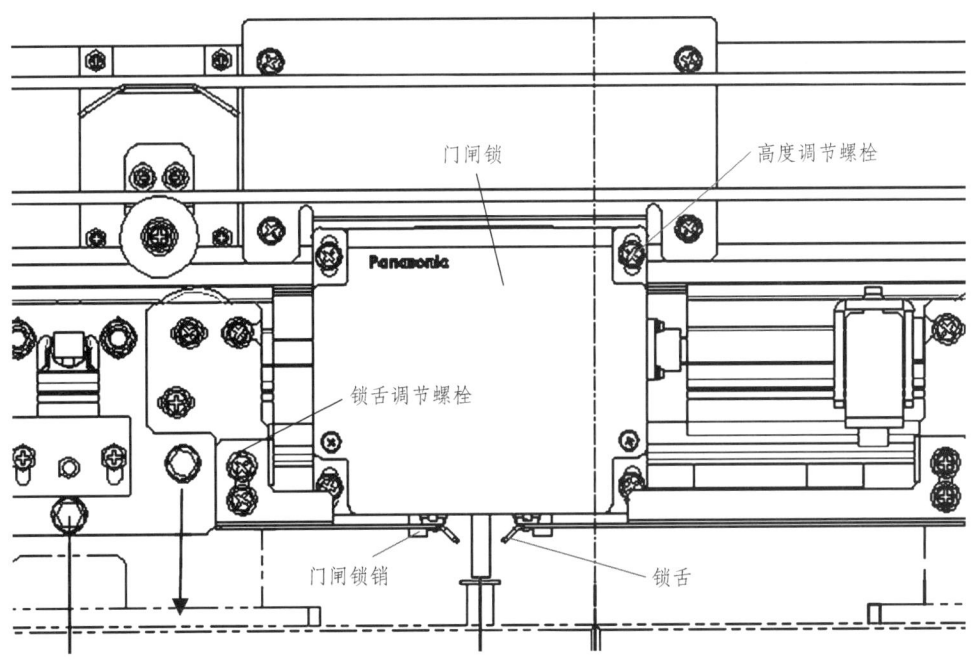

图 8-2-6　闸锁更换

（1）注意。

① 操作确保相应的 ASD 的电源已经断开。

② 操作时需要打开滑动门，先打开 15 cm 左右。

③ 门打开到必要的开度即可，以防止人员跌落轨道。

④ 使用围栏来防止非工作人员进入工作区域。

⑤ 需要打开门机梁盖板。
⑥ 通过 LCB 把滑动门单元从关闭锁紧回路中隔离。
⑦ 在进行维修工作之前请向车站相关工作人员报告。
⑧ 在拆除旧的闸锁前先把闸锁的安装位置画线做好记录。在安装新部件时可以参考画好的原始安装线。

（2）工具。
① 调整闸锁的专用工具；
② 维修工具。

（3）拆除步骤。
① 切断电源；
② 在门机梁上闸锁原始安装位置划线；
③ 断开航空插头；
④ 松开闸锁支架上的安装螺栓；
⑤ 拆除电子锁（门闸锁）。

（4）安装步骤。
① 根据上一步骤的原始划线标记，安装好电子锁，插好航空插头；
② 确保在滑动门完全关门状态下电子锁插销能够完美插入锁舌孔内；
③ 若有必要可以调节电子锁的上下位置，确保锁钩能够锁定门体；
④ 用手推动开关滑动门，检查有没有反常的噪声或阻力；
⑤ 检查行程开关在滑动门打开和关闭的过程中，关闭锁紧信号是否正常。

5. 更换滑动门吊挂件

如图 8-2-7 所示。

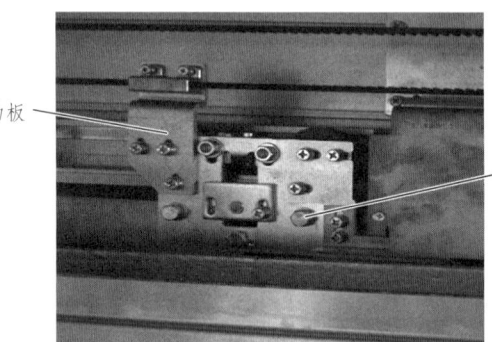

图 8-2-7　滑动门吊挂件更换

（1）注意。
① 操作确保相应的 ASD 的电源已经断开。
② 操作时需要打开滑动门，先打开 15 cm 左右。
③ 门打开到必要的开度即可，以防止人员跌落轨道。
④ 使用围栏来防止非工作人员进入工作区域。
⑤ 需要打开门机梁盖板。

⑥ 通过 LCB 把滑动门单元从关闭锁紧回路中隔离。
⑦ 在进行维修工作之前请向车站相关工作人员报告。

（2）工具。

① 维修工具；

② 垫板；

③ 皮带张紧力配重块。

（3）拆除步骤。

① 切断电源；

② 使用垫板支撑滑动门底部（垫在门槛和滑动门底部之间，当滑动门吊挂件松开时，确保滑动门是稳定的）；

③ 松开吊挂件与滑动门顶部的连接螺栓；

④ 松开吊挂件上的 3 颗 M8 螺栓；

取下吊挂件。

（4）安装步骤。

① 装上新的吊挂件；

② 拧紧吊挂件与滑动门顶部的连接螺栓；

③ 通过滑动门高度调节螺杆来调节滑动门的高低并拧紧紧固螺母，确保滑动门安装符合相关的规范要求；

④ 抽出垫板，用手推拉滑动门门，检查是否有任何不正常的阻力和噪音等；

⑤ 如无异常情况，将相应的滑动门重新通电，恢复正常。

6. 更换滑动门手动解锁机构

如图 8-2-8 所示。

（1）注意。

① 执行该操作时，需要卸下相应的 ASD 滑动门；

② 任务最好在工作间进行。

（2）工具。

维修工具。

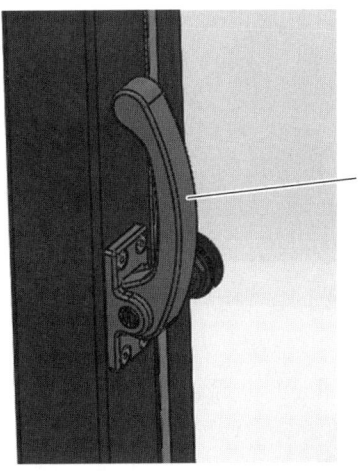

滑动门拉手

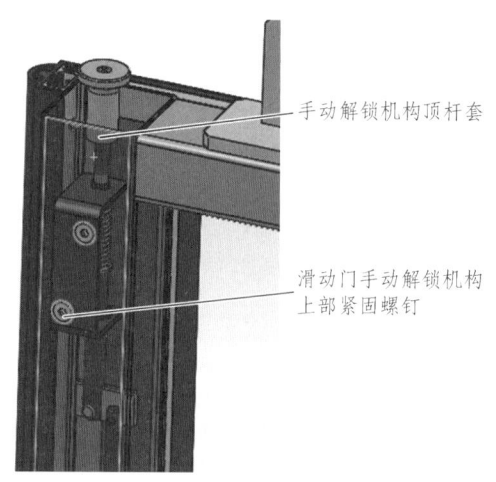

图 8-2-8 滑动门手动解锁机构更换

(3) 拆除步骤：
① 拆卸滑动门拉手侧封盖；
② 拆卸滑动门手动解锁机构上部紧固螺钉；
③ 滑动门手动解锁机构可以直接从滑动门门框顶部取出。
(4) 安装步骤。
① 从滑动门门框的顶部插入新的滑动门手动解锁机构；
② 将手动解锁机构连杆下部 U 型槽置于滑动门拉手的销轴上；
③ 拧紧手动解锁机构上部紧固螺钉；
④ 扶起门框，放到直立的位置，拉动拉手，检查手动解锁机构动作是否正常；
⑤ 装回滑动门，调整手动解锁机构上部顶杆套，确保手动解锁功能能够实现；
⑥ 装回滑动门拉手侧封盖。

7. 替换防夹手胶条

如图 8-2-9 所示。

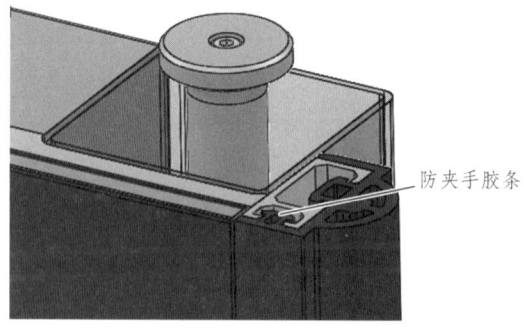

图 8-2-9 防夹手胶条替换

(1) 注意。
① 执行任务时，确保各个 ASD 部分的电源被切断；
② 执行任务时，ASD 必须分开放置；

③ 门开到必要的宽度即可,以防止乘客跌落轨道;
④ 使用障碍栏阻止任何未经授权的人进入工作区;
⑤ 通过 LCB 把滑动门单元从关闭锁紧回路中隔离;
⑥ 在进行维修工作之前请向车站相关工作人员报告。

(2)工具。

① 维修工具;
② 胶木锤;
③ 尖嘴钳。

(3)拆除步骤。

① 拆卸前请将滑动门水平放置于一个稳定的平台上;
② 可采用尖嘴钳夹住防夹手胶条上部的空隙,将防夹手胶条从胶条支架中抽出。

(4)安装步骤。

① 防夹手胶条安装前,应在防夹手胶条表面涂抹上一层有利于润滑的液体,例如肥皂液等。
② 防夹手胶条应从滑动门顶部开始安装。
③ 可采用胶木锤轻轻向下敲打防胶手胶条,使得防夹手胶条得到一个向下的力并缓慢向下移动。
④ 防夹手胶条安装到位后,尽量不要压缩或拉扯防夹手胶条使其保持在自然状态,采用美工刀切除防夹手胶条的多余部分,保证其与门框顶部平齐。

8. 更换导靴

如图 8-2-10 所示。

(1)注意。

① 关闭滑动门电源;
② 要把防爬板从门上拆除。

(2)工具。

维修工具。

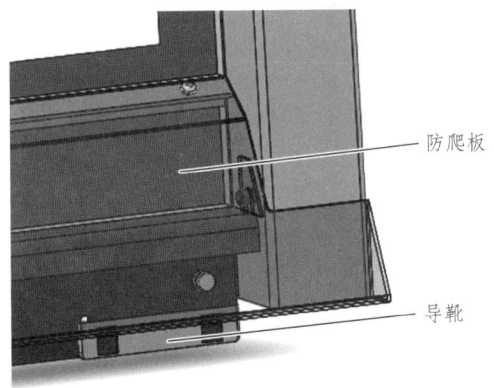

图 8-2-10 导靴更换

(3)拆除步骤。

采用美工刀或一字螺丝刀,将尖锐的部分插入导靴空隙内,利用外力将导靴撬开。

(4)安装步骤。

① 安装新的导靴,导靴与导靴支架之间是采用卡扣式安装;

② 装回防爬板装置。

9. 替换毛刷

如图 8-2-11 所示。

(1)注意。

① 执行任务时,确保各个 ASD 部分的电源被切断;

② 执行任务时,ASD 必须部分开放;

③ 门开到必要的宽度即可,以防止乘客跌落轨道;

④ 使用障碍栏阻止任何未经授权的人进入工作区;

⑤ 过 LCB 把滑动门单元从关闭锁紧回路中隔离;

⑥ 在进行维修工作之前请向车站相关工作人员报告。

(2)工具。

维修工具。

(3)拆除步骤。

① 拆除站台侧门楣上毛刷支架的紧固螺钉,拆卸毛刷;

② 拆除轨道侧后盖板上的毛刷支架的紧固螺钉,拆卸毛刷;

③ 取下毛刷支架内的毛刷。

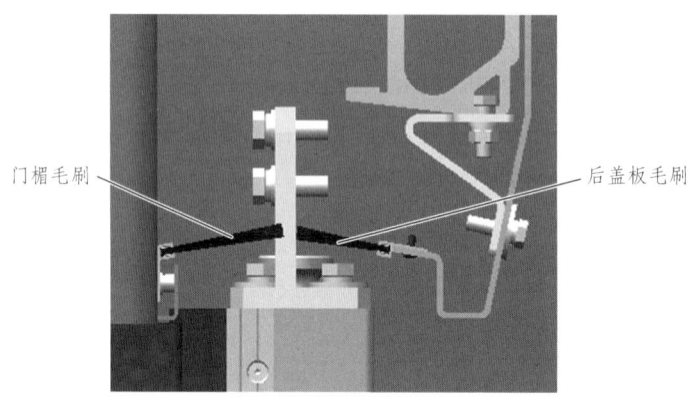

图 8-2-11 毛刷替换

(4)安装步骤。

安装站台侧门楣毛刷:

① 将毛刷滑入毛刷支架卡槽;

② 整毛刷位置并拧紧紧固螺钉。

安装轨道侧后盖板毛刷

① 将毛刷滑入毛刷支架卡槽;

② 调整毛刷位置并拧紧紧固螺钉。

10. 更换紧急推杆

如图 8-2-12 所示。

（1）注意。

① 门开到必要的宽度即可，防止乘客跌落轨道；

② 使用障碍栏阻止未经授权的人进入工作区；

③ 通过应急门旁路开关将该应急门设置为隔离状态；

④ 执行该任务若无必要可以不用拆卸门体；

⑤ 在进行维修工作之前请向车站相关工作人员报告。

（2）工具。

维修工具。

（3）拆除步骤。

① 拧松紧急推杆两侧推杆臂的紧定螺钉，不必拆卸下来；

② 拆除紧急推杆两侧的推杆销；

③ 紧急推杆可从下方取出；

④ 拆除推杆臂与推杆的连接螺丝；

⑤ 换下推杆。

图 8-2-12　紧急推杆更换

（4）安装步骤。

① 用新的紧急推杆替换原有推杆；

② 用连接螺丝将推杆臂与推杆连接；

③ 将推杆安装在门体上；

④ 装上推杆销及紧定螺钉。

11. 更换闭门器

如图 8-2-13 所示。

（1）注意。

① 使用障碍栏阻止任何未经授权的人进入工作区；

② 通过应急门旁路开关将该应急门设置为隔离状态；
③ 打开顶箱；
④ 在进行维修工作之前请向车站相关工作人员报告。
（2）工具。
维修工具。
（3）拆除步骤。
① 拆除闭门器紧固螺钉；
② 拆除闭门器与滑撑之间的连接螺钉；
③ 取出闭门器。
（4）安装步骤。
① 确认闭门器的安装方向；
② 安装新的闭门器并且拧紧四个紧固螺钉；
③ 连接滑撑并拧紧螺钉。检查门关闭速度，并根据需要进行调整。

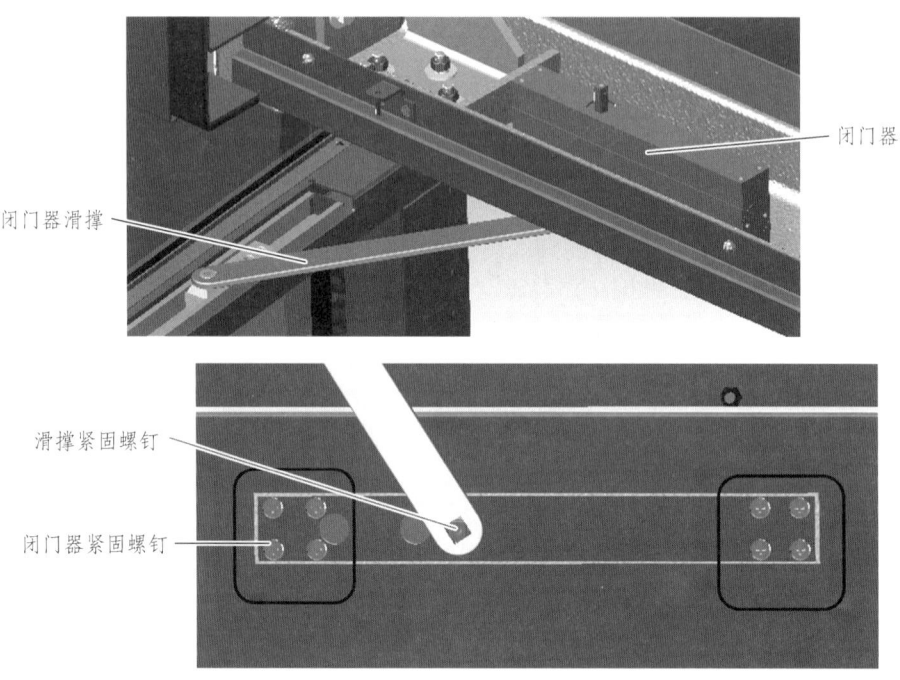

图 8-2-13 闭门器更换

12. 更换应急门门轴

如图 8-2-14 所示。

（1）注意。
① 使用障碍栏阻止未经授权的人进入工作区；
② 通过应急门旁路开关将该应急门设置为隔离状态；
③ 打开顶箱；
④ 在进行维修工作之前请向车站相关工作人员报告。

（2）工具。

维修工具。

（3）拆除步骤。

① 松动两个紧固螺母，取出应急门门轴；

② 由于取出应急门门轴后，应急门缺少支撑点会倾倒，故必须有一个额外的操作员能够扶持应急门并确保不会倾倒。

（4）安装步骤。

① 安装门轴并紧固螺母；

② 检查门的开启和关闭，根据需要调整使其符合安装要求。

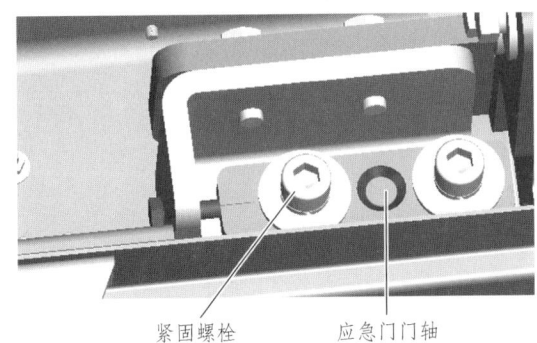

图 8-2-14　应急门门轴更换

13. 更换应急门和端门锁单元触发装置

如图 8-2-15 所示。

图 8-2-15　更换应急门和端门锁单元触发装置

(1)注意。
① 使用障碍栏阻止任何未经授权的人进入工作区;
② 通过应急门旁路开关将该应急门设置为隔离状态;
③ 打开顶箱;
④ 在进行维修工作之前请向车站相关工作人员报告。
(2)工具。
维修工具。
(3)拆除步骤。
① 为了安全,切断电源;
② 松动紧固螺钉,向上移除锁单元触发装置。
(4)安装步骤。
① 安装新的触发装置和上紧四个紧固螺钉;
② 连接 EED/MSD 控制箱中的安全开关和电源;
③ 确保触发装置的功能和所要求的一致。

14. 更换门槛包板

如图 8-2-16 所示。

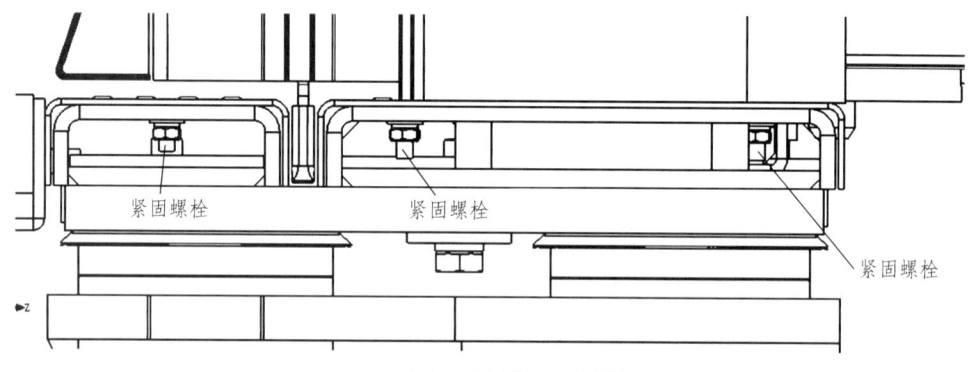

图 8-2-16 门槛包板更换

(1)注意。
① 执行任务时,确保各个 ASD 部分的电源被切断;
② 使用障碍栏阻止未经授权的人进入工作区;
③ 必须确保轨道侧不带电;
④ 在进行维修工作之前请向车站相关工作人员报告。
(2)工具。
① 维修工具;
② 玻璃吸盘;
③ 安装工具。
(3)拆除步骤。

门槛由两部分组成,一部分靠近站台侧,称之为前门槛,一部分靠近轨道侧,称之为后门槛。所有的门槛都被螺栓固定在底座上。

① 拆除前门槛包板之前必须拆除与之对应的门体，后门槛包板可以直接拆除；
② 移除站台和门槛之间的密封物；
③ 拆除门槛不锈钢包板上的固定螺钉，移除不锈钢包板；
④ 若有必要可能需要拆卸立柱包板方能拆除前门槛。
（4）安装步骤。
① 安装前门槛包板，拧紧紧固螺栓；
② 安装后门槛包板，拧紧紧固螺栓；
③ 安装与门槛对应的门体；
④ 检查门体是否符合安装要求；
⑤ 装上站台和前门槛之间的密封物。

15. 替换 DOI

如图 8-2-17 所示。

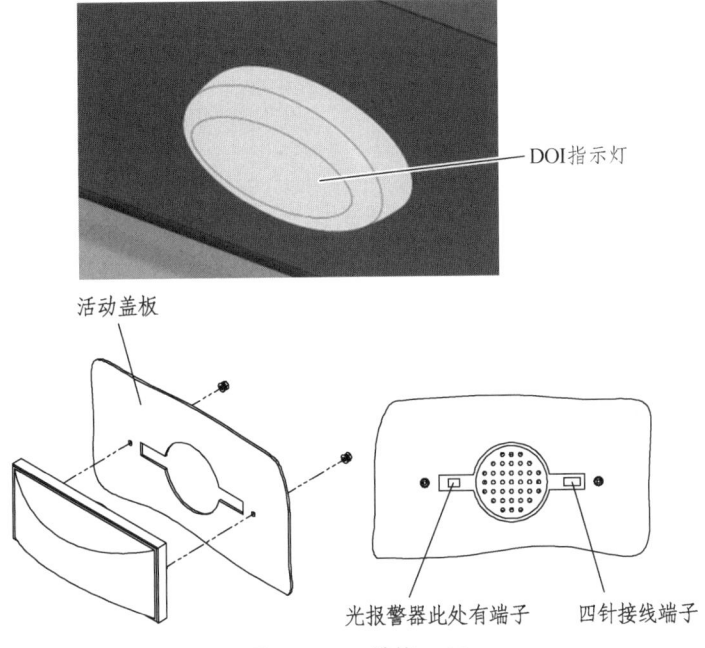

图 8-2-17　替换 DOI

（1）注意。
① 确保切断电源；
② 需打开顶箱。
（2）工具。
维修工具。
（3）拆除步骤。
① 切断电源，拔出线缆；
② 拧松紧固螺钉，取出固定片；
③ 取下 DOI 指示灯。

(4)安装步骤。

① 将新的 DOI 灯安装在 ASD/EED/MSD 活动面板上；

② 接好线缆；

③ 接通电源；

④ 检测状态是否正常。

16. 闸锁调整

如图 8-2-18 所示。

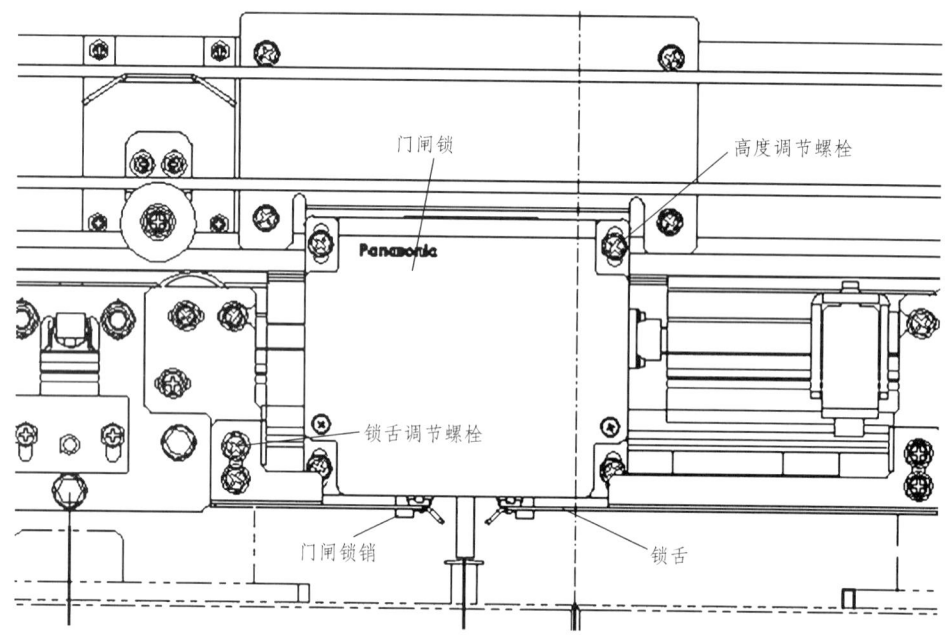

图 8-2-18　闸锁调整

(1)注意。

① 使用障碍栏去阻止未经授权人员进入工作区；

② 整个调试过程中，ASD 的开关都必须是手动模式；

③ 必须打开前盖板；

④ 通过 LCB 把滑动门单元从关闭锁紧回路中隔离；

⑤ 在进行维修工作之前请向车站相关工作人员报告。

(2)工具。

① 两个安装表；

② 障碍物检测器；

③ 维修工具（安装工具）。

(3)调整步骤。

① 通过 LCB 开关将该单元滑动门设置为隔离状态。

② 切断 PSD 各部分电源。

③ 确保滑动门位于完全关闭的位置。

④ 适度松开锁舌固定板和左、右锁舌的连接螺栓，适度松开锁舌固定板和吊架的连接螺栓；使用塞尺等工具保证左、右锁舌上端面距离电磁锁下端面 2.0 mm，左、右锁舌相应端面距离电磁锁左右相应端面 7.5 mm，按此位置，重新固定相应的 M6×12 螺栓，扭矩为 4.2 N·m。

⑤ 重新打开 PSD 电源。

⑥ 使用 LCB 手动模式开关门进行功能测试。

⑦ 在轨道侧利用"滑动门拉手"或在站台侧利用"T 型钥匙"进行手动解锁功能测试确保其符合要求。

17. 从动轮的检查与调整

如图 8-2-19 所示。

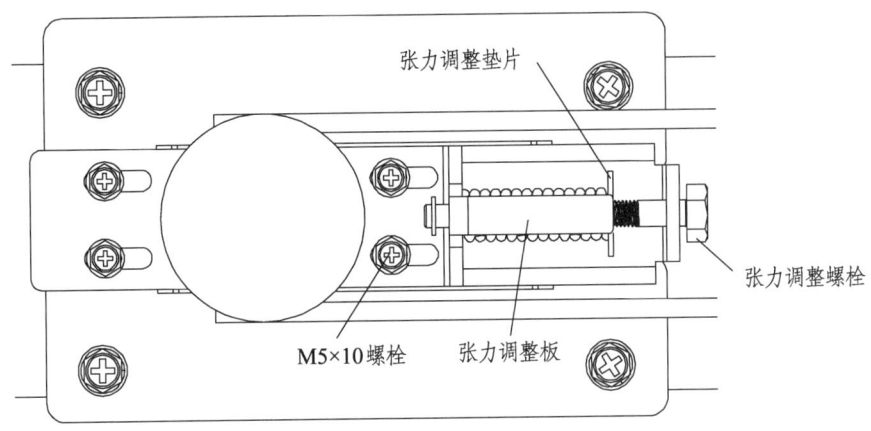

图 8-2-19 从动轮的检查与调整

（1）注意。

① 执行任务时，确保各个 ASD 部分的电源被切断；

② 执行任务时，ASD 在手动模式下通过调整步骤来打开和关闭；

③ 使用障碍栏阻止任何未经授权的人进入滑下轨道；

④ 使用障碍栏阻止任何未经授权的人进入工作区；

⑤ 必须打开顶箱；

⑥ 通过切换开关切换到手动模式来覆盖关闭的锁块和锁定的信号；

⑦ 在进行维修工作之前请向车站相关工作人员报告。

（2）工具。

① 钢尺；

② 维修工具。

（3）调整步骤。

① 确认从动轮已经固定在机箱内。确认皮带固定在从动轮上，已经张紧，而不是过分松弛的状态。如果从动轮没有固定或者皮带过分松弛，则需调整从动轮支座上的 4 个 M6×16 六角三组合螺栓，推动从动轮使皮带适当张紧，同时固定 4 个 M6×16 六角三组合螺栓，扭矩为 4.2 N·m。

② 适度松开从动轮上的 4 个 M5×10 六角三组合螺栓。检查张力调整垫片右侧是否与张力调整板末端平齐。平齐则表明皮带的张紧力符合规定，固定先前松开的 4 个 M5×10 六角三组合螺栓，扭矩为 2.5 N·m。

③ 如果张力调整垫片与张力调整板末端不平齐，则需要正时针或逆时针旋转张力调整螺栓，直到齐平。固定先前松开的 4 个 M5×10 六角三组合螺栓，扭矩为 2.5 N·m。

④ 带调到规定张力后，检查确认滑动门的单门启动力 < 9 kg、滑行力 < 7 kg。

18. ASD 调整

如图 8-2-20 所示。

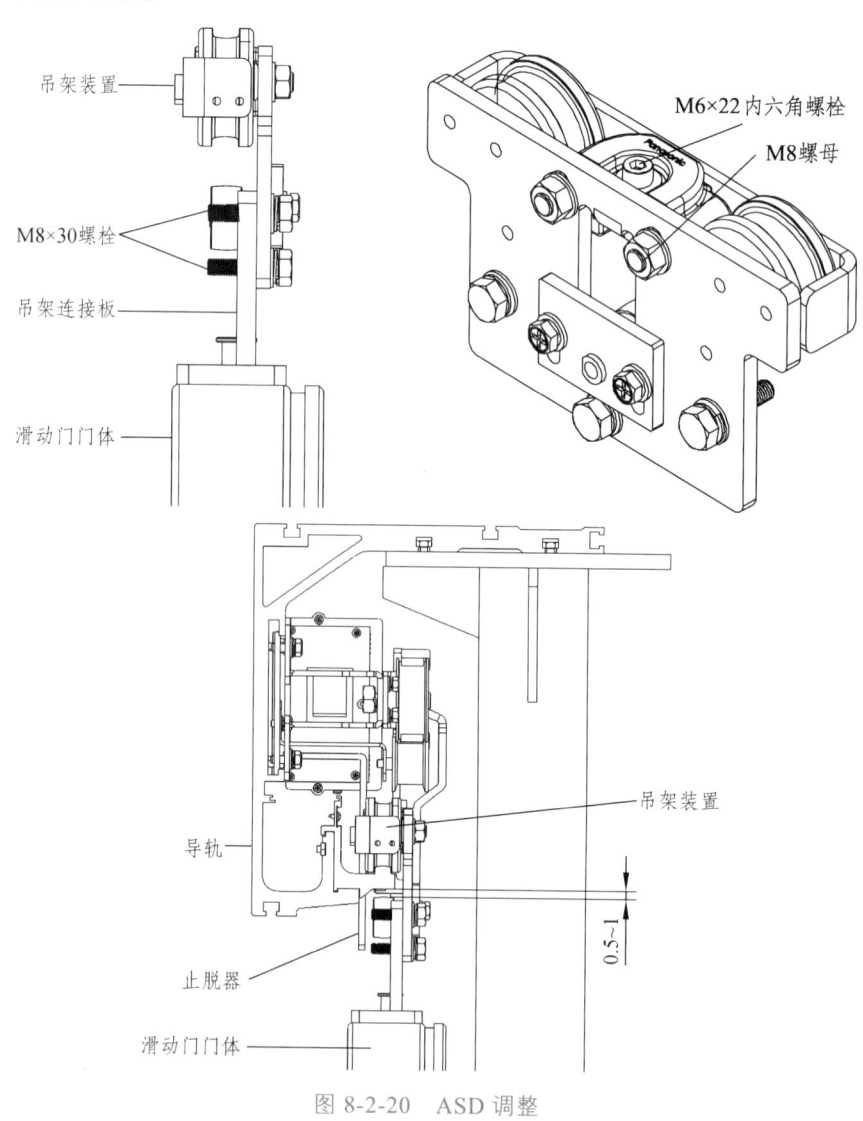

图 8-2-20　ASD 调整

（1）注意。

① 执行任务时，确保各个 ASD 部分的电源被切断。

② 执行任务时，ASD 在手动模式下通过调整步骤来打开和关闭。

③ 使用障碍栏阻止任何未经授权的人进入滑下轨道。
④ 使用障碍栏阻止任何未经授权的人进入工作区。
⑤ 必须打开顶盖。
⑥ 通过切换开关切换到手动模式来覆盖关闭的锁块和锁定的信号。
⑦ 在接线端，切断来自各个 ASD 部分的电源，并且断开 DCU 电源供电电缆。
⑧ 在进行维修工作之前请向车站相关工作人员报告。
⑨ 吊挂件滚轮与导轨完全接触。
⑩ 防倾覆轮不会对门体运行造成阻碍。
⑪ ASD 门体开关正常。

（2）工具。
① 5 mm 垫板；
② 维修工具。

（3）调整步骤。
① 在滑动门与门槛之间的间隙内垫上垫板，防止滑动门下垂。
② 松开吊挂件高度锁紧螺栓。
③ 通过吊挂件高度调节螺栓来调整滑动门的安装高度，如果安装高度需降低则需移除垫板。确保滚轮与导轨之间接触良好，滚动顺畅。
④ 通过两颗吊挂件高度锁紧螺栓调节滑动门在完全关闭状态下防撞胶条上下缝隙一致，确保滑动门与门槛间隙在 5 mm 左右。锁紧吊挂件高度锁紧螺栓 M6×22 内六角螺丝。
⑤ 松开门体前后调节螺栓。
⑥ 调节门体与吊架相对位置，防止与胶条毛刷等刮碰，并要保证左右门体玻璃面平齐。
⑦ 锁紧门体前后调节螺栓。
⑧ 调节防倾覆轮位置，轮外侧边缘距离导轨下表面 1 mm 以内为宜。

19. 调整导靴

如图 8-2-21 所示。

（1）注意。
① 执行任务时，确保各个 ASD 部分的电源被切断。
② 执行任务时，ASD 在手动模式下通过调整步骤来打开和关闭。
③ 使用障碍栏阻止任何未经授权的人进入滑下轨道。

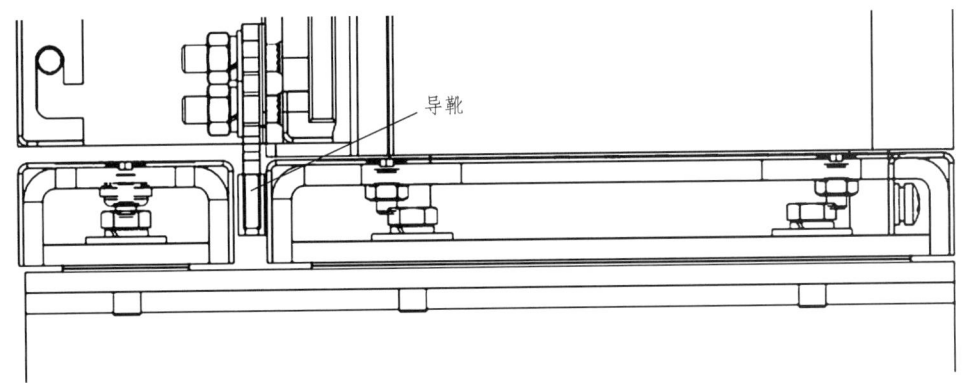

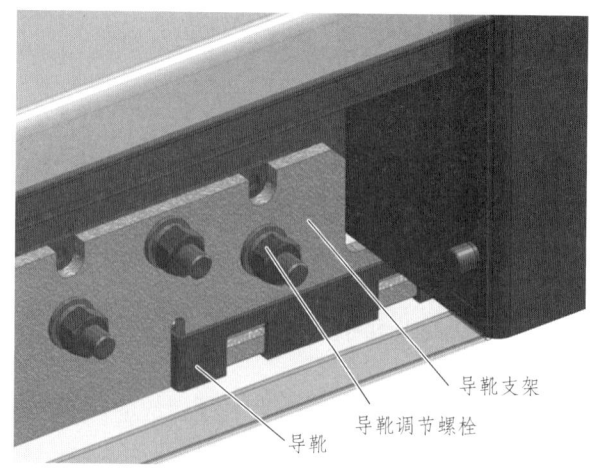

图 8-2-21　导靴调整

④ 使用障碍栏阻止任何未经授权的人进入工作区。

⑤ 必须打开盖板。

⑥ 通过切换开关切换到熔断器模式来覆盖关闭的锁块和锁定的信号。

⑦ 在进行维修工作之前请向车站相关工作人员报告。

⑧ 左右门扇的 ASD 表面应保持平齐；防夹胶条的缝隙，从上到下应保持一致。

⑨ 导靴应避免与门槛导槽有接触。

（2）工具。

维修工具。

（3）调整步骤。

① 拆除滑动门防爬板；

② 拧松导靴调节螺栓，通过该螺栓调节导靴的前后位置以确保滑动门玻璃与防夹手胶条之间的间隙上下一致均匀并在 5mm 以内；

③ 锁紧导靴调节螺栓；

④ 按照以上方法调整另一道滑动门；

⑤ 将 LCB 设置到手动模式，测试滑动门运行是否正常。

20. 闭门器的调试

如图 8-2-22 所示。

（1）注意。

① 在此任务执行时 MSD 会在整个调试过程中打开和关闭。

② 使用障碍栏阻止任何未经授权的人进入滑下轨道。

③ 使用障碍栏阻止任何未经授权的人进入工作区。

④ 打开盖板。

⑤ 在进行维修工作之前请向车站相关工作人员报告。

（2）工具。

维修工具。

■ 速度（BC功能）调整方法

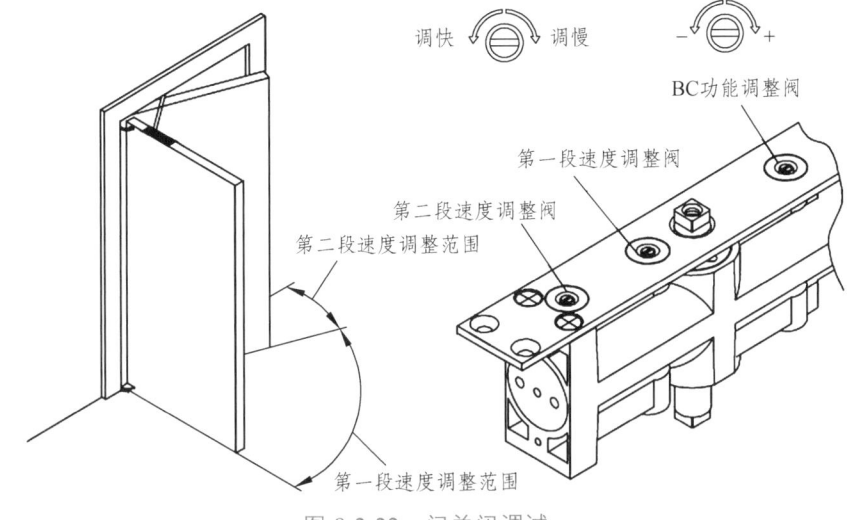

图 8-2-22 门关闭调试

（3）操作说明。
① 打开 MSD 门；
② 关闭 MSD 门，观察关闭速度；
③ 如果门关闭太快或太慢，逆时钟方向调节螺丝可达到理想速度；
④ 检查最终的关闭速度确保门能够被正常地锁上。

21. 更换滑动门吊挂件滚轮

如图 8-2-23 所示。

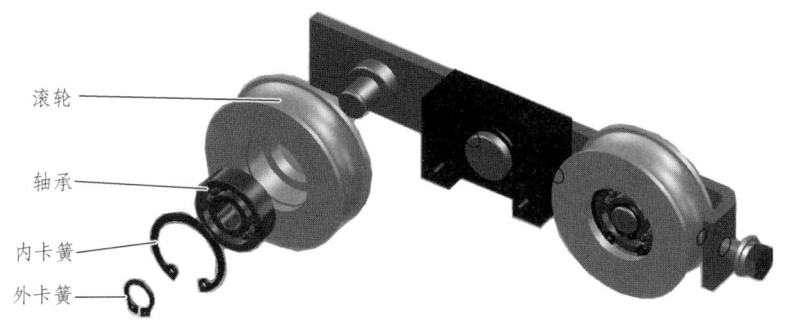

图 8-2-23 滑动门吊挂件滚轮更换

（1）磨损极限。
如果发现以下情况之一则需要替换滚轮：
① 门体运行不平稳；
② 滚轮表面不规则（压痕、刮痕）；
③ 导轨上有较多的滚轮磨损碎屑或粉尘；
④ 滚轮与导轨之间不是滚动摩擦或者滚轮不转动；

⑤ 滚轮运行时跳动或者扭动；
⑥ 材料老化。
（2）注意。
① 清洁导轨，检查滚轮是否有过度磨损的现象；
② 检查裂痕和螺栓是否松动；
③ 准备新滚轮。
（3）工具。
① 卡钳；
② 拉码。
（4）任务说明：安装新滚轮。
① 采用卡钳拆除内卡簧；
② 采用卡钳拆除外卡簧；
③ 采用拉码拆除轴承；
④ 更换新的滚轮（更换下来的滚轮应该及时将它们处理掉）；
⑤ 按照以上步骤安装轴承、外卡簧、内卡簧；
⑥ 测试滚轮是否可转动顺畅平稳灵活。

22. MSD 和 EED 限位开关的替换

（1）注意。
① 更换之前应检查限位开关是否有超负荷运载的情况，如有则需更正。
② 准备备用的限位开关。
③ 满足以下任意一点，限位开关必须要更换：
—功能修理之后电接触失灵；
—限位开关的滚轴不灵活。
（2）工具。
① 一套扳手；
② 移开限位开关的螺丝。
（3）任务说明：安装新的限位开关。
① 移开每个限位开关的螺丝钉；
② 安装新的限位开关；
③ 重复检查所有的螺丝钉，是否锁紧。

23. 更换 ASD 的紧急释放装置

（1）注意。
如发现下列情况之一必须更换滑动门手动解锁机构，且必须全套更换。
① 不能利用"T 型钥匙"从站台侧手动解锁释放滑动门；
② 不能利用"滑动门拉手"从轨道侧手动解锁释放滑动门；
③ 手动解锁释放装置卡死、不动作等机械故障；
④ 手动解锁释放装置不能按照功能需要工作。

（2）工具。

拆装滑动门手动解锁机构需要的扳手和螺丝刀。

（3）任务说明：安装新的限位开关。

① 移开每道滑动门手动解锁机构的螺钉；

② 安装新的滑动门手动解锁机构；

③ 重复检查所有的螺钉，是否锁紧。

工作实施

1. 安全门设备维修概念

引导问题1：预防性维护主要包括哪些内容？

答：_____

_____

_____

引导问题2：故障维修是由于系统或设备出现_____进行的维护。

引导问题3：一线维修是在_____进行的维修，尽量_____或_____列车乘客服务的中断。

引导问题4：二线维修是跟进一线维修而进行的，进一步_____或_____分析故障。

引导问题5：工作室维修是在工作室配备机电工作台，对安全门_____进行的维修工作。

2. 安全门设备维修分析

引导问题6：安全门设备维修分析包括_____分析和_____分析。

3. 安全门系统维修操作安全要求

引导问题7：在维护保养过程中，确保安全门系统或所在单元电源_____；使用护栏或屏障避免维修人员跌落_____。

引导问题8：维护时必须使用带电压_____的工具。

引导问题9：在线维护时，必须有_____个人配合工作，在_____情况下互相提供帮助。

4. 安全门系统维护工具

引导问题10：_____用于检测皮带松紧程度；_____用于拆装门体玻璃。

5. 机电设备故障简介

引导问题11：机电设备常见故障有哪些类型？

答：_____

_____

6. 降级模式下的紧急维修

引导问题 12：安全门系统出现多重故障，操作控制中心可以决定_____此站台的列车服务。

引导问题 13：安全门玻璃爆裂，破碎的玻璃进入_____，建议立即_____故障区域。

7. 轨道侧维修注意事项

引导问题 14：当维修人员需要进入轨道侧维修维护时，需要得到车站相关在轨道侧维修的_____。

8. 安全门设备故障与处理简介

引导问题 15：一般认为，只要严格遵守使用、操作_____，定期_____，安全门系统出现故障并不多见。

引导问题 16：安全门的故障应由相关_____人员进行分析、检测与维修。

引导问题 17：机电产品的故障可分为_____故障和_____故障两大类。

9. 安全门典型机械故障及原因

引导问题 18：机械故障的主要原因有哪些？

答：

10. 安全门典型电气故障及原因

引导问题 19：从产品特点和电气维修的实践来看，常见的故障有哪些？

答：

11. 实训 1～实训 11

引导问题 20：根据安全门系统设备维修实际情况，自己填写表 8-2-5。

表 8-2-5　安全门系统设备维修记录表

参考答案

实操内容	未操作	生疏	基本掌握	熟练
安全门开关门延时——行程开关异常				
门体分中不对称				

续表

实操内容	未操作	生疏	基本掌握	熟练
单个门故障——滑动门动作缓慢				
端门不能关闭锁紧故障				
更换门体玻璃				
安全回路故障排查				
PSL 不能控制整侧安全门开/关门 1				
PSL 不能控制整侧安全门开/关门 2				
电源模块故障 1				
电源模块故障 2				
DCU 不工作				

评价反馈

表 8-2-6　学生自评表

班级：		姓名：	学号：	
学习情景 8.2		安全门系统设备维修		
评价项目	评价标准		分值	得分
安全门系统设备维修认知	能正确认知安全门系统设备维修分类及维修分析，能清楚了解安全门系统设备维修基础要求		10	
安全门系统设备维修模式认知	能正确认知安全门系统设备维修模式		10	
安全门系统设备维修技术要求认知	能正确了解安全门系统设备维修的技术及要求		20	
安全门系统设备维修实际操作	能正确开展安全门系统设备常见故障维修		30	
工作准备	能完成相关理论知识学习		15	
工作质量	能按计划完成工作任务		15	
合计			100	

表 8-2-7 学生互评表

学习情景8.1		安全门系统设备维修					
评价项目	分值	评价对象（组别）					
		1	2	3	4	5	6
计划合理	20						
组织有序	20						
工作完整	20						
团队合作	20						
材料上交	20						
合计	100						

注：评价档次统一采用 A（优秀）、B（良好）、C（合格）、D（努力）四个。

表 8-2-8 教师评价表

班级：		姓名：	学号：	
学习情景8.1		安全门系统设备维修		
评价项目		评价标准	分值	得分
考勤		没有无故缺勤、迟到、早退现象	10	
工作过程	安全门系统设备维修认知	能正确认知安全门系统设备维修技术要求	10	
	安全门系统维修内容	能正确开展安全门故障维修工作	30	
	工作质量	能按计划完成工作任务	10	
	协调能力	能与小组成员合作交流，协调工作	5	
	职业素养	能表达成熟或灵动的想法	5	
项目成果	工作完整	能按计划完成任务	5	
	工作规范	能做到安全生产，文明施工	10	
	工作报告	能正确完成工作报告	10	
	成果展示	能准确表达工作成果	5	
合计			100	
综合评价	自评（20%）	小组互评（30%）	教师评价（50%）	综合得分

附录 城市轨道交通车站安全门系统常用英文缩略语对照表

缩写	英文名称	中文名称
PSD	Platform Screen Door	安全门
ASD	Automatic Sliding Door	滑动门
EED	Emergency Escape Door	应急门
FIX	Fixed Door	固定门
MSD	Manual Secondary Door/Platform end door	端门
PSC	Platform Station Controller /Platform screen doors central control panel	中央控制盘
PEDC	Platform Element Door Controller	逻辑控制单元
DCU	Door Control Unit	门控单元
PSL	Platform Screen Door Local Control Panel/Platform screen doors emergency control panel	就地控制盘
LCB	Local Control Box	就地控制盒
IBP	Integrated Backup Panel	综合备份盘
DOI	Door Open Indicator	开门指示灯
PLC	Programmable Logic Control	可编程逻辑控制器
SIG	Signaling System	信号系统
ISCS	Integrated Supervisory Control System	轨道交通综合监控系统
EMCS	Electrical and Mechanical Control System	车站设备监控系统
MMS	Maintenance and Management System	设备维护管理系统
OCC	Operating Control Center	运营控制中心
SC	Station Computer	车站计算机
ATS	Automatic Train Supervision	列车自动监控
ATC	Automatic Train Control	列车自动控制
ATO	Automatic Train Operation	列车自动运行
DPS	Drive Power Supply	驱动电源
CPS	Control Power Supply	控制电源
UPS	Uninterrupted Power Supply	不间断电源
PTE	Portable Test Equipment	设备维修终端
MTTR	Mean Time To Repair	平均维修时间
RM	Restricted Manual Mode	ATP限制允许速度的人工驾驶

参考文献

[1] 马骏，方振龙. 城市轨道交通站台屏蔽门系统[M]. 北京：北京理工大学出版社，2020.
[2] 翁桂鹏. 城市轨道交通车站屏蔽门系统运行与维护[M]. 成都：西南交通大学出版社，2018.
[3] 郝晓平，任艳江，曲泽超，等. 城市轨道交通屏蔽门、电扶梯检修工[M]. 北京：人民交通出版社，2017.
[4] 人力资源和社会保障部教材办公室，广州市地下铁道总公司. 机电设备检修工屏蔽门检修[M]. 北京：中国劳动社会保障出版社，2010.
[5] 广州市地下铁道总公司. 城市轨道交通站台屏蔽门系统技术规范：CJJ 183—2012[S]. 北京：中国建筑工业出版社，2012.
[6] 北京城建设计研究总院有限公司，中国地铁工程咨询有限公司. 地铁设计规范：CB 50157—2013[S]. 北京：中国建筑工业出版社，2013.
[7] 陈海辉，胡跃明，熊建明. 地铁屏蔽门的直流驱动电源设计[J]. 华南理工大学学报，2002.30（5）.
[8] 陈海辉. 地铁屏蔽门的供电及保护设计[J]. 昆明理工大学学报，2004.29（2）.
[9] 谭铁仁，谭虓. 地铁站台屏蔽门控制器应急装置设计[J]. 城市轨道交通研究，2011（12）.
[10] 王新宇. 地铁站台屏蔽门与列车客室车门不能同步打开的原因分析[J]. 电力机车与城轨车辆，2006.29（4）.
[11] 孙章，蒲琪. 城市轨道交通概论[M]. 北京：人民交通出版社，2010.
[12] 陈韶章. 地下铁道站台屏蔽门系统[M]. 北京：科学出版社，2005.